高等职业教育“十二五”规划教材

Gonglu Gongcheng Zaojia Bianzhi ji Ruanjian Yingyong

公路工程造价编制及软件应用

聂莉萍 主编
何银龄 主审

人民交通出版社

内 容 提 要

本书是高等职业教育“十二五”规划教材。全书分三大部分，共十五章。主要内容包括公路工程造价基础知识、海德纵横 Smart Cost 公路工程造价软件、同望 WCOST 公路工程造价软件管理系统，并辅以预算编制案例及标底编制案例。

本书为高等职业教育工程造价（公路工程方向）专业教材，也可作为公路工程造价培训或自学教材。

图书在版编目(CIP)数据

公路工程造价编制及软件应用/聂莉萍主编. —北京:人民交通出版社,2013.7

ISBN 978-7-114-10715-3

Ⅰ.①公… Ⅱ.①聂… Ⅲ.①道路工程—工程造价—编制—应用软件 Ⅳ.①U415.13—39

中国版本图书馆 CIP 数据核字(2013)第 126080 号

高等职业教育“十二五”规划教材

书　　名：公路工程造价编制及软件应用
著 作 者：聂莉萍
责任编辑：丁润铎
出版发行：人民交通出版社股份有限公司
地　　址：（100011）北京市朝阳区安定门外外馆斜街 3 号
网　　址：http://www.ccpress.com.cn
销售电话：（010）59757973
总 经 销：人民交通出版社股份有限公司发行部
经　　销：各地新华书店
印　　刷：北京市密东印刷有限公司
开　　本：787×1092　1/16
印　　张：24.5
字　　数：616 千
版　　次：2013 年 7 月　第 1 版
印　　次：2020 年 7 月　第 4 次印刷
书　　号：ISBN 978-7-114-10715-3
定　　价：45.00 元
（有印刷、装订质量问题的图书由本社负责调换）

前　言

公路交通是经济社会发展的重要基础性和先导性产业，也是事关国计民生的重要服务性行业之一。近年来我国公路交通基础设施建设取得了巨大成就，为国民经济和社会发展及人民群众的安全便捷出行作出了贡献。公路工程造价编制是公路建设不可缺少的一部分工作，对于科学合理确定和使用公路建设资金、最大限度地发挥效益，具有不可替代的作用。造价编制需要培育高素质的公路工程造价从业人员。

为了适应教学需要，特编制《公路工程造价编制及软件应用》教材。该教材也可作为培训或自学使用。

本教材共分三大部分，共十五章。第一章至第九章、第十四章、第十五章由江西交通职业技术学院聂莉萍编写，第十章至第十三章由江西交通职业技术学院刘芳编写。本教材由珠海纵横创新软件有限公司何银龄主审。本教材在编写过程中，得到了很多专家、朋友的大力支持，在此一并表示诚挚感谢。

限于时间紧迫及编者水平有限，教材中难免有错误和不完善之处，敬请读者批评指正，以便进一步修正补充完善。

编者

2013 年 5 月

目　　录

第一部分　公路工程造价基础知识

第二部分　海德纵横 Smart Cost 公路工程造价软件

第三部分　同望 WECOST 公路工程造价软件管理系统

第一部分　公路工程造价基础知识

第一章　公路工程造价的种类及概念

公路工程造价，一般是指建设某项公路工程所花费（指预期花费或实际花费）的全部费用，即该公路建设项目（工程项目）进行固定资产再生产或形成相应的无形资产及铺底流动资金的一次性费用总和，又称为公路工程项目总投资。

公路工程造价，包含从项目的可行性研究（含预可行性研究）开始，直至项目竣工交付使用所花费的全部建设费用之和。

公路工程建设周期，一般有可行性研究阶段、设计阶段、招投标阶段、施工准备阶段、施工阶段、竣工验收阶段等阶段。在不同的公路建设阶段，公路工程造价有不同的名称。

一、投资估算

公路工程项目投资估算是指在可行性研究阶段，依据现行的《公路工程估算指标》、资料和一定的方法，对公路工程项目的投资额（包括工程造价和流动资金）进行的估计。投资估算总额是可行性研究报告的重要组成部分，也是对公路工程项目进行经济效益评价的重要基础。项目确定后，投资估算总额还将对初步设计和概算编制起控制作用。

二、工程概算

公路工程概算是在初步设计阶段，由设计单位根据初步设计图纸，公路工程概算定额、工程量计算规则，工料机的预算单价，交通行政主管部门颁发的有关费用定额或取费标准等资料，预先计算工程从筹建至竣工验收交付使用全过程建设费用的经济文件。简言之，即计算建设项目总费用。概算一旦被批准，将作为控制工程造价的最高标准。

如果存在初步设计和技术设计阶段，则在初步设计阶段根据初步设计图纸编制的概算称为设计概算，在技术设计阶段根据技术设计图纸编制的概算称为修正概算。

三、施工图预算

施工图预算是在施工图设计阶段，根据已批准并经会审后的施工图纸、施工组织设计、现行公路工程预算定额、工程量计算规则、工料机预算单价、各项取费标准，预先计算工程建设费用的经济文件。

四、施工预算

施工预算是在施工准备阶段，施工单位内部为控制施工成本而编制的一种预算。它是由施工企业根据施工图纸、施工定额并结合施工组织设计，通过工料分析，计算和确定拟建工程所需的工、料、机械台班消耗及施工成本的技术经济文件。施工预算实质上是施工企业的成本计划文件。

五、标底

公路工程标底是招投标阶段，由业主组织专门人员或委托由建设行政主管部门批准具有与建设工程相应造价资质的中介机构代理编制拟招标工程的预期发包价格。我国国内公路工程施工招标的标底，应在批准的设计概算或修正概算以内，招标单位用它来控制工程发包价格，以此为尺度来评判投标者的报价是否合理。

六、投标报价

公路工程投标报价是在招投标阶段，投标人所计算的完成所投标工程要发生的各种费用的总和。投标报价是投标人投标时报出的工程造价，不同的投标者对于同一工程的投标报价可能不一样。

七、中标价

中标价格是在招投标阶段，投标人的报价及投标文件通过了招标人各项综合评价标准后被评为最佳者，业主确定为中标人，其投标报价即为中标价。

八、合同价

合同价是指在工程招投标阶段，承发包双方根据合同条款及有关规定，并通过签订工程承包合同，所计算和确定的拟建工程造价总额。

九、工程结算价

工程结算是指在施工过程中，施工企业按照承包合同和已完工程量向建设单位（业主）办理工程价清算的经济文件。工程建设周期长，耗用资金数大，为使施工企业在施工中耗用的资金及时得到补偿，需要对已完合格工程的工程价款进行中间结算（进度款结算），业主需支持已完成合格工程的结算金额给施工单位。公路工程中，正常施工情况下，中间结算一般一个月一次，也可以合同规定的期限进行结算。

十、竣工决算

工程竣工决算是指在工程竣工验收交付使用阶段，由建设单位编制的建设项目从筹建到竣工验收、交付使用全过程中实际支付的全部建设费用。竣工决算是整个建设工程的最终价格，是作为建设单位财务部门汇总固定资产的主要依据。

复习思考题

1. 什么是公路工程造价？
2. 公路工程造价在公路建设的不同阶段的名称及概念是什么？

第二章　公路工程概(预)算基本知识

第一节　定　　额

定额是完成单位产品所消耗的资源(如时间、人工、材料、机械台班),或在单位时间内可以完成产品的数量。

定额按专业可分为:公路工程定额、市政工程定额、铁路工程定额、水运工程定额等。

定额按使用范围可分为:全国定额、行业定额、地方定额、企业定额。

公路工程定额按用途可分为:施工定额、预算定额、概算定额、估算指标。

公路工程定额按生产因素可分为:劳动定额、材料消耗定额、机械台班定额。

一、劳动定额

劳动定额也称为人工定额,是指在正常的施工技术组织条件下,完成单位合格产品所必须的劳动消耗量标准。劳动定额分为两种:当劳动定额表示为生产单位产品所消耗的时间时,就称为时间定额;当以单位时间表示完成的产品数量时,就称为产量定额。

时间定额等于产量定额的倒数。

二、材料消耗定额

材料消耗定额是在合理和节约使用材料的前提下,生产单位数量合格产品所消耗的一定规格的材料、产品、半成品和水电等资源的数量。

材料分为一次性材料和周转性材料。

一次性材料的消耗量等于材料的净用量加上材料的损耗量。

周转性材料的消耗量一般与下列因素有关:

(1)第一次制造时的材料消耗(一次使用量)。

(2)每周转使用一次材料的损耗(第二次使用时需要补充的数量)。

(3)周转使用的次数。

(4)周转材料的最终回收折价。

三、机械台班定额

机械台班定额,包括台班消耗定额和台班费用定额。

1.机械台班消耗定额

机械台班消耗定额,也称为机械台班使用定额,它反映了施工机械在正常的施工条件下,合理地、均衡地组织生产与使用机械时，在单位时间内的生产效率。按其表现形式不同，可分为时间定额和产量定额。

机械时间定额是指在合理生产组织与合理使用机械的条件下，完成单位合格产品所必须的工作时间。

机械产量定额是指在合理生产组织与合理使用机械的条件下，单位时间内能完成合格产品的数量。

2. 机械台班费用定额

机械台班费用定额，是指某种机械在完成一个标准台班作业时，所消耗的人工、动力燃料等的数量。其费用项目由不变费用和可变费用两大部分组成。不变费用包括折旧费、大修理费、经常修理费和安装拆卸及辅助设施费。可变费用包括机上人员费、动力燃料费、养路费及车船使用税等。

预算定额见表 2-1。

1－1－15　机械打眼开炸石方　　表 2-1

工程内容　(1)开工作面、收放皮管、换钻头钻杆；(2)选炮位、钻眼、清眼；(3)装药、填塞；(4)安全警戒；(5)引爆及检查结果；(6)排险；(7)撬落、撬移、解小；(8)装、卸、人工及机械清运、空回。

单位：1 000m^3 天然密实方

顺序号	项　目	单位	代号	人工运输				
				第一个 20m 开、炸、运			每增运 10m	
				软石	次坚石	坚石	人工挑抬	手推车
				1	2	3	4	5
1	人工	工日	1	236.5	286.6	343.4	39.3	15.7
2	空心钢钎	kg	212	9.0	18.0	27.0	—	—
3	ϕ50mm 以内合金钻头	个	213	17.0	25.0	32.0	—	—
4	硝铵炸药	kg	841	129.0	179.0	228.3	—	—
5	导火线	m	842	335	481	613	—	—
6	普通雷管	个	845	268	381	461	—	—
7	其他材料费	元	996	18.1	26.4	34.1	—	—
8	75kW 以内履带式推土机	台班	1003	—	—	—	—	—
9	90kW 以内履带式推土机	台班	1004	—	—	—	—	—
10	105kW 以内履带式推土机	台班	1005	—	—	—	—	—
11	135kW 以内履带式推土机	台班	1006	—	—	—	—	—
12	165kW 以内履带式推土机	台班	1007	—	—	—	—	—
13	240kW 以内履带式推土机	台班	1008	—	—	—	—	—
14	9m^3/min 以内机动空压机	台班	1842	4.59	8.37	14.08	—	—
15	小型机具使用费	元	1998	270.5	489.5	822.1	—	—
16	基价	元	1999	16195	21735	28709	1934	772

机械台班费用定额见表2-2。

机械台班费用定额 表2-2

序号	代号	机械名称				主机型号	不变费用 折旧费（元）	不变费用 大修理费（元）	不变费用 经常修理费（元）	不变费用 安拆及辅助设施费（元）	不变费用 小计（元）
19	1022	铲运机	拖式（含头）	斗容量（m^3）	3以内	C2－3A，CTY3	53.36	22.23	73.14	0.54	149.27
20	1023				8以内	C2－6，CTY6	155.40	64.08	210.82	0.68	430.98
21	1024				10以内	CT－7	221.07	91.16	299.92	0.83	612.98
22	1025				12以内	CT－10	296.82	122.40	402.70	0.95	822.87
23	1027	单斗挖掘机	履带式		0.6	WY60液压	101.35	36.57	81.92	—	219.84
24	1028				0.8	WY80液压	204.16	73.67	155.44	—	433.27
25	1029				1.0	WY100液压	216.32	78.05	164.69	—	459.06
26	1030				1.25	WY125液压	227.72	82.17	173.38	—	483.27
27	1031				1.6	WY160液压	235.35	84.92	179.18	—	499.45
28	1032				2.0	WY200A液压	255.00	92.01	194.14	—	541.15
29	1033				2.5	WY250	278.29	100.42	211.89	—	590.60
30	1035				1.0	WK100机械	173.17	62.49	173.72	1.77	411.15
31	1036				1.5		185.93	67.09	186.51	2.22	441.75
32	1037				2.0	W200A机械	360.72	130.16	361.84	2.66	855.38
33	1040		轮胎式		0.2	WY20液压	44.21	22.79	60.62	—	127.62
34	1041				0.4	WY40液压	50.76	26.16	69.59	—	146.51
35	1042				0.6	WY60液压	58.90	30.36	80.76	—	170.02
36	1045	装载机	履带式		2.0	Z2－3.5，ZY40	254.63	92.40	231.00	—	578.03
37	1046				3.2	ZY65	355.67	114.40	286.00	—	756.07

可变费用 人工（工日）	汽油（kg）	柴油（kg）	重油（kg）	煤（kg）	电（kW·h）	水（m^3）	木柴（kg）	养路费及车船使用税（元）	定额基价（元）
2	—	44.00	—	—	—	—	—	—	463.27
2	—	59.20	—	—	—	—	—	—	819.46
2	—	76.27	—	—	—	—	—	—	1085.10
2	—	96.80	—	—	—	—	—	—	1395.59
2	—	37.09	—	—	—	—	—	—	499.98
2	—	55.32	—	—	—	—	—	—	802.74
2	—	74.91	—	—	—	—	—	—	924.52
2	—	80.35	—	—	—	—	—	—	975.39

续上表

可变费用									定额基价
人工	汽油	柴油	重油	煤	电	水	木柴	养路费及车船使用税	
工日	kg				kW·h	m^3	kg	元	
2	—	89.89	—	—	—	—	—	—	1038.31
2	—	92.19	—	—	—	—	—	—	1091.28
2	—	160.03	—	—	—	—	—	—	1473.15
2	—	64.53	—	—	—	—	—	—	825.75
2	—	86.54	—	—	—	—	—	—	964.20
2	—	92.19	—	—	—	—	—	—	1405.51
2	—	22.00	—	—	—	—	—	—	333.82
2	—	29.54	—	—	—	—	—	—	389.66
2	—	37.09	—	—	—	—	—	—	450.16
2	—	58.63	—	—	—	—	—	—	963.72
2	—	94.12	—	—	—	—	—	—	1315.66

第二节　公路工程概(预)算的编制依据及文件组成

一、编制依据

公路工程概(预)算的编制是一项十分细致的工作,编制前应全面了解公路工程所在地的建设条件,掌握各种基础资料,正确引用规定的定额、取费标准和材料及设备价格。在编制时,应严格执行国家的方针、政策和有关制度,符合公路设计规范和施工技术规范。编制的主要依据如下。

1. 法令性文件

法令性文件指编制概(预)算中所必须遵循的国家、相关部委和地方主管部门颁布的有关法令性文件或规定,如现行部颁《公路基本建设工程概算、预算编制办法》以及《公路工程基本建设项目设计文件编制办法》。

2. 设计资料

概算(或设计概算)文件,应根据建设项目的初步设计文件(或扩大初步设计)编制;修正概算文件应根据技术设计文件编制;施工图预算则应根据施工图设计文件编制。

公路工程造价文件编制人员,应熟悉设计资料、结构特点及设计意图。设计图纸上的工程细目数量往往不能满足概预算编制的需求,还需作必要的计算或补充(拆分或组合),对设计文件上提出的施工方案还需作进一步的补充和完善。

3. 公路工程概预算定额、指标,取费标准,工、料、机预算价格等资料

概算文件应根据现行《公路工程概算定额》、《公路基本建设工程概预算编制办法》、各省《概预算编制办法补充规定》、工料机预算价格等资料进行编制。

预算文件应根据现行《公路工程预算定额》、《公路基本建设工程概预算编制办法》、各省《概预算编制办法补充规定》、工料机预算价格等资料进行编制。

4. 施工组织设计资料

施工组织设计资料中与概、预算编制有关内容包括:工程的拟开工竣工日期,施工方案,主要工程项目的进度要求,材料开采与堆放地点,大型临时设施的建设规模地点等。

5. 当地物资、劳动力、机械设备、动力等资源可利用的情况

本着因地制宜、就地取材的原则,对当地情况应做深入的调查了解,经反复比较后确定最优采购方案。

物资:外购材料要确定外购的地点、货源、质量、分期到货等情况;自采材料要确定料场、开采方式、运输条件(道路、运输工具及各种运输工具的比重、运价、装卸费等)、堆放地点等。

劳力:当地各种技工及普工可以提供的数量、劳力分布地点、工资标准及其他要求等。

动力:当地可提供的电力资源情况,包括提供的数量、单价以及可能出现的输电线路变压器问题等情况。

运输:向运输部门了解当地各种运输工具可供利用的情况及运价、基价、装卸费等有关规定。

6. 施工单位的施工能力及潜力

编制概算时,施工单位尚未明确,可按中等施工能力考虑。施工图预算,若已明确施工单位,就应根据施工单位的管理与技术水平,明确施工单位可以提供的施工机具、劳力、设备以及外部协作关系。

7. 调查当地自然条件

需了解当地自然条件及变化规律,如气温、雨季、动机、洪水、台风等季节规律,风雪、冰冻、地址、水源等。

8. 风土人情

了解当地的风土人情、治安状况等。如果到国外投标,还要特别了解当地的政局稳定情况,法律、民族习惯等。

9. 其他

其他工程及沿线设施,如有建筑物的拆迁,应调查水利、电信(地下电缆)、铁路的干扰及解决措施,清除场地、管理养护及服务设施等。

二、文件组成

概、预算文件,由封面及目录,概、预算编制说明及全部概、预算计算表格组成。

概、预算文件的封面和扉页,应按《公路工程基本建设项目设计文件编制办法》中的规定制作,扉页应有建设项目名称,编制单位,编制、复核人员姓名并加盖资格印章,编制日期及第几册共几册等内容。目录应按概、预算表的表号顺序编排。

概、预算编制完成后,应写出编制说明,文字力求简明扼要。应叙述的内容在现行《公路基本建设工程概预算编制办法》中有注明。

公路工程概、预算表格,应该按现行《公路基本建设工程概预算编制办法》中有注明统一的概、预算表格格式。

概、预算文件按不同的需要分为两组,甲组文件为各项费用计算表;乙组文件为建筑安装工程费用各项基础数据计算表,只供审批使用。乙组文件表式征得省、自治区、直辖市交通运输厅(局)同意后,结合实际情况允许变动或增加某些计算过度表式。甲、乙两组文件各包含的表格如下。

甲组文件:

1. 编制说明
2. 总概(预)算汇总表(01－1表)
3. 总概(预)算人工、主要材料、机械台班数量汇总表(02－1表)
4. 总概(预)算(01表)
5. 人工、主要材料、机械台班数量汇总表(02表)
6. 建筑安装工程费计算表(03表)
7. 其他直接费、现场经费及间接综合费率计算表(04表)
8. 设备、工具、器具购置费计算表(05表)
9. 工程建设其他费用及回收金额计算表(06表)
10. 人工、材料、机械台班单价汇总表(07表)

乙组文件:

1. 分项工程概(预)算表(08表)
2. 材料预算单价计算表(09表)
3. 自采材料料场价格计算表(10表)
4. 机械台班单价计算表(11表)
5. 辅助生产工、料、机械台班单位数量表(12表)

概、预算应按一个建设项目(如一条路线或一座独立大、中桥)进行编制。当一个编制项目需要分段或分部编制时,应根据需要分别编制,但必须汇总编制“总概(预)算汇总表”。

概、预算文件是设计文件的组成部分,应按《公路工程基本建设项目设计文件编制办法》关于设计文件报送份数,随设计文件一并报送。

第三节　公路工程概(预)算费用组成

公路工程概(预)算费用组成框图,如图2-1所示。

- 概（预）算总金额
  - 建筑安装工程费
    - 直接费
      - 直接工程费
        - 人工费
        - 材料费
        - 施工机械使用费
      - 其他工程费
        - 冬季施工增加费
        - 雨季施工增加费
        - 夜间施工增加费
        - 特殊地区施工增加费
          - 高原地区施工增加费
          - 风沙地区施工增加费
          - 沿海地区增加费
        - 行车干扰施工增加费
        - 安全及文明施工措施费
        - 临时设施费
        - 施工辅助费
        - 工地转移费
    - 间接费
      - 规费
        - 养老保险费
        - 失业保险费
        - 医疗保险费
        - 住房公积金
        - 工伤保险费
      - 企业管理费
        - 基本费用
        - 主副食运费补贴
        - 职工探亲路费
        - 职工取暖补贴
        - 财务费用
    - 利润
    - 税金
  - 设备、工具、器具及家具购置费
    - 设备购置费
    - 工器具及生产家具（简称工器具）购置费
    - 办公和生活用家具购置费
  - 工程建设其他费用
    - 土地征用及拆迁补偿费
    - 建设单位管理费
    - 研究试验费
    - 建设项目前期工作费
      - 建设单位（业主）管理费
      - 工程质量监督费
      - 工程监理费
      - 工程定额测定费
      - 设计文件审查费
      - 竣（交）工验收试验检验费
    - 专项评价（估）费
    - 施工机构迁移费
    - 供电贴费（停止征收）
    - 联合试运转费
    - 生产人员培训费
    - 固定资产投资方向调节税（暂停征收）
    - 建设期贷款利息
  - 预备费用
    - 价差预备费
    - 基本预备费

图 2-1　概(预)算费用组成框图

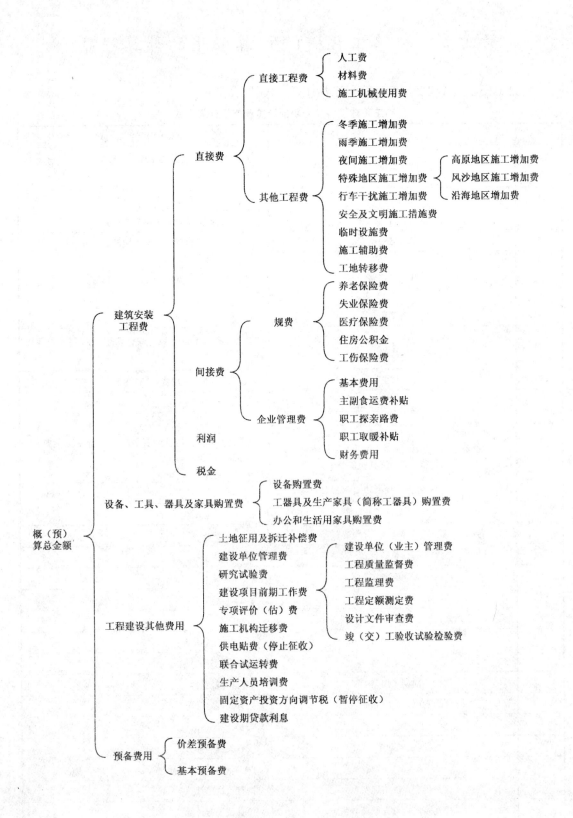

第四节　公路工程概(预)算费用的计算程序

公路工程建设各项费用的计算程序及计算方式,见表2-3。

公路工程建设各项费用的计算程序及计算方式　　表2-3

代号	项　目	说明及计算式
一	直接工程费(即工、料、机费)	人工、材料、机械台班预算单价按编制年工程所在地的价格计算
1	人工费	∑(人工预算单价×人工工日数)
2	材料费	∑(材料预算单价×材料消耗量)
3	施工机械使用费	∑(机械设备台班单价×机械设备台班数)
二	其他工程费	(一)×其他工程费综合费率; 或各类工程人工费和机械费之和×其他工程费综合费率
三	直接费	(一)+(二)
四	间接费	各类工程人工费×规费综合费率+(三)×企业管理费综合费率
五	利润	[(三)+(四)-规费]×利润率
六	税金	[(三)+(四)+(五)]×综合税率
七	建筑安装工程费	(三)+(四)+(五)+(六)
八	设备、工具、器具购置费(包括备品备件) 办公和生活用家具购置费	∑(设备、工具、器具购置数量×单价+运杂费)×(1+采购保管费率) 按有关定额计算
九	工程建设其他费用	
	土地征用及拆迁补偿费	按有关规定计算
	建设单位(业主)管理费	(七)×费率
	工程质量监督费	(七)×费率
	工程定额测定费	(七)×费率
	设计文件审查费	(七)×费率
	竣(交)工验收试验检测费	按有关规定计算
	工程监理费	(七)×费率
	研究试验费	按批准的计划编制
	前期工作费	按有关规定计算
	专项评价(估)费	按有关规定计算
	施工机构迁移费	按实计算
	供电贴费	按有关规定计算
	联合试运转费	(七)×费率
	生产人员培训费	按有关规定计算
	固定资产投资方向调节税	按有关规定计算
	建设期贷款利息	按实际贷款数及利率计算

续上表

代号	项　　目	说 明 及 计 算 式
十	预备费	包括价差预备费和基本预备费两项
	价差预备费	按规定的公式计算
	基本预备费	[(七)+(八)+(九)-固定资产投资方向调节税-建设期贷款利息]×费率
	预备费中施工图预算包干系数	[(三)+(四)]×费率
十一	建设项目总费用	(七)+(八)+(九)+(十)

第五节　公路工程概(预)算文件的编制程序

编制概(预)算,一般都用计算机进行。具体计算、填表都是通过计算软件完成。然而,应该认识到只有通过手算,才能更深刻地理解编制过程中,各种数据和表格之间的相互关系。故以下介绍概(预)算的编制方法时,是按照手算的程序来编写的。编制概算的操作程序与编制预算基本相同。具体编制步骤如下。

1. 熟悉设计图纸和资料

编制概算、修正概算、施工图预算等文件前,应对相应阶段的初步设计、技术设计和施工图设计内容进行检查和整理,认真阅读和核对设计图纸及有关表格,如工程一览表、工程数量表等,若图纸中所用材料规格或要求不清时,要核对查实。

2. 准备概(预)算资料

概(预)算资料,包括概(预)算表格、定额和有关文件及现场调查的一系列数据等。在编制概(预)算前,应将有关文件,如《公路工程基本建设项目设计文件编制办法》、现行《公路基本建设工程概预算编制办法》、《公路工程概算定额》、《公路工程预算定额》及各类补充定额等准备齐全。最后要将概(预)算表格备齐。

3. 分析外业调查资料及施工方案

(1)概(预)算调查资料分析

概(预)算资料的调查工作是一项关系到概(预)算文件质量的基础工作,一般在公路工程外业勘察时同时进行。调查的内容很广,原则上凡对施工生产有影响的一切因素都必须调查。主要是筑路材料的来源(沿线料场及有无自采材料),材料运输方式及运距,运费标准,占用土地的补偿费、安置费及拆迁补偿费,沿线可利用房屋及劳动力供应情况等,应对这些调查资料应进行分析,若有不明确或不全的部分,应另行调查,以保证概(预)算的准确和合理。

(2)施工方案的分析

对与相应设计阶段配套的施工组织设计文件(尤其是施工方案)应认真分析其可行性、合理性、经济性。因为施工方案将直接影响概(预)算金额的高低和定额的查用,因此编制概(预)算时,重点应对施工方案进行认真分析。

同一工程内容,可以采用不同的施工方法来完成,应根据工程设计意图和要求同工程实际结合,选择最经济的施工方法。施工机械的选择也将直接影响施工费用,应根据选定的施工方法选配相应的施工机械。另外材料堆放的位置及仓库的设置，土方取土坑、弃土堆的位置选择等运距的确定，人员高峰期等都是影响费用的因素。

4. 分项

公路工程概(预)算是以分项工程概(预)算表为基础计算和汇总而来的，所以工程分项是概(预)算工作中的一项重要基础工作。一般公路工程分项时必须满足以下三个方面的要求：

(1)按照概(预)算项目表的要求分项，这是最基本的要求。概(预)算项目表实质上是将一个复杂的建设项目分解成许多分项工程的一种科学划分方法。

(2)符合定额项目的要求。定额项目表是定额的主体内容，分项后的分项工程必须能够直接在定额项目表中查到。

(3)符合费率的要求。其他工程费综合费率、规费费率、企业管理费费率都是按不同工程类别确定的费率定额，因此，所分的项目应满足其要求。

按以上三个方面的要求分项后，即可将工程细目一一列出并填入 08 表中。

5. 计算工程量

在编制概(预)算时，应对各分项工程量按工程量计算原则进行计算。一是对设计中已有的工程量进行核对；二是对设计文件中缺少或未列的工程量进行补充计算。计算时，应注意计算单位和计算规则与定额的计量单位及计算规则一致。将算得的分项工程量填入 08 表中。

6. 套定额

按照选用的施工方法、使用的材料、结构构件规格等，根据分项所得的工程细目(分项工程)，即可从定额中查出相应的人工、材料、施工机械名称、单位及消耗量定额值。查出各分项工程的定额基价，并将查得的定额值和定额单位及定额号分别填入 08 表的有关栏目，再将各分项工程的实际工程数量换算的定额工程数量乘以相应的定额值，即可得出各分项工程的资料消耗数量及定额基价，填入 08 表的数量栏中。

7. 工料机预算价格的确定

编制概(预)算的另一项重要工作便是确定预算价格。定额中除基价和小额零星材料及小型机具用货币指标外，其他均是资料消耗的实物指标。要以货币来表现消耗，就必须计算各种资源的预算价格。有关预算价格的计算方法已在前面介绍，公路工程概(预)算的预算价格通过 09 表、10 表和 11 表来计算。

(1)根据 08 表中所出现的材料种类、规格及机械作业所需的燃料和水电编制 09 表。

(2)根据实际工程所发生的自采材料种类、规格，按照外业料场调查资料编制“自采材料料场价格计算表(10 表)”，并将计算结果汇入 09 表的材料原价栏中。

(3)根据 08 表、10 表中所出现的所有机械种类和 09 表中自办运输的机械种类，计算工程所有机械的台班单价，即编制“机械台班单价计算表(11 表)”。

(4)根据地区类别和地方规定等资料确定人工费单价。

(5)将上面(1)、(2)、(3)、(4)项所算得的各预算价格汇总，编制“人工、材料、机械台班单价汇总表(07 表)”。

8. 计算直接工程费

将 07 表中的工料机预算价格填入 08 表中相应的工料机单价栏中，用“单价”乘“数量”得到工料机的费用,汇总得直接工程费。

9. 确定其他工程费、规费、企业管理费综合费率

查《公路基本建设工程概预算编制办法》及地方补充规定,确定其他工程费、规费、企业管理费综合费率。

将查得的各费用的费率填入"其他工程费、间接费综合费率计算表"04 表中,计算其他工程费、间接费综合费率。

10. 计算建筑安装工程费

将08 表中各分项工程的人工费、材料费、机械使用费转入"建筑安装工程费计算表"03 表中,并把04 表中的其他工程费综合费率、间接费费率转入03 表,计算直接工程费、其他工程费、间接费、利润、税金,汇总得建筑安装工程费。

11. 实物指标计算

概(预)算还必须编制工程项目的实物消耗量指标,这可通过02 表和12 表的计算完成。

(1)将09 表和10 表、11 表中的人工、材料、机械消耗量及机械实物消耗量汇总编制辅助生产工、料、机单位数量表(12 表)。

(2)汇总08 表中人工、主要材料、机械台班数量。

(3)计算各种增工数量。

(4)合计上面(1)、(2)、(3)项中的各项数据得出工程概(预)算的实物数量,得到02 表。

12. 计算其他有关费用

按规定计算第二部分和第三部分费用,即编制05 表和06 表,同时可以在06 表中计算回收金额及预留费用。

13. 编制总概(预)算表并进行造价分析

(1)编制总概(预)算表。将03 表、05 表、06 表中的各项费用填入01 表中相应栏目,并计算各项技术经济指标。

(2)造价分析。根据概(预)算总金额,各单位工程或分项工程的费用比值和各项技术经济指标进行全面分析,对设计提出修改建议和从经济角度对设计是否合理予以评价,找出挖潜措施。

14. 编制综合概(预)算

根据建设项目要求,当分段或分部编制01 表和02 表时,需要汇总编制综合概(预)算。

(1)汇总各种概(预)算表,编制"总概(预)算汇总表(01 - 1 表)"。

(2)汇总各段的02 表编制"总概(预)算人工、材料、机械台班数量汇总表(02 - 1 表)"。

15. 编制说明

概(预)算表格计算并编制完成后,必须编制概(预)算说明,主要说明概(预)算编制依据,编制中存在的问题,工程造价的货币和实物量指标及其他与概(预)算有关但不能在表格中反映的事项。

16. 复核、印刷、装订与报批

当全面复核,确认无误后,参编人员应签字并加盖资格印章,待设计单位各级负责人签字

审批后,即可印刷,并按甲、乙组文件分别装订成册,上报待批。

复习思考题

1. 概预算总金额由哪些费用组成?
2. 直接费由哪些费用组成?
3. 直接工程费由哪些费用组成？其他工程费由哪些费用组成?
4. 间接费由哪些费用组成?
5. 规费由哪些费用组成？企业管理费由哪些费用组成?
6. 设备、工具、器具及家具购置费由哪些费用组成?
7. 工程建设其他费由哪些费用组成?
8. 预备费由哪些费用组成?
9. 简述建筑安装工程费的计算程序。
10. 简述概预算的编制程序。
11. 公路工程概(预)算的编制依据是什么?
12. 公路工程施工图概、预算由哪些文件组成?

第三章　公路工程招投标基本知识

第一节　公路工程招投标程序

公路工程招标程序如图 3-1 所示。

公路工程投标程序如图 3-2 所示。

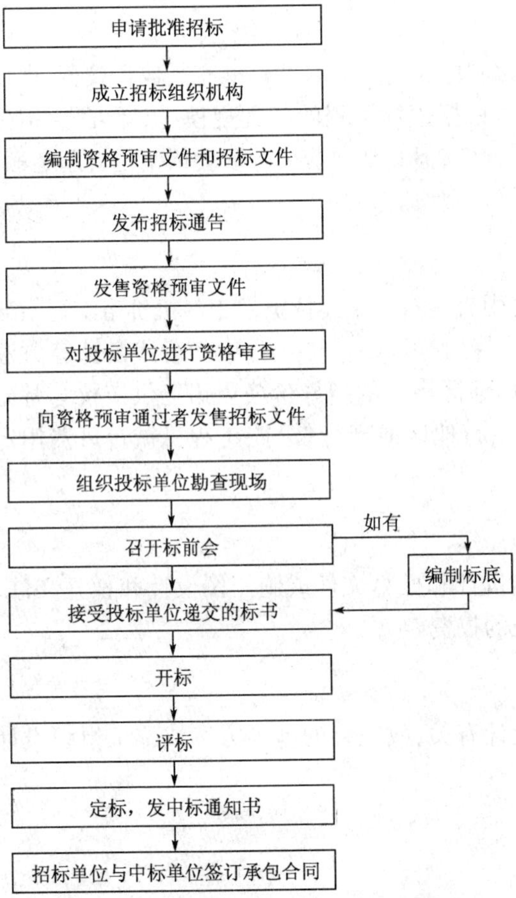

图 3-1　公路工程招标程序(公开招标、资格预审方式)

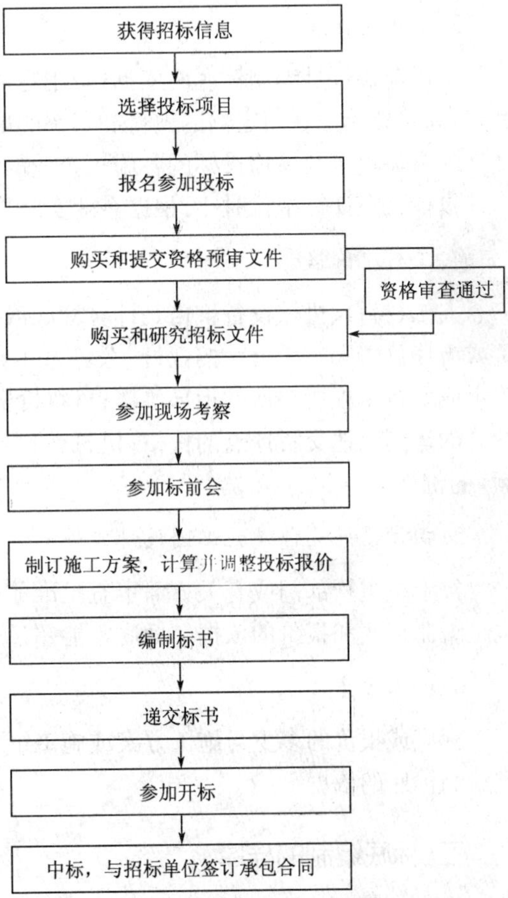

图 3-2　公路工程投标程序(公开招标、资格预审)

第二节　公路工程标底(报价)编制依据

一、标底的编制依据

标底(报价)编制的依据主要有以下 6 个方面。

1. 招标文件

标底作为衡量和评审投标价的尺度，要将招标文件作为编制标底必须遵守的主要依据，另外，在招标期间业主发出的补遗书和标前会的问题解答，也是招标文件的一部分，同样是标底编制的依据。

同样，招标文件及其补遗书也是报价的编制依据。

2. 概、预算定额

标底要起控制投资额和作为招标工程中业主的控制价，一般采用现行公路工程概预算定额来编制。

而投标人在编制报价时，可根据自己企业的技术措施、管理水平、企业定额或以往的工作经验来编制报价，当然也可以采用现行公路工程概预算定额来编制报价。

3. 费用定额

费用定额也是编制标底的依据，费用定额与编制标底有关的取费标准有其他直接费、现场经费、间接费等。费用定额的项目和费率的取定可根据招标工程的工程规模、招标方式、招标文件的有关规定及参加投标的各施工企业的情况而定，但其基本费率的取费依据是费用定额。

投标人在计算报价时，可根据企业实际情况确定费率。

4. 工料机价格

人工、材料、机械设备价格是计算标底或报价中直接费的主要依据。工料机价格实行指导价或市场价。人工工资应按现行《公路基本建设工程概预算编制办法》中的公式及计算方法确定或实行工程所在地的指导价格；材料价格采用地区规定的指导价或以市场供应价为基础计算的运到工地交货地点的价格；机械台班价格执行地区或现行《公路工程机械台班费用定额》的价格。

5. 初步设计文件或施工图设计文件

经上级主管部门或有关方面审查批准的初步设计和概算文件或施工图设计和预算文件，也是编制标底和报价的依据。标底不能超过批准的投资额。

6. 施工方案

标底或报价的多少与施工方案或施工组织设计有关，故完善的施工方案或施工组织设计是编制标底的依据。

二、标底编制的程序

当需要编制标底时，标底价格由招标单位（或业主）自行编制，或委托具有编制标底资格和能力的中介机构代理编制。标底编制一般按下列程序进行：

（1）熟悉招标图纸和说明，熟悉招标文件的内容。

（2）考察工程现场，进行材料价格、劳动力市场、机械设备供应、交通运输等情况调查。

（3）复核清单工程量。

（4）制订施工方案，按工程量清单表述工程项目特征和描述的综合工程内容计算得出标底和各清单单价。此部分一般用公路工程造价软件完成。

编制投标报价的方法和编制标底的方法差不多。只是编制投标报价时，各投标单位会根据自身实力和投标策略调整报价，以争取最大的中标机会。故本书中均讲解的是如何编制标底。

第三节　公路工程标底费用组成及计算

标底的组成，主要有直接成本费、间接成本费、利润、规费、税金和风险费等。

(1)直接成本费。是指工程施工中直接用于工程上的人工、材料和施工机械使用费用的总和。

(2)间接成本费。是指组织和管理工程施工所需的各项费用，如冬期、雨期施工增加费、临时设施费、工地转移费、企业管理费等。

(3)利润。是指招标时根据本项目的具体情况确定的施工企业的预期利润。

(4)规费和税金。规费是指法律、法规、规章、规程规定施工企业必须缴纳的费用，包括养老保险费、失业保险费、医疗保险费、住房公积金和工伤保险费等。税金是按规定应向国家缴纳的营业税、城市建设维护税及教育经费附加等税金。

(5)风险费。是对风险分析后确定的用于防范风险的费用。

复习思考题

1. 简述公路工程招标程序（公开招标、资格预审）。
2. 简述公路工程投标程序（公开招标、资格预审）。
3. 简述标底编制程序。
4. 简述标底编制依据。
5. 简述标底的费用组成。

第四章　公路工程造价编制软件的使用意义

公路工程具有线路长、建设周期长、投资大、受自然因素影响大的特点,使得确定其造价的程序和方法复杂化。特别是引入招投标制度以后,市场竞争激烈,对工程造价工作提出了更高的要求,一是必须在很短的时间内计算出科学合理的报价,而且要求报价单位必须把握工程造价的动态因素。有时根据投标策略,可能会要求造价人员用一个晚上的时间重新计算报价并打印。因此,如仍采用那种传统的甚至手工编制工程造价的方法,就显得力不从心。

公路工程造价编制工作,早已步入了计算机时代,通过公路工程造价软件,可快速准确地计算工程造价,大大缩短编制公路工程造价的时间,提高效率,增强竞争力。计算机技术的发展又反过来培育了市场。现有公路工程行业中使用较为广泛的工程造价软件有:海德纵横SMARTCOST公路工程造价软件、珠海同望公路工程造价软件等。

第二部分、第三部分将以这两个软件为主,分别介绍如何应用公路工程造价软件编制概预算及标底。

第二部分　海德纵横 Smart Cost 公路工程造价软件

第五章 海德纵横 Smart Cost 公路工程造价软件介绍及操作入门

第一节 海德纵横公路工程造价软件主要功能和特性

传统的造价软件一直停留在“计算工具”的层面上,《海德纵横 Smart Cost 公路工程造价软件》(以下简称《纵横 Smart Cost》)V9.X 版本创造性地融合了专家的报价经验,以“智能”、“专业”、“高效”为软件的核心思想,使软件真正成为造价人员的“外脑”。

一、主要功能

(1)施工单位能快速、准确地编制投标书。

(2)项目业主能有效地对多项目实行投资审核与监管,编制标底。

(3)咨询机构可以快速地向客户提交咨询方案或结果、进行项目审核。

(4)工程设计单位使用本软件编制估概预算,便于协同工作、重复修改和多方案比较。

二、主要特性

1.原创模板克隆功能,快速组价的同时,实现预算标准化与知识积累

初学者可使用系统自带模板,或本单位内部模板,计算工程造价可迅速上手。

单位里不同人做的预算差异太大、五花八门时,可以逐步建立一个项目定额组价的模板库,让不同的预算人员使用。可积累知识、提高预算标准化程度。

使用共同的模板,可快速保证了预算文件编制的统一性。让预算员摘录图纸工程量,造价审查人员专注于指标分析。实现造价指标分析(脑力劳动)与计算定额工程量(体力劳动)两者的分工。

通过模板克隆,自动按分解系数计算定额工程量,让同类构造物具备相同单价指标,便于快速判断设计方案造价。提高设计方案比选与造价审查的效率。

当需编制多个标的预算时,A 标预算已编制完成,将 A 标变成模板(将历史项目变成模板,“克隆”到新项目中),就能快速完成 B 标、C 标的预算编制。即利用历史项目预算,完成新项目的定额套用。

2.原创造价审查功能模块,可满足造价站审查需求

(1)具备查找定位功能

并列显示造价书中同名分项单价指标,便于快速发现单价指标过高过低的分项。

(2)图纸工程量窗口

可将设置位置、图号、图纸工程量等详细信息填在此处,便于审查时核对原始数据。

(3)审查报表

可用于多造价书间的单价偏差对比表、工料机费用权重表等一系列审查报表，满足项目间的单价指标、费用组成等多角度分析要求。

3. 有撤销与还原点功能，保障操作安全，无惧误删除、误操作

(1)真正的撤销功能

误删除、误修改任何数据，都可以即时撤销。

(2)可设置数据还原点

可为一个预算书保存多个还原点，一旦文件误删除、误操作，可随时回到上一次保存状态。

4. 增强报表定制服务，解决投标急需的特殊报表

当投标时需要特殊报表时，用户可以享受到纵横公司报表定制服务。报表功能不但可以横排，还可输出竖排的页眉页脚。

5. 具有强大的EXCEL兼容性，可在系统界面与EXCEL间相互复制任意数据

可交叉复制定额号、工程量、材料预算价、计算结果等，进行加工或分析，如进行调价方案比选等。

6. 利于多人协同工作，方便编制多分段大型项目概预算

支持多预算书窗口平铺，多预算书间直接相互复制数据，无须导入导出，就像在两个EXCEL文件中复制操作一样简单。支持导出导入块文件，用U盘或QQ交换预算书的某个节点块文件。

7. 改造传统软件的调价功能，深入至原始计算数据的每一个细节，在最短的时间内实现任意清单单价调整

《纵横Smart Cost》强化了清单调价功能。具体如下。

(1)可成批调清单的“工料机消耗量、清单单价、费率”；乘系数后，所有单价分析表数据自动调整。

(2)实时同屏显示调价前后清单单价、金额对照，快速判断调价合理性。

(3)所有报表均可输出调价前、调价后两套报表，视不同需要灵活调用。

(4)反向调价。当已明确某清单的最终报价，可直接输入清单单价，系统自动反算调价系数，计算工料机数据，配合单价分析报表数据输出。

8. 容易找到、调整定额，降低了造价编制者的门槛

独创智能定额逼近，边输入，边提示下一级定额。鼠标双击定额号列(或输入定额号数字)，系统智能逼近所需的定额，逐步提示，无需牢记定额号。

9. 定额模糊查找

只需输入定额名称中的关键字，对应定额自动过滤出来。不必死记定额号，也省去手工查找定额的麻烦。

10. 独创智能定额调整

提炼定额附注说明成为选项，造价编制人员只要视实际施工方案打勾选取，无须死记硬背。

厚度、运距调整，只需输入实际值，软件则会自动进行查找辅助定额、自动改写定额名称、

自动计算分项单价等操作。抛弃旧式造价软件反复查找定额、输增量的模式，降低人为操作错误发生率。

11. 支持费用分摊

清单往往没有列明、又用在多条清单上的合理费用，如混凝土搅拌站、弃土场建设等，需要按报价策略进行分摊。《纵横 Smart Cost》的分摊操作直观明了，同屏显示分摊结果。分摊细目作为一道工序体现在所有单价分析表中，而不仅仅只是出现一个金额，改变旧式软件的复杂操作。

12. 材料预算单价计算简便快捷

可直接读取各省公布的材料价格信息，自动填入原价内，快速准确。

同一料场的运价、运费等计算数据一般均相同，可成批设置材料计算数据，重新设计的材料计算界面，免除旧版软件反复切换界面的麻烦，快速完成材料预算单价计算。

13. 计算灵活——组价方式多样、计算基数无穷

一个清单项目的组价，可灵活使用定额组价、数量乘单价组价、基数计算、直接输入清单单价等多种计算方法，使造价编制更加得心应手。软件除特别提供的计算基数外，还可以直接调用系统编码组合成无穷的计算基数，就像 EXCEL 一样。

第二节　海德纵横公路工程造价软件设计依据和应用范围

一、设计依据

(1)现行《公路工程基本建设概、预算编制办法》；

(2)现行《公路工程预算定额》、《公路工程概算定额》；

(3)现行《公路工程基本建设项目投资估算编制办法》和《公路工程估算指标》；

(4)现行《公路工程机械台班费用定额》；

(5)现行《公路工程标准施工招标文件》(2009)；

(6)其他附录、地方规定和相关补充规定。

二、应用范围

软件适用于新建、改建的公路工程基本建设项目编制估、概、预算和投标报价和标底编制。《纵横 Smart Cost》适用于施工投标、施工成本管理、项目招标、项目审计审核、设计、监理等。

第三节　海德纵横公路工程造价软件版本及安装注册升级

一、版本介绍

海德纵横公路工程造价软件估概预算版和招投标版均有网络版、学习版、正式版三种

版本。

(1)网络版。只要能上网,就有跟正版公路造价软件一样的功能。安装次数不限,具备打印及输出功能,可任意使用。

(2)学习版。仅供学习使用,是免费版。安装次数不限,可任意使用,但不具备打印及输出功能。

(3)正式版。是对外销售版,安装次数不限,须用加密狗方可打开使用,具备全部功能。

网络版、学习版数据与正式版数据相互兼容。

二、软件安装

在珠海纵横创新软件有限公司网站(http://www.smartcost.com.cn/)上下载所需要的版本,如专业版、学习版还是网络版,解压后,双击以.exe为后缀的文件即进行安装,按屏幕提示操作即可。

如果安装的是学习版软件,在安装完成后,即可使用。

如果安装的是正式版软件,请在安装完软件后,再将软件加密狗插入计算机的USB口,要进行软件注册后才能使用(如果运行程序后,提示“找不到加密锁”请将软件锁插入另一个USB口。若仍未能解决,请致电纵横客户服务热线0756-3850888)。

如果安装的是网络版,安装完软件后,双击打开软件,然后点击下方的立即注册。在弹出的网页中,根据提示,注册纵横通行账号并开通纵横软件网络版,然后使用自己注册的账户密码登录,这样就可以打开免费使用纵横网络版了。

注:此软件的运行环境为中文Microsoft windows xp/vista/windows7。最小配置为:P2/赛扬以上CPU、最少64M内存、最少200M可用硬盘空间、800×600分辨率显示器,强列建议采用1024×768显示模式。

三、软件注册

专业版(估概预算版、招投标版等)安装完成后,请致电销售代表或全国统一服务热0756-3850888以注册您的软件加密狗,并获得注册码。在成功注册前,可使用《纵横Smart Cost》50次或50个h。获得注册码或注册程序后,请选择“帮助”菜单下的“产品注册”菜单,并按提示完成注册操作。如手工输入注册码方式注册,操作如下:

(1)选择“帮助”菜单→“产品注册”→“下一步”→“下一步”→选择“手工输入注册码”。

(2)将从软件公司取得的注册码复制粘贴到“注册码”栏内。

软件加密狗是正式用户身份的唯一标识,须妥善保存,每次启动正式版的软件,须先将软件加密狗插入电脑的USB接口中,才能正常启动正式版的软件。学习版则不受此限制,安装后可直接使用。

四、软件升级

凡《纵横Smart Cost》用户均享有至少一年的免费升级服务。请定期浏览http://www.smartcost.com.cn的升级信息,版本的升级周期一般为6个月。

可随时在http://www.smartcost.com.cn获得各地工料机单价信息、新定额、新编制办法、新增补充定额等增值服务。

第四节 《纵横 Smart Cost》软件基础入门

一、《纵横 Smart Cost》软件文件类型

《纵横 Smart Cost》软件编制工程造价所用到的文件结构关系如图 5-1 所示。

1. 建设项目文件

建设项目是按照一个总体设计进行施工的各个工程项目的总和，建成后具有设计要求的生产能力或效益。编制一个建设项目的造价(如估算、概算、预算、标底、报价等)，需要建立一个建设项目文件。建设项目文件一般以建设项目的名称来命名，不同的建设项目需要建立不同的建设项目文件。建设项目文件简称为项目文件。

2. 造价文件

建设项目的造价文件用来储存与造价编制有关的数据，如项目表(工程量清单)、工程量、所选定额等。一个建设项目的造价可划分为一段也可划为多个分段来编制。

如果以整个建设项目为一段来编制造价，要先建立一个建设项目文件，再在这个建设项目文件下建立一个造价文件；如果划分为若干段编制造价，一个标段应对应一个造价文件。如果分段编制，建设项目的总造价为各段造价的总和。

编制估算、概算或预算时造价文件，一般以编制范围的起点桩号到终点桩号来命名。

编制标底(或报价)时造价文件名称一般以标段名命名。

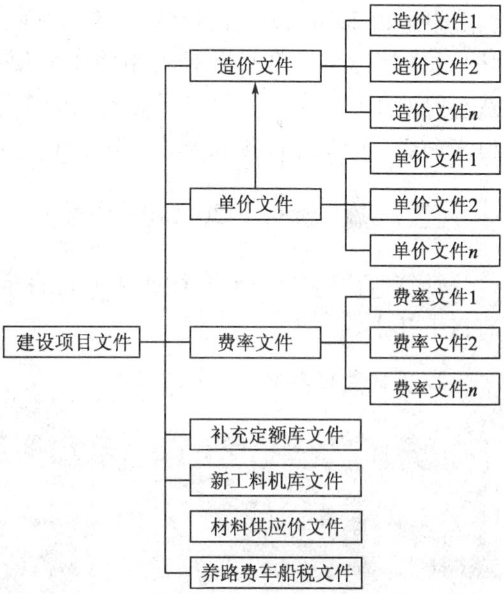

图 5-1 《纵横 Smart Cost》软件文件类型

3. 单价文件

计算人工费、材料费、施工机械使用费时，要用所消耗的工料机数量乘以相应的工料机预算单价。编制造价时需要建立一个单价文件，用来储存人工、材料、施工机械台班的预算单价。

4. 费率文件

计算一个建设项目的造价时，很多费用是用一个基数乘以相应的费率得到的。如冬季施工增加费等于直接工程费之和乘以冬季施工增加费费率；雨季施工增加费等于直接工程费之和乘以雨季施工增加费费率；还有夜间施工增加费等很多费用都是这样计算的。编制造价时需要建立一个费率文件，用来储存计算工程造价所需的费率。

5. 补充定额库

在计算一个建设项目的概算时，依据的是现行《公路工程概算定额》、《公路工程预算定额》、《公路工程机械台班费用定额》；计算预算时，依据的是现行《公路工程预算定额》、《公路

工程机械台班费用定额》。现行公路工程概、预算定额是2007年发布的,其收编了当时代表社会生产力水平的施工工艺。随着施工技术的不断进步,有些新的施工工艺不断出现,当计算造价时如采用这些新施工工艺而现行定额中又找不到时,则可以编补充定额。补充定额库正是存放这些补充定额的文件。

6. 新工料机库文件

当计算造价要用到现行定额中没有出现过的新工种、新材料、新机械设备时,必须通过"添加工料机"功能先添加新工料机到软件中,软件把所有新工料机都存放在新工料机库文件中。

7. 材料供应价文件

这个文件一般储存各地造价站公布的材料供应价格信息(公路上一般指材料的原价)。

8. 养路费车船税文件

施工机械中,如自卸汽车、拖拉机、各种运输车、洒水车等车辆都要交养路费车船使用税(根据国发〔2008〕37号,养路费已不再征收,为零,但本软件中还是以养路费车船使用税来称呼),机械设备台班单价包括养路费车船使用税。软件把养路费车船使用税标准储存在养路费车船使用税文件中。因各省有自己的车船使用税标准,故养路费车船使用税文件一般以省份来命名,如"北京车船税标准(2007)(不含养路费)"。

二、《纵横 Smart Cost》的界面

计算造价的各种操作,往往在不同的界面中进行,《纵横 Smart Cost》软件常用的操作界面有以下几个。

1. 项目管理界面(图5-2、图5-3)

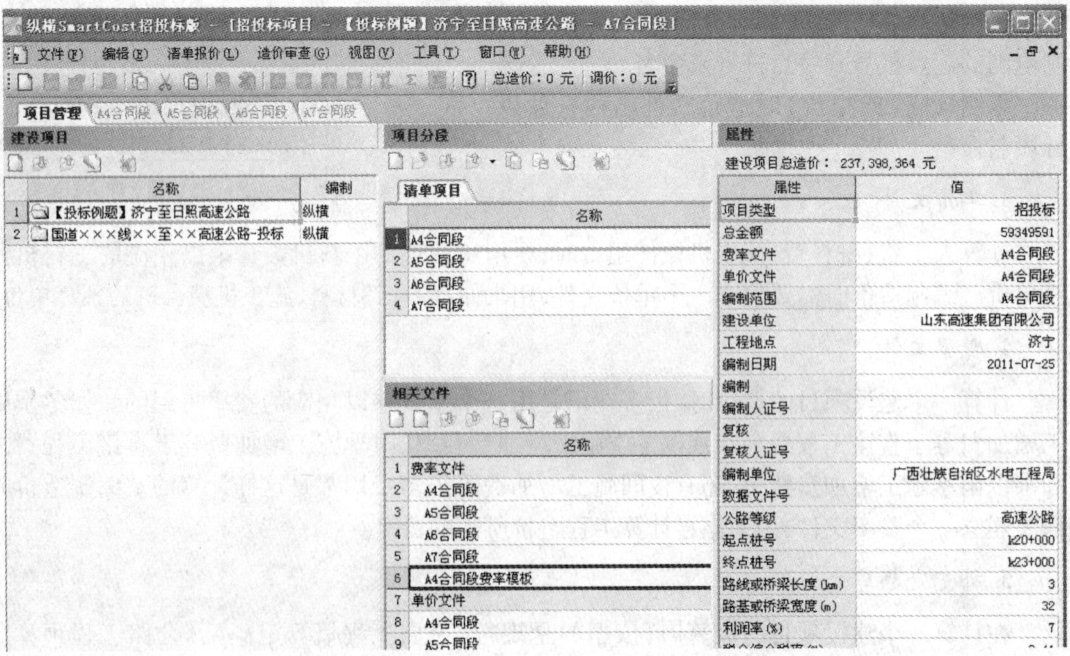

图5-2 《纵横 Smart Cost》项目管理界面(招投标版)

项目管理界面的左侧窗口列出编制建设项目文件名称，可在此界面中新建或删除建设项目文件；中间窗口上半部分列出造价文件名称，可在此窗口新建或删除造价文件；中间窗口下半部分列出与造价文件相对应的单价文件和费用文件名称，可在此新建或删除单价文件和费率文件；右侧是项目属性窗口。

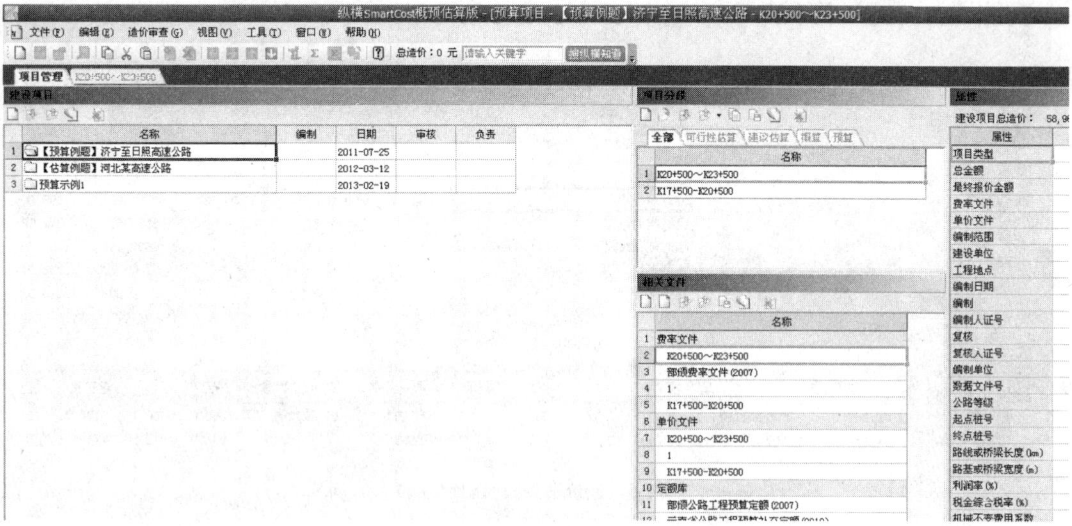

图 5-3 《纵横 Smart Cost》项目管理界面(概预算版)

2. 造价书界面(图 5-4、图 5-5)

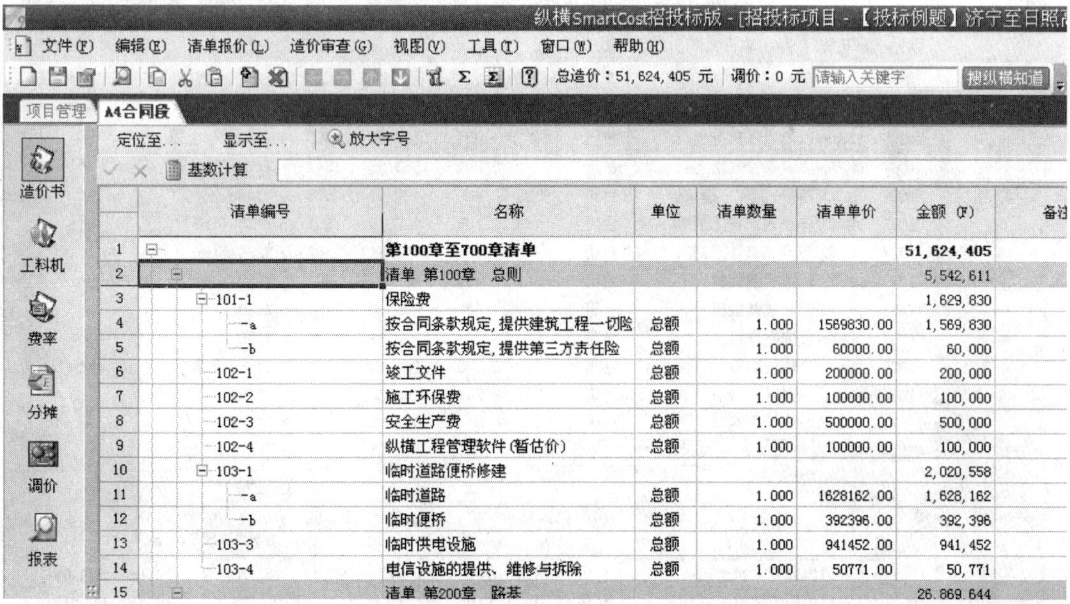

图 5-4 造价书界面(招投标版)

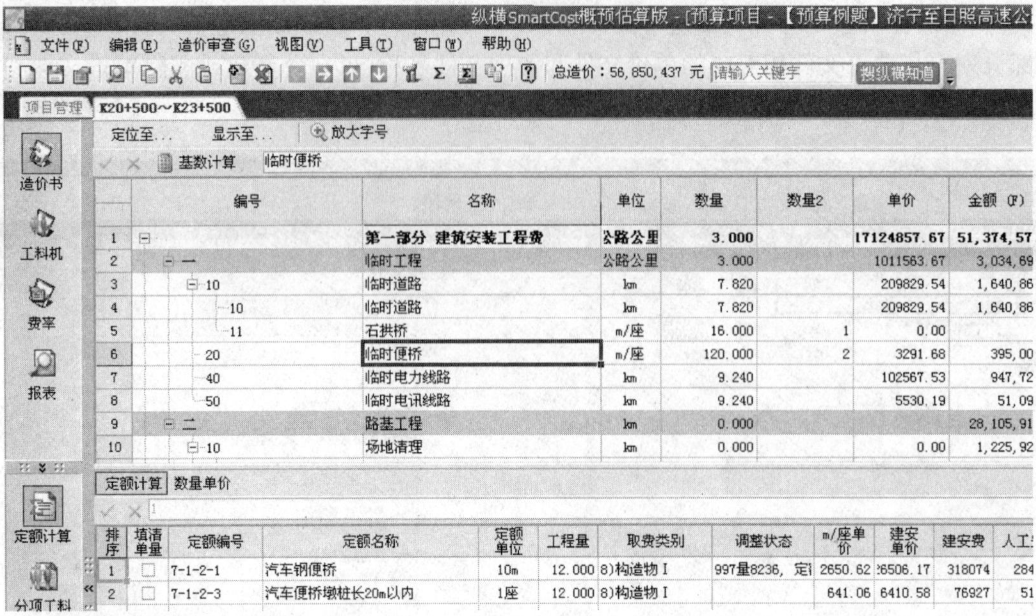

图5-5 造价书界面(概预估版)

3. 工料机汇总界面(图5-6)

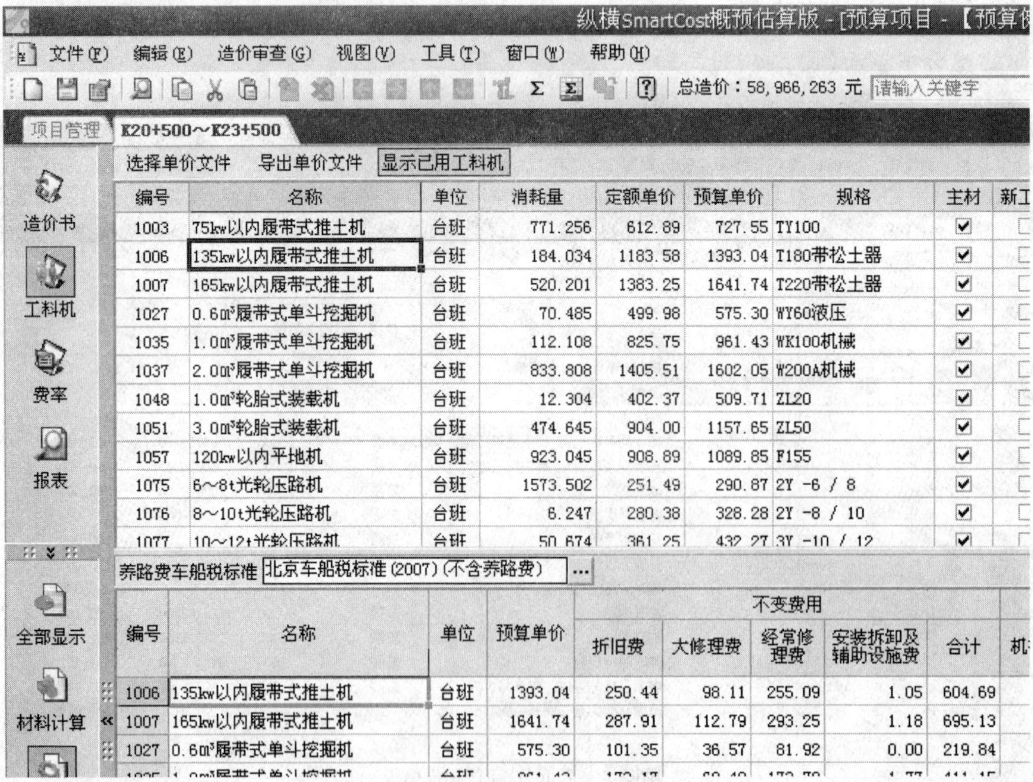

图5-6 工料机汇总界面

4. 费率界面(图 5-7)

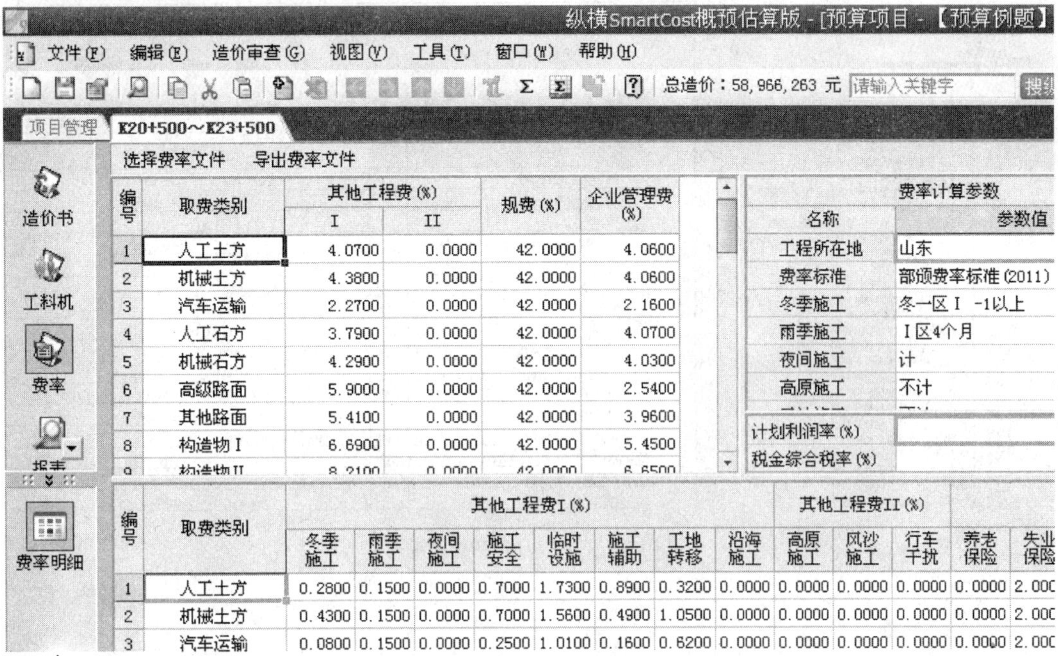

图 5-7　费率界面

5.“报表”界面(图 5-8、图 5-9)

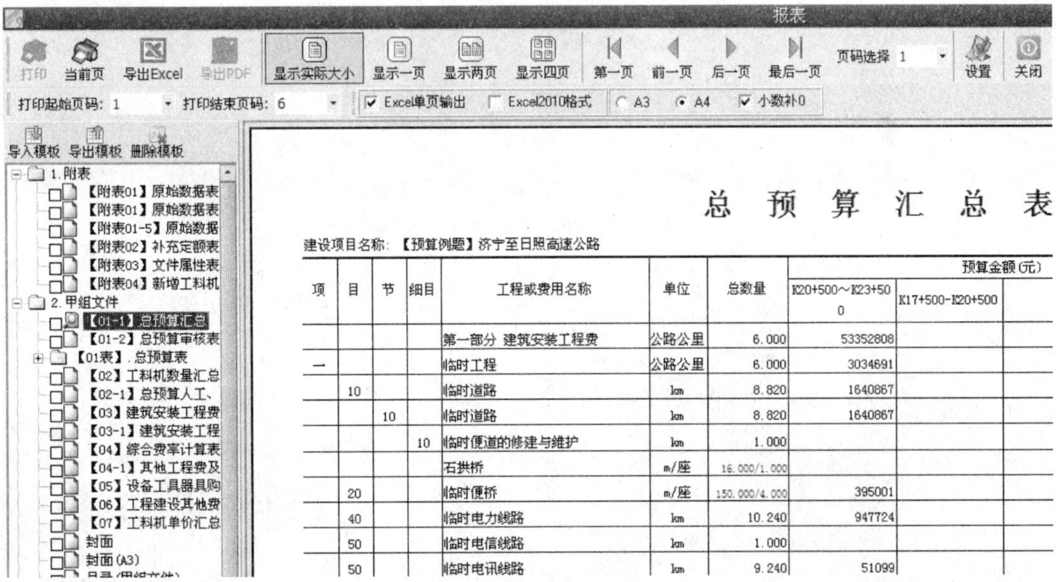

图 5-8　报表界面(概预算版)

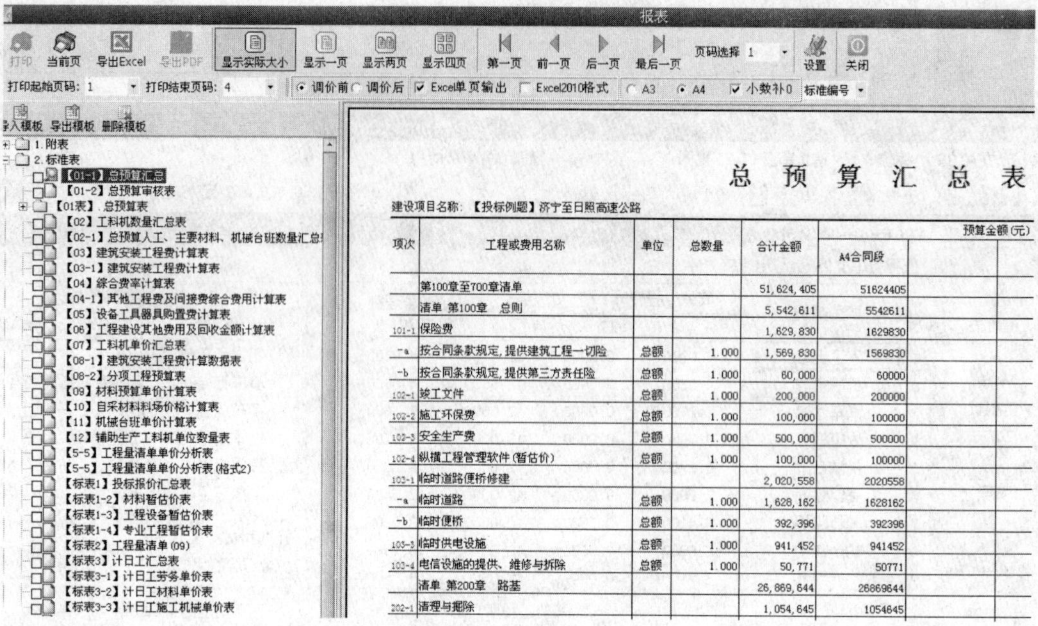

图5-9 报表界面(招投标版)

第六章　海德纵横 Smart Cost 公路工程造价软件编制公路工程概(预)算流程

用海德纵横 Smart Cost 公路工程造价软件用编制一个概算或预算的流程如图 6-1 所示。

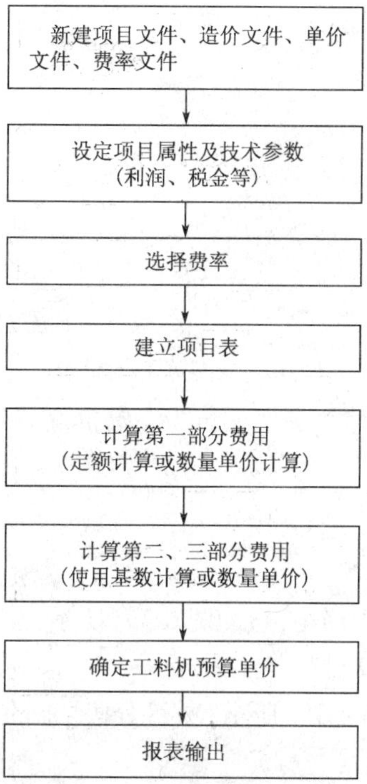

图 6-1　概、预算的编制流程

图 6-1 所示流程中有些步骤可以改变顺序,初学者可按该流程操作。

下面将分节说明用海德纵横 Smart Cost 公路工程造价软件编制概、预算的详细操作方法。

第一节　新建项目文件、造价文件、单价文件与费用文件

项目文件、造价文件、单价文件和费率文件可以从别处导入,也可以新建。

新建项目文件、造价文件、单价文件和费率文件有以下方法。

一、在新建项目对话框中同时建立

【操作】:(1)打开软件,点击文件中的"新建项目文件"按钮,或者快捷菜单栏下的新建建设项目图标,直接弹出新建项目对话框,对话框如图 6-2 所示。

(2)在图 6-2 所示新建项目对话框中依次输入文件名称(造价文件)、建设项目名称(建设项目文件),选择“项目类型”,是可行估算、建议估算、概算还是预算,点击“确定”,就新建了一个建设项目文件、造价文件,同时建立的还有费率文件、单价文件(系统默认单价文件、费率文件与造价文件同名)。如果费率文件名、单价文件名与造价文件名不同,则应该在“费率文件”栏和“单价文件”栏输入这两个文件的名称。

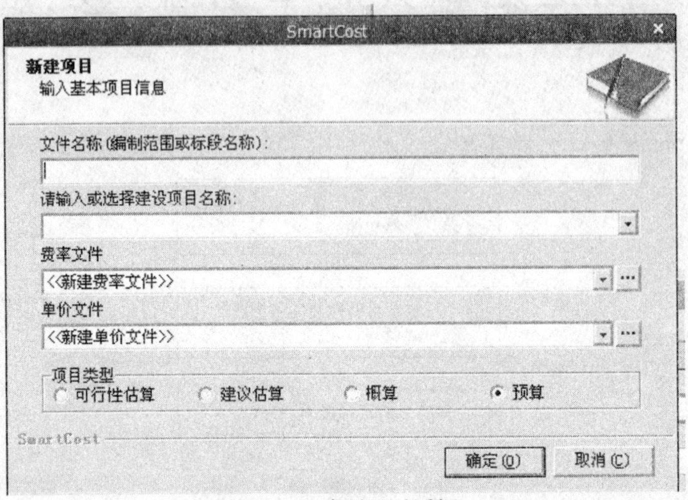

图 6-2　新建项目对话框

如果软件中有适用的,也可在“费率文件”/“单价文件”栏里点击▾,选择适用的费率文件/单价文件。

二、逐个建立

【操作】:(1)在“项目管理”界面中,点如图 6-3a)所示“建设项目”菜单栏下的新建建设项目图标,先建立一个建设项目文件。

(2)该建设项目文件下,点图 6-3b)所示“项目分段”下的新建分段图标,建立该建设项目的造价文件。

(3)在图 6-3c)所示“相关文件”菜单栏下点新建费率和单价文件图标,建立该造价文件的费率文件和单价文件。

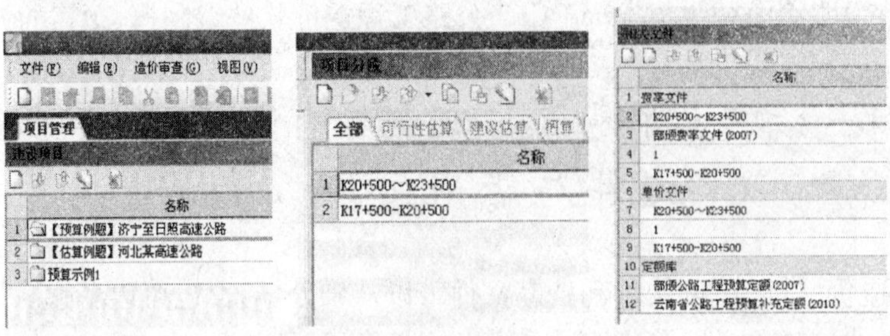

a)　　b)　　c)

图 6-3　逐个建立

当一个建设项目分为若干个段编制造价时,应该在该建设项目下建立若干个造价文件。

【操作】:在“项目管理”界面中,用鼠标选中该建设项目,再多次点击“项目分段”菜单栏下的新建分段图标,建立多个该建设项目的造价文件。建立多个造价文件时,要注意相应的费率文件和单价文件是默认由软件新建还是选择已有的。

【练习1】:建立项目文件,文件名为“江西省某高速公路”;并建立该项目的造价文件(即分段文件),编制范围:K0+000~K3+000,项目类型:预算,同时建立单价文件和费率文件(文件名同造价文件)。

注:有时需要将软件中正在编制或已编制好造价的建设项目的数据拷贝到数据盘中,或将数据盘中的建设项目造价数据拷贝到软件中,可用“导出建设项目”和“导入建设项目”功能,详见第九章。

第二节 设定项目属性及技术参数(利润、税金等)

项目属性包含一些与造价编制有关的信息,如编制者姓名、复核者姓名、利润率、税率等。设定项目属性方法如下。

一、在“项目文件属性”对话框中设定项目属性

1. 调出“项目文件属性”对话框

用以下方法可调出项目文件属性对话框。

(1)在“文件”菜单中点击“项目属性”选项

【操作】:在“项目管理”界面双击打开一个造价文件进入造价书界面,点“文件”菜单→“项目属性”,如图6-4所示。

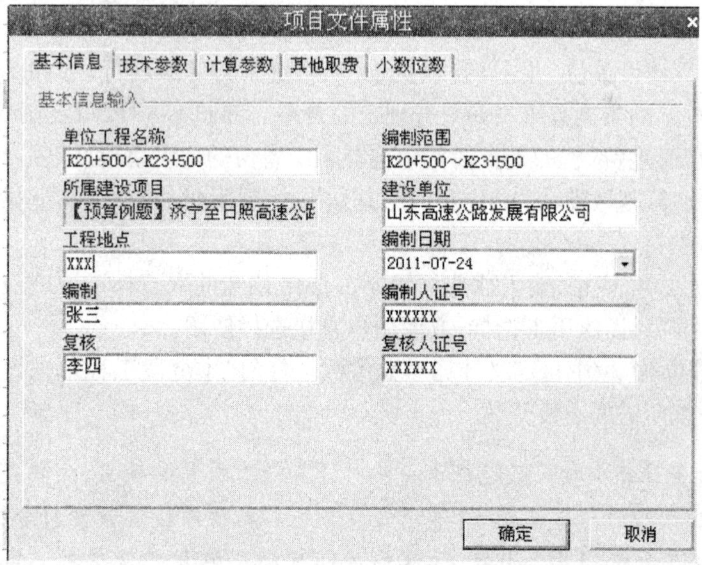

图6-4 项目文件属性对话框

(2)点击菜单栏的“项目属性”图标

【操作】:在造价书界面点击菜单栏上“项目文件属性”按钮,跳出图6-4所示项目文件属性对话框。

2. 输入项目属性及技术参数

在项目文件属性对话框中输入或选择该建设项目项目属性及技术参数。对话框有 5 个选项。

(1)在“基本信息”栏中，输入编制范围、编制人、复核人等信息，这些信息与报表输出有关，如图 6-4 所示。

(2)在“技术参数”栏中，填写公路等级、起终点桩号等技术数据，此处数据不参与计算。

(3)在“计算参数”栏中，设定利润，税金，机械不变费用系数，辅助生产间接费率，选择是否计算高原地区施工增加费，如图 6-5 所示。

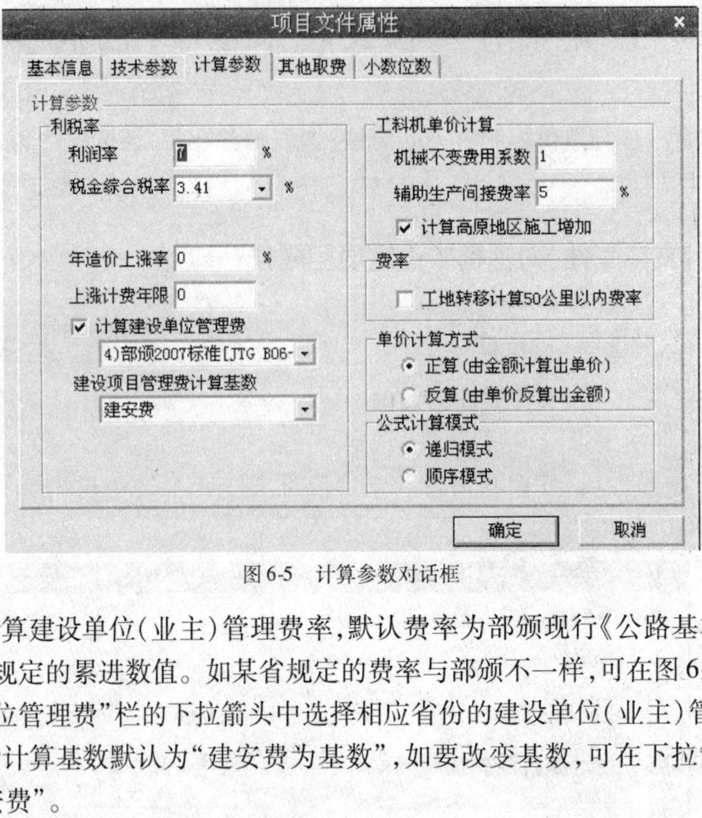

图 6-5　计算参数对话框

软件默认计算建设单位(业主)管理费率，默认费率为部颁现行《公路基本建设工程概预算编制办法》中规定的累进数值。如某省规定的费率与部颁不一样，可在图 6-5 所示的对话框的“计算建设单位管理费”栏的下拉箭头中选择相应省份的建设单位(业主)管理费确定方法。建设单位管理费计算基数默认为“建安费为基数”，如要改变基数，可在下拉箭头中选择其他的，如“定额建安费”。

(4)在“其他取费”栏中，输入或选择编制办法中特殊的取费标准，如绿化工程费指标、冬雨夜施工增工率、临时设施用工指标，方便用户直接选择使用。

(5)在“小数位数”栏中自定义计算小数位数。打勾“本分段工程单独设置”，即可设置本分段文件的各数据所需的小数位数。

说明：设置计算小数位数适应于一些对计算精度较高的项目，主要是清单工程量较小的项目，如小型建设项目清单编制、清单变更预算等。本软件精度设置符合公路造价习惯，将“定额—各项费用”设成“3 位”小数，计算精度即可满足绝大部分要求。其他精度值如非必要，请勿随意修改。

二、在项目管理界面的标段属性窗口修改属性

【操作】：在项目管理界面屏幕最右边是项目属性窗口，如图 6-6 所示。可以在窗口中下

拉选择编制日期、公路等级、税金等属性值，属性窗口的数据修改后，项目标段会同步刷新。

注：如果一个建设项目分多段编制造价，需输入各段的项目属性数据。

【练习2】：确定“江西某高速公路”的项目属性，数据见表6-1。

属性

建设项目总造价： 0 元

属性	值
项目类型	预算
总金额	0
费率文件	k0+000~k6+000
单价文件	k0+000~k6+000
编制范围	k0+000~k6+000
建设单位	珠海纵横创新软件有限公司
工程地点	珠海
编制日期	2011-12-14
编制	张少珊
编制人证号	0756-3850888
复核	王晶
复核人证号	0756-3850887
编制单位	
数据文件号	001
公路等级	二级公路
起点桩号	k0+000
终点桩号	k6+000
路线或桥梁长度(km)	0
路基或桥梁宽度(m)	
利润率(%)	7
税金综合税率(%)	3.41
机械不变费用系数	1
辅助生产间接费率(%)	5

图6-6 项目属性对话框

项 目 属 性 表6-1

编制范围：K0 + 000 ~ K3 + 000	建设项目：江西省某高速公路
公路等级：高速公路（新建工程）	地点：江西赣州
利润率：7%	税金：3.41%
建设单位：江西省××监理公司	编制人：×××
复核：××	路面宽：32m

第三节 确 定 费 率

其他工程费、规费、企业管理费等费用的费率，通常与工程所在地、雨季期和雨量、气温、是否夜间施工、是否行车干扰、工地转移距离等费率计算参数有关，只要确定了这些参数，软件会自动确定这些费用的费率。确定好了费率后，可以费率文件方式导出费率，以供其他项目使用。

如果有适用的费率文件，也可在软件中选择该费率文件中的费率，不用逐项选择参数来确定费率。

确定费率有以下几种方法。

一、逐项选择费率参数值来确定费率

【操作】：(1)在“造价书”界面的左侧点击“费率”图标，进入如图6-7所示“费率”界面。

(2)在如图6-7所示费率界面右侧的“费率计算参数”对话框中，逐项点击各费用名称的“参数值”栏，在出现的下拉箭头中选择相应的参数值，或直接输入实际的参数值。

①选择工程所在地，根据工程所在地，自动确定按地区类别取费的项目。

②费率标准。软件已按全国各省补充编办内置费率标准，并根据工程所在地过滤，供选择，如图6-8所示。

③选择冬雨夜、高原、风沙、沿海、行车干扰、临时设施、施工辅助、基本费用、职工探亲等参

数，软件会自动计算相应的费率值；只要把光标放在冬、雨季施工所在行停留几秒不动，软件会根据工程所在地，自动提示冬、雨季施工区域划分，如图6-9所示。

图6-7 费率界面

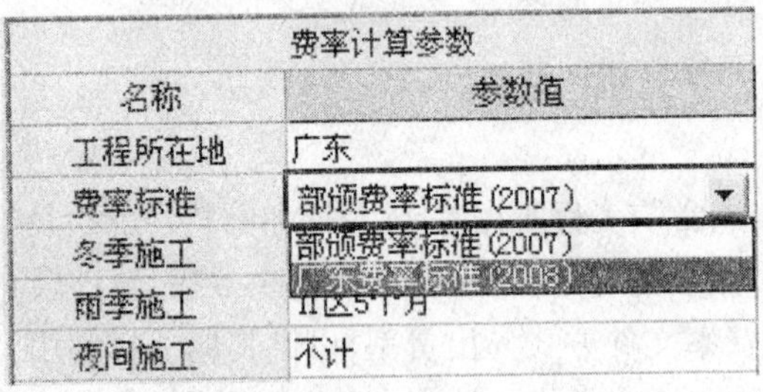

图6-8 费率标准

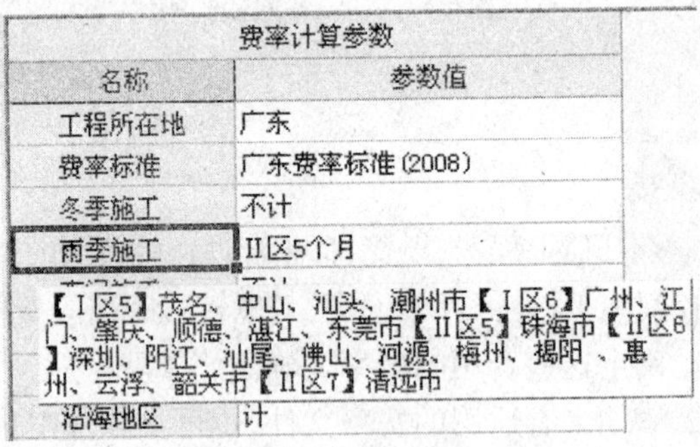

图6-9 选择参数

④输入工地转移的公路里数、四险一金费率、综合里程。

【练习3】：确定费率。取费信息见表6-2。

确 定 费 率 表6-2

工程所在地	江西赣州	费率标准	江西一级公路费率标准(2008年)
冬季施工	不计	雨季施工	Ⅱ区7个月
夜间施工	计	高原施工	不计
风沙施工	不计	沿海地区	不计
行车干扰	不计(新建不计)	安全施工	计
临时设施	计	施工辅助	计
工地转移(km)	500	养老保险(%)	20

续上表

工 程 所 在 地	江 西 赣 州	费 率 标 准	江西一级公路费率标准(2008 年)
失业保险(%)	2	医疗保险(%)	6.6
住房公积金(%)	8	工伤保险(%)	2.2
基本费用	计	综合里程(km)	5
职工探亲	计	职工取暖	不计
财务费用	计		

注:费率可以个别修改,设定好的费率可以导出保存到文件中。

(1)修改费率

"费率"界面的上部视窗是费率的合计,下部视窗是费率组成细目。可任意手工修改上部视窗、下部视窗内的数值。如图 6-10 所示,可单个修改费率,也可用乘系数方式对整列、整行、选择范围修改。

【操作】:点击鼠标右键菜单选择"乘系数",可乘系数方式修改费率。

编号	取费类别	其他工程费(%) I	其他工程费(%) II	规费(%)	企业管理费(%)
1	人工土方	3.3100	0.0000	32.0100	3.9700
2	机械土方	2.7700	0.0000	32.0100	3.9050
3	汽车运输	[illegible]	[illegible]	[illegible]	2.0150
4	人工石方	[illegible]	[illegible]	[illegible]	3.9850
5	机械石方	3.2700	0.0000	32.0100	3.9000
6	高级路面	3.9700	0.0000	32.0100	2.4550
7	其他路面	3.8700	0.0000	32.0100	3.8750
8	构造物 I	4.8600	0.0000	32.0100	5.3050
9	构造物II	5.8400	0.0000	32.0100	6.4950
10	构造物III	11.0100	0.0000	32.0100	11.5650
11	技术复杂大桥	5.8600	0.0000	32.0100	5.5600
12	隧道	4.5300	0.0000	32.0100	5.0550

图 6-10　修改费率

(2)导出费率

当费率设定好后,可导出保存到文件中,以供其他项目使用。同一个建设项目中的不同标段,一般可使用同一个费率文件。

【操作】:在图 6-10 所示的费率窗口中,也可点屏幕左上方的"导出费率文件"图标把当前窗口的费率导出并保存到费率文件中。

说明:(1)造价文件保存时,费率文件自动同时保存(在屏幕上显示有当前预算文件所使用的费率文件名称)。

(2)多个预算文件可共用一个费率文件时,当该费率文件修改时,凡用到该费率文件的各造价文件均会根据该费率文件中的费率自动重算造价。

二、选择费率文件中的费率

当选择一个已有费率文件作为当前造价文件的费率文件时，软件会采用已有费率文件中的费率作为当前造价文件的费率。

1. 调出“选择费率文件”对话框

有以下方法可调出“选择费率文件”对话框。

【操作 1】：点击标段属性窗口的“费率文件”栏，会在该栏右侧出现三个小点图标 ...，点击该三个点的图标，弹出“选择费率文件”对话框，如图 6-11 所示。

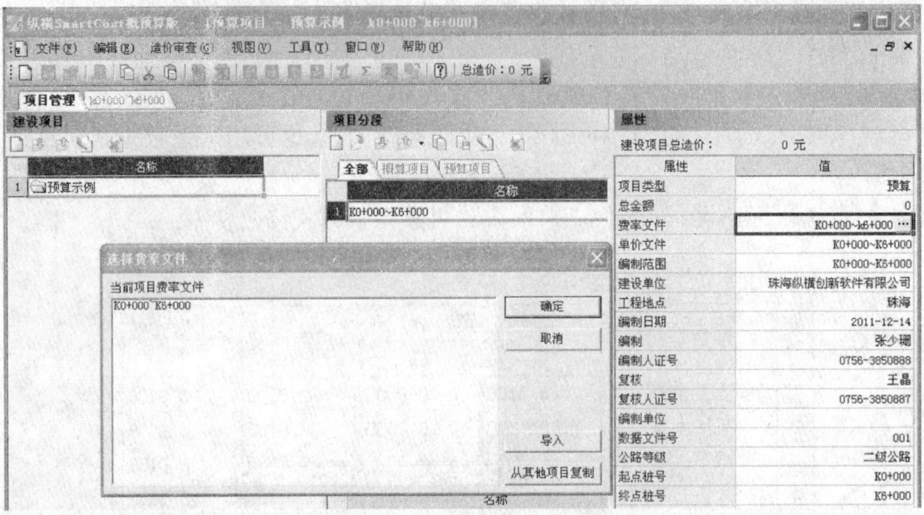

图 6-11　选择费率文件(一)

【操作 2】：在图 6-12 所示的“费率”窗口中，点屏幕左上方的“选择费率文件”，出现“选择费率文件”对话框。

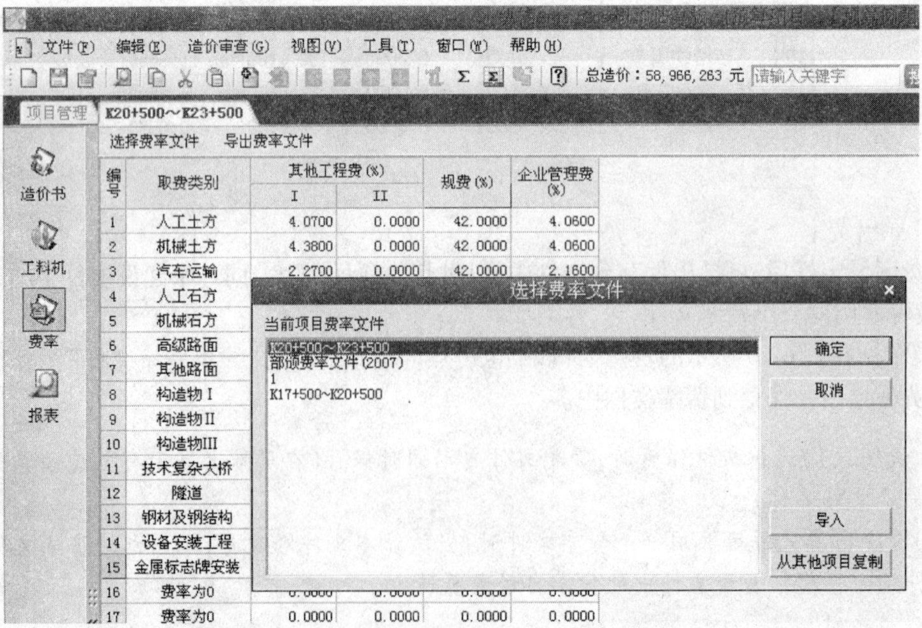

图 6-12　选择费率文件(二)

2. 选择费率文件

如图6-12所示,如果"当前项目费率文件列表"中有适用的费率文件,可直接选用,如果没有,则需导入或从其他项目复制。

(1)直接选择费率文件

【操作】:在"选择费率文件"对话框"当前项目费率文件"列表中,选择一个适用的费率文件,再点"确定",设为当前造价文件的费率文件。

(2)导入费率文件

如果"当前项目费率文件"列表中没有适用的费率文件,适用的费率文件保存在电脑等数据盘中,可导入该费率文件。

【操作】:①点图6-12中的"导入"图标,跳出"打开"文件对话框。找到适用的费率文件,选中后,点击"打开"图标。即把该费率文件导入进"当前项目费率文件"列表。

②在"当前项目费率文件"列表中选中该费率文件,点"确定"即设为当前项目的费率文件。

(3)从其他项目复制费率

【操作】:①点图6-12中的"从其他项目复制费率"图标,出现对话框如图6-13所示。

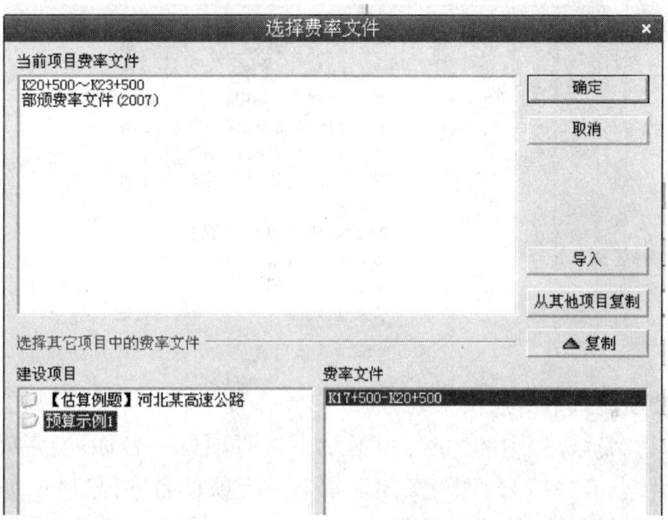

图6-13　从其他项目复制费率

②若另一个项目《预算示例1》的费率文件K17+500~K20+500适用,选中该费率文件,点"复制"图标,则费率文件"K17+500~K20+500"复制到"当前项目费率文件列表中",在"当前项目费率列表中"选中该费率文件,点"确定"按钮,即设为当前需计算造价的项目的费率文件。

注:当重新选择费率文件,原有费率值被刷新,软件将以新费率文件中的费率重新计算造价。

第四节　建立造价书项目表

一、打开标准项目表

为了准确无误地计算和确定公路工程造价,必须把建设项目按一定的方法、排列顺序及内容进行划分，计算工程量，并做成表格形式，这个表称为项目表。现行《公路基本建设工程概预算编制办法》中列出了按标准方法划分的几乎包括现有公路工程所有项目的标准项目表。

在软件中打开现行《公路基本建设工程概预算编制办法》标准项目表的方法如下。

【操作】：在“造价书”界面，点击屏幕右上角的 项目表 图标，出现标准项目表窗口。如图6-14所示。此操作属于开关式的，再点击一下 项目表 图标，则软件会关闭标准项目表。

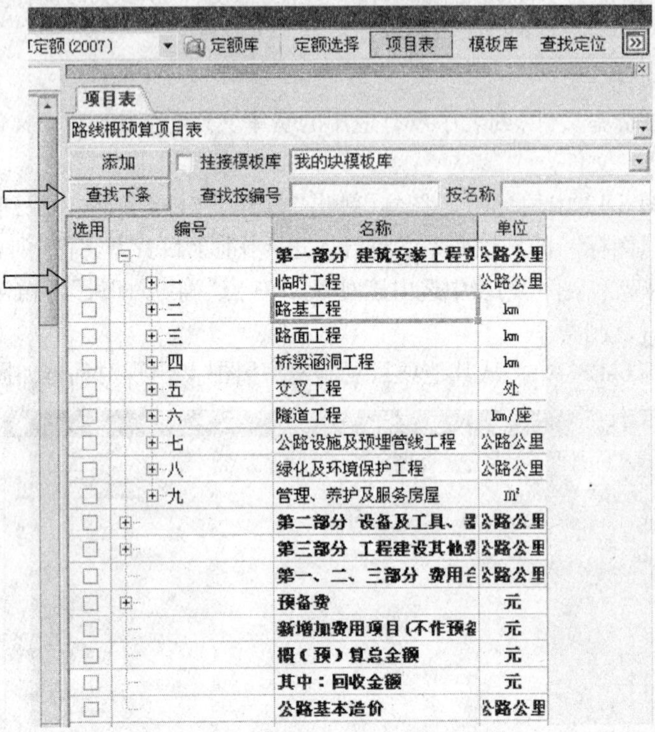

图6-14 项目表

标准项目表按项、目、节的层次来划分，每一项目下有若干子目，有些子目下面又分为若干节。点击图6-14中“编号”列中的“+”，可显示下一级项目的名称；当变成“-”号时，表明该项目无下一级项目，点击“-”号，即可关闭显示下一级项目名称，只显示本级项目名称。上一级项目称为父项，下一级项目称为子项。

二、建立当前造价文件的项目表

把建设项目按标准项目表的格式进行划分并列出项、目、节，计算出相应的工程量，从本软件标准项目表中添加这些项、目、节到“造价书”界面中，形成当前造价文件的项目表。

每个需编制概、预算的项目，必须建立项目表，即每个造价文件要建立自己的项目表，才能计算造价，建立方法有以下几种。

1. 从标准项目表中添加

有以下两种操作方法。

【操作1】：在图6-14所示“标准项目表”窗口中的“选用”列方框中逐项勾选目标添加项目，点“添加”按钮。则标准项目表中已勾选的项目添加进当前造价文件的项目表中。

注：当勾选父项时，子项全部自动选择；当勾选个别子项时，父项自动选择，但其他子

项不会选择。

【操作2】:用鼠标双击图6-14所示标准项目表中需添加的项目的名称,可直接将该项目添加到当前造价文件项目表中。

注:当双击父项时,仅仅只选择父项,子项不会自动选择;当双击子项时,父项自动选择。

若添加的项目有误,可在项目表中选中要删除的项目,点屏幕上方的删除按钮,或者点鼠标右键,选择删除。当删除父项时,子项全部删除;当删除个别子项时,父项不会删除。

2. 添加标准项目表中没有的非标准项目

添加标准项目表中没有的非标准项目,有以下两种操作方法。

【操作1】:用鼠标点击需添加的分项所在的位置,再点击"造价书"界面左上角的插入按钮。则在当前鼠标位置后面插入一空行。

【例1】:在"一临时工程"的子项"临时道路"分项后面添加"石拱桥"。编号:11;单位:m/座。

【操作】:用鼠标点击"临时道路"所在行→点击"造价书"界面左上角的"插入"图标,则在项目表的"临时道路"分项后增加了一空行,如图6-15所示。在图6-15所示的空行中输入编号、分项名称,如输入"石拱桥",并在"单位"列中选择该分项的工程量单位。

图6-15 添加非标准项目

【操作2】:把鼠标放在需添加的位置,如放在“临时道路”所在行上,点击鼠标右键,选择“插入”选项。则在项目表的“临时道路”分项后增加了一空行,输入新增分项的编号、名称、单位。

若建立的项目表层次不合理,可利用升级按钮、降级按钮、上移按钮、下移按钮来进行调整,新手使用时注意要谨慎,注意各分项的上下级、前后关系,否则会越调整越乱。

三、输入项目表各分项的工程量

当全部添加完成项目表后,在项目表的“数量”列输入根据设计图纸计算的各项目的工程量,如果某项目有两个单位,还需在“数量2”中输入第二个工程量。如图6-16所示,如“临时便桥”的单位为“m/座”,应该在“数量”列输入便桥一共多少米,在“数量2”中输入便桥一共有多少座。

图6-16 输入项目表各分项的工程量

【练习4】:建立表6-3所示的项目表。

项 目 表(节 选) 表6-3

项	目	节	细目	工程或费用名称	单 位	数 量
				第一部分 建筑安装工程费	公路公里	13.000
一				临时工程	公路公里	13.000
	10			临时道路	km	43.480
		10		临时道路	km	43.480
			10	临时便道的修建与维护	km	43.480
	20			临时便桥	m/座	220.000/1.000
	21			石拱桥	m/座	20.000/1.000

续上表

项	目	节	细目	工程或费用名称	单位	数量
	40			临时电力线路	km	69.000
	50			临时电信线路	km	33.775
二				路基工程	km	10.772
	10			场地清理	km	33.775
		10		清理与掘除	m^2	973400.000
			10	清除表土	m^3	105114.000
			20	伐树、挖根、除草	m^2	973400.000
	20			挖方	m^3	4160135.000
		10		挖土方	m^3	654013.000
		20		挖石方	m^3	3506122.000
	30			填方	m^3	3509653.000
		10		路基填方	m^3	3509653.000
			20	利用土方填筑	m^3	218377.000
			40	利用石方填筑	m^3	3290676.000
	50			排水工程	公路公里	13.000
		10		石砌边沟排水沟截水沟等	m^3	68406.400
	60			防护与加固工程	km	13.000
		20		石砌护面墙、护坡	m^3	102525.900
		25		石砌护肩、护脚	m^3	1694.000
三				路面工程	km	13.000
	10			路面垫层	m^2	781878.000
		10		碎石垫层	m^2	781878.000
	20			路面底基层	m^2	745012.000
		30		石灰粉煤灰稳定碎石底基层	m^2	733810.000
	30			路面基层	m^2	740088.000
		30		石灰粉煤灰稳定碎石基层	m^2	729904.000
	31			稳定土拌和站	处	2.000
	40			透层、黏层、封层	m^2	747960.000
		10		透层	m^2	747960.000
		20		黏层	m^2	1869900.000
		30		下封层	m^2	747960.000
	50			沥青混凝土面层	m^2	747960.000
		10		沥青混凝土下面层 6cm	m^2	747960.000
		20		沥青混凝土中面层 6cm	m^2	956167.000
		30		沥青混凝土面层 4cm	m^2	837504.000
	51			沥青拌和站	处	1.000

续上表

项	目	节	细目	工程或费用名称	单位	数量
	60			水泥混凝土面层	m^2	9258.000
		10		水泥混凝土路面 26cm	m^2	5025.000
		15		水泥混凝土路面 24cm	m^2	4233.000
				第二部分　设备及工具、器具购置费	公路公里	13.000
三				办公及生活用家具购置	公路公里	13.000
				第三部分　工程建设其他费用	公路公里	13.000
一				土地征用及拆迁补偿费	公路公里	13.000
	10			土地补偿费	公路公里	13.000
二				建设项目管理费	公路公里	13.000
	10			建设单位(业主)管理费	公路公里	13.000
	30			工程监理费	公路公里	13.000
	50			设计文件审查费	公路公里	13.000
	60			竣(交)工验收试验检测费	公路公里	13.000
四				建设项目前期工作费	公路公里	13.000
十一				建设期贷款利息	公路公里	13.000
十二				新增加费用项目(作预备费基数)	公路公里	13.000
	10			招标代理服务费	公路公里	13.000
	30			水保、地灾评估费	公路公里	13.000
				第一、二、三部分费用合计	公路公里	13.000
				预备费	元	
				2. 基本预备费	元	1.000
				新增加费用项目(不作预备费基数)	元	
1				水土保持方案报告书编制费用	公路公里	13.000
2				地质灾害危险性评估费用	公路公里	13.000
3				环境评估报告书编制费用	公路公里	13.000

第五节　计算建筑安装工程费(定额计算法)

第一部分建设安装工程费用的计算方法主要有定额计算法、数量单价法等方法。

定额计算法的原理:确定项目表中各分项的施工方案、根据施工方案选择完成各分项施工所需的定额,系统会自动计算出完成整个分项需要的人工、材料、机械设备台班的数量,如果确定了人工、材料、机械台班预算单价和费率,软件会根据预算单价和费率自动算出该分项的建筑安装工程费。

定额计算法的关键是选择定额(包括调整)和确定人工、材料、施工机械设备的预算单价、确定费率。

本节仅介绍定额的选择、调整等,工料机预算单价和费率的确定分别在其他节介绍。

一、选择定额

可以从部颁定额库中选择定额,也可以从其他定额库中选择定额。软件还提供在定额查找功能。

1. 从部颁定额库选择定额

(1)打开定额库

【操作】:在“造价书”界面,点击屏幕右上角“定额选择”图标,打开定额选择窗口,如图6-17所示。

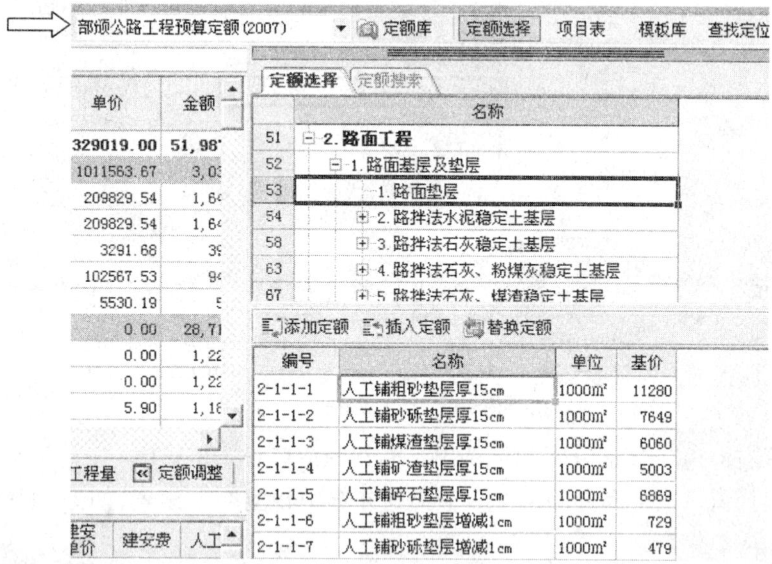

图6-17 打开定额选择窗口

所打开的定额库的名称在“定额库”图标的左侧显示,默认打开的定额库是现行部颁《公路工程预算定额》库(2007)。分为上下两部分窗口显示,上半部分显示的是定额库的各章、节、定额表名称,点各章“+/-”号,即可显示或关闭定额库的下一级内容。下半部分窗口显示的是各定额表中所包含的具体定额,我们在下半部分窗口选具体定额。

(2)在部颁定额库中选择定额

【操作】:点击“造价书”界面的项目表中所要选择定额的分项→在右侧定额库中找到所要选择的定额→双击所要选择的定额名称,或选中该定额后点击图6-18所示的“添加定额”图标,即选中该定额到该子目下→所选定额显示在“定额计算”窗口。

【例2】:选择高速公路“借土方填筑”施工的定额。施工方案:$2m^3$ 以内的挖掘机挖普通土,15t自卸汽车运1km,20t以内的振动压路机压实。

分析:应该选择的定额有3个:

①1-1-9-8 $2m^3$ 内挖掘机挖装土方普通土;

②1-1-11-21 15t内自卸车运土1km;

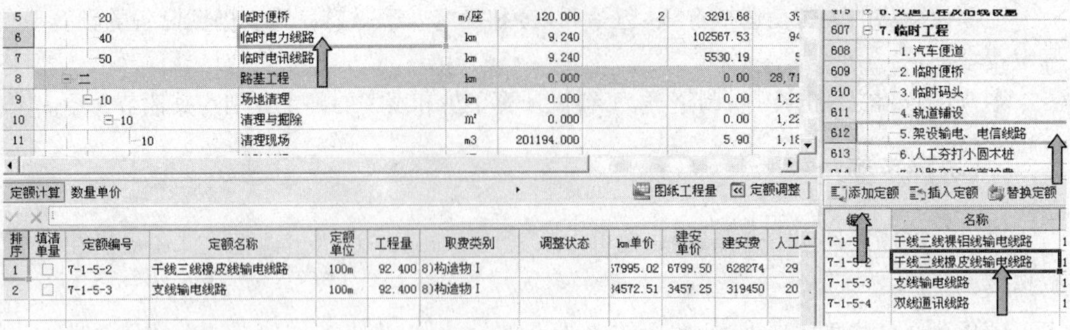

图 6-18　添加定额

③1 －1 －18 －5　高速一级路 20t 内振动压路机压土。

【操作】:①点击选择“造价书”界面项目表中“借土方填筑”这一栏,如图 6-19 所示。

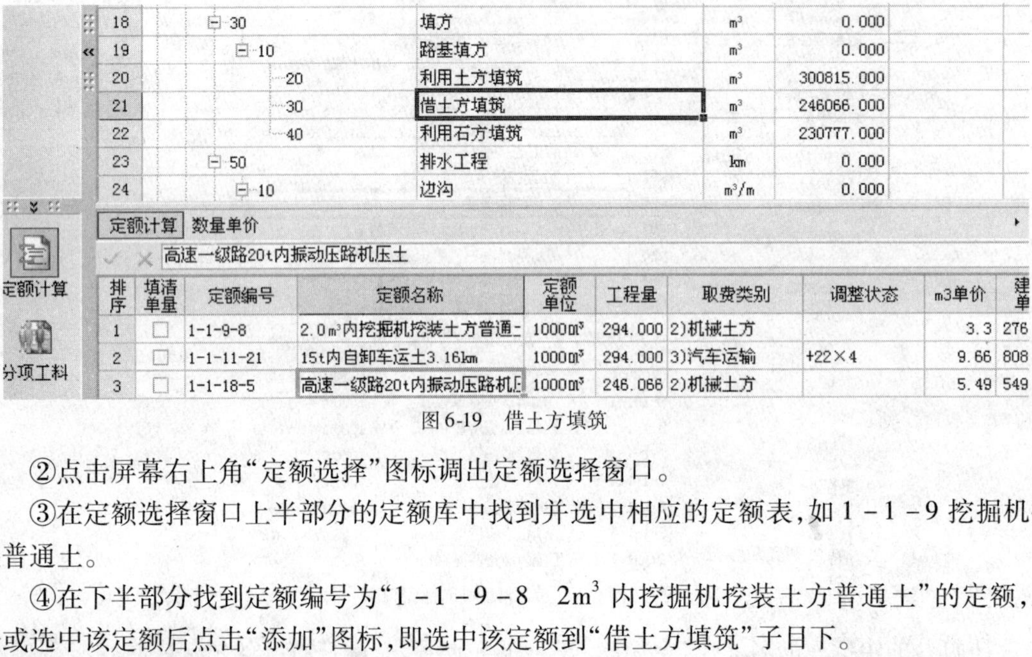

图 6-19　借土方填筑

②点击屏幕右上角“定额选择”图标调出定额选择窗口。

③在定额选择窗口上半部分的定额库中找到并选中相应的定额表,如 1 －1 －9 挖掘机挖装普通土。

④在下半部分找到定额编号为“1 －1 －9 －8　$2m^3$ 内挖掘机挖装土方普通土”的定额,双击或选中该定额后点击“添加”图标,即选中该定额到“借土方填筑”子目下。

⑤重复③、④步骤,按以上方法来选择第二个定额“1 －1 －11 －21”和第三个定额“1 －1 －18 －5”。结果如图 6-19 所示。

屏幕左半屏幕分为上、下两部分,上半部分“项目表”窗口显示的是造价文件的项目表,下半部分“定额计算”窗口显示的是分项中所选的定额。

(3)删除已选定额

如果选错了或多选了定额,可删除。

【操作】:在“造价书”界面下半部分的“定额计算”窗口中,选中需删除的定额,用鼠标右键“删除”或点屏幕上方工具栏删除按钮。

2. 从其他定额库中选择定额

有时要选择的定额不是在部颁定额库中,而是在其他的定额库中。这时,需要将其他定额库设为当前定额库,才能从中选择定额。

【操作】:(1)点击“造价书”界面右上角“定额库”选择图标,跳出“选择定额库”对话框。

(2)在“选择定额库”对话框中点“增加定额库”图标,弹出“打开”对话框。

(3)在“打开”对话框所列定额库中,选择一个定额库,如“云南省公路工程预算补充定额(2010)”,点击“打开”图标。此时在“选择定额库”对话框的列表中已显示有“云南省公路工程预算补充定额(2010)”。

(4)点“选择定额库”对话框的“确定”按钮,回到“造价书”界面。

(5)点“造价书”界面的 定额库 图标左边下拉键,在列表  中选择一个定额库作为当前定额库,如选择“云南省公路工程预算补充定额(2010)”。则“云南省公路工程预算补充定额(2010)”设置为当前定额库,可在定额库中选择定额。选择方法与在部颁定额中选择定额一样。

3. 查找定额

定额库中有很多定额,我们要清楚地记得哪一条定额在哪一个表并不容易,对于初学者来说更是难以找到,软件提供了定额搜索功能可大大方便查找定额。

(1)切换到“定额搜索”窗口

【操作】:“定额选择”窗口内,点击图6-20所示的“定额搜索”图标,切换到“定额搜索”窗口。

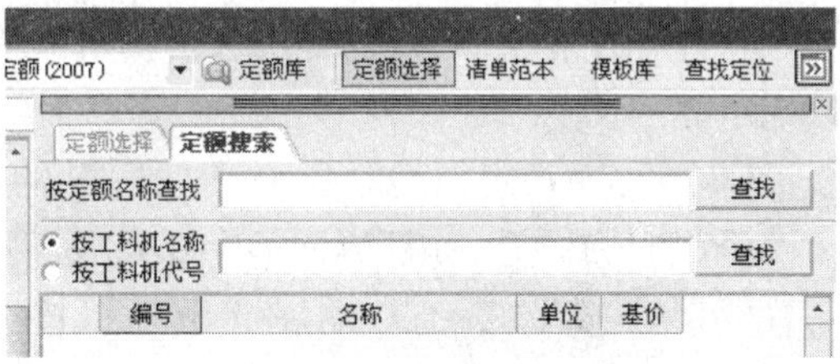

图6-20 定额搜索

(2)查找定额

软件提供了3种方法查找定额。

①输入定额名称查找

【操作】:在图6-20所示“定额搜索”窗口的“按定额名称查找”栏中输入所要找的定额的全名或部分名称。

【例3】:在“按定额名称查找”栏输入“交工”,系统立即将名称中含“交工”的定额过滤出来,如图6-20所示。双击我们需要添加的定额。

注:搜索多个关键字间采用空格隔开。

②按定额中用到的工料机名称查找

【操作】:在图6-21所示“定额搜索”窗口的“按工料机名称”栏,输入要查找的定额中所用的工料机名称。

【例4】:输入“模板”,系统立即将工料机中含“模板”的定额过滤出来,如图6-21所示。双击我们需要添加的定额。

③按定额中用到的工料机代号查找

【操作】:在图6-22所示“定额搜索”窗口的“按工料机代号”栏,输入要查找的定额中所用的工料机代号。

【例5】:输入“821”,系统立即将工料机中含“821”的定额过滤出来,如图6-22所示。双击我们需要添加的定额。

4. 在定额输入栏中,人工输入定额(智能定额逼近)

当对定额很熟悉,知道定额的编号时,可用输入定额编号的方式选择定额。

【操作】:在“造价书”界面的“定额计算”窗口,在“定额编号”列,直接输入定额编号,如图6-23所示。

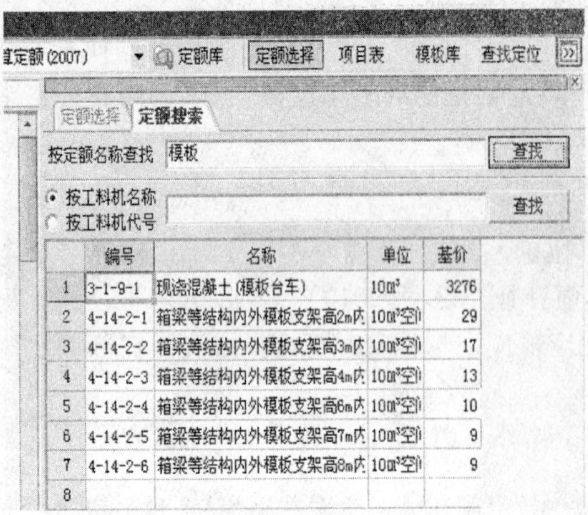

图6-21 按“工料机名称”搜索

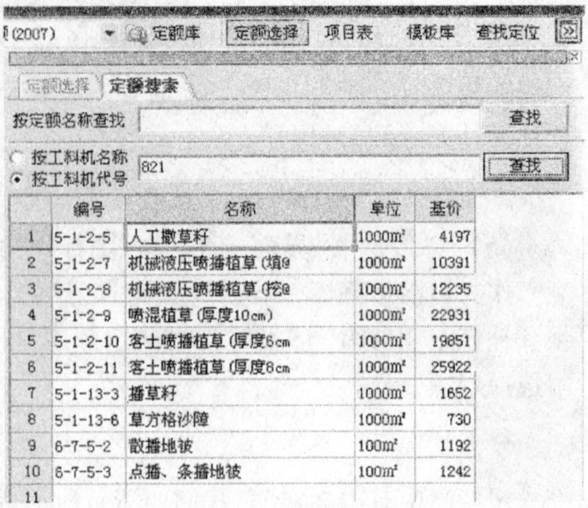

图6-22 按“工料机代号”搜索

软件有智能定额逼近功能，会自动根据输入的定额号智能逼近所需的定额，逐步提示无需死记定额号。

【例6】:输入定额编号为4－8－3－9的定额。

【操作】:在“造价书”界面下半部分“定额计算”窗口中“定额编号”列中输入“4－8－3－9”，随着数字的输入，系统自动展开下一级内容。输入完成后按“回车”键，完成定额选择如图6-23所示。

亦可在显示出的定额号上双击鼠标，不输入定额号而使用鼠标选择定额。

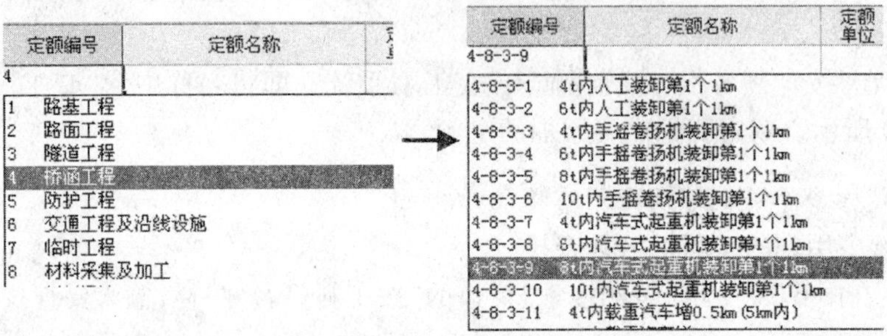

图6-23 智能定额逼近

说明:《公路工程预算定额》定额编号规则。

(1)《公路工程预算定额》中，用8位数字来对定额编号，第1位数字表示章号，第2、3位表示节号，第4、5位表示定额表号，第6、7、8位数字表示定额栏号。

如:40803009，表示第4章第8节第3号定额表的第9栏定额。

(2)使用章号－节号－表号－栏号来表示定额。

如4－8－3－9表示第4章第8节第3个定额表第9栏定额。

不管使用哪种定额编号方法，软件会要求输入习惯自动适应。

5. 模板库中克隆定额

详见第八章高级应用。

二、定额调整

部颁《公路工程概算定额》、《公路工程预算定额》作为一个行业标准，在发布相当长一段时间内，是固定不变的，而工程实际千差万别，可能每个项目的运距、路面厚度、混凝土配合比均不一样。新工艺、新材料层出不穷。因此当某个施工过程的部分内容与所选定额不一致时，就需要对定额进行调整。定额调整也称定额抽换。

1. 打开定额调整窗口

【操作】：在“造价书”界面，点屏幕右侧的“定额调整”图标，出现定额调整对话框，如图6-24所示。定额调整对话框是开关式的，再点击一下“定额调整”图标，则会关闭对话框。

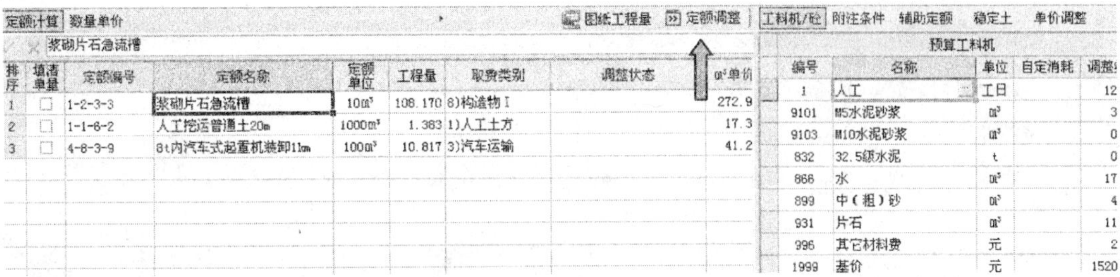

图6-24　定额调整

《纵横 SmartCost》包括如下定额调整内容：

①“工料机/混凝土”；

②“附注条件”；

③“辅助定额”；

④“稳定土配合比”调整；

⑤“定额、分项工料机单价”调整。

2. 定额调整

定额调整前，需先在“造价书”界面下半部分的“定额计算”窗口中选中要调整的定额。

1）“工料机/混凝土”调整

设计图纸上某个分项的施工所用人工、材料、机械设备、混凝土配合比等，如与所选定额不一致时，可在“工料机/混凝土”选项中进行调整（注：只能调整定额规定可以调整的内容，否则应该选别的适用的定额）。

“工料机/混凝土”选项中可进行“添加工料机、删除工料机、替换工料机、替换混凝土、替换商品混凝土、批量替换当前工料机”、“自定义工料机的消耗量”等操作，其中改变水泥强度等级、碎砾石的粒径等配合比的调整、改变混凝土或水泥沙浆的强度等级等操作，在“替换混凝土”菜单中进行。

（1）添加工料机

可以添加定额库中已有的工料机，还可以添加定额库中没有的新工料机。

【操作】：在定额调整对话框任意位置点鼠标右键，出现图6-25所示菜单，选择“添加工料机”。出现如图6-26所示“选择工料机”对话框。

软件在“选择工料机”对话框的左上角“定额库工料机”栏显示当前定额库名称，一般打开的是现行部颁《公路工程预算定额》。图中当前工料机列表所显示的是部颁标准的工料机名称。

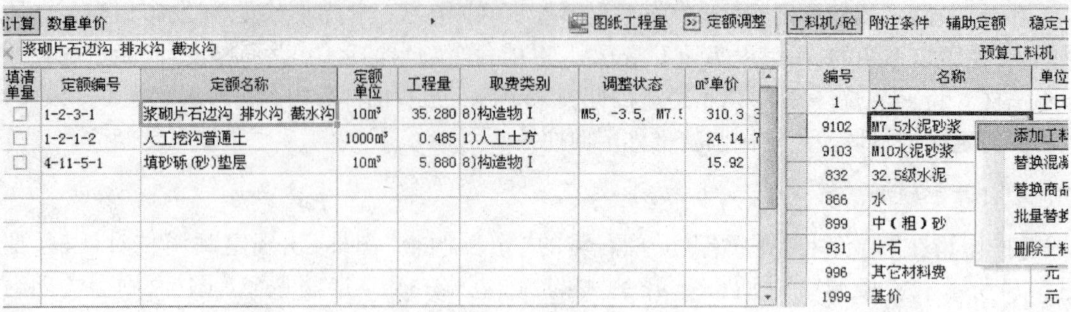

图 6-25　添加工料机

图 6-26　选择工料机

【操作】:在图 6-26 所示"选择工料机"对话框的"选用"列,打勾选择要添加的工料机,点"确定"图标,则选中的工料机会添加到需要调整的定额中去。

如需添加工料机在别的定额库,则需点击"定额库工料机"图标右侧的下拉箭头,选择所需定额库为当前定额库。

如果需要添加定额库没有的新工料机,则点图 6-26 所示"选择工料机"对话框左下角"新增工料机"图标,出现"新工料机"对话框。可在"新工料机"对话框中输入需新增的工料机的各项属性数据。

也可以从 Excel 成批复制材料名称到"新工料机"对话框,这个功能对绿化树苗、电缆、伸缩缝、支座等型号复杂的材料特别有用。

说明:可以新增的工料机类型为材料、机械和混凝土(混凝土需输入配合比)。

输入新工料机完成后,点“新工料机”对话框中“保存”图标,新增的工料机,软件统一放置于“我的工料机库”内。

建立好的新工料机,可以点“新工料机”对话框中“导出”图标,软件将新工料机数据以数据文件形式保存到电脑中。

当电脑中有可利用的工料机数据文件时,也可直接点“新工料机”对话框中“导入”图标,导入新工料机到当前工料机列表中。

(2)删除工料机

【操作】:在“定额调整”窗口的“工料机/砼”选项中,点击需删除的工料机名称,点击出现的三个点图标,选择“删除工料机”;或把鼠标放在需删除的工料机名称上,点鼠标右键,在出现的菜单中选择“删除工料机”,如图 6-27 所示。

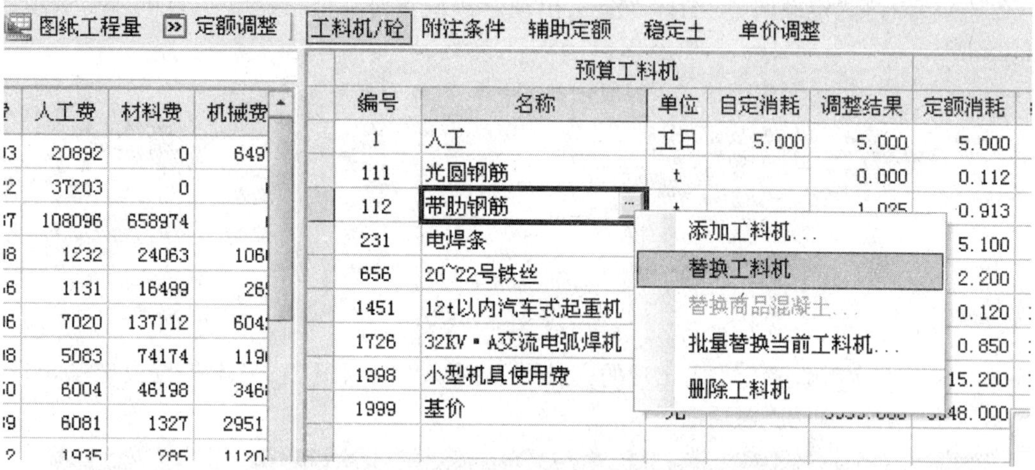

图 6-27　删除工料机

(3)替换工料机

【操作】:在“定额调整”窗口的“工料机/砼”选项中,点击需替换的工料机名称,点击出现的三个点图标,选择“替换工料机”。

或把鼠标放在需替换的工料机名称上,点鼠标右键,在出现的菜单中选择“替换工料机”,如图6-27所示。出现“选择工料机”对话框,在“选用”列打勾选择替换后的工料机,点“确定“图标。

(4)自定工料机消耗

新增工料机后,要输入其消耗量或要调整原有定额工料机消耗量时,均可在“自定消耗”中手工输入目标消耗量。

【操作】:在“定额调整”窗口的“工料机/砼”选项中,如图 6-27 所示,有一个“自定消耗”列,在“自定消耗”列内,输入某工料机的目标消耗量,软件在“调整结果”列中,显示调整后的工料机消耗量。

说明:(1)“调整结果”综合反映了各项定额调整后的消耗量数值,软件根据此列的值进行造价计算。如果输入错误,可直接在“自定消耗”列删除。

(2)手工输入值是最优先进行造价计算的值,当没有进行工料机消耗量调整时,“自定消耗”列显示为空。该值不会因为其他定额调整状态的改变而改变,除非再次进行手工修改。

(3)“定额消耗”列,显示部颁《公路工程预算定额》中的工料机消耗量数值。其值不会改变。

注:任何时候均不宜自定义“混凝土、砂浆”等编号为9××× 的消耗量,因在公路定额中,这些材料为半成品,其消耗量已分解为水泥、砂、碎石,是用分解材料的消耗量及单价进行造价计算。可以通过新增混凝土功能,新增新配比混凝土。

(5)替换混凝土

当需改变水泥砂浆强度等级、混凝土强度等级、水泥强度等级、碎石粒径等,均应采用“替换混凝土”的办法进行,而非自定义水泥、碎石消耗量。

【例7】:把分项“20 浆砌片石急流槽”所选定额 1-2-3-3 中使用的 M5 水泥砂浆,替换为 M7.5 水泥砂浆。

【操作】:①用鼠标点击选择需调整的定额 1-2-3-3。

②点屏幕右侧“定额调整”图标,出现定额调整对话框,选择“工料机/砼”选项,如图 6-28 所示。

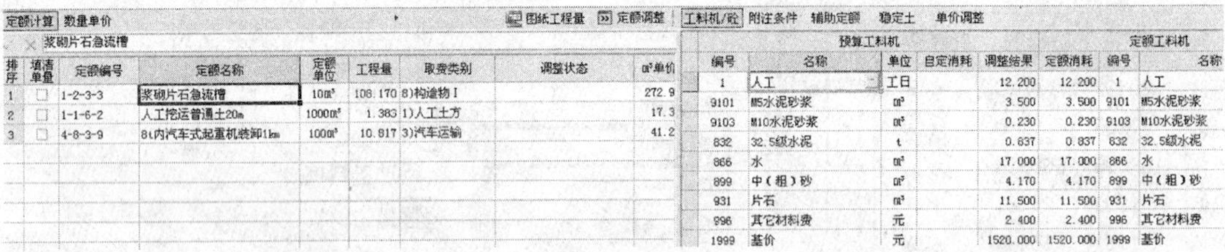

图 6-28 定额调整

③点击“M5 水泥砂浆”,点击出现的三点图,在跳出菜单中选择“替换混凝土”,出现如图 6-29所示“选择工料机”对话框。

图 6-29 选择工料机

注:可以从图 6-29 左侧的分类中快速选择所要找的工料机。当找不到时,可输入工料机名称或工料机编号进行查找。

④在图 6-29 中的 M7.5 水泥砂浆前的方框中打勾,再点“确定”图标。软件即把 M5 水泥砂浆替换成 M7.5 水泥砂浆,并在该定额的调整状态中可看到调整结果,如图 6-30 所示。

排序	填清单量	定额编号	定额名称	定额单位	工程量	取费类别	调整状态
1	☐	1-2-3-1	浆砌片石边沟 排水沟 截水沟	10m³	35.280	8)构造物Ⅰ	M5, -3.5, M7.5, +3.5
2	☐	1-2-1-2	人工挖沟普通土	1000m³	0.485	1)人工土方	
3	☐	4-11-5-1	填砂砾(砂)垫层	10m³	5.880	8)构造物Ⅰ	

图 6-30 调整后的界面

在“替换混凝土”过程中,请注意调整前后的消耗量变化,消耗量的变化是根据《定额》附录的《混凝土配合比表》进行自动替换。

注:根据《公路工程预算定额》附录的《混凝土配合比表》,碎石可用砾石替代。应通过“替换混凝土”的办法进行替换。在替换混凝土窗口中找到用砾石表示的混凝土的代号,打勾进行替换。

2)“附注条件”(定额乘系数)

部颁定额的章节说明、附注往往要求根据不同的情况对定额乘系数,这对造价结果有较大影响。《纵横 Smart Cost》软件把各章节说明及附注整理成“附注条件”选项形式,我们只需按工程实际打勾选择有无此项,可大大减少错漏。

【操作】:在“定额调整”窗口的“附注条件”选项中,在“调整”列打勾选择相应的附注条件,如图 6-31 所示。

【例 8】:现行《公路工程预算定额》(2007 年)规定:定额中挖掘机挖装普通土所消耗的工料机是按挖土并装车来计算的,如果仅仅挖土不需要装车,则工料机消耗量只要原定额消耗量的 0.87 倍。如果我们施工方案中挖掘机挖装土方施工不需要装车,则只要在“定额调整”窗口的“附注条件”选项中,打勾选择“土方不需装车”即可,点“确定”后,软件会自动重算,自动改写调整状态。在定额的调整状态栏可看到“定额 ×0.87”的调整结果,如图 6-31 所示。

3)“辅助定额”

当厚度、运距与所选定额的厚度、运距不一样时,应在“辅助定额”中进行调整。

【操作】:在“定额调整”窗口的“辅助定额”选项中,在“实际值”列中输入实际的运距或厚度数字,并回车。

软件将自动改写定额名称为实际运距或实际厚度,并自动进行辅助定额调整,显示调整状态,立即自动计算建筑安装工程费,刷新分项单价、金额、预算总造价。

【例 9】:对《预算示例》挖土方分项中所选定额“1 - 1 - 11 - 21　15t 的自卸汽车运第一个 1km”进行调整,实际运距为 4.8km。

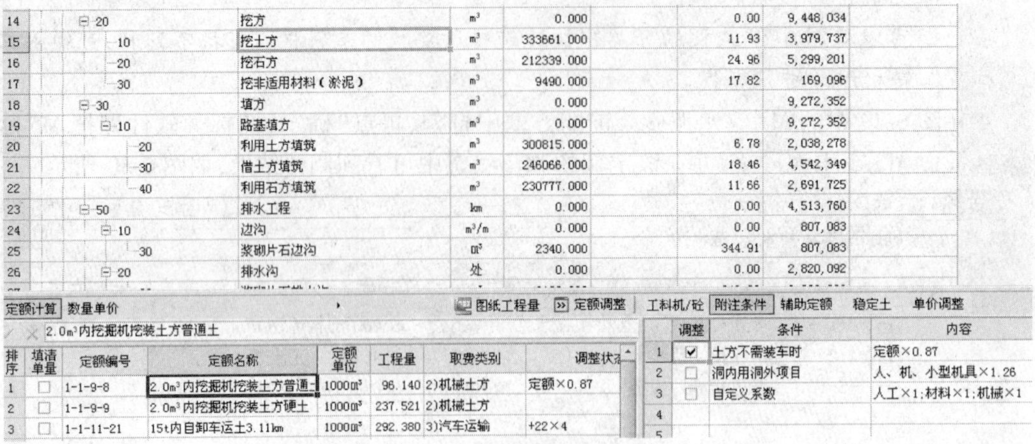

图 6-31　打勾选择相应的附注条件

【操作】:①选中定额 1－1－11－21,点屏幕右侧的“定额调整”,在定额调整对话框中点击选择“辅助定额”选项,出现图 6-32 所示对话框。

图 6-32　辅助定额

②在图 6-32 所示的“实际值”列,输入实际值 4.8,回车,注意不要写单位。则软件自动将该定额的运距改成运 4.8km,并在调整状态中注明,如图 6-33 所示。

图 6-33　自动调整运距

4)“稳定土配合比”调整

当设计中水泥、石灰等各类稳定土的配合比与所选定额不一样时,可在此选项中进行调整。

【操作】:在“定额调整”窗口的“稳定土配合比”选项中的“调整配合比”列中,手工输入调整后的各材料之间的比例,并回车。

注:软件会自动保持稳定土配合之和为100%。如配合比中只有两项材料,则输入其中一项的材料所点的百分比例并回车后,软件自动输入另一种材料的百分比例为100%减去前一种材料的百分比例,自动保持稳定土配合之和为100%。如图6-34所示。

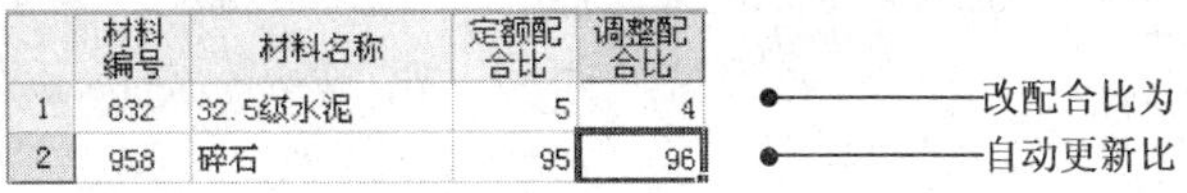

	材料编号	材料名称	定额配合比	调整配合比
1	832	32.5级水泥	5	4
2	958	碎石	95	96

图6-34 自动更新调整配合比

说明:如果需要增减配合比材料,还可以用新建立一条补充定额的方式,详见补充定额。

5)单价调整

材料预算单价,可以在“工料机”界面中进行输入或计算。也可直接在“定额调整”窗口中的“单价调整”中修改材料预算价。如果在“单价调整”中修改工料机预算单价,“工料机”汇总界面会自动生成一个与修改预算单价的工料机名称相同,但预算单价不同的新工料机。

【操作】:在“定额调整”窗口的“单价调整”选项的“单价调整”列,直接手工修改工料机的预算单价,系统会把该材料的名称后面增加后缀,并在“工料机”界面中显示,如图6-35所示。

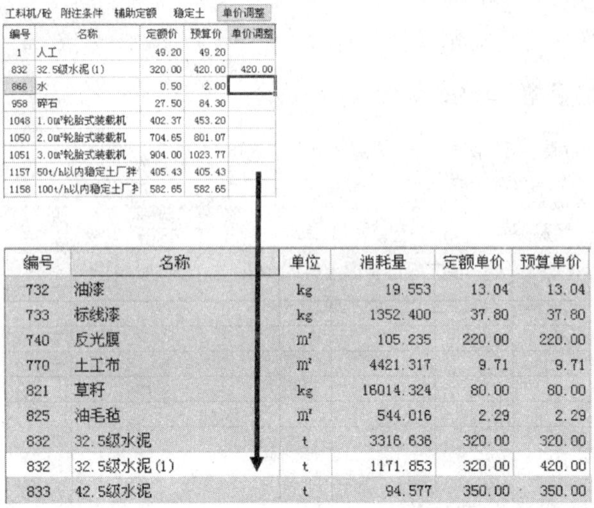

编号	名称	定额价	预算价	单价调整
1	人工	49.20	49.20	
832	32.5级水泥(1)	320.00	420.00	420.00
866	水	0.50	2.00	
958	碎石	27.50	84.30	
1048	1.0m³轮胎式装载机	402.37	453.20	
1050	2.0m³轮胎式装载机	704.65	801.07	
1051	3.0m³轮胎式装载机	904.00	1023.77	
1157	50t/h以内稳定土厂拌	405.43	405.43	
1158	100t/h以内稳定土厂扌	582.65	582.65	

编号	名称	单位	消耗量	定额单价	预算单价
732	油漆	kg	19.553	13.04	13.04
733	标线漆	kg	1352.400	37.80	37.80
740	反光膜	m²	105.235	220.00	220.00
770	土工布	m²	4421.317	9.71	9.71
821	草籽	kg	16014.324	80.00	80.00
825	油毛毡	m²	544.016	2.29	2.29
832	32.5级水泥	t	3316.636	320.00	320.00
832	32.5级水泥(1)	t	1171.853	320.00	420.00
833	42.5级水泥	t	94.577	350.00	350.00

图6-35 单价调整

三、输入定额工程量

1. 工程量自动转换

当已在项目表中输入了各分项的工程量,选择该分项的定额时,软件会自动将分项的工程量转化为该定额的定额工程量,“定额工程量=分项工程量÷定额单位”。

有些时候,所选定额的单位和分项的工程量单位并不相同,且定额工程量也不等于软件默认的“分项工程量÷定额单位”,这时,需要手工输入该定额的定额工程量。

【操作】:在“造价书”界面下半部分“定额计算”窗口,每一条定额均有“工程量”这一格,在“工程量”这一格直接输入实际上的工程数量(不是转化后的),并回车。

如图6-36中,在定额4-11-11-12的“工程量”格,输入712.4并回车,软件自动除以定额单位100后显示的定额工程量是7.124。

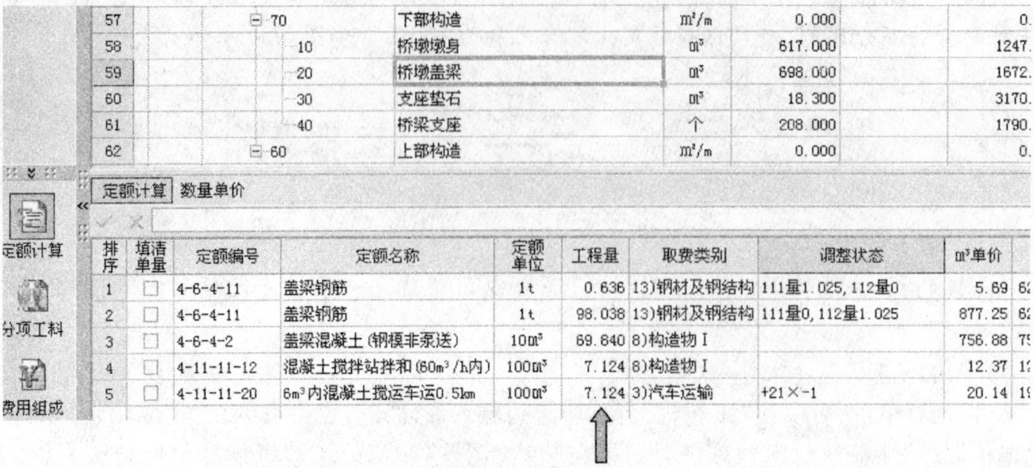

图6-36 工程量自动转换

注:手工输入定额工程量时,回车后,软件会自动将手工输入的数字除以定额单位得到定额工程量,如果人工先将工程数量除去定额单位后再输入到“工程量”中,反而会出错。

2. 输入计算公式确定定额工程量

输入计算公式确定定额工程量,如图6-37所示。

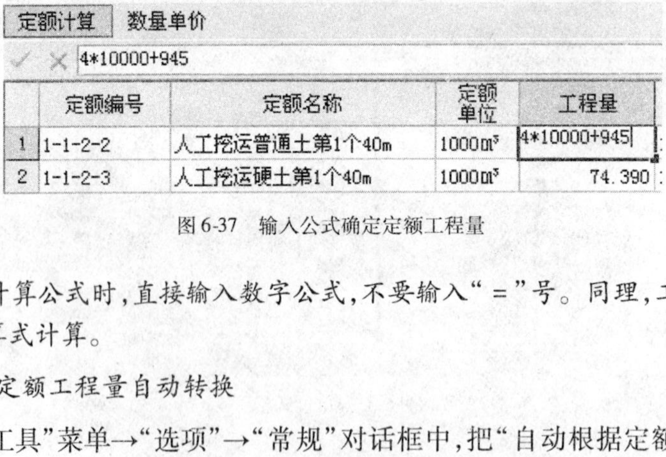

图6-37 输入公式确定定额工程量

注:输入计算公式时,直接输入数字公式,不要输入“=”号。同理,工程量、单价、金额等都可以输入计算式计算。

3. 取消/设置定额工程量自动转换

【操作】:在“工具”菜单→“选项”→“常规”对话框中,把“自动根据定额单位转换工程数量”前的勾去掉,点“确定”。这时,软件将不再自动根据定额单位转换工程数量。

四、定额取费类别

现行《公路基本建设工程概预算编制办法》(2007年)将公路预算取费划分了13个类别,分别为“1. 人工土方,2. 机械土方……13. 钢材及钢结构”,对不同取费类别,由于施工难度、机械化程度不同等因素,“其他工程费、间接费”费率的取值不同。选择定额时,软件为每条定额给出了默认的取费类别,可根据实际情况修改。

输入或修改定额的取费类别有两种方法。

1. 快速选择取费类别

【操作】:在“定额计算”窗口,直接在定额的“取费类别”栏中输入工程类别的数字代号并回车,当造价人员对取费类别代码很熟悉的情况下可使用。

2. 下拉箭头选择取费类别

【操作】:点击定额的“取费类别”栏,再点下拉箭头,在下拉列表选择相应的取费类别,如图 6-38 所示,适用于不记得取费类别代码的情况。

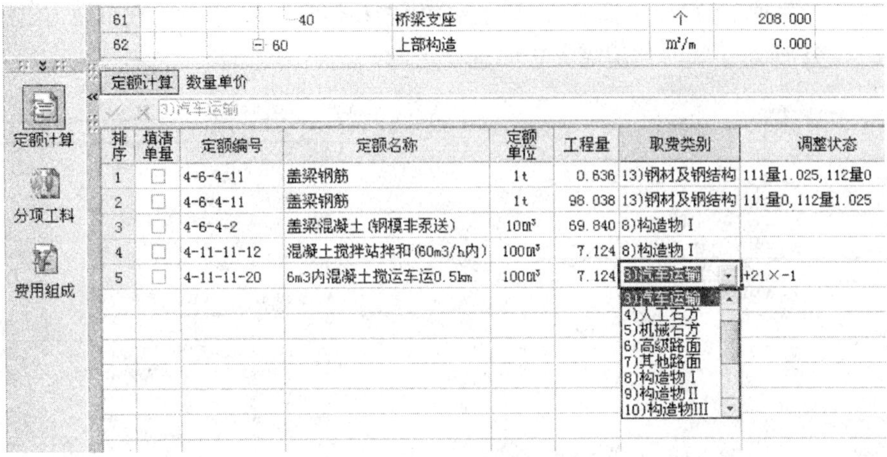

图 6-38　下拉箭头选择取费类别

除上述 13 个预定的费率类别外,还可根据需要直接新增取费类别。

【操作】:在“费率”界面下半部分的“取费类别”窗口中,直接输入取费类别名称及数据。如在图 6-39 所示的第 17 栏中输入新的取费类别名称及数据。

图 6-39　新增取费类别

注:(1)关于 0 费率

现行《公路基本建设工程概、预算编制办法》(2007 年)中只划分了 1 ~ 13 共 13 个工程类别。0 费率是软件附加的费率,选择了 0 费率时,定额的“其他工程费、间接费”均为 0。

(2)关于定额费率选择的讨论

例如:盖板涵下的“人工挖基坑土”的取费类别,究竟应选用“人工土方”还是“构造物”?目前未见有标准规定,选哪个都能说通。系统例题中,我们采用跟随清单(分项)所属类别的原则选择“构造物”。在实际预算编制中,用户应根据习惯进行选择。

五、定额选择的几个说明

公路工程中的一些特殊费用,可以用选定额的方法计算。

1. 公路交工前养护费

软件已将“公路交工前养护费指标”做成定额形式。需计算该项费用时,打开“定额选择”对话框,在“7. 临时工程”下“7. 公路交工前养护费”中选择定额。如图 6-40 所示。

2. 临时便道

“临时便道养护”已做成定额形式,列于定额库“7. 临时工程”下“1. 汽车便道”中第 7、8 个定额,如图 6-41 所示。临时便道需养护时选该定额。

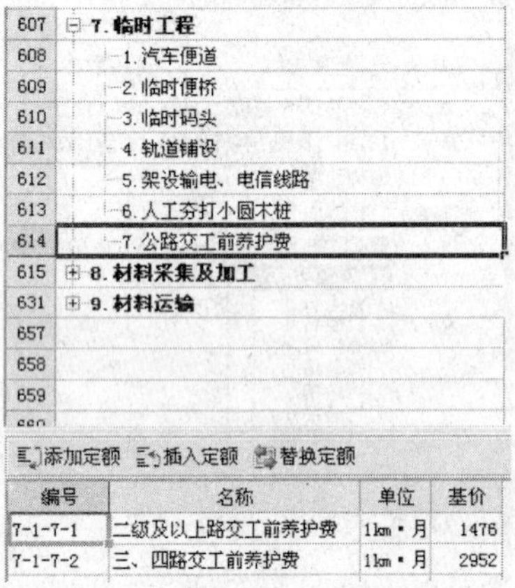

图 6-40　公路交工前养护费

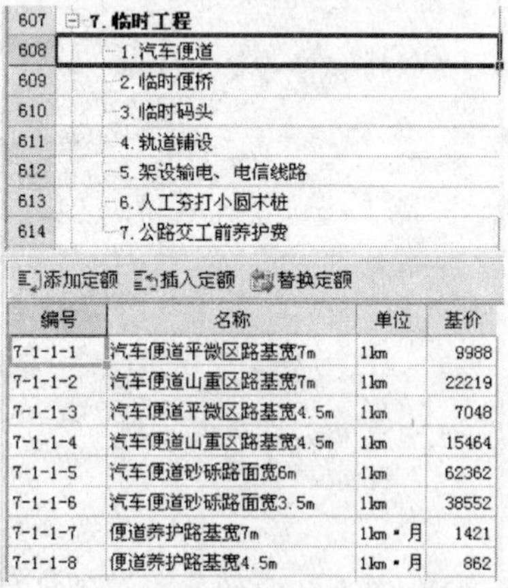

图 6-41　临时便道

3. 抽水台班

“抽水台班”已做成定额形式,列于定额库“4. 桥梁工程”下“16. 基坑水泵台班消耗”中,如图 6-42 所示。需要时在此选择定额。

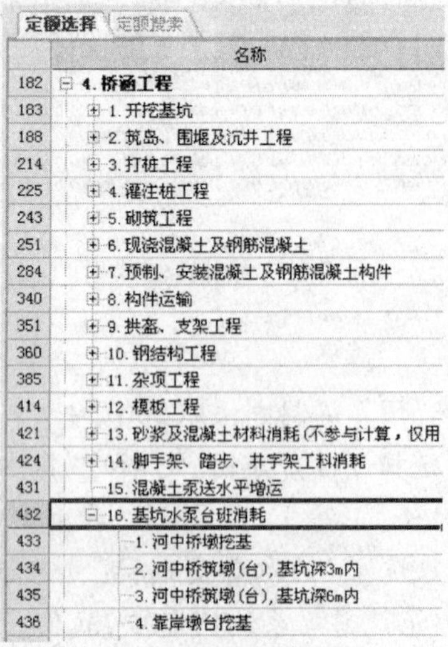

图 6-42　抽水台班

【练习5】:选定额及定额调整,见表6-4。

定额选择及定额调整　表6-4

编　号	名　称	单　位	工程量	费率编号	备　注
	第一部分　建筑安装工程费	公路公里	13.000		
一	临时工程	公路公里	13.000		
10	临时道路	km	43.480		
10	临时道路	km	43.480		
10	临时便道的修建与维护	km	43.480		
7-1-1-1	汽车便道平微区路基宽7m	1km	43.480	7	
7-1-1-5	汽车便道砂砾路面宽6m	1km	43.480	7	
20	临时便桥	m/座	220/1		
7-1-2-1改	汽车钢便桥	10m	22.000	8	997量9413.2
7-1-2-2改	汽车便桥墩桩长10m以内	1座	20.000	8	262量0.304
40	临时电力线路	km	69.000		
7-1-5-1	干线三线裸铝线输电线路	100m	435.000	8	
7-1-5-3	支线输电线路	100m	255.000	8	
50	临时电信线路	km	33.775		
7-1-5-4	双线通信线路	1000m	33.755	8	
二	路基工程	km	10.772		
10	场地清理	km	33.775		
10	清理与掘除	m^2	973400.000		
10	清除表土	m^3	105114.000		
1-1-1-12	清除表土(135kW内推土机)	$100m^3$	1051.140	2	
20	伐树、挖根、除草	m^2	973400.000		
1-1-1-3	人工伐推土机挖根(135kW内)	10棵	6326.500	2	
1-1-1-4	砍挖灌木林(ϕ10cm下)稀	$1000m^2$	220.165	1	
1-1-1-5	砍挖灌木林(ϕ10cm下)密	$1000m^2$	753.235	1	
1-1-1-10	挖竹根	$10m^3$	1686.800	1	
20	挖方	m^3	4160135.000		
10	挖土方	m^3	654013.000		
1-1-12-17改	165kW内推土机60m松土	$1000m^3$	73.019	2	+20×4
1-1-12-19改	165kW内推土机20m硬土	$1000m^3$	70.079	2	定额×0.8
1-1-10-3	$3m^3$内装载机装土方	$1000m^3$	580.934	2	
1-1-11-21改	15t内自卸车运土0.5km	$1000m^3$	580.934	3	+22×-1
20	挖石方	m^3	3506122.000		
1-1-15-30改	165kW内推土机60m软石	$1000m^3$	756.796	5	+33×4
1-1-15-30改	165kW内推土机20m软石	$1000m^3$	2152.371	5	定额×0.8
1-1-15-31改	165kW内推土机20m次坚石	$1000m^3$	596.955	5	定额×0.8

续上表

编　号	名　称	单　位	工程量	费率编号	备　注
1-1-10-5 改	$2m^3$ 内装载机装软石	$1000m^3$	2152.371	5	定额×0.92
1-1-10-8 改	$2m^3$ 内装载机装次坚石、坚石	$1000m^3$	596.955	5	定额×0.92
1-1-11-49 改	15t 内自卸车运石 0.5km	$1000m^3$	2749.326	3	+50×-1,定额×0.92
30	填方	m^3	3509653.000		
10	路基填方	m^3	3509653.000		
20	利用土方填筑	m^3	218377.000		
1-1-4-3	人工挖土质台阶硬土	$1000m^2$	14.988	1	
1-1-5-3	填前夯(压)实(120kW 内拖拉机)	$1000m^2$	44.335	2	
1-1-18-4	高速一级路 15t 内振动压路机压土	$1000m^3$	218.377	2	
40	利用石方填筑	m^3	3290676.000		
1-1-4-3	人工挖土质台阶硬土	$1000m^2$	221.702	1	
1-1-5-3	填前夯(压)实(120kW 内拖拉机)	$1000m^2$	665.785	2	
1-1-15-30 改	165kW 内推土机 20m 软石	$1000m^3$	6.106	5	定额×0.8
1-1-10-5 改	$2m^3$ 内装载机装软石	$1000m^3$	6.106	5	定额×0.92
1-1-11-49 改	15t 内自卸车运石 1km	$1000m^3$	6.106	3	定额×0.92
1-1-18-20	二级路 15t 内振动压路机压石	$1000m^3$	3290.676	5	
50	排水工程	公路公里	13.000		
10	石砌边沟排水沟截水沟等	m^3	68406.400		
1-2-1-3	人工挖沟硬土	$1000m^3$	6.065	1	
4-5-2-9 改	锥坡、沟、槽、池	$10m^3$	4132.600	8	M5,-3.5,M7.5,+3.5
1-2-3-2 改	浆砌块石边沟　排水沟　截水沟	$10m^3$	2708.040	8	M5,-2.7,M7.5,+2.7,添 770 量 2.87
4-11-5-1	砂砾垫层	$10m^3$	28.470	8	
4-11-7-13	沥青麻絮伸缩缝	$1m^2$	184.578	8	
60	防护与加固工程	km	13.000		
20	石砌护面墙、护坡	m^3	102525.900		
5-1-10-3 改	护面墙	$10m^3$	1495.250	8	M5,-2.7,M7.5,+2.7,人工×1.15,机械×1.15,899 价 90.00
5-1-10-3 改	实体护坡	$10m^3$	104.540	8	M5,-2.7,M7.5,+2.7,899 价 90.00
5-1-10-3 改	拱形骨架护坡	$10m^3$	7509.210	8	M5,-2.7,M7.5,+2.7,人工×1.3,机械×1.3,899 价 90.00

续上表

编　号	名　称	单　位	工程量	费率编号	备　注
4－5－7－2改	砖砌拱形骨架护坡	$10m^3$	223.880	8	M5，－2.4，M7.5，＋2.4，899价90.00
4－7－28－10	预制混凝土块件钢模	$10m^3$	24.510	8	
4－7－28－11	小型构件钢筋	1t	59.995	13	
4－5－5－2	墩、台、墙镶面高20m内	$10m^3$	24.510	8	
4－5－4－2	粗料石护面墙	$10m^3$	895.140	8	
4－11－7－13	沥青麻絮伸缩缝	$1m^2$	625.960	8	
5－1－1－3	满铺边坡（高20m以上）	$1000m^2$	190.079	8	
5－1－2－2	三维植被挂网	$1000m^2$	190.079	8	
4－11－6－17	水泥砂浆抹面（厚2cm）	$100m^2$	394.070	8	
1－1－6－2改	人工挖运普通土50m	$1000m^3$	25.285	1	＋4×3
4－11－11－1	混凝土搅拌机拌和（250L内）	$10m^3$	24.755	8	
25	石砌护肩、护脚	m^3	1694.000		
4－5－3－1改	护肩	$10m^3$	6.500	8	899价90.00
4－5－3－1改	粗料石护肩	$10m^3$	1.500	8	899价90.00
4－5－3－10改	护脚	$10m^3$	161.400	8	M5，－2.7，M7.5，＋2.7，899价90.00
4－1－1－1改	人工挖基坑深3m内干处土	$1000m^3$	0.369	8	定额×0.6
4－11－7－13	沥青麻絮伸缩缝	$1m^2$	1.000	8	
三	路面工程	km	13.000		
10	路面垫层	m^2	781878.000		
10	碎石垫层	m^2	781878.000		
2－1－3－31改	石灰土碎石5∶15∶80稳拌机厚20cm	$1000m^2$	781.878	7	＋32×5
20	路面底基层	m^2	745012.000		
30	石灰粉煤灰稳定碎石底基层	m^2	733810.000		
2－1－7－31改	厂拌石灰粉煤灰碎石7∶13∶80厚度20cm	$1000m^2$	733.810	7	＋32×5，7∶13∶80
2－1－8－21改	稳定土运输15t内4km	$1000m^3$	14.676	3	＋22×6
2－1－9－6	平地机铺筑底基层（150kW内）	$1000m^2$	733.810	7	
30	路面基层	m^2	740088.000		
30	石灰粉煤灰稳定碎石基层	m^2	729904.000		
2－1－7－31改	厂拌石灰粉煤灰碎石7∶13∶80厚度20cm	$1000m^2$	729.904	7	＋32×5，7∶13∶80
2－1－8－21改	稳定土运输15t内4km	$1000m^3$	145.981	3	＋22×6
2－1－9－5	平地机铺筑基层（150kW内）	$1000m^2$	729.904	7	
31	稳定土拌和站	处	2.000		

续上表

编　号	名　称	单　位	工程量	费率编号	备　注
2-1-10-4	厂拌设备安拆(300t/h 内)	1座	6.000	10	
4-11-1-3	推土机平整场地	$1000m^2$	12.500	8	
2-1-1-5	人工铺碎石垫层厚15cm	$1000m^2$	2.500	7	
7-1-1-1	汽车便道平微区路基宽7m	1km	2.500	7	
7-1-1-5	汽车便道砂砾路面宽6m	1km	2.500	7	
40	透层、黏层、封层	m^2	747960.000		
10	透层	m^2	747960.000		
2-2-16-3	石油沥青半刚性基层透层	$1000m^2$	747.960	7	
20	黏层	m^2	1869900.000		
2-2-16-5	石油沥青沥青层黏层	$1000m^2$	1869.900	7	
30	下封层	m^2	747960.000		
2-2-16-11	石油沥青层铺法下封层	$1000m^2$	747.960	7	
50	沥青混凝土面层	m^2	747960.000		
10	沥青混凝土下面层6cm	m^2	747960.000		
2-2-11-4	粗粒沥青混凝土拌和(160t/h 内)	$1000m^3$	44.878	6	
2-2-13-21改	混合料运输15t内8km	$1000m^3$	44.878	3	+23×14
2-2-14-42	机铺沥青混凝土粗粒式160t/h内	$1000m^3$	44.878	6	
20	沥青混凝土中面层6cm	m^2	956167.000		
2-2-11-10	中粒沥青混凝土拌和(160t/h 内)	$1000m^3$	57.370	6	
2-2-13-21改	混合料运输15t内8km	$1000m^3$	57.370	3	+23×14
2-2-14-43	机铺沥青混凝土中粒式160t/h内	$1000m^3$	57.370	6	
30	沥青混凝土面层4cm	m^2	837504.000		
2-2-12-2改	沥青玛蹄脂碎石拌和(160t/h 内)	$1000m^3$	33.500	6	965价80.00
2-2-13-21改	混合料运输15t内8km	$1000m^3$	33.500	3	+23×14
2-2-14-56	机铺沥青玛蹄脂碎石240t/h内	$1000m^3$	33.500	6	
51	沥青拌和站	处	1.000		
2-2-15-4	混合料拌和设备安拆(160t/h 内)	1座	2.000	10	
4-11-1-3	推土机平整场地	$1000m^2$	3.000	8	
2-1-1-5	人工铺碎石垫层厚15cm	$1000m^2$	2.500	7	
7-1-1-1	汽车便道平微区路基宽7m	1km	1.000	7	
7-1-1-5	汽车便道砂砾路面宽6m	1km	1.000	7	

续上表

编　号	名　称	单　位	工程量	费率编号	备　注
60	水泥混凝土面层	m^2	9258.000		
10	水泥混凝土路面 26cm	m^2	5025.000		
2-2-17-1 改	人工铺筑混凝土厚 26cm	$1000m^2$	5.025	6	+2×6
2-2-19-5 改	水泥混凝土运输 6t 内 4km	$1000m^3$	1.307	3	+6×6
2-2-17-13	拉杆传力杆（人工轨道摊铺机铺）	1t	3.285	13	
15	水泥混凝土路面 24cm	m^2	4233.000		
2-2-17-1 改	人工铺筑混凝土厚 24cm	$1000m^2$	4.233	6	+2×4
2-2-19-5 改	水泥混凝土运输 6t 内 4km	$1000m^3$	1.016	3	+6×6
2-2-17-13	拉杆传力杆（人工轨道摊铺机铺）	1t	2.770	13	

第六节　计算建筑安装工程费（数量单价法）

阅读本章前，建议先阅读第五节“计算建筑安装工程费（定额计算法）”。

对某些已知单价的项目，可以在“造价书”界面项目表中的“单价”列直接输入单价，也可输入单价的计算表达式，系统自动计算结果，并将计算式保留，以便修改，就像在 EXCEL 中一样。

一、直接在项目表的“单价”列输入分项单价

1. 直接输入单价

可在项目表中直接输入单价，如图 6-43。

编号	名称	单位	数量	单价	金额（F）
⊟ 70	下部构造	m^2/m			403,520
40	桥梁支座	个	208.000	1940.00	403,520

图 6-43　直接输入单价

2. 输入单价计算表达式

在项目表中输入单价计算表达式，如图 6-44 所示。

注：(1) 直接在项目表分项的“单价”列输入分项单价的情况要该分项没有使用“选定额计算”计算方法，即直接在分项的“单价”列输入分项单价不能与定额计算分项单价方法同时使用。

(2) 计算式格式说明：①无需输入“=”号；②表达式中允许使用加（+）、减（-）、乘（*）、除（/）、乘方（^），同时还可以使用常用的函数、常量，函数值均需要用圆括号将参数括住。

输入表达式：

编号	名称	单位	数量	单价	金额 (F)
⊟-70	下部构造	m²/m			0
40	桥梁支座	个	208.000	1450*1.2+200	0

立即计算结果：

编号	名称	单位	数量	单价	金额 (F)
⊟-70	下部构造	m²/m			403,520
40	桥梁支座	个	208.000	1940.00	403,520

自动保留计算式，双击可随意编辑：

编号	名称	单位	数量	单价	金额 (F)
⊟-70	下部构造	m²/m			403,520
40	桥梁支座	个	208.000	1450*1.2+200	403,520

图 6-44　输入单价计算表达式

二、“数量单价法”计算分项单价

当一个分项的单价由几个已知单价的子目组成时，如，计算“桥面铺装”分项中防水卷材费用，SBS 防水卷材的供应地有两个，单价不同，这时可以用“数量单价”方式来计算其分项单价。

【操作】：切换到“造价书“界面的“数量单价”窗口，如图 6-45 所示，逐个输入不同供应点防水卷材的供应数量及供应单价，勾选是否需要计算利润及税金。

	编号	名称	单位	数量	数量2	单价	金额
55	40	桥台锥坡	m³	2257.900		106.04	2
56	50	桥墩（桩基础）	m3	859.000		3453.24	2,9
57	⊟-70	下部构造	m²/m	0.000		0.00	2,3
58	10	桥墩墩身	m³	617.000		1247.15	7
59	20	桥墩盖梁	m³	698.000		1672.33	1,1
60	30	支座垫石	m³	18.300		3170.16	
61	40	桥梁支座	个	208.000		1790.95	3
62	⊟-60	上部构造	m²/m	0.000		0.00	11,1
63	10	预制预应力混凝土箱梁	m³	2704.000		3543.04	9,5
64	20	桥面铺装	m²	8399.000		22.11	1
65	30	伸缩缝	m	93.100		4422.74	4
66	40	钢筋混凝土护栏	m³	468.000		1866.66	8
67	50	桥面排水系统	m	900.000		107.95	

	名称	单位	数量	单价	取费类别	类型	利润	税金	金额
1	SBS防水卷材	m²	300.000	42		材料	□ 0	□ 0	12600
2	SBS防水卷材	m²	400.000	41		材料	□ 0	□ 0	16400
3									

图 6-45　“数量单价法”计算分项单价

提示：(1)“数量单价法”的数据可以与“定额计算法”的数据一并构成“桥面铺装”的分项单价。即桥面铺装这个分项中，不仅可以用“数量单价”也可以有“定额计算”的项目，这两种项目的计算结果一起构成了“桥面铺装”的单价。

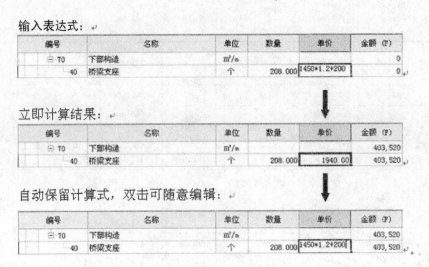

(2)当分项含“数量单价”计算数据时,在“数量单价”选项的名称前会显示＊号,即显示成“＊数量单价”,如图6-45所示。

【练习6】:根据表6-5,计算“土地补偿费”。

“土地补偿费”计算 表6-5

编 号	项目名称	单 位	数 量	计算方法
一	土地征用及拆迁补偿费	公路公里	13.000	
10	土地补偿费	公路公里	13.000	
	永久占地	元	3776.000	单价:40500
	临时用地	元	456.000	单价:10000

第七节 计算第二、三部分费用与预留费用

一、设备、工具、器具及家具购置费的计算

根据现行《公路基本建设工程概预算编制办法》(2007)的规定,第二部分费用包括设备购置费、工器具购置费、办公和生活用家具购置费三部分。设备购置费包括了设备原价、运杂费、运输保险费、采购及保管费。工器具购置费的计算方法同设备购置费。即设备、工器具购置费等于购置清单中设备工器具购置数量乘以运到工地施工现场的单价,计算公式为:∑(设备、工具、器具购置数量×单价+运杂费)×(1+采购保管费率)。

1.设备、工具、器具购置费的计算

计算可分为以下两种情况。

(1)已知设备、工器具运至工地施工现场的购置价格

【操作】:在“造价书”界面下半部分“数量单价”窗口中,输入设备、工器具购置的数量和购置价格(运至工地施工现场的价格),如图6-46所示。

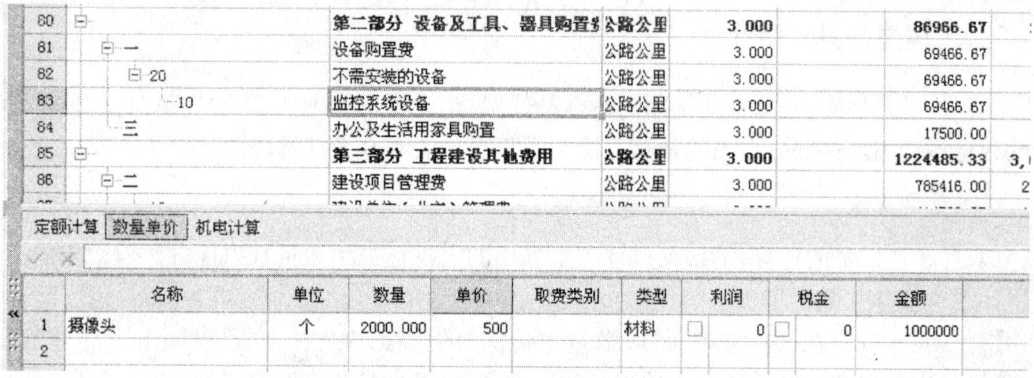

图6-46 已知数量单价情况

(2)只知设备、工器具原价(即出厂价或供应价)

如果只知道出厂价或供应地点的供应价,需在软件中计算设备、工器具运到施工现场的价格。

【操作】:在“造价书”界面下半部分的“机电计算”窗口中输入设备、工器具购置名称、数

量及设备工器具的原价、运杂费费率、运输保险费费率、采购及保管费率等数据，软件自动计算运至施工现场的价格和所需的购置费。如图6-47所示。

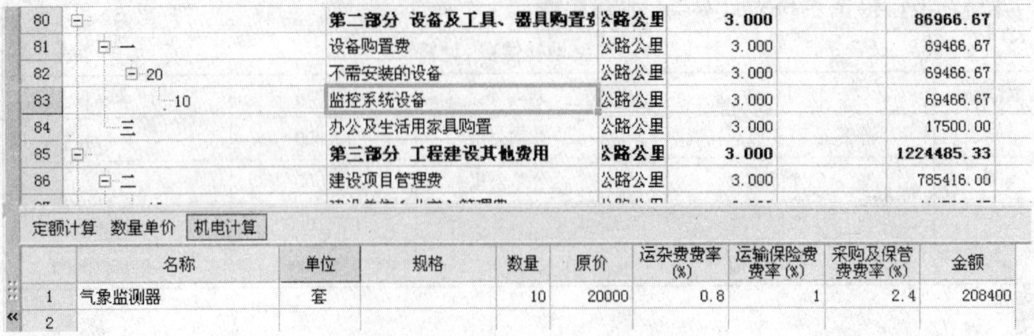

图6-47　只知设备、工器具原价情况

2. 办公和生产用家具购置费的计算

现行《公路基本建设工程概预算编制办法》(2007)规定了不同道路等级(桥梁等级)每公里(每座桥)的办公和生产用家具购置费用标准。

【操作】:在"造价书"界面项目表的"单价"列输入每公里(每座桥)的办公和生产用家具购置费，软件自动乘以公里数(桥梁座数)，得到办公和生产用家具购置费，如图6-48所示。

图6-48　办公和生产用家具购置费的计算

【练习7】:根据表6-6，计算办公及生活用家具购置费。

计算办公及生活用家具购置费　　表6-6

编　号	项 目 名 称	单　位	数　量	计 算 方 法
三	办公及生活用家具购置	公路公里	13.000	
	路线工程	公路公里	33.760	单价:17500

二、工程建设其他费计算

工程建设其他费，包括土地征用的拆迁补偿费、建设项目管理费、工程质量监督费、建设期贷款利息等费用。这部分费用的计算方法有数量单价法和基数计算法两类。

1. 数量单价法

如，拆迁补偿费的计算，是根据设计图纸列出的需拆迁征用数量乘以地方政府规定的拆迁征用补偿单价，用"数量单价法"计算。

【操作】:操作方法同本章第六节"数量单价法"的一样，在"造价书"界面下半部分"数量单价"窗口中逐项输入拆迁征用土地建筑物等的数量、补偿单价，软件自动计算其费用。

2. 基数计算法

如:现行《公路基本建设工程概预算编制办法》规定建设项目管理费中的建设单位(业主)管理费、工程质量监督费、工程监理费等费用等于一个计算基数乘以相应的费率。在软件中计算这些费用，就要用到"基数计算法"，在"表达式编辑器"中输入这些费用的计算公式，一般等于一个计算基数乘以相应的费率。

【例10】:计算工程监理费。

分析:现行《公路基本建设工程概预算编制办法》中规定:工程监理费等于建筑安装工程费(简称建安费)乘以工程监理费费率。

【操作】:(1)点击“造价书”界面项目表中“工程监理费”的“金额”这一格,再点击出现的三个图标...,出现如图6-49的表达式编辑器对话框。

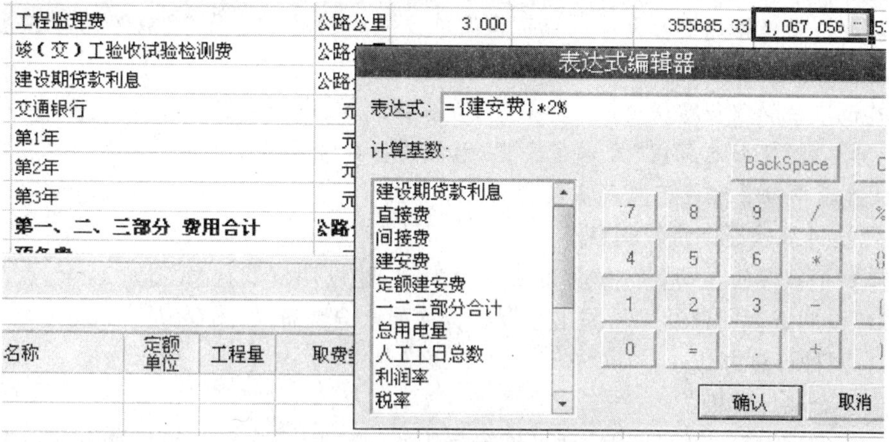

图6-49 表达式编辑器(计算工程监理费)

(2)在图6-49表达式编辑器对话框左侧的“计算基数”列表中,下拉工具条找到“建安费”,双击“建安费”,该基数即显示在表达式编辑器的“表达式”栏中,再继续输入“ *2% ”即得到工程监理费的计算公式,显示在“表达式”栏,如图6-49所示,点“确认”图标,软件会自动按公式计算工程监理费。

【例11】:计算建设单位(业主)管理费。

现行《公路基本建设工程概预算编制办法》中规定:建设单位(业主)管理费等于建安费乘以建设单位(业主)管理费累进费率。

【操作】:(1)点击“造价书”界面项目表中“建设单位(业主)管理费”分项的“金额”这一格,再点击出现的三个图标...,出现如图6-50的表达式编辑器对话框。

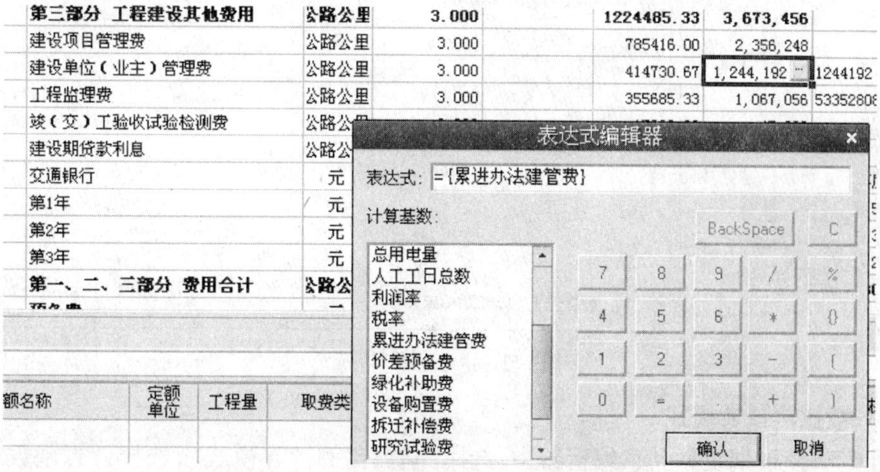

图6-50 表达式编辑器(计算建设单位管理费)

(2)在图6-50表达式编辑器对话框左侧的"计算基数"列表中,下拉工具条找到"累进办法建管费",双击"累进办法建管费",该基数即显示在表达式编辑器的"表达式"栏中,如图6-50所示,点"确认"图标,软件则会自动按累进办法来计算建设单位(业主)管理费。

注:(1)建设单位(业主)管理费费率不是固定而是变化的,建筑安装工程费在不同的金额时,费率不同,其费率按累进办法计算,故软件将建设单位管理费的计算基数定义为"累进办法建管费",而不是"建安费"。

(2)软件自动根据建安费大小设置了建设单位(业主)管理费费率,故不用再在"表达式"栏中输入费率,其计算公式就是"累进办法建管费"。

(3)建设单位管理费默认是以"建安费"为基数计算,我们亦可从"文件"菜单→"项目属性"→"计算参数"下拉选择以"定额建安费"总额为基数计算建设单位管理费。根据各省份的编制办法,建设单位管理费已做成基数。

【例12】:计算建设期贷款利息。

【操作】:把鼠标放在"造价书"界面中项目表的"建设期贷款利息"这一行上,点击鼠标右键,选择"建设期贷款利息设置",弹出建设期贷款利息编辑器,如图6-51。

利息有两种计算方式。

(1)固定金额计算模式

【操作】:在图6-51建设期贷款利息编辑器中,选择"固定金额计算模式",输入贷款计息年,回车,并输入每年贷款额、利率等相关数值,点击"确定"即可。

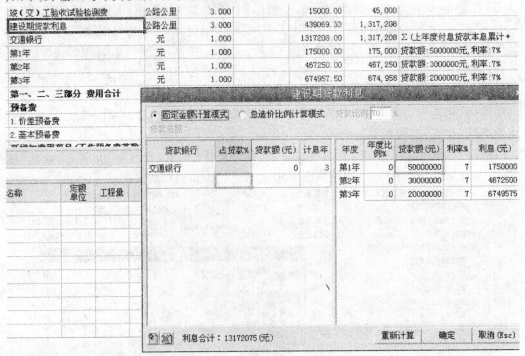

图6-51 固定金额计算模式

(2)基数比例计算模式

在图6-52建设期贷款利息编辑器中,选择"基数比例计算模式",选择计算基数以及贷款比例,然后软件自动计算贷款总额。然后输入贷款银行、占贷款%(最终和为100%)、计息年、年度比例%（最终和为100%）、利率，点击确定即可。

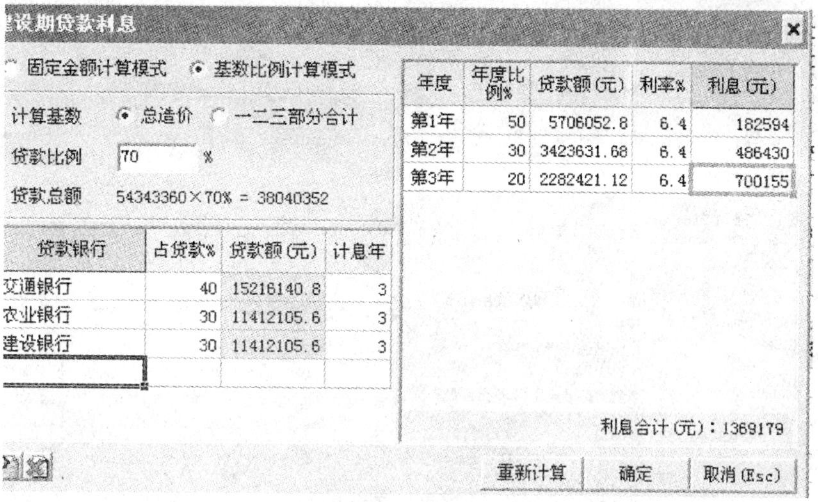

图6-52　总造价比例计算模式

三、预备费用计算

1. 价差预备费

价差预备费以概（预）算或修正概算第一部分建筑安装工程费总额为基数，按设计文件编制年始至建设项目工程竣工年终的年数和年工程造价增涨率计算。计算公式为：

$$价差预备费 = P \times [(1+i)^{n-1} - 1]$$

式中：P——建筑安装工程费总额；

i——年工程造价增涨率（%）；

n——设计文件编制年至建设项目开工年＋建设项目建设期限。

计算方法同前述“基数计算法”，在“表达式编辑器”中输入计算公式。

2. 基本预备费

基本预备费以第一、二、三部分费用之和（扣除固定资产投资方向调节税和建设期贷款利息两项费用）为基数按下列费率计算：

设计概算按5%计列；修正概算按4%计列；施工图预算按3%计列。

其计算公式涉及以“金额列的任一单元格”为计算基数。

【例13】：计算基本预备费。

【操作】：如图6-53所示，点击项目表中基本预备费的金额列，点击三个点图标，弹出表达式编辑器；输入“=（{一二三部分合计}－F98）*3%”。

其中F98为第98行，建设期贷款利息的金额值，指建设期贷款利息的计算基数要减去贷款利息本身。

【练习8】：根据表6-7中的计算方法，计算表中所列各费用。

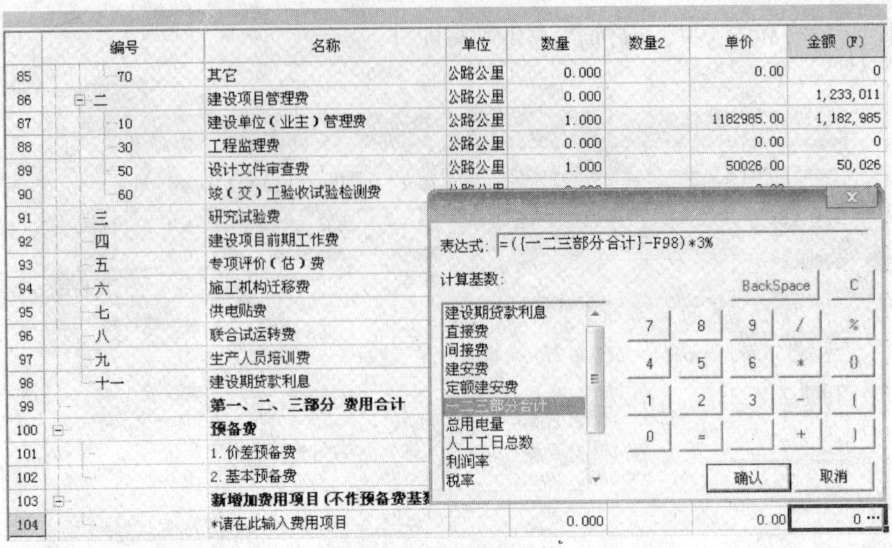

图6-53　基本预备费计算

计算表列各费用　　表6-7

编　号	项目名称	单　位	数　量	计算方法
二	建设项目管理费	公路公里	13.000	
10	建设单位(业主)管理费	公路公里	13.000	{累进办法建管费}
30	工程监理费	公路公里	13.000	{建安费} *2%
50	设计文件审查费	公路公里	13.000	{建安费} *0.1%
60	竣(交)工验收试验检测费	公路公里	13.000	
四	建设项目前期工作费	公路公里	13.000	
	勘察设计费	元	1.000	单价:19982983
	林地占用可行性研究费用	元	1.000	单价:250000
	文物普查费用	元	1.000	单价:800000
十一	建设期贷款利息	公路公里	13.000	{建设期贷款利息}
十二	新增加费用项目(作预备费基数)	公路公里	13.000	
10	招标代理服务费	公路公里	13.000	
	招标代理服务费	元	1.000	单价:600000
30	水保、地灾评估费	公路公里	13.000	{建安费} *0.01%
	预备费	元		
	2. 基本预备费	元	1.000	({一二三部分合计} - {建设期贷款利息}) *3%
	新增加费用项目(不作预备费基数)	元		
1	水土保持方案报告书编制费用	公路公里	13.000	
	1. 水土保持方案报告书编制费用	元	1.000	单价:480000
2	地质灾害危险性评估费用	公路公里	13.000	
	2. 地质灾害危险性评估费用	元	1.000	单价:380000
3	环境评估报告书编制费用	公路公里	13.000	
	3. 环境评估报告书编制费用	元	1.000	单价:340000

第八节　工料机预算单价计算

当选择好完成所有工程所需的定额后，软件会自动汇总所用到的人工、材料、施工机械台班名称和数量。为了计算人工费、材料费、施工机械使用费，需确定工料机预算单价。本节介绍如何确定工料机预算单价。

一、工料机汇总界面

【操作】：在“造价书“界面，点屏幕左侧的“工料机”，切换到“工料机”汇总界面，如图6-54所示。工料机汇总窗口显示了本造价文件所有定额内包含的工料机，可在此窗口修改或计算工料机的预算单价。

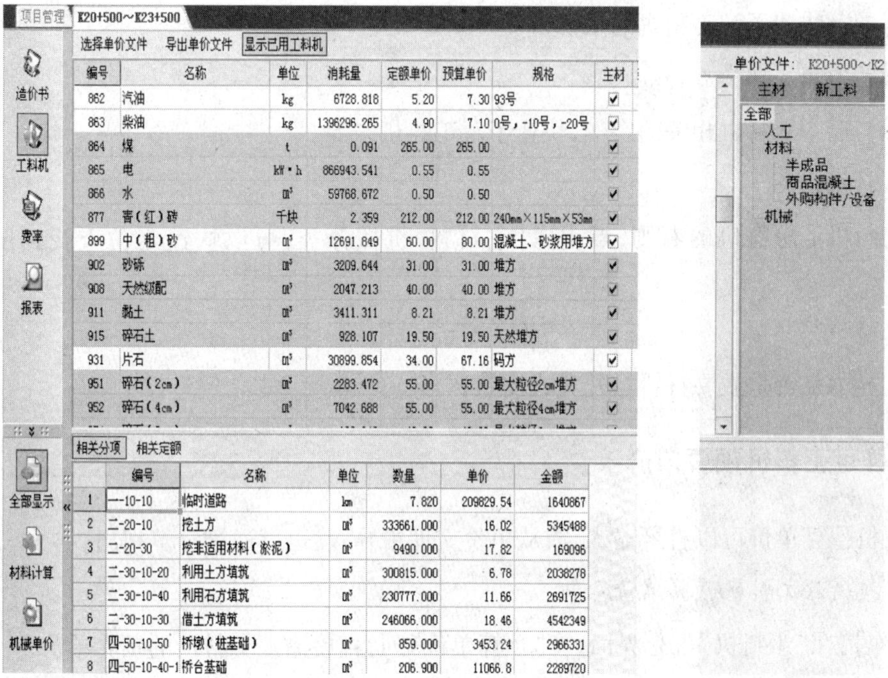

图6-54　“工料机”汇总界面

“工料机”汇总窗口中，有名称、消耗量、定额单价、预算单价、主材、相关分项、相关定额、全部显示、材料计算、机械单价等数据。

1. 名称

列出了当前打开的造价文件中所有消耗的工料机的名称。

2. 消耗量

列出了当前造价文件中所有工料机的总消耗量。

3. 定额单价

用于计算“定额基价”的单价，用作参考，不可修改，是2007年的北京材料价。

提示:定额单价×消耗量=定额基价(定额建安费),不参与任何计算(山西除外)。

"定额建安费"不等于"建安费",前者是用"定额单价"(2007年的单价)计算出来的,后者是用"预算单价"(当前市场价)计算出来的。

4. 预算单价

即当前市场价,用于计算人工费、材料费、施工机械使用费。

工料机预算单价根据当前市场调查的单价直接输入;或通过输入原价及运费的方式计算预算单价。当还未输入或计算工料机预算单价时,软件默认预算单价等于定额单价。

预算单价修改后,只要切换到主界面,综合单价、金额及与工料机预算价有关的数据重新计算并同步刷新(若修改了汽油、柴油等,机械单价自动重算)。

5. 相关分项

显示与所选中的工料机相关的分项,便于在修改了工料机预算价后快速判断综合单价是否合理。同时快速了解工料机的来源。

6. 相关定额

显示与选中工料机相关的定额,快速了解工料机来源。

7. 工料机分类

在工料机汇总窗口的右则,点击人工、材料、机械分类,可以快速定位查找到所需的工料机。

8. 主材

打勾显示是否是主要材料。开关式按钮。

二、确定工料机预算单价

工料机预算单价可以直接输入,或从单价文件中导入,也可通过计算得出。

1. 直接输入工料机预算单价

【操作】:在"工料机"汇总界面,在"预算单价"列,直接输入工料机的预算单价。

说明:人工预算单价,一般应参考本省发布的《部颁编制办法补充规定》输入,《补充规定》中的人工预算单价,只用于编制概预算,不作为实发工资的依据。

提示:如果材料的预算单价是在软件的"材料计算"窗口中计算的,则不能直接在"预算单价"列中,直接修改材料预算单价,否则当软件会提示"当前工料机已有计算材料,不允许直接编辑单价",这时应修改原计算数据的方式来重新计算预算单价。

有时出现这个提示,主要是因为无意中双击了该材料(软件默认双击为添加计算材料的快捷键),使这材料成为计算预算单价的材料而无法在工料机窗口中直接输入预算单价。这时请在左下角的材料计算窗口中,点右键删除该材料,即可直接在"预算单价"列输入预算单价(详见材料预算价计算中)。

【练习9】:根据前面的练习,输入表6-8所示工料机的预算单价。

输入工料机预算单价　　表6-8

序号	名　称	单位	代号	预算单价（元）	序号	名　称	单位	代号	预算单价（元）
1	人工	工日	1	43.90	13	硝铵炸药	kg	841	6.00
2	机械工	工日	2	43.90	14	导火线	m	842	0.80
3	原木	m^3	101	974.78	15	普通雷管	个	845	0.70
4	锯材	m^3	102	1179.78	16	石油沥青	t	851	3800.00
5	光圆钢筋	t	111	4029.28	17	改性沥青	t	852	5400.00
6	带肋钢筋	t	112	4029.28	18	纤维稳定剂	t	856	18000.00
7	型钢	t	182	3700.00	19	重油	kg	861	2.80
8	钢板	t	183	4450.00	20	汽油	kg	862	5.20
9	钢管	t	191	5610.00	21	柴油	kg	863	4.90
10	空心钢钎	kg	212	7.00	22	煤	t	864	265.00
11	ϕ50mm 以内合金钻头	个	213	27.21	23	电	kW·h	865	0.55
12	电焊条	kg	231	4.90	24	水	m^3	866	0.50

2. 使用单价文件中的工料机预算单价

工料机预算单价文件是指包含有工料机预算单价信息的文件。如果有一个预先保存的能适用于当前项目的工料机预算单价文件，则可以选择这个工料机预算价格文件，导入文件中工料机预算单价作为本项目的工料机预算单价，而不用一个一个地输入工料机预算单价。

1）选择单价文件

【操作】：在工料机汇总界面，点如图6-55所示屏幕左上角的"选择单价文件"图标，出现"选择单价文件"对话框，如图6-56所示。

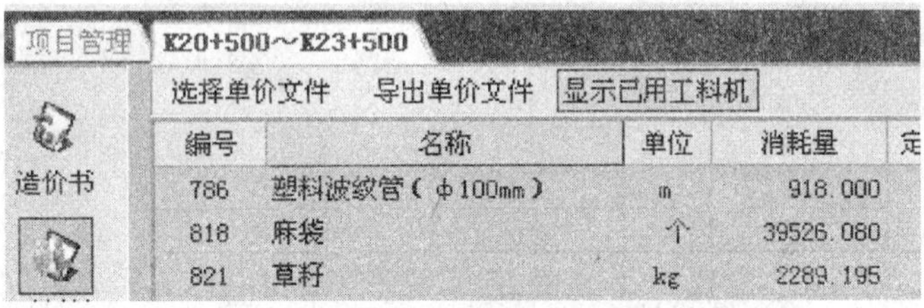

图6-55　"选择单价文件"图标

在单价文件列表中，选择适用的单价文件，再点"确定"图标。选中的单价文件将作为当前项目的单价文件来计算造价。

2）导入单价文件

适用的单价文件如果不在"当前单价文件"列表而在电脑数据盘中，可"导入"单价文件。

【操作】：点图6-56中"导入"图标，从别处先导入到图6-56中的单价文件列表中，再在列表中选中该单价后，点"确定"。

提示：选择新单价文件后，原工料机汇总窗口中的工料机预算价，将被选择的新单价文件中的工料机预算单价覆盖，软件将根据新工料机预算单价重新进行造价计算。

注：（1）多个造价文件可采用同一个单价文件。有些项目是分为几段计算来造价的，各分

段造价文件,可选择同一个工料机预算单价文件,即这些项目的工料机预算单价都采用同样的。

(2)造价文件保存时,单价文件自动同时保存;且凡用到该单价文件的各造价文件均自动重算。要立即刷新分项单价,点按工具栏"造价计算Σ"按钮,项目表的分项单价立即刷新。

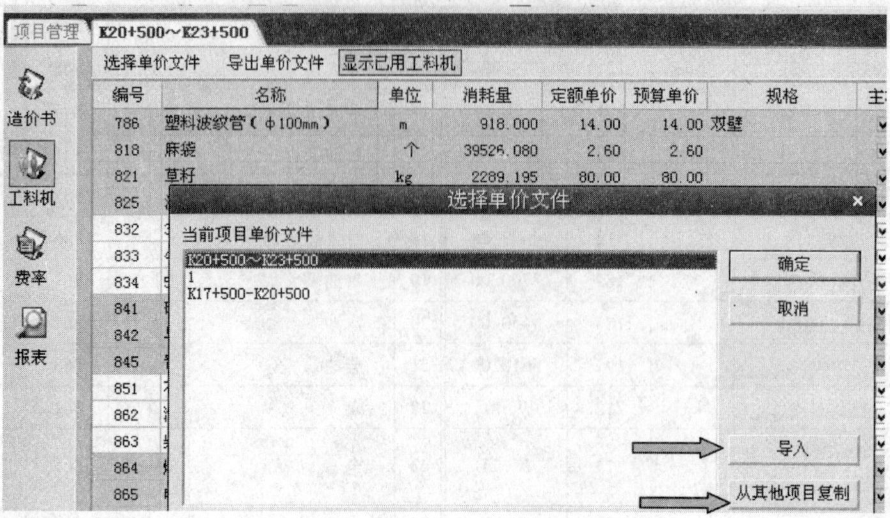

图6-56 "选择单价文件"对话框

3. 计算材料单价

在编制造价时,材料预算单价可以像前面介绍的一样在工料机汇总窗口中直接输入,也可导入工料机预算单价文件中的价格数据;此外,可通过"原价"及"运费"相加的方式计算得到材料预算单价(含自采材料及自办运输,常见于管理部门编制预算)。

1)进入"材料计算"窗口

【操作】:在工料机汇总窗口,点"材料计算"图标,进入材料计算窗口,在此窗口进行材料预算单价的计算。如图6-57所示。

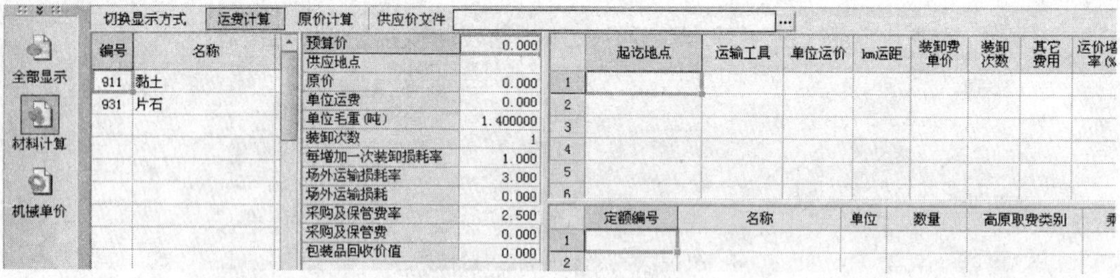

图6-57 进入"材料计算"窗口

2)添加需要计算的材料

【操作】:在工料机汇总窗口中,双击材料名称,可一个一个添加需计算的材料;也可用鼠标拖动选择数个材料名称,点鼠标右键,选择"成批添加计算材料"。这样,就一下添了很多个需计算的材料。计算材料预算单价,需确定材料原价和运至工地施工现场的运费。

3)运费计算

运费计算有以下几种方式。

(1)逐项输入材料运费计算数据

在"材料计算"窗口的"运费计算"选项中,逐项输入需计算材料的运费数据,如"起讫地点、运价、运距、装卸费"等,软件自动计算单位运费,并自动刷新预算单价。如图6-58所示。

图 6-58　逐项输入材料运费计算数据

(2)成批设置材料的运费数据

一般情况下,同一供应地点的同类材料的运费计算数据大致相同,逐个输入十分烦琐。因此,软件特别设计了“成批设置材料的起讫地点”的功能,不必来回切换材料。

【操作】:①在材料名称处点右键,选择“成批添加运输起讫地点”,如图 6-59 所示。

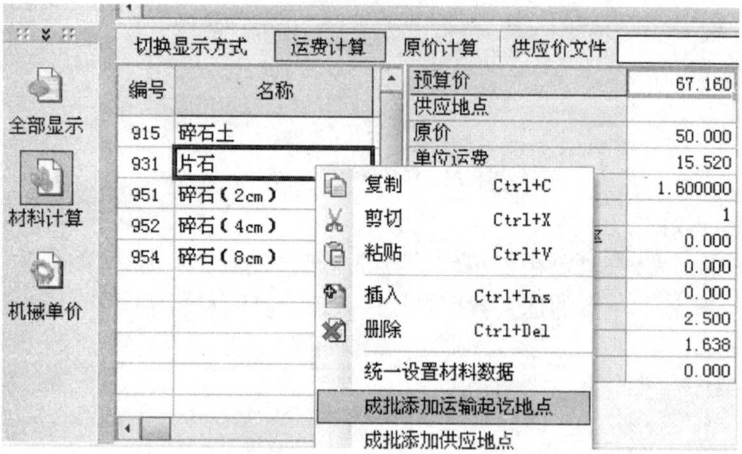

图 6-59　成批设置材料的运费数据

②在弹出窗口中,打勾选择统一设置运费数据的材料,输入运费计算参数。勾选“替换原有起讫地点数据”,如图 6-60 所示,点“确定”。则这些勾选的材料以本次数据为准进行计算运费。

图 6-60　替换原有起讫地点数据

(3)调用已保存好的起讫地点数据

作为对成批设置材料计算数据的补充,也可以保存某一起讫地点的运费计算数据,在需要时再调用。

①保存运输起讫点数据

【操作】:输入某个材料的运距计算数据后,在图6-61的运费数据位置,点鼠标右键,选择“保存运输起讫地点”。

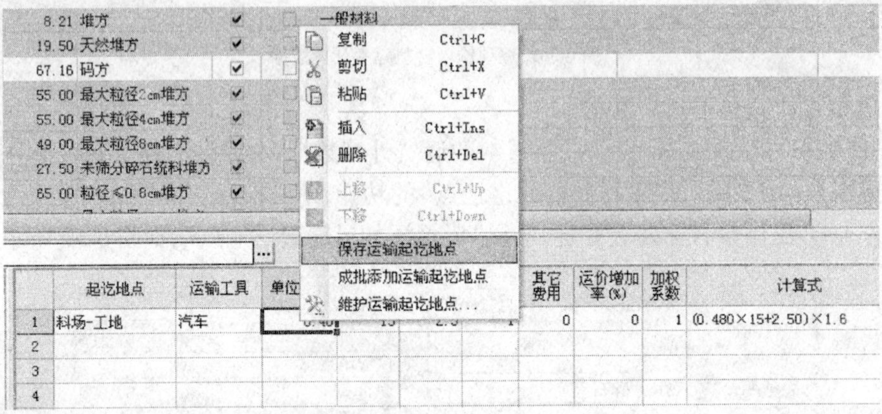

图6-61 保存运输起讫点数据

②调用起讫点数据

当计算材料的运费时,只要在图6-62所示的“起讫地点”列,双击鼠标,点下拉箭头,选择已保存的起讫点,则该起讫点的运费数据自动进入需计算的材料中。

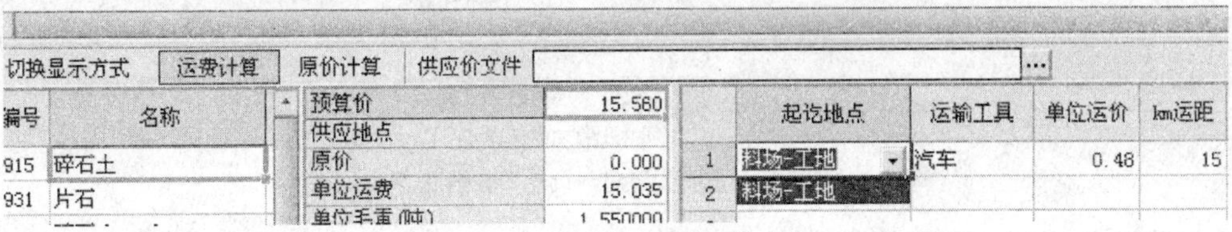

图6-62 起讫地点数据的调用

说明:“采购及保管费”、“单位毛重”等数据是部编制办法规定的,除项目所在省有特别规定外,一般无须修改。如果项目所在省对采购管理费率有特别规定,则可选择该省的采购及保管费率数据。

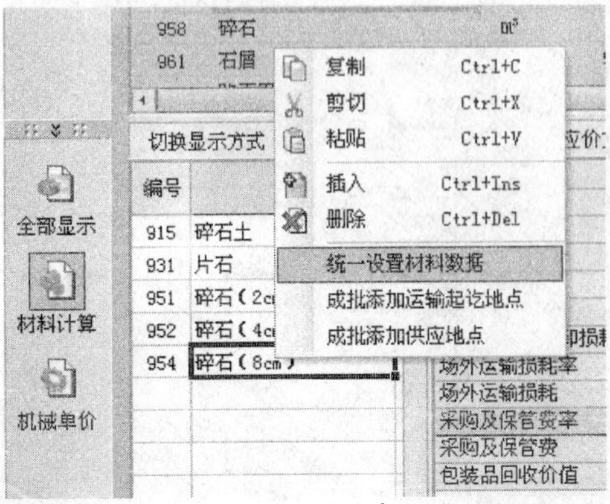

图6-63 选择“统一设置材料数据”

选择某个省的材料采购及保管费率操作如下。

【操作】:在如图6-63材料计算窗口中,点鼠标右键,选择“统一设置材料数据”。

出现图6-64所示的“编辑材料计算数据”窗口,在此窗口的左下角,点下拉箭头,选择某省的材料采购保管费率,点“确定”。

(4)施工单位自办运输情况下的运费计算

若当地无社会运输力量,亦可选择自办运输计算材料运价,即通过部颁《公路工程预算定额》第9章的材料运输定额计算运费。

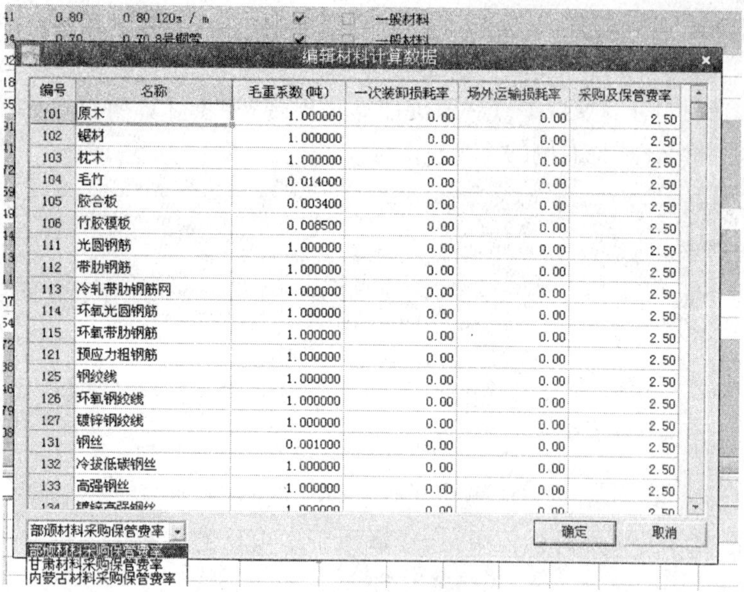

图 6-64　编辑材料计算数据

【操作】:①在“运费计算”窗口“起讫地点”列中,输入需自办运输材料的起讫地点后,点击“运输工具”列,再点击出现的倒三角形下拉箭头,选择“自办运输”,即在下部分窗口中出现定额选择窗口,如图 6-65 所示。

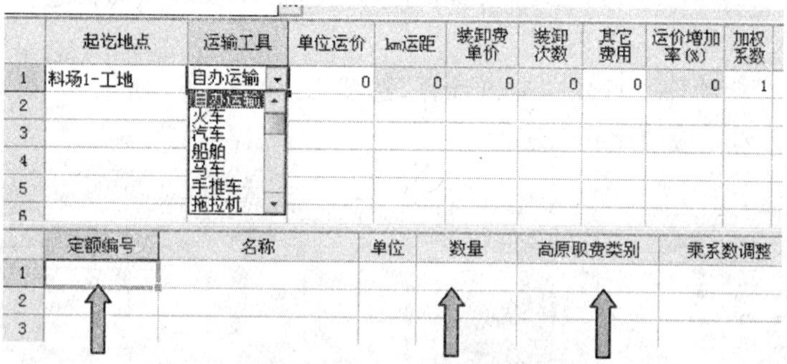

图 6-65　施工单位自办运输情况下的运费计算

②双击图 6-65 所示“定额编号”列的单元格,选择相应的运输定额。定额选择方法同前面章节讲过的“输入定额编号”或“定额逼近”方法选择定额一样。

自办运输定额的数量,是一个单位材料的工程量,无需改变,如需调整运距时,只需输入总运距即可。

注:当工程位于青海西藏等高原地区时,可根据要求计算高原取费。

【操作】:在图 6-65 所示的窗口“高原取费类别”列,直接输入定额所属的取费类别编号;或点击“高原取费类别”单元格,再点击出现的下拉箭头,选择定额所属的高原取费类别。软件根据编制办法自动计算。高原取费类别的费率值来源于费率窗口的费率值。

4)原价计算

材料原价,也称为出厂价、供应价。可以使用各省供应价文件中的供应价,也可以直接一个一个输入或成批设置材料的供应价,还可利用定额计算自采材料的原价。

(1)调用材料供应价文件中的材料原价

如果某个材料供应价文件中已有适用的材料供应价，则可直接调用该供应价文件中的材料原价数据。

【操作】:①在材料计算窗口中，点“原价计算”，出现“原价计算”窗口，如图6-66所示，点窗口上侧的“供应价文件”栏右侧的三个点图标。

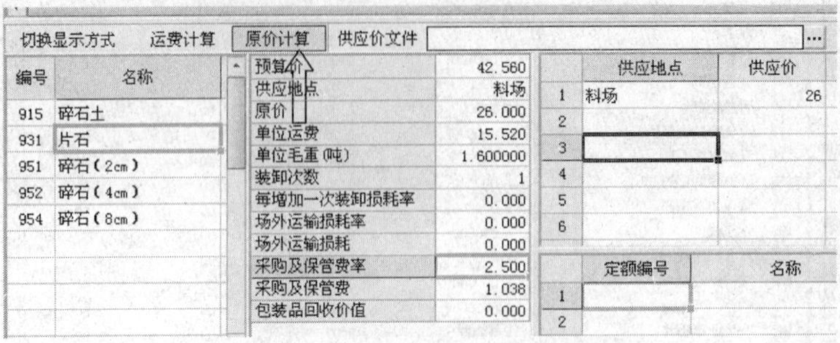

图6-66　调用材料供应价文件中的材料原价

②在出现的“打开”文件对话框中，选择适用于本项目的材料供应价文件后，点“打开”图标。

③软件将提示“需自动替换所有材料的供应价吗”，如果真的要用所选择供应价文件中的材料原价来替换当前材料的原价，则点“确定”即可，如果不替换，则点击“取消”。

注:系统已内置部分省份的材料信息价，你只需选择即可，系统自动根据选择的单价文件重算造价。关注纵横造价网站 www. Smart Cost. com. cn 上提供的信息价下载服务。

(2)逐项输入材料的供应价和供应地点

【操作】:在“材料计算”窗口的“原价计算”选项中，如图6-67所示的“供应地点”和“供应价”列的单元格，输入供应地点和供应价。

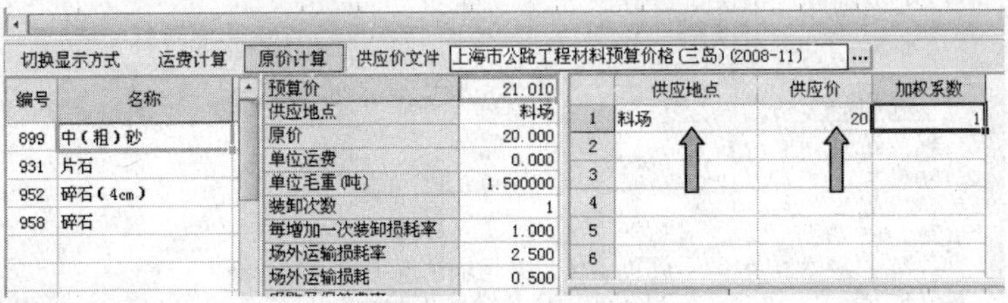

图6-67　逐项输入材料供应价和供应地点

(3)成批设置材料原价数据

【操作】:在“材料计算”窗口中，点右键，在如图6-68的菜单中，选择“成批添加供应地点”，出现图6-69所示的“成批添加供应地点”对话框→在“成批添加供应地点”对话框中打勾选择需成批设置原价的材料→并在“供应地点”、“供应价”列中分别输入供应地点和供应价格数据；或者选择供应价文件中的供应价数据，如图6-70所示。

注:(1)不同材料可以成批选择不同的供应价文件

比如某项目已有甘肃省各地区的材料供应价，钢材从“兰州”供应，水泥及其他材料是从“天水市”供应。

(2)一种材料可以选择多个不同的供应价文件。

如公路是线性构造物，材料很可能从不同的供应地提供。操作同前，只是需输入不同供应地供应量的加权系数。

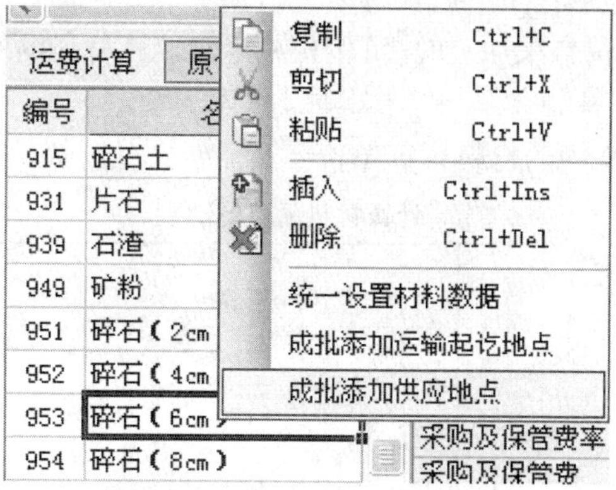

图 6-68　选择“成批添加供应地点”

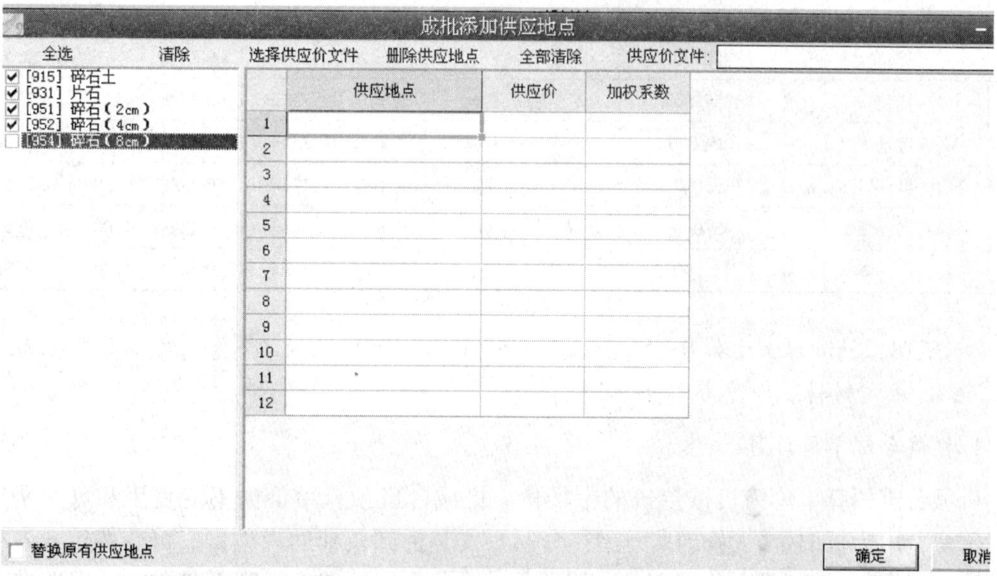

图 6-69　“成批添加供应地点”对话框

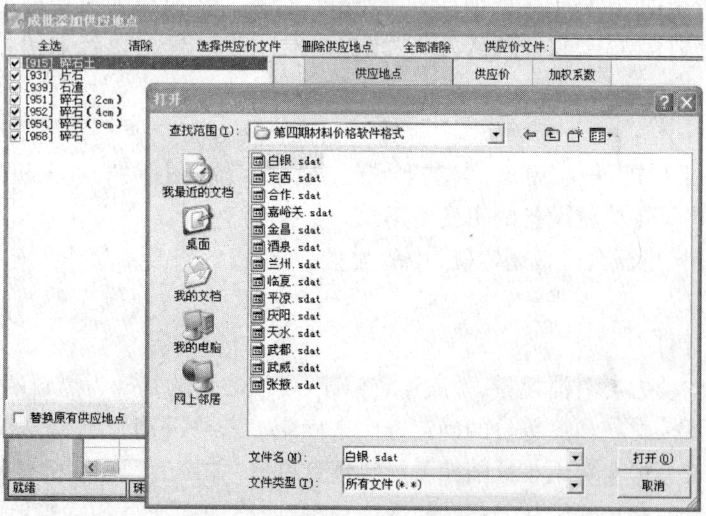

图 6-70　选择供应价文件中的供应价数据

(4)自采材料的原价计算

当地方材料为施工单位自采加工时,可用预算定额计算材料的原价,定额选择方法与自办运输运费计算相似,省略。

【练习10】:计算表6-9中的材料预算单价。

计算材料预算单价 表6-9

序号	规格名称	单位	原价(元)	运杂费			场外运输损耗	采购及保管费
				供应地点	运输方式、比重及运距	毛重系数或单位毛重	费率(%)	费率(%)
1	原木	m^3	920.000	木料场—工地	汽车,1.00,25km	1.000000		2.500
2	锯材	m^3	1120.000	木料场—工地	汽车,1.00,25km	1.000000		2.500
3	光圆钢筋	t	3850.000	钢筋场—工地	汽车,1.00,75km	1.000000		2.500
4	带肋钢筋	t	3850.000	钢筋场—工地	汽车,1.00,75km	1.000000		2.500
5	32.5级水泥	t	325.000	水泥厂—工地	汽车,1.00,25km	1.010000	1.00	2.500
6	中(粗)砂	m^3	85.000	砂厂—工地	汽车,1.00,25km	1.500000	2.50	2.500
7	碎石(2cm)	m^3	45.000	石厂—工地	汽车,1.00,6km	1.500000	1.00	2.500
8	碎石(4cm)	m^3	45.000	石厂—工地	汽车,1.00,6km	1.500000	1.00	2.500

说明:25km以上运价0.45元/t·km,6km的运价1.08元/t·km,外购材料装卸费为5元/吨次,地方材料装卸费为2元/吨次。

4.机械台班单价计算

机械台班预算单价为机械台班的市场价。机械台班预算单价由不变费用和可变费用组成。不变费用为折旧费、大修理费、经常修理费、安装拆卸及辅助设施费。可变费用=各机械每台班{机械工的消耗量×机械工的预算单价+动力燃料×动力燃料预算单价+养路费车船税}。其中每台班柴油、机械工等的消耗量,按现行《公路工程机械台班费用定额》取值。养路费车船税,各省分别有规定,软件默认为0。根据国发〔2008〕37号已经取消养路费,即养路费为零。

1)不变费用计算

【操作】:在"工料机"汇总窗口,点左下侧的"机械台价"图标,进入机械单价的计算窗口。软件自动列出了各机械设备的不变费用。

不变费用采用《机械台班费用定额》中的数据,一般不宜修改。除非本企业有准确的相应数据时,可允许修改。

2)可变费用计算

可变费用中的动力燃料消耗量,一般不宜修改,可以改变的是动力燃料的预算单价。动力燃料的预算单价可按材料预算单价的确定方法来确定。若修改动力燃料的预算单价后,系统自动重算机械单价。可变费用小计随相关材料预算单价(如汽油、柴油、机械工等)改变而变。

机械设备的养路费车船税从养路费标准中获得,养路费标准由各省当地的造价主管部门发布。软件列出了各省的养路费车船使用税标准供选择使用,选择方法如下。

【操作】:(1)在“机械单价”窗口中,点如图6-71所示“养路费车船使用税标准”栏右侧的三个点图标,出现“打开”文件对话框。

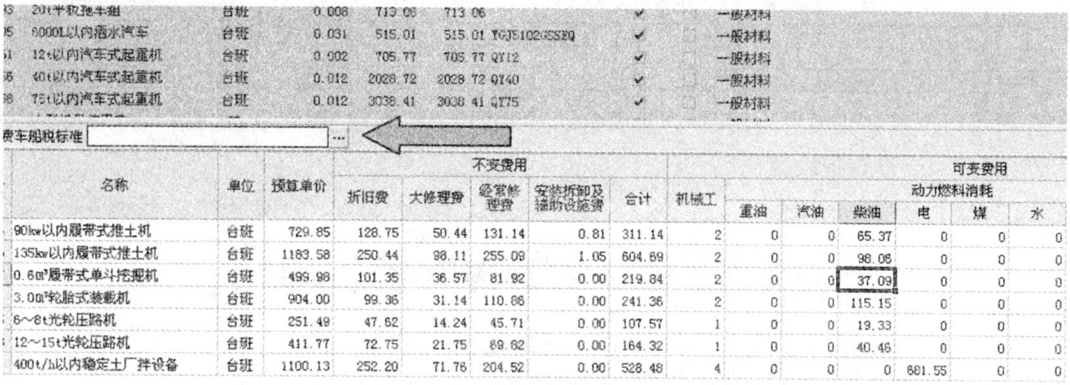

图6-71 “养路费车船使用税标准”对话框

(2)点击选择工程所在省份的车船税标准,在这里要注意,根据国发【2008】37号、财综【2008】84号文件规定,取消公路养路费,所以选取各省不含养路费车船税标准。点"打开"图标,即把该省的车船税标准导入到本项目中。

注:养路费车船税标准可以编辑,具体操作如下。

【操作】:点“工具”菜单\“编辑养路费车船税标准”。系统预置的标准不允许修改,要修改请另存一个文件名,在机械计算窗口中选择要修改的标准即可。

【练习11】:选择“江西车船税标准”作为当前用于计算造价的车船税标准。

三、导出单价文件

“工料机”汇总窗口的工料机预算单价若想用于其他项目,可点图6-72中的“导出单价文件”图标,输入文件名以单价文件形式保存工料机预算单价数据。在新项目中要使用时,选择“导入单价文件”导入该单价文件即可。

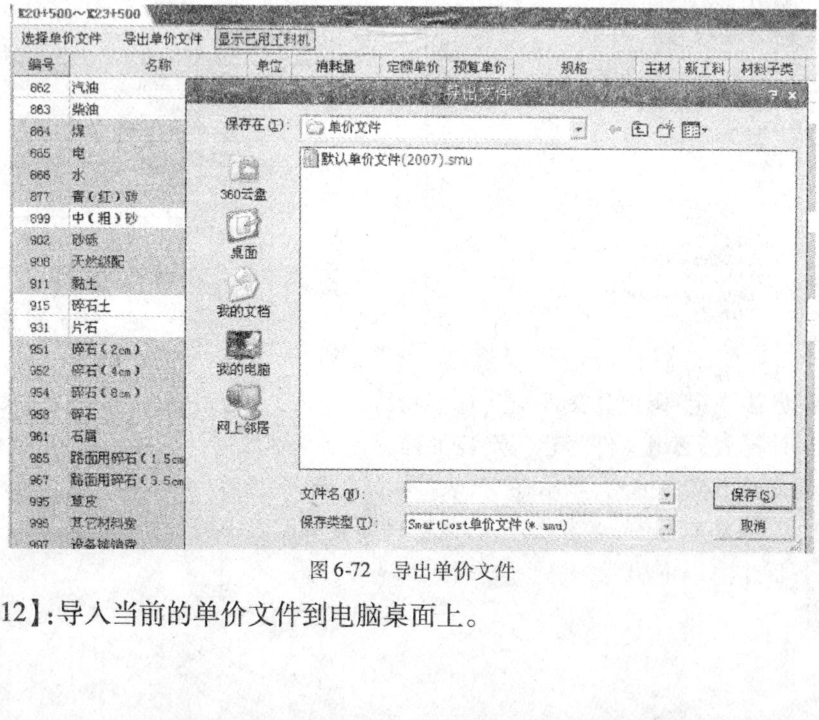

图6-72 导出单价文件

【练习12】:导入当前的单价文件到电脑桌面上。

第九节　报 表 输 出

完成第八节内容后，软件则自动计算出了工程造价，我们可以在“造价书”界面的项目表中看到总造价及各分项单价，并检查单价是否异常，检查输入数据时是否出现错误。确认无误后，可以打印或查看报表数据。

【操作】：在“造价书”界面，点“报表”图标，出现图6-73所示的窗口。

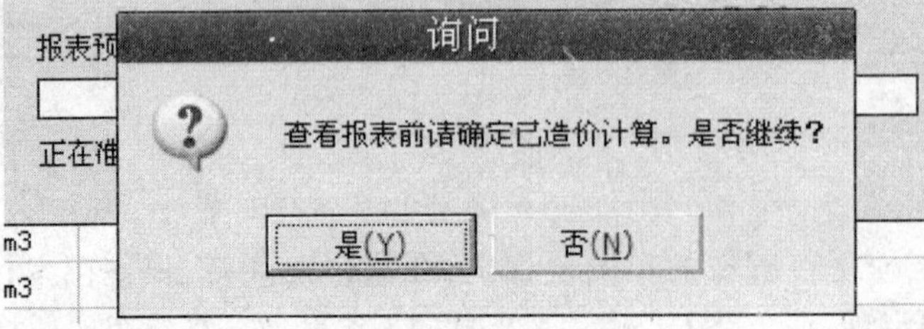

图6-73　“询问”对话框

点击“是(Y)”图标，则软件重新计算造价并显示各报表，并进入“报表”界面，如图6-74所示。

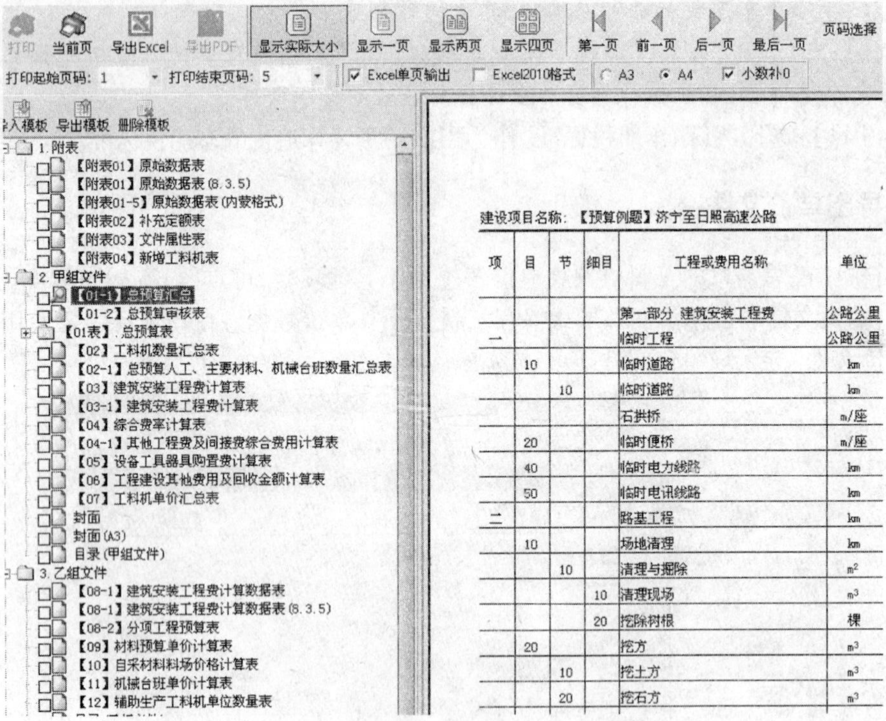

图6-74　“报表”界面

现行编制办法规定：概预算文件一共有01表到12表，分为甲级文件和乙组文件，甲组文件为各项费用计算表，乙组文件为建筑安装工程费各项基础数据计算表，只供审批使用。软件已将这些表分成两组文件排列，显示在“报表”界面左侧，如图6-74所示。想查看哪个表的数据只需在“报表”界面左侧中，点击该表，右侧窗口即显示该表中的数据。

“报表”界面中有以下功能：

(1)设置

可以对所要输出的报表格式进行设置。

【操作】:“报表“界面中,点设置按钮。

①纸张设置

进行纸张边距,打印机设置等,该设置结果影响所有报表。

②页面设置

进行字体、边框线等设置,该设置结果影响所有报表。

③报表格式设置

因公路报表一般较复杂,不建议自行更改设置,请与纵横客服联系报表定制服务。

(2)打印

需要打印哪个报表,则先选中该报表,再点“打印“图标,进行打印。学习版不能打印。

(3)输出报表到 EXCEL、PDF

软件中的报表数据可以 EXCEL 文件和 PDF 文件格式输出。

【操作】:在“报表”界面,点击图标,即可导出数据到 EXCEL 中。

注:当导出张数较多的报表时,如08表时,软件自动将每20页分为一个文件。如1-20,21-40…,分别输出。导出 EXCEL 格式可勾选“EXCEL 单页输出”,如当前使用 EXCEL 版本为2010,请勾选“EXCEL2010 格式”输出。可成批导出报表,勾选所需输出的报表直接点击导出相应的格式即可。

第十节　项　目　汇　总

当一个建设项目分若干段编制造价时,每段编制完成后,需把各分段造价汇总成建设项目总造价,即形成“01-1表　总预算汇总表(或总概算汇总表、总估算汇总表)”。有以下两种方法汇总。

一、“造价审查”汇总

【操作】:点“造价审查”菜单→“总概预算估算汇总表”,出现如图6-75所示对话框,在对话框左侧双击选择建设项目后,在弹出的“选择项目”窗口中,勾选需汇总的造价文件,点“确定”。

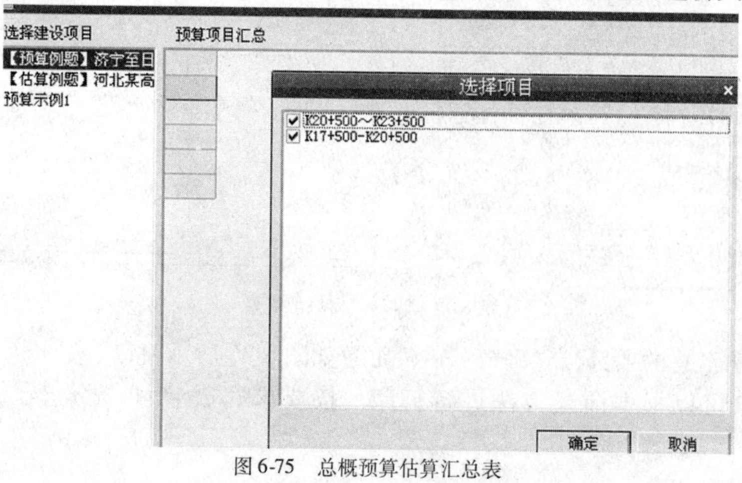

图6-75　总概预算估算汇总表

出现如图 6-76 所示窗口。

预算项目汇总

项次	工程或费用名称	单位	总数量	概（预）算金额（元）			技术经济指标
				K20+500～K23+500	K17+500-K20+500	合计	
	第一部分 建筑安装工程费	**公路公里**	**6.000**	**53352808**	**0**	**53352808**	**92134.67**
一	临时工程	公路公里	6.000	3034691	0	3034691	505781.83
10	临时道路	km	8.820	1640867	0	1640867	186039.34
10	临时道路	km	8.820	1640867	0	1640867	186039.34
1	临时便道的修建与维护	km	1.000	0	0	0	0.00
	石拱桥	m/座	16.000/1.000	0	0	0	0.00/0.00
20	临时便桥	m/座	150.000/4.000	395001	0	395001	/98750.25
40	临时电力线路	km	10.240	947724	0	947724	92551.17
50	临时电信线路	km	1.000	0	0	0	0.00
50	临时电讯线路	km	9.240	51099	0	51099	5530.19
二	路基工程	km	3.000	30084151	0	30084151	028050.33
10	场地清理	km	3.000	1225928	0	1225928	408642.67
10	清理与掘除	m^2	1000.000	1225928	0	1225928	1225.93
1	清除表土	m^3	1000.000	0	0	0	0.00
1	清理现场	m^3	201194.000	1187076	0	1187076	5.90
2	伐树、挖根、除草	m^2	2000.000	0	0	0	0.00
2	挖除树根	棵	3877.000	38852	0	38852	10.02
20	挖方	m^3	10000.000	10813785	0	10813785	1081.38
10	挖土方	m^3	343661.000	5345488	0	5345488	15.55
20	挖石方	m^3	212339.000	5299201	0	5299201	24.96
30	挖非适用材料（淤泥）	m^3	9490.000	169096	0	169096	17.82
30	填方	m^3	0.000	9272352	0	9272352	0
10	路基填方	m^3	0.000	9272352	0	9272352	0
2	利用土方填筑	m^3	300815.000	2038278	0	2038278	6.78
3	借土方填筑	m^3	246066.000	4542349	0	4542349	18.46
4	利用石方填筑	m^3	230777.000	2691725	0	2691725	11.66
50	排水工程	km	0.000	4513760	0	4513760	0
10	边沟	m^3/m	0.000	807083	0	807083	0
3	浆砌片石边沟	m^3	2340.000	807083	0	807083	344.91
20	排水沟	处	0.000	2820092	0	2820092	0

图 6-76　预算项目汇总

调整窗口位置至最佳。

二、“报表”窗口中汇总

【操作】:在“报表”窗口,点击【01 -1】总预算汇总表(或总概算汇总表、总估算汇总表),出现如图 6-77 所示“选择项目”对话框。

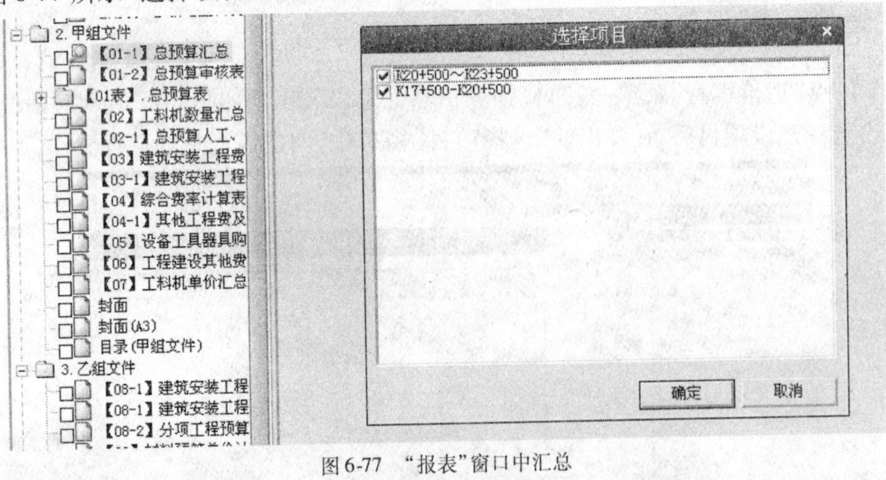

图 6-77　“报表”窗口中汇总

打勾选择需汇总的项目,点“确定”,软件汇总如图 6-76 所示窗口。

汇总之后,可以根据前述方法进行打印。按要求完成装订,一份概、预算文件才算完成。

复习思考题

1. 简述用《纵横工程造价软件》编制概预算的流程。
2. 定额选择的方法有哪些?
3. 定额调整的内容是什么?
4. 工料机预算单价的确定方法有哪些?
5. 费率的确定方法有哪些?
6. 建立项目表的方法有哪些?

第七章　海德纵横 Smart Cost 公路工程造价软件编制公路工程标底流程

用海德纵横 Smart Cost 公路工程造价软件，编制一个标底的流程如图 7-1 所示。

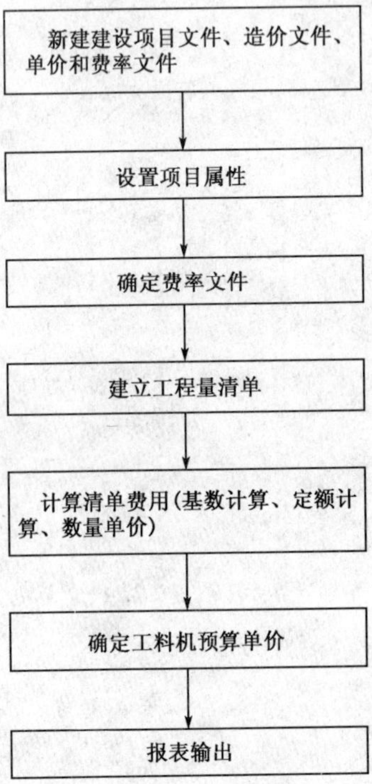

图 7-1　标底编制流程

以上流程中，有些步骤可以改变顺序，初学者可按该流程操作。报价编制流程同标底编制流程，所不同的是，施工单位在计算报价时，要根据自身的实际情况和投标的竞争程度来确定自己的投标报价策略，以期中标。故本章中介绍如何编制标底。

下面将分节说明，如何具体用海德纵横 SmartCost 公路工程造价软件，编制标底。

第一节　新建项目文件、造价文件、单价文件与费率文件

项目文件、造价文件、单价文件与费率文件，可以导入现有的，也可以新建。

新建项目文件、造价文件、费率文件和单价文件有以下几种方法。

一、在新建项目对话框中同时建立

【操作】:(1)打开软件,点击文件中的“新建项目文件”按钮,或者快捷菜单栏下的新建建设项目图标,直接弹出新建项目对话框,对话框如图7-2所示。

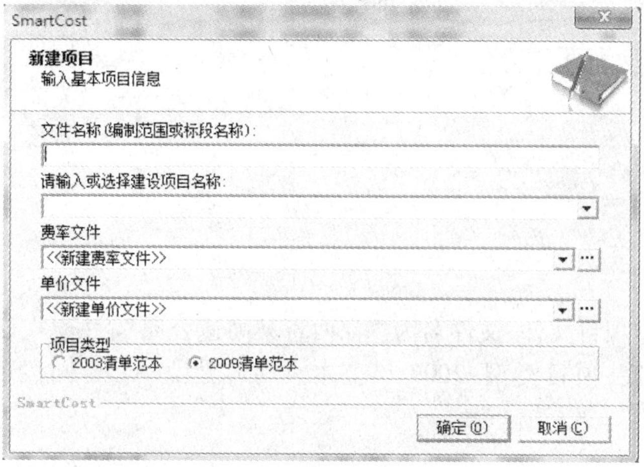

图7-2　新建项目对话框

(2)在图7-2所示新建项目对话框中,依次输入文件名称(造价文件)、建设项目名称(建设项目文件),选择“项目类型”,是2003清单范本还是2009清单范本,点击“确定”,就新建了一个建设项目文件、造价文件,同时建立的还有费率文件、单价文件(系统默认单价文件、费率文件与造价文件同名)。

如果费率文件名、单价文件名与造价文件名不同,则应该在“费率文件”栏和“单价文件”栏输入这两个文件的名称。

如果软件中有适用的,也可在“费率文件”/“单价文件”栏里点击▼,选择适用的费率文件/单价文件。

二、逐个建立

【操作】:(1)在“项目管理”界面中,点击如图7-3a)所示“建设项目”菜单栏下新建建设项目图标,先建立一个建设项目文件。

(2)该建设项目文件下,点击图7-3b)所示“项目分段”下侧的新建分段图标,建立该建设项目的造价文件。

(3)在图7-3c)所示“相关文件”菜单栏下,点新建费率和单价文件图标,建立该造价文件的费率文件和单价文件。

当需要编制一个建设项目的多个标段的标底时,应该建立该建设项目的多个造价文件。

【操作】:在“项目管理”界面中,用鼠标选中该建设项目,再多次点击“项目分段”菜单栏下侧的新建造价文件图标,建立多个该建设项目的造价文件。建立多个造价文件时,要注意相应的费率文件和单价文件是否由软件默认新建的还是选择已有的。

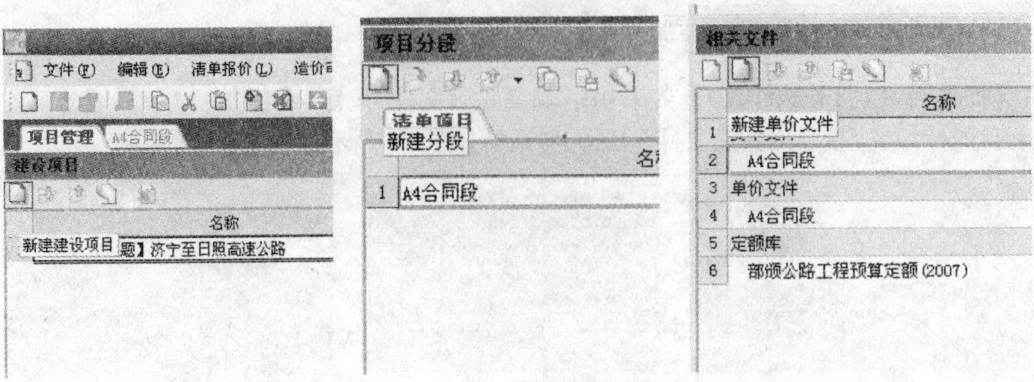

a)　　b)　　c)

图 7-3　逐个建立

【练习 1】:建立项目文件,文件名为“江西省某高速公路”;并建立该项目 A1 合同段的造价文件,编制标底,项目类型:2009 年范本。同时建立 A1 合同段的单价文件和费率文件。

注:导入导出建设项目。有时需要将软件中正在编制或已编制好造价的建设项目的数据拷出到数据盘中,或将数据盘中的建设项目造价数据拷入到软件中。可用“导出建设项目”和“导入建设项目”功能。详见第九章操作技巧。

第二节　设定项目属性及技术参数(利润、税金等)

项目属性包含一些与造价编制有关的信息,如编制单位、建设单位、利润率、税率等。设定项目属性方法如下。

一、在“项目文件属性”对话框中输入

1. 调出“项目文件属性”对话框

有以下方法可调出项目文件属性对话框。

(1)在“文件”菜单中点击“项目属性”选项

【操作】:在“项目管理”界面,双击打开造价文件进入造价书界面,点“文件”菜单→“项目属性”,如图 7-4 所示。

(2)点击菜单栏的“项目属性”图标

【操作】:在造价书界面,点击菜单栏上“项目文件属性”按钮,跳出图 7-4 所示“项目文件属性”对话框。

2. 输入项目属性及技术参数

在项目文件属性对话框中,有“基本信息、技术参数、计算参数、其他取费、小数位数”等 5 个选项。可按实际需要输入或选择内容。

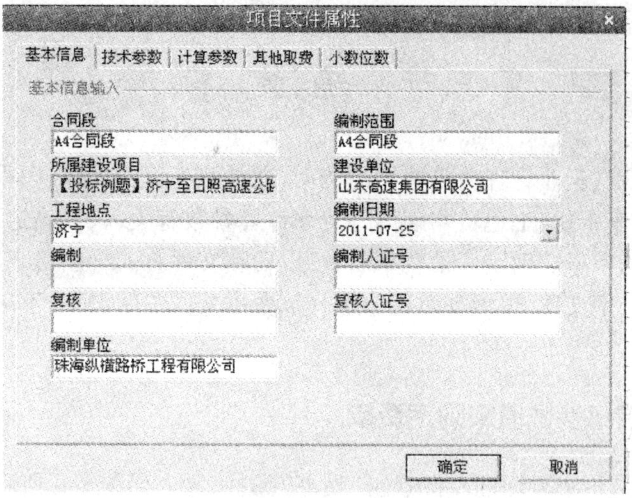

图 7-4 “项目文件属性”对话框

在“计算参数”选项中，可更改利润率和税率，确定机械不变费用系数、辅助生产间接费率等。

在“其他取费”栏中，输入或选择绿化工程费指标、冬雨夜施工增工率、临时设施用工指标等。

设置计算小数位数适应于一些对计算精度较高的项目，主要是清单工程量较小的项目，如小型建设项目清单编制、清单变更预算等。本软件精度设置符合公路造价习惯，将“定额—各项费用”设成“3 位”小数，计算精度即可满足绝大部分要求。其他精度值如非必要，请勿随意修改。

二、在项目管理界面的标段属性窗口修改属性

【操作】：在项目管理界面屏幕最右边是项目属性窗口，如图 7-5 所示。可以在窗口中下拉选择编制日期、公路等级、税金等属性值，属性窗口的数据修改后，项目标段会同步刷新。

注：如果要编制一个建设项目的多个标段标底，需分别输入各段的项目属性数据。

【练习 2】：确定“江西某高速公路”的项目属性，数据见表 7-1。

图 7-5 “属性”窗口

确定项目属性 表 7-1

编制范围：A1 合同段	建设项目：江西省某高速公路
公路等级：高速公路（新建工程）	地点：江西赣州
利润率：7%	税金：3.41%
投标人：山东××路桥工程集团	编制人：××
路面宽：32m	

第三节　确 定 费 率

其他工程费、规费、企业管理费等费用的费率，通常跟工程所在地、雨季期和雨量、气温、是否夜间施工、是否行车干扰、工地转移距离等费率计算参数有关，只要确定了这些参数，软件会自动确定这些费用的费率。确定好了费率后，可以费率文件方式导出费率以供其他项目使用。

如果有适用的费率文件，也可在软件中选择该费率文件中的费率，不用逐项选择参数来确定费率。

一、逐项选择费率参数值来确定费率

【操作】：(1)在造价书界面的左侧点击“费率”图标，进入如图7-6所示“费率”界面。

(2)在图7-6所示费率界面右侧的“费率计算参数”对话框中，逐项点击各费用名称的“参数值”栏，在出现的下拉箭头中选择相应的参数值，或直接输入实际的参数值。

编号	取费类别	其他工程费(%) I	其他工程费(%) II	规费(%)	企业管理费(%)
1	人工土方	3.2100	0.0000	42.0000	4.0600
2	机械土方	3.5400	0.0000	42.0000	4.0600
3	汽车运输	1.9300	0.0000	42.0000	2.1600
4	人工石方	2.9300	0.0000	42.0000	4.0700
5	机械石方	3.3900	0.0000	42.0000	4.0300
6	高级路面	4.5300	0.0000	42.0000	2.5400
7	其他路面	4.0200	0.0000	42.0000	3.9600
8	构造物I	5.5700	0.0000	42.0000	5.4500
9	构造物II	6.9800	0.0000	42.0000	6.6500
10	构造物III	13.3700	0.0000	42.0000	11.8400
11	技术复杂大桥	7.1500	0.0000	42.0000	5.6800
12	隧道	5.0100	0.0000	42.0000	5.1500
13	钢材及钢结构	4.9200	0.0000	42.0000	3.3300
14	设备安装工程	12.4400	0.0000	42.0000	11.8400
15	金属标志牌安装	4.5700	0.0000	42.0000	3.3300
16	费率为0	0.0000	0.0000	0.0000	0.0000

费率计算参数 名称	参数值
工程所在地	山东
费率标准	山东高速及一级公路费率
冬季施工	冬一区 I -1以上
雨季施工	I区4个月
夜间施工	计
高原施工	不计
风沙施工	不计
沿海地区	不计
行车干扰	不计
安全施工	不计
临时设施	计
施工辅助	计
工地转移(km)	
养老保险(%)	
失业保险(%)	
医疗保险(%)	
住房公积金(%)	
工伤保险(%)	
基本费用	计
综合里程(km)	
职工探亲	计
计划利润率(%)	
税金综合税率(%)	

编号	取费类别	其他工程费I(%) 冬季施工	雨季施工	夜间施工	施工安全	临时设施	施工辅助	工地转移	沿海施工	其他工程费II(%) 高原施工	风沙施工	行车干扰	规费 养老保险	失业保险	医疗保险
1	人工土方	0.2800	0.1500	0.0000	0.0000	1.5700	0.8900	0.3200	0.0000	0.0000	0.0000	0.0000	0.0000	2.0000	7.00
2	机械土方	0.4300	0.1500	0.0000	0.0000	1.4200	0.4900	1.0500	0.0000	0.0000	0.0000	0.0000	0.0000	2.0000	7.00

图7-6　“费率”界面

①选择工程所在地，根据工程所在地，自动确定按地区类别取费的项目。

②费率标准：软件已按全国各省补充编办内置费率标准，并根据工程所在地过滤，供选择。

③选择冬雨夜、高原、风沙、沿海、行业干扰、临时设施、施工辅助、基本费用、职工探亲等参数，软件会自动计算相应的费率值；只要把光标放在冬、雨季施工所在行停留几秒不动，软件会根据工程所在地，自动提示冬、雨季施工区域划分。

④输入工地转移的公路里数、“四险一金”费率、综合里程。

注：可修改或导出费率。

(1)修改费率

"费率"界面的上部视窗是费率的合计，下部视窗是费率组成细目。可任意手工修改上部视窗、下部视窗内的数值。如图7-7所示，可单个修改费率，也可用乘系数方式对整列、整行、选择范围修改。

编号	取费类别	其他工程费(%)		规费(%)	企业管理费(%)
		I	II		
1	人工土方	3.3100	0.0000	32.0100	3.9700
2	机械土方	2.7700	0.0000	32.0100	3.9050
3	汽车运输	[illegible]	0.0000	32.0100	2.0150
4	人工石方	[illegible]	[illegible]	[illegible]	3.9850
5	机械石方	3.2700	0.0000	32.0100	3.9000
6	高级路面	3.9700	0.0000	32.0100	2.4550
7	其他路面	3.8700	0.0000	32.0100	3.8750
8	构造物I	4.8600	0.0000	32.0100	5.3050
9	构造物II	5.8400	0.0000	32.0100	6.4950
10	构造物III	11.0100	0.0000	32.0100	11.5650
11	技术复杂大桥	5.8600	0.0000	32.0100	5.5600
12	隧道	4.5300	0.0000	32.0100	5.0550

图7-7　单个修改费率

【操作】：点击鼠标右键菜单选择"乘系数"，可乘系数方式修改费率。

(2)导出费率

当费率设定好后，可导出保存到文件中，以供其他项目使用。同一个建设项目中的不同标段，一般可使用同一个费率文件。

【操作】：在图7-7所示的费率窗口中，也可点击屏幕左上方的"导出费率文件"图标，把当前窗口的费率导出并保存到费率文件中。

说明：(1)造价文件保存时，费率文件自动同时保存(在屏幕上显示有当前预算文件所使用的费率文件名称)。

(2)多个预算文件可共用一个费率文件时，当该费率文件修改时，凡用到该费率文件的各造价文件均会根据该费率文件中的费率自动重算造价。

【练习3】：确定费率。取费信息见表7-2。

取 费 信 息　　表7-2

工程所在地	江西赣州	费率标准	江西一级公路费率标准(2008)
冬季施工	不计	雨季施工	Ⅱ区7个月
夜间施工	计	高原施工	不计
风沙施工	不计	沿海地区	不计
行车干扰	不计(新建不计)	安全施工	计
临时设施	计	施工辅助	计
工地转移(km)	500	养老保险(%)	20
失业保险(%)	2	医疗保险(%)	6.6

续上表

工程所在地	江西赣州	费率标准	江西一级公路费率标准(2008)
住房公积金(%)	8	工伤保险(%)	2.2
基本费用	计	综合里程(km)	5
职工探亲	计	职工取暖	不计
财务费用	计		

二、选择费率文件中的费率

当选择一个已有费率文件作为当前造价文件的费率文件时,软件会采用已有费率文件中的费率作为当前造价文件的费率。

1. 调出“选择费率文件”对话框

1)在“项目管理”界面的标段属性窗口操作

【操作】:点击标段属性窗口的“费率文件”栏,会在该栏右侧出现三个小点图标 ,点击该三个点的图标,弹出“选择费率文件”对话框,如图 7-8 所示。

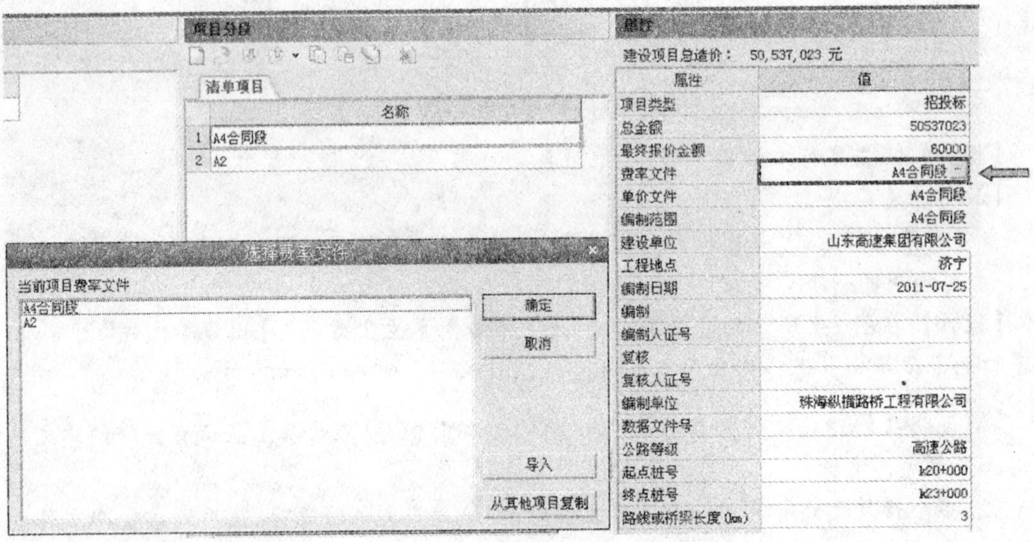

图 7-8　在“项目管理”界面标段属性窗口操作

2)在“费率”窗口中操作

【操作】:在“费率”窗口中,点屏幕左上方的“选择费率文件”,出现“选择费率文件”对话框,如图 7-9 所示。

2. 选择费率文件

可以直接选择费率文件,还可导入费率文件或从其他项目复制费率。

1)直接选择费率文件

【操作】:在图 7-9 所示“选择费率文件”对话框的“当前项目费率文件”列表中,选择一个适用的费率文件,再点击“确定”,设为当前造价文件的费率文件。

2)导入费率文件

如果“当前项目费率文件”列表中没有适用的费率文件,适用的费率文件保存在电脑等数据盘中,可点击"选择费率文件"对话框中的"导入"图标可导入该费率文件到当前项目费率文件列表中。再在"当前项目费率文件"列表中选中该费率文件,点击"确定"即设为当前项目的费率文件。

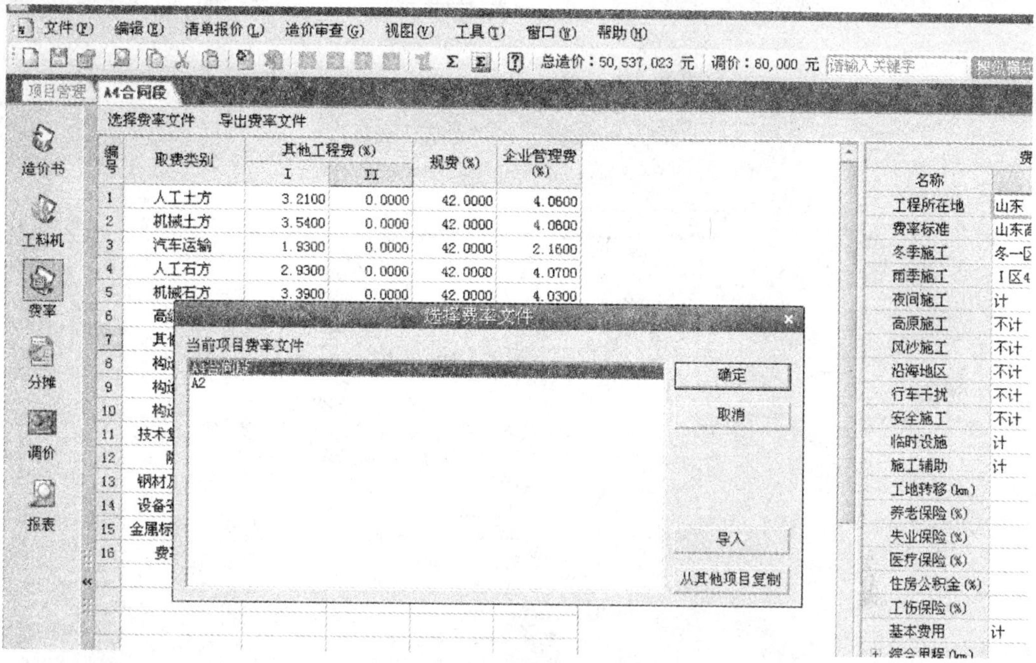

图 7-9　在"费率"窗口操作

3)从其他项目复制费率

【操作】:(1)点击"选择费率文件"对话框中的"从其他项目复制费率"图标。

(2)若另一个建设项目的费率文件适用,选中该费率文件,点击"复制"图标,则该费率文件复制到"当前项目费率文件列表中",在"当前项目费率列表中"选中该费率文件,点击"确定"按钮,即设为当前需计算造价的项目的费率文件。

注:当重新选择费率文件,原有费率值被刷新,软件将以新费率文件中的费率重新计算造价。

第四节　建立工程量清单

一、打开清单范本

编制标底,要根据招标文件中工程量清单来编制。工程量清单是根据清单范本来建立的。在软件中打开清单范本的方法如下。

【操作】:在"造价书"界面,点击屏幕右上角的[清单范本]图标,出现清单范本窗口,软件默认打开的是现行部颁清单范本(2009),如图 7-10 所示的。此操作属于开关式的,再点击一下[清单范本]图标,则软件会关闭清单范本。

清单范本共有第 100 章到第 700 章,每一章下有若干细目。点击图 7-10 中"编号"列中的"+",可显示下一级细目的名称;当变成"-"号时,表明该细目无下一级项目,点击"-"号,即可关闭显示下一级细目名称,只显示本级细目名称。上一级细目称为父项,下一级细目称为子项。

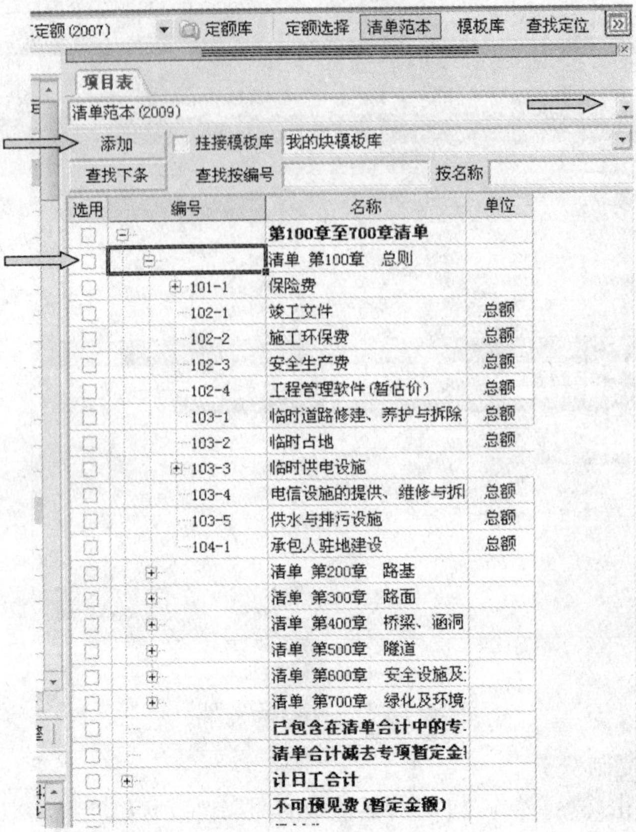

图 7-10 打开"清单范本"

建立工程量清单一般依据部颁清单范本。但也有省份建立了本省的清单范本。如不根据部颁清单范而根据别的范本来建立清单,需更改当前清单范本,方法如下。

【操作】:点图 7-10 所示"清单范本(2009)"行右侧的下拉箭头,出现软件中内置的清单范本列表,如图 7-11 所示。选择目标清单范本即可。

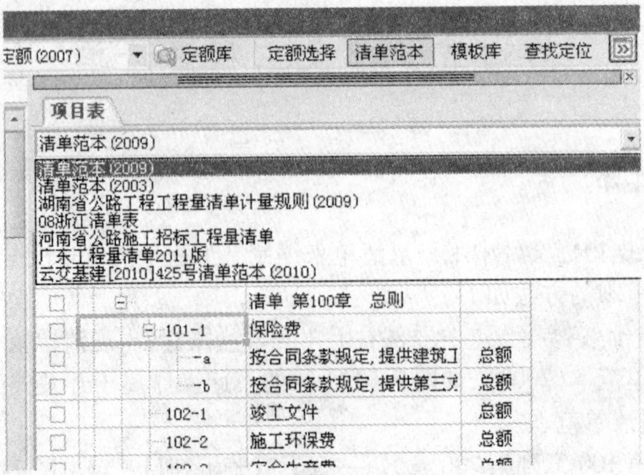

图 7-11 清单范本列表

二、建立当前造价文件的工程量清单

在软件中建立招标文件的工程量清单,有以下几种方法。

1. 直接从清单范本中添加

有以下两种操作方法。

【操作1】:在图7-10所示"清单范本"窗口中的"选用"列方框中逐项勾选目标添加细目,再点图中的"添加"按钮。则清单范本中已勾选的细目添加进当前造价文件的工程量清单中。

注:当勾选父项时,子项全部自动选择;当勾选个别子项时,父项自动选择。

【操作2】:用鼠标双击图7-10所示清单范本中需添加的细目的名称,可直接将该细目添加到当前造价文件工程量清单中。

注:当双击父项时,仅仅只选择父项,子项不会自动选择;当双击子项时,父项自动选择。

注:若添加的项目有误,可在项目表中选中要删除的项目,点屏幕上方的删除按钮,或者点鼠标右键,选择删除。当删除父项时,子项全部删除;当删除个别子项时,父项不会删除。

2. 添加清单范本中没有的工程细目

若清单范本中没有期望的清单细目,即需添加清单范本中没有的细目,有两种操作方法。

【操作1】:用鼠标点击需添加的细目所在的位置,再点击"造价书"界面左上角的插入按钮。则在当前鼠标位置后面插入一空行。

【例1】:在"厚200mm水泥稳定土"细目后面添加"厚250mm水泥稳定土"。

【操作1】:在"造价书"界面,用鼠标点击工程量清单中"水泥稳定土基层"的子项"厚200mm"所在行,点击"造价书"界面左上角的插入按钮,则在"厚200mm"细目后增加了一空行,如图7-12所示,在空行中输入清单编号、工程细目名称"250mm",并在"单位"列中选择该细目的工程量单位。

【操作2】:把鼠标放在需添加的位置,如放在"厚200mm"所在行上,点击鼠标右键,选择"插入"。则在工程量清单的"厚200mm"细目后增加了一空行,如图7-12所示,输入新增细目的清单编号、名称、单位。

注:可修改工程清单细目的名称,操作跟在EXCEL中修改文字一样。双击项目名称,进入修改状态,再把项目名称修改成目标名称。

若建立的细目层次不合理,可利用升级按钮、降级按钮、上移按钮、下移按钮来进行调整,新手使用时注意要谨慎,注意各分项的上下级、前后关系,否则会越调整越乱。

说明:公路造价中,清单编号及名称无硬性规定(交通部2009年范本,而非规范),新增清单可参考《交通部2009年招标文件范本》相近清单编号及名称编制。

3. 直接在系统中录入清单

如果招标文件所列工程量清单与"清单范本"相差较大,宜根据招标文件的工程量清单逐项录入，分别录入章、分项、清单细目。

为更快捷地输入清单，请参考第九章“主要基本操作”。

注：当招标文件所列工程量清单与“清单范本”相差较大时，建议使用 EXCEL 录入清单，再复制到系统中。

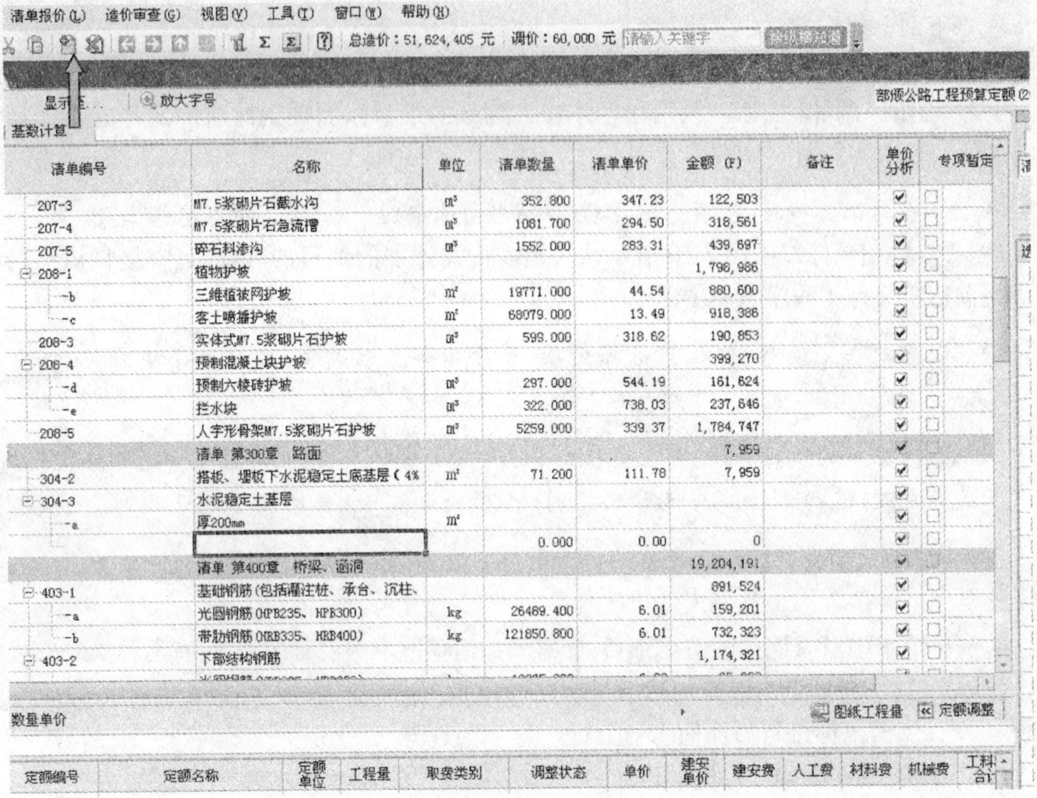

图 7-12 添加清单范本中没有的工程细目

4. 使用 EXCEL 录入清单，再导入到系统中

使用此方式建立工程量清单时，在 EXCEL 中只需按招标文件清单格式录入(一般由打字员完成)，在 EXCEL 中录入工程量清单如图 7-13 所示。导入到纵横工程造价软件中会自动建立清单汇总项层次结构。

说明：汇总项指包含多个清单细目的分项，如图 7-14 中清理与掘除即为汇总项。

在 EXCEL 中录入工程量清单的格式示例见菜单栏“帮助/EXCEL 清单示例”。

(1) 录入格式说明

①无须在行与行、章与章之间留空行。

②无须录入表头(即无须录入“编号、名称、单位、工程量”行)。

③当清单项目单位为 m^2 或 m^3 时，只需输入 m2 或 m3，系统自动转换成 m^2 或 m^3。

④只需录入 100 ~ 700 章清单项目即可，暂定金、计日工等系统已默认建立，无需录入。

(2) 导入 EXCEL 清单文件到纵横工程造价软件中

【操作】：运行《纵横 SmartCost》，点击“文件”/“导入”/“导入 EXCEL 清单文件”，即可把清单导入至系统中，如图 7-15 所示。

	A	B	C	D
1		清单 第100章 总则		
2	101-1	保险费		
3	-a	按合同条款规定；提供建筑工程一切险	总 额	1
4	-b	按合同条款规定，提供第三方责任险	总 额	1
5	102-4	工程管理软件及培训费	总 额	1
6		清单 第200章 路基		
7	202-1	清理与掘除		
8	-a	清理现场	m^2	23518
9	203-1	路基挖方		
10	-a	挖土方	m^3	21187
11	208-2	浆砌片石护坡		
12	-a	M7.5浆砌片石	m^3	3730
13	-b	Φ50PVC管	m	5
14		清单 第300章 路 面		
15	306-1	级配碎石底基层		
16	-a	厚150mm	m^2	5100
17	-b	厚200mm	m^2	2267
18	312-1	水泥混凝土面板		
19	-b	厚220mm (混凝土弯拉强度5.0Mpa)	m^2	4400
20		清单 第400章 桥梁、涵洞		
21	401-1	桥梁荷载试验		
22	-a	桥梁荷载试验(暂定金额)	总 额	1
23	403-1	基础钢筋(包括灌注桩、承台、沉桩、沉井等)		
24	-a	光圆钢筋(I级)	kg	51295
25	-b	带肋钢筋(HRB335、HRB400)	kg	932271
26	405-1	挖、钻孔灌注桩		
27	-h	Φ2.2m挖、钻孔桩	m	1454
28	410-1	混凝土基础(包括支撑梁、桩基承台，但不包括桩基)		
29	-e	现浇C30混凝土承台	m^3	3220
30	411-5	后张法预应力钢绞线		
31	-a	φj15.2钢绞线	kg	694319
32	411-7	现浇预应力混凝土上部结构		
33	-e	现浇C55混凝土(连续刚构主梁)	m^3	9823

图 7-13　录入工程量清单

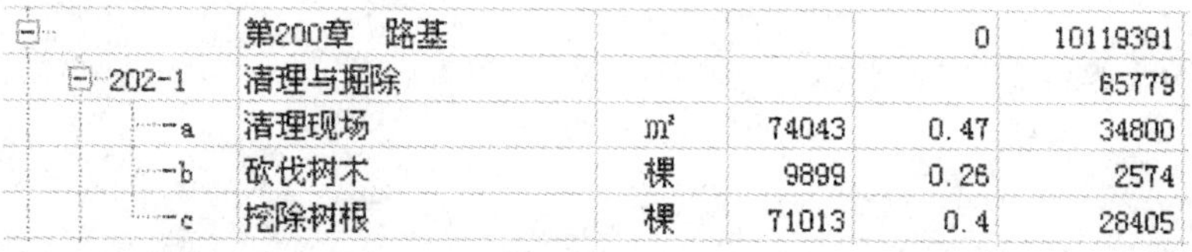

⊟	第200章 路基			0	10119391
⊟ 202-1	清理与掘除				65779
-a	清理现场	m²	74043	0.47	34800
-b	砍伐树木	棵	9899	0.26	2574
-c	挖除树根	棵	71013	0.4	28405

图 7-14　汇总项

提示：导入 EXCEL 清单时，会覆盖原项目中的所有数据。

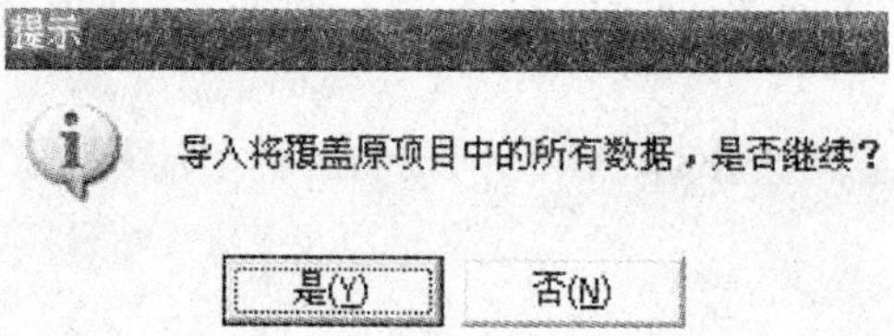
提示
导入将覆盖原项目中的所有数据，是否继续？
是(Y)
否(N)

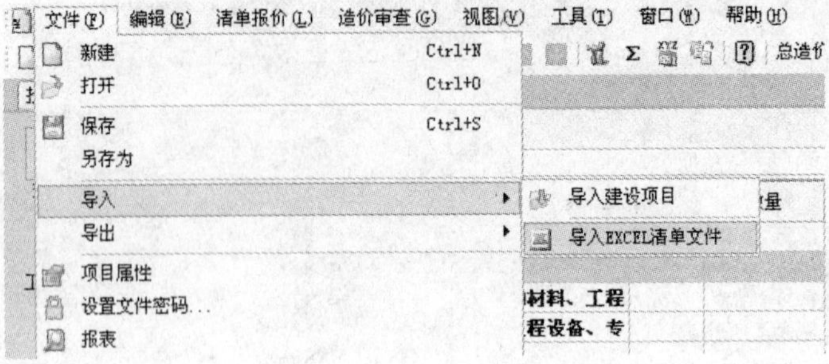

图 7-15　导入 EXCEL 清单文件

导入到软件中后,清单层次结构自动建立完成,如图 7-16 所示。

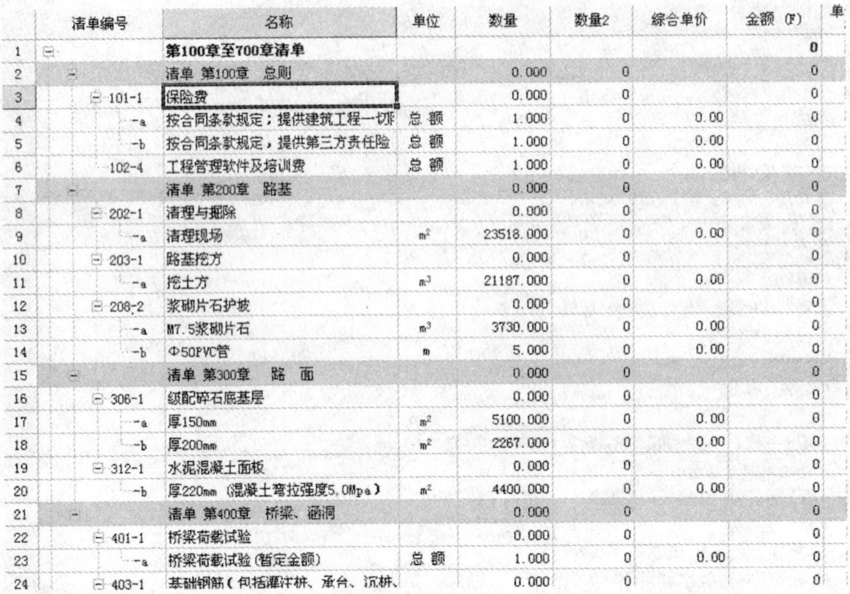

	清单编号	名称	单位	数量	数量2	综合单价	金额 (F)	单
1	⊟	第100章至700章清单					0	
2	−	清单 第100章　总则		0.000	0		0	
3	⊟ 101-1	保险费		0.000	0		0	
4	-a	按合同条款规定；提供建筑工程一切l	总 额	1.000	0	0.00	0	
5	-b	按合同条款规定，提供第三方责任险	总 额	1.000	0	0.00	0	
6	102-4	工程管理软件及培训费	总 额	1.000	0	0.00	0	
7	−	清单 第200章　路基		0.000	0		0	
8	⊟ 202-1	清理与掘除		0.000	0		0	
9	-a	清理现场	m^2	23518.000	0	0.00	0	
10	⊟ 203-1	路基挖方		0.000	0		0	
11	-a	挖土方	m^3	21187.000	0	0.00	0	
12	⊟ 208-2	浆砌片石护坡		0.000	0		0	
13	-a	M7.5浆砌片石	m^3	3730.000	0	0.00	0	
14	-b	Φ50PVC管	m	5.000	0	0.00	0	
15	−	清单 第300章　路　面		0.000	0		0	
16	⊟ 306-1	级配碎石底基层		0.000	0		0	
17	-a	厚150mm	m^2	5100.000	0	0.00	0	
18	-b	厚200mm	m^2	2267.000	0	0.00	0	
19	⊟ 312-1	水泥混凝土面板		0.000	0		0	
20	-b	厚220mm（混凝土弯拉强度5.0Mpa）	m^2	4400.000	0	0.00	0	
21	−	清单 第400章　桥梁、涵洞		0.000	0		0	
22	⊟ 401-1	桥梁荷载试验		0.000	0		0	
23	-a	桥梁荷载试验(暂定金额)	总 额	1.000	0	0.00	0	
24	⊟ 403-1	基础钢筋（包括灌注桩、承台、沉桩、		0.000	0		0	

图 7-16　自动建立完成清单层次结构

5. 复制清单(复制整块)

请参考第九章。

三、输入清单工程量

当工程量清单的所有细目全部添加完成后,应该输入清单工程量。

【操作】:在“造价书”界面工程量清单的“数量”列输入清单工程量(取自招标文件中工程量清单中的清单数量)。

【练习 4】:建立“江西某高速公路”A1 合同段的工程量清单。招标文件中 A1 合同段的工程量清单见表 7-3。

A1 合同段工程量清单 表7-3

项	目	节	细目	工程或费用名称	单位	数量
				第100章至700章清单		
				清单 第100章 总则		
	101-1			保险费		
		-a		按合同条款规定;提供建筑工程一切险	总额	1.000
		-b		按合同条款规定,提供第三方责任险	总额	1.000
	102-1			竣工文件	总额	1.000
	102-3			安全文明施工费		
		-a		安全文明施工	总额	1.000
		-b		安全施工设备措施费	总额	1.000
		-c		安全人员及培训费	总额	1.000
	102-4			纵横公路工程管理软件及培训费	总额	1.000
	103-1			临时道路修建、养护和拆除(包括原道路的养护费)		
		-a		临时道路修建、养护与拆除(包括原道路的养护费)	总额	1.000
	104-1			承包人驻地建设	总额	1.000
				清单 第200章 路基		
	202-1			清理与掘除		
		-a		清理现场、砍树、挖根等	m^3	23518.000
	203-1			路基挖方		
		-a		挖土石方	m^3	188437.000
	204-1			路基填筑(包括填前压实)		
		-a		路基填方(填石)	m^3	86793.000
	207-1			边沟		
		-b		C20混凝土现浇	m^3	73.000
		-c		M7.5浆砌片石	m^3	301.000
		-j		安装C30预制混凝土边沟	m^3	20.000
		-k		小型预制构件(路基边沟)(暂定金额)	总额	1.000
	207-2			排水沟		
		-a		M7.5浆砌片石	m^3	118.000
		-b		C25混凝土现浇	m^3	1540.000
	207-5			路基盲沟		
		-a		级配碎石	m^3	228.000
		-b		反滤土工布	m^3	462.000
		-e		有纺土工布	m^3	742.000

续上表

项	目	节	细目	工程或费用名称	单位	数量
		-f		片石或砂卵石	m^3	345.000
	208-3			浆砌片石护坡		
		-a		M7.5浆砌片石	m^3	3730.000
		-b		砂垫层	m^3	576.000
				清单 第300章 路 面		
	302-1			碎石垫层		
		-a		未筛分水泥碎石垫层厚20cm	m^2	6369.000
				计日工合计		
				劳务		
	101			普工	工日	500.000
	102			技工	工日	500.000
				材料		
	202			钢筋	t	30.000
	203			钢绞线	t	10.000
				机械		
	301			135kW以内履带式推土机	台班	150.000
	305			15t以内振动压路机	台班	150.000
	306			250L以内混凝土搅拌机	台班	150.000
	307			10t以内自卸汽车	台班	200.000
	310			50t以内汽车式起重机	台班	50.000
	311			30kN内单筒慢动卷扬机	台班	50.000

第五节 定额计算法

第100章~第700章的费用计算方法主要有定额计算法、数量单价法、基数计算法等。

一、选择定额

可以从部颁定额库中选择定额，也可从其他定额库中选择定额。

1.从部颁定额库选择定额

1)打开定额库

【操作】:在“造价书”界面，点击屏幕右上角“定额选择”图标，打开定额选择窗口如图7-17所示。

所打开的定额库的名称，在“定额库”图标的左侧显示，默认打开的定额库是现行部颁《公路工程预算定额》库(2007)。分为上下两部分窗口显示，上半部分显示的是定额库的各章、节、定额表名称，点各章前“+/-”号，即可显示或关闭定额库的下一级内容。下半部分窗口显示的是各定额表中所包含的具体定额，我们在下半部分窗口选具体定额。

图 7-17 打开定额库

2)在部颁定额库中选择定额

【操作】:点击“造价书”界面的工程量清单中所要选择定额的细目→在右侧定额库窗口中找到所要选择的定额→双击所要选择的定额名称,或选中该定额后点击图 7-18 所示的“添加定额”图标,即选中该定额到该细目下→所选定额显示在“定额计算”窗口。

【练习 5】:选择江西某高速公路“挖土方”施工的定额。施工方案:$2m^3$ 以内的挖掘机挖普通土 $96140m^3$,$2m^3$ 以内的挖掘机挖硬土 $237521m^3$,15t 自卸汽车运 1km。

3)删除已选定额

如果选错了或多选了定额,可删除。

【操作】:在“造价书”界面下半部分的“定额计算”窗口中,选中需删除的定额,用鼠标右键“删除”或点屏幕上方工具栏删除按钮。

2. 从其他定额库中选择定额

有时不从部颁定额库而从企业自己的定额库中选择定额,这时,需要将其他的定额库设为当前定额库才能从中选择定额。

【操作】:(1)点击“造价书”界面右上角“定额库”选择图标,跳出“选择定额库”对话框,如图 7-19 所示。

(2)在图 7-19 中,点“增加定额库”按钮,弹出“打开”对话框,如图 7-20 所示。

(3)在图 7-20 对话框所列定额库中,选择一个定额库,如“云南省公路工程预算补充定额(2010)”,点击“打开”。此时在“选择定额库”对话框的列表中已显示有“云南省公路工程预算补充定额(2010)”。

(4)点图 7-19“选择定额库”窗口中的“确定”按钮,回到“造价书”界面。

(5)点“造价书”界面的“定额库”图标左边下拉键,在列表  中选

图 7-18　添加定额

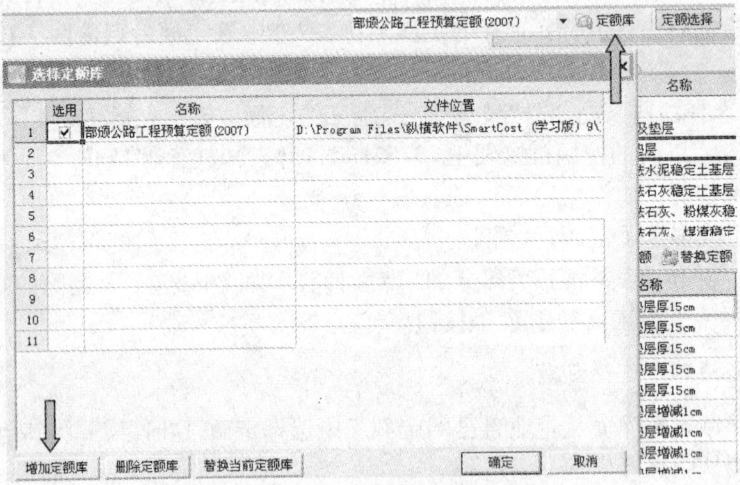

图 7-19　“选择定额库”对话框

择一个定额库作为当前定额库，如选择“云南省公路工程预算补充定额(2010)”。则“云南省公路工程预算补充定额(2010)”设置为当前定额库，可在该定额库中选择定额。选择方法和在部颁定额中选择定额一样。

3. 在定额输入栏中人工输入定额(智能定额逼近)

当对定额很熟悉，知道定额的编号时，可用输入定额编号的方式选择定额。软件有智能定额逼近功能，会自动根据输入的定额号智能逼近所需的定额，逐步提示无需死记定额号。

【操作】：在“造价书”界面下半部分“定额计算”窗口，在“定额编号”列，直接输入定额编号,如图7-21所示,按“回车”键,即选中定额。亦可在显示出的定额号上双击鼠标选择定额。

图7-20 “打开”对话框

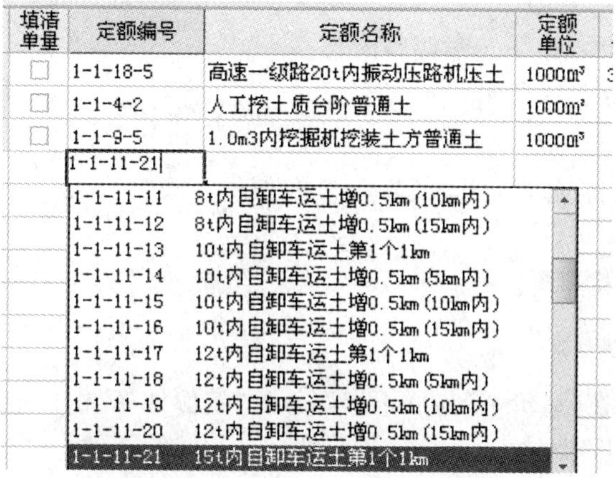

图7-21 人工输入定额

【练习6】:输入定额编号为4-8-3-9的定额。

补充说明:《公路工程预算定额》定额编号规则。

(1)《公路工程预算定额》中,用8位数字来对定额编号,第1位数字表示章号,第2、3位表示节号,第4、5位表示定额表号,第6、7、8位数字表示定额栏号。

如:40803009,表示第4章第8节第3号定额表的第9栏定额。

(2)使用章号-节号-表号-栏号来表示定额。

如4-8-3-9表示第4章第8节第3个定额表第9栏定额。

不管使用哪种定额编号方法,软件会要求输入习惯自动适应。

4.模板库中克隆定额

详见第八章。

二、定额调整

当某个施工过程的部分内容与所选定额内容不一致时，就需要对定额进行调整。定额调整也称定额抽换。但仅是定额抽换要在定额允许范围之内，有些内容不一致只能重新选择定额而不能对其调整。

1. 打开定额调整窗口

【操作】：在“造价书”界面，点屏幕右侧的“定额调整”图标，出现定额调整对话框，如图7-22所示。定额调整对话框是开关式的，再点击一下“定额调整”图标，则会关闭对话框。

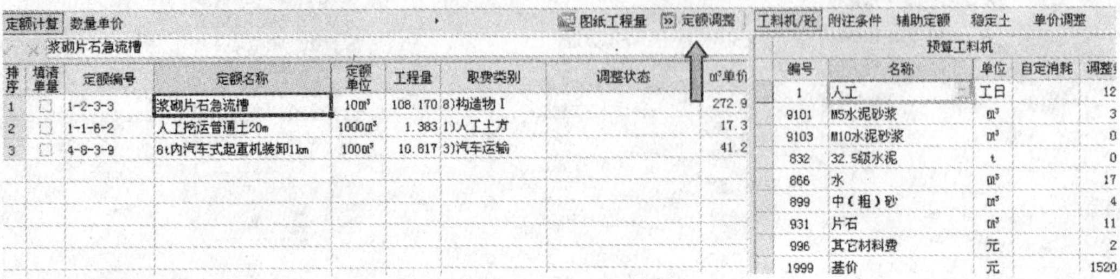

图7-22 “定额调整”窗口

《纵横 SmartCost》包括以下定额调整内容：

①工料机/混凝土；

②附注条件；

③辅助定额；

④稳定土配合比；

⑤定额、分项工料机单价。

2. 定额调整

定额调整前，需先在“造价书”界面下半部分的“定额计算”窗口中选中要调整的定额。

1)“工料机/混凝土”调整

“工料机/混凝土”选项中可进行“添加工料机、删除工料机、替换工料机、替换混凝土、替换商品混凝土、批量替换当前工料机”、“自定义工料机的消耗量”等操作，其中改变水泥强度等级、碎砾石的粒径等配合比的调整、改变混凝土或水泥沙浆的强度等级等操作，在“替换混凝土”菜单中进行。

(1)添加工料机

可以添加定额库中已有的工料机，还可以添加定额库中没有的新工料机。

【操作】：在定额调整对话框任意位置点鼠标右键，选择“添加工料机”，出现“选择工料机”对话框，如图7-23所示。

①添加定额库中已有的工料机

在图7-23左上角“定额库工料机”栏显示当前定额库名称，如需添加的工料机在别的定额库，则需先点击“定额库工料机”图标右侧的下拉前头，选择所需定额库为当前定额库。

【操作】：在图7-23所示“选择工料机”对话框的“选用”列打勾选择要添加的工料机，点“确定”图标，则选中的工料机会添加到需要调整的定额中去。

图 7-23 “选择工料机”对话框

②添加定额库中没有的工料机

【操作】:在“选择工料机”对话框左下角“新增工料机”图标,出现“新工料机”对话框,在“新工料机”对话框中输入需新增的工料机的各项属性数据。

也可以从 EXCEL 成批复制材料名称,这个功能对绿化树苗、电缆、伸缩缝、支座等型号复杂的材料特别有用。

说明:可以新增的工料机类型为材料、机械和混凝土(混凝土需输入配合比)。

输入新工料机完成后,在“新工料机”对话框中点“保存”图标,新增的工料机,软件统一放置于“我的工料机库”内。

建立好的新工料机,可以点“新工料机”对话框中“导出”图标,软件将新工料机数据以数据文件形式保存到电脑中。

当电脑中有可利用的工料机数据文件时,也可点“新工料机”对话框中“导入”图标,导入新工料机到当前工料机列表中。

(2)删除工料机

【操作】:在“工料机/混凝土”选项中,点击需删除的工料机名称,点击出现的三个点图标 ,选择“删除工料机”;或把鼠标放在需删除的工料机名称上,点鼠标右键,在出现的菜单中选择“删除工料机”。

(3)替换工料机

【操作】:在“工料机/混凝土”选项中,点击需替换的工料机名称,点击出现的三个点图标 ,选择“替换工料机”,或把鼠标放在需替换的工料机名称上,点鼠标右键,选择

“替换工料机”，出现“选择工料机”对话框，在“选用”列打勾选择替换后的工料机，点“确定”图标。

（4）自定工料机消耗

当新增工料机后，当要输入其消耗量或要调整原有定额工料机消耗量时，均可在“自定消耗”中手工输入目标消耗量。

【操作】：在“工料机/混凝土”选项中，有一个“自定消耗”列，在“自定消耗”列内输入某工料机的目标消耗量，软件在“调整结果”列中显示调整后的工料机消耗量。

说明：“调整结果”综合反映了各项定额调整后的消耗量数值，软件根据此列的值进行造价计算。如果输入错误，可直接在“自定消耗”列删除。

手工输入值是最优先进行造价计算的值，当没有进行工料机消耗量调整时，“自定消耗”列显示为空。该值不会因为其他定额调整状态的改变而改变，除非再次进行手工修改。

“定额消耗”列显示部颁《公路工程预算定额》中的工料机消耗量数值。其值不会改变。

注：任何时候均不宜自定义“混凝土、砂浆”等编号为9×××的消耗量，因在公路定额中，这些材料为半成品，其消耗量已分解为水泥、砂、碎石，是用分解材料的消耗量及单价进行造价计算。可以通过新增混凝土功能新增新配比混凝土。

（5）替换混凝土

当需改变水泥砂浆强度等级、混凝土强度等级、水泥强度等级、碎石粒径等，均应采用“替换混凝土”的办法进行，而非自定义水泥、碎石消耗量。

【例2】：把定额1－2－3－3中使用的M5水泥砂浆，替换为M7.5水泥砂浆。

【操作】：①在“定额计算”窗口用鼠标点击选择定额1－2－3－3。

②点屏幕右侧“定额调整”图标 定额调整，出现定额调整对话框，选择“工料机/混凝土”选项，如图7-24所示。

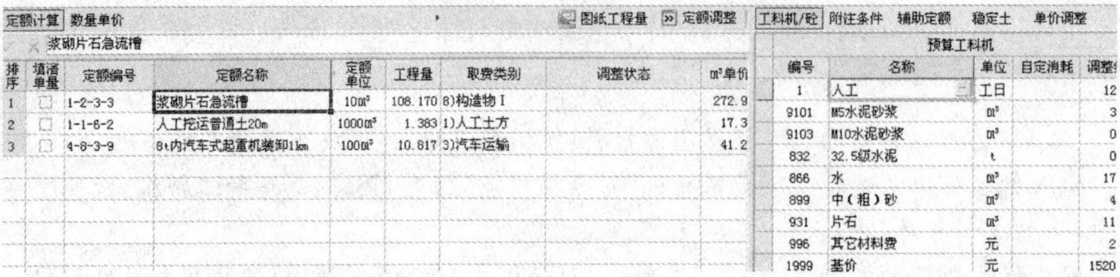

图7-24　定额调整

③点击“M5水泥砂浆”，点击出现的三点图 ，在跳出菜单中选择“替换混凝土”，出现“选择工料机”对话框。

④在“选择工料机”对话框中M7.5水泥砂浆前的方框中打勾，再点“确定”图标。软件即把M5水泥砂浆替换成M7.5水泥砂浆，并在该定额的调整状态中可看到调整结果，如图7-25所示。

注：在“替换混凝土”过程中，请注意调整前后的消耗量变化，消耗量的变化是根据《定额》附录的《混凝土配合比表》进行自动替换。

根据《公路工程预算定额》附录的“混凝土配合比表”，碎石可用砾石替代。应通过“替换混凝土”的办法进行替换。在替换混凝土窗口中找到用砾石表示的混凝土的代号，打勾进行

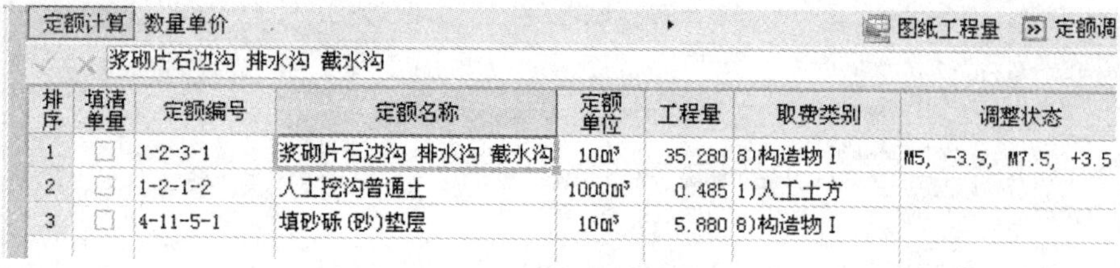

图 7-25　替换混凝土

替换。

2)“附注条件”调整(定额乘系数)

部颁定额的章节说明、附注往往要求根据不同的情况对定额乘系数,这对造价结果有较大影响。《纵横 SmartCost》软件把各章节说明及附注整理成“附注条件”选项形式,我们只需按工程实际打勾选择有无此项,可大大减少错漏。

【操作】:在“定额调整”窗口的“附注条件”选项中,在“调整”列打勾选择相应的附注条件。如图 7-26 所示。

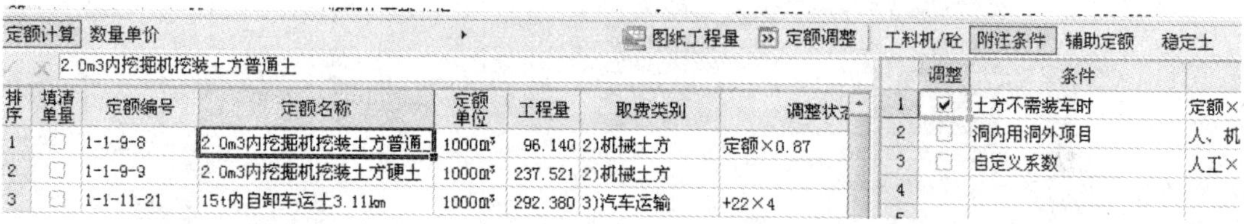

图 7-26　“附注条件”调整

“附注条件”窗口中,还有“自定义系数”功能。可以根据施工管理水平,用自定义工料机消耗量系数的办法成批调整工料机的消耗量,达到调整清单综合单价的目的。这种情况往往出现在投标报价的最后阶段,常用于成批调整定额消耗量,以达到调价的目的。详见第七章第十节调价。

3)“辅助定额”调整

当厚度、运距与所选定额的厚度、运距不一样时,应在“辅助定额”中进行调整。

【操作】:在“定额调整”窗口的“辅助定额”选项中,在“实际值”列中输入实际的运距或厚度数字,并回车。

软件将自动改写定额名称为实际运距或实际厚度,并自动进行辅助定额调整,显示调整状态,立即重新计算,刷新工程量清单单价、金额、总价。

【例 3】:对定额“1 - 1 - 11 - 21 15t 的自卸汽车运第一个 1km”进行调整,实际运距为 4.8km。

【操作】:①选中定额 1 - 1 - 11 - 21,点屏幕右侧的“定额调整”,在定额调整对话框中点击选择“辅助定额”选项,出现图 7-27 所示对话框。

②在“实际值”列输入实际值 4.8,回车,注意不要写单位。则软件自动将该定额的运距改成运 4.8km,并在调整状态中注明,如图 7-28 所示。

4)“稳定土配合比”调整

当设计中水泥、石灰等各类稳定土的配合比与所选定额不一样时,可在此选项中进行调整。

【操作】:在“定额调整”窗口的“稳定土配合比”选项中的“调整配合比”列中,手工输入调

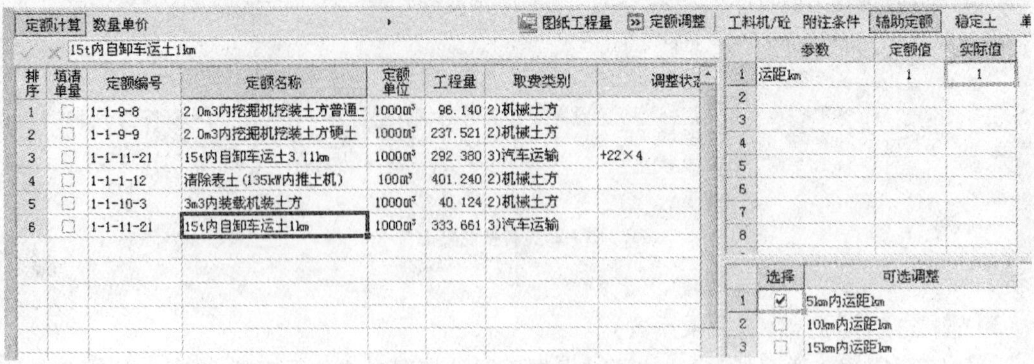

图 7-27 辅助定额

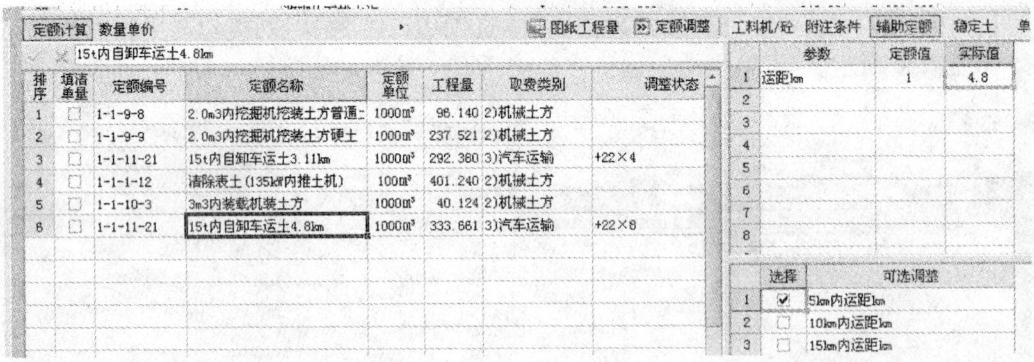

图 7-28 调整后

整后的各材料之间的比例,并回车。

注:软件会自动保持稳定土配合之和为 100%。

5)“定额、分项工料机单价”调整

材料预算单价可以在“工料机”界面中进行输入或计算。也可直接在“定额调整”窗口中的“单价调整”中修改材料预算价。如果在“单价调整”中修改工料机预算单价,“工料机”汇总界面会自动生成一个与修改预算单价的工料机名称相同但预算单价不同的新工料机。

【操作】:在“定额调整”窗口的“单价调整”选项的“单价调整”列直接手工修改工料机的预算单价,系统会把该材料的名称后面增加后缀,并在“工料机”界面中显示,如图 7-29 所示。

三、输入定额工程量

1. 工程量自动转换

当已输入清单工程量,选择清单细目的定额时,软件会自动将细目的工程量转化为该定额的定额工程量,定额工程量 = 清单工程量 ÷ 定额单位。

有时,所选定额的单位和清单工程量单位并不相同,且定额工程量也不等于软件默认的“清单工程量 ÷ 定额单位”,这时,需要手工输入该定额的定额工程量。

工料机/砼 附注条件 辅助定额 稳定土 单价调整

编号	名称	定额价	预算价	单价调整
1	人工	49.20	49.20	
832	32.5级水泥(1)	320.00	420.00	420.00
866	水	0.50	2.00	
958	碎石	27.50	84.30	
1048	1.0m³轮胎式装载机	402.37	453.20	
1050	2.0m³轮胎式装载机	704.65	801.07	
1051	3.0m³轮胎式装载机	904.00	1023.77	
1157	50t/h以内稳定土厂拌	405.43	405.43	
1158	100t/h以内稳定土厂拌	582.65	582.65	

编号	名称	单位	消耗量	定额单价	预算单价
732	油漆	kg	19.553	13.04	13.04
733	标线漆	kg	1352.400	37.80	37.80
740	反光膜	m²	105.235	220.00	220.00
770	土工布	m²	4421.317	9.71	9.71
821	草籽	kg	16014.324	80.00	80.00
825	油毛毡	m²	544.016	2.29	2.29
832	32.5级水泥	t	3316.636	320.00	320.00
832	32.5级水泥(1)	t	1171.853	320.00	420.00
833	42.5级水泥	t	94.577	350.00	350.00

图 7-29 直接手工修改工料机的预算单价

【操作】:在“造价书”界面下半部分“定额计算”窗口,每一条定额均有“工程量”这一格,在“工程量”这一格直接输入实际上的工程数量(不是转化后的),并回车。

如图 7-30 中,在定额 4－11－11－12 的“工程量”格,输入 712.4 并回车,软件自动除以定额单位 100 后显示的定额工程量是 7.124。

定额计算 数量单价

排序	填清单量	定额编号	定额名称	定额单位	工程量	取费类别	调整状态
1	□	4-6-4-11	盖梁钢筋	1t	0.636	13)钢材及钢结构	111量1.025, 112量0
2	□	4-6-4-11	盖梁钢筋	1t	98.038	13)钢材及钢结构	111量0, 112量1.025
3	□	4-6-4-2	盖梁混凝土(钢模非泵送)	10m³	69.840	8)构造物Ⅰ	
4	□	4-11-11-12	混凝土搅拌站拌和(60m3/h内)	100m³	7.124	8)构造物Ⅰ	
5	□	4-11-11-20	6m3内混凝土搅运车运0.5km	100m³	7.124	3)汽车运输	+21×-1

图 7-30 工程量自动转换

注:手工输入定额工程量时,回车后,软件会自动将手工输入的数字除以定额单位得到定额工程量,不需要人工先将工程数量除去定额单位后再输入到“工程量”中。

2. 输入计算公式确定定额工程量

输入计算公式确定定额工程量,如图 7-31 所示。

定额计算 数量单价

4*10000+945

	定额编号	定额名称	定额单位	工程量
1	1-1-2-2	人工挖运普通土第1个40m	1000m³	4*10000+945
2	1-1-2-3	人工挖运硬土第1个40m	1000m³	74.390

图 7-31 输入公式确定定额工程量

注:输入计算公式时,直接输入数字公式,不要输入“＝”号。同理,工程量、单价、金额等都可以输入计算式计算。

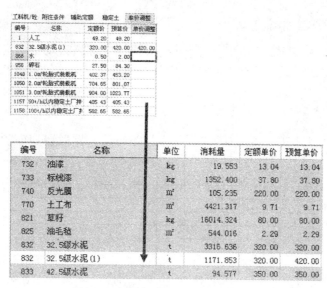

3. 取消/设置定额工程量自动转换

【操作】:在“工具”菜单→“选项”→“常规”对话框中,把“自动根据定额单位转换工程数量”前的勾去掉,点击“确定”。这时,软件将不再自动根据定额单位转换工程数量。

四、定额取费类别

现行《公路基本建设工程概预算编制办法》(2007)将公路取费划分了13个类别,分别为“1. 人工土方,2. 机械土方…13. 钢材及钢结构”,对不同取费类别,由于施工难度、机械化程度不同等因素,“其他工程费、间接费”费率的取值不同。选择定额时,软件为每条定额给出了默认的取费类别,可根据实际情况修改。

输入或修改定额的取费类别有以下两种方法。

1. 快速选择取费类别

【操作】:在“定额计算”窗口,在定额的“取费类别”栏中输入工程类别的数字代号并回车,当造价人员对取费类别代码很熟悉的情况下可使用。

2. 下拉箭头选择取费类别

【操作】:点击定额的“取费类别”栏,再点下拉箭头,在下拉列表选择相应的取费类别,适用于不记得取费类别代码的情况。

除上述13个预定的费率类别外,还可根据需要直接新增取费类别。

【操作】:在“费率”界面下半部分的“取费类别”窗口中,在最后的空栏里直接输入取费类别名称及数据。

注:(1)关于0费率

现行《公路基本建设工程概、预算编制办法》(2007)中只划分了1~13共13个工程类别。0费率是软件附加的费率,选择了0费率时,定额的“其他工程费、间接费”均为0。

(2)关于定额费率选择的讨论

例如:盖板涵下的“人工挖基坑土”的取费类别,究竟应选用“人工土方”还是“构造物”?目前未见有标准规定,选哪个都能说通。系统例题中,我们采用跟随清单(分项)所属类别的原则选择“构造物”。在实际中,用户应根据习惯或报价策略进行选择。

五、定额选择的几个说明

公路工程中的一些特殊费用,可以用选定额的方法计算。

1. 公路交工前养护费

软件已将“公路交工前养护费指标”做成定额形式。需计算该项费用时,打开“定额选择”对话框,在“7. 临时工程”下“7. 公路交工前养护费”中选择定额。如图7-32所示。

2. 临时便道

“临时便道养护”已做成定额形式,列于定额库“7. 临时工程”下“1. 汽车便道”的第7、8个定额,如图7-33所示。临时便道需养护时选该定额。

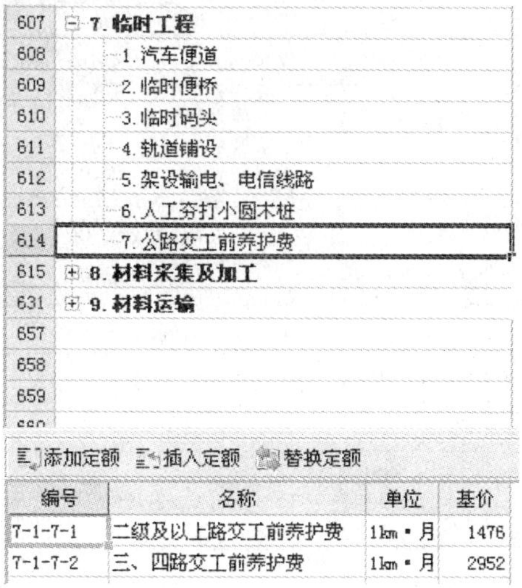

图 7-32　公路交工前养护费

图 7-33　临时便道

3. 抽水台班

“抽水台班”已做成定额形式，列于定额库“4. 桥梁工程”下“16. 基坑水泵台班消耗”中，如图 7-34 所示。需要时可在此选择定额。

图 7-34　抽水台班

【练习 7】：根据表 7-4 选择定额。

定额选择与定额调整　　表 7-4

编　号	名　称	单位	工程量	费率编号	备　注
	清单 第 100 章　总则				
103－1	临时道路修建、养护和拆除（包括原道路的养护费）				

续上表

编　号	名　称	单位	工程量	费率编号	备　注
-a	临时道路修建、养护与拆除(包括原道路的养护费)	总额	1.000		
补7-1-1-1	临时施工便道	km	1.000	1	
7-1-1-7改	养护12个月	1km·月	1.000	7	定额×12
104-1	承包人驻地建设	总额	1.000		
	承包人驻地建设	元	1.000		单价:1570541
	清单 第200章　路基				
202-1	清理与掘除				
-a	清理现场、砍树、挖根等	m^3	23518.000		
1-1-1-12	清除表土(135kW内推土机)	$100m^3$	47.036	2	
1-1-10-2改	$2m^3$内装载机装土方	$1000m^3$	4.704	2	定额×0.6
1-1-11-9改	8t内自卸车运土1km	$1000m^3$	4.704	3	定额×0.6
203-1	路基挖方				
-a	挖土石方	m^3	188437.000		
1-1-9-8改	$2.0m^3$内挖掘机挖装土方普通土	$1000m^3$	3.277	2	定额×0.9
1-1-9-9改	$2.0m^3$内挖掘机挖装土方硬土	$1000m^3$	17.911	2	定额×0.9
1-1-11-17改	12t内自卸车运土3km	$1000m^3$	21.188	3	+18×4,定额×0.85
1-1-15-30改	165kW内推土机20m软石	$1000m^3$	60.388	5	定额×0.85
1-1-15-31改	165kW内推土机20m次坚石	$1000m^3$	65.781	5	定额×0.85
1-1-15-32改	165kW内推土机20m坚石	$1000m^3$	41.081	5	定额×0.85
1-1-10-5改	$2m^3$内装载机装软石	$1000m^3$	58.979	5	定额×0.8
1-1-10-8改	$2m^3$内装载机装次坚石、坚石	$1000m^3$	57.387	5	定额×0.8
1-1-11-45改	12t内自卸车运石3km	$1000m^3$	116.362	3	+46×4,定额×0.8
204-1	路基填筑(包括填前压实)				
-a	路基填方(填石)	m^3	86793.000		
1-1-4-3	人工挖土质台阶硬土	$1000m^2$	1.239	1	
1-1-5-4	填前夯(压)实12~15t光轮压路机	$1000m^2$	34.717	2	
1-1-18-17	高速一级路15t内振动压路机压石	$1000m^3$	73.719	5	
1-1-19-5	填石路堤堆砌边坡	$1000m^3$	13.020	1	
1-1-20-1	机械整修路拱	$1000m^2$	5.582	2	
1-1-20-3	整修边坡二级及以上等级公路	1km	0.230	1	
207-1	边沟				
-b	C20混凝土现浇	m^3	73.000		
1-2-4-5	现浇混凝土边沟	$10m^3$	7.300	8	
1-1-6-3	人工挖运硬土20m	$1000m^3$	0.073	1	

续上表

编　号	名　称	单位	工程量	费率编号	备　注
-c	M7.5 浆砌片石	m^3	301.000		
1-2-3-1 改	浆砌片石边沟 排水沟 截水沟	$10m^3$	30.100	8	M5，-3.5，M7.5，+3.5，人工×0.65
1-1-6-3	人工挖运硬土 20m	$1000m^3$	0.376	1	
-j	安装 C30 预制混凝土边沟	m^3	20.000		
1-2-4-7	铺砌排(截)水沟矩形	$10m^3$	2.000	8	
-k	小型预制构件(路基边沟)(暂定金额)	总额	1.000		
	小型预制构件(路基边沟)(暂定金额)	元	1.000		单价;11760
207-2	排水沟				
-a	M7.5 浆砌片石	m^3	118.000		
1-2-3-1 改	浆砌片石边沟 排水沟 截水沟	$10m^3$	11.800	8	M5，-3.5，M7.5，+3.5，人工×0.65
1-2-1-3	人工挖沟硬土	$1000m^3$	0.012	1	
-b	C25 混凝土现浇	m^3	1540.000		
1-2-4-5 改	现浇混凝土边沟	$10m^3$	154.000	8	普 C20-32.5-2，-10.2，普 C25-32.5-2，+10.2
1-2-1-3	人工挖沟硬土	$1000m^3$	1.540	1	
207-5	路基盲沟				
-a	级配碎石	m^3	228.000		
1-2-1-3	人工挖沟硬土	$1000m^3$	0.228	1	
4-11-5-2	填碎(砾)石垫层	$10m^3$	22.800	8	
-b	反滤土工布	m^3	462.000		
1-3-9-1	软基土工布处理	$1000m^2$	0.462	7	
-e	有纺土工布	m^3	742.000		
1-3-9-1 改	软基土工布处理	$1000m^2$	0.742	7	770 价 10.80
-f	片石或砂卵石	m^3	345.000		
1-2-1-2	人工挖沟普通土	$1000m^3$	0.345	1	
4-11-5-3 改	填片石垫层	$10m^3$	34.500	8	931 量 12
208-3	浆砌片石护坡				
-a	M7.5 浆砌片石	m^3	3730.000		
5-1-10-2 改	浆砌片石护坡	$10m^3$	373.000	8	M5，-3.5，M7.5，+3.5，人工×0.8
1-1-6-3	人工挖运硬土 20m	$1000m^3$	4.198	1	
4-11-7-13	沥青麻絮伸缩缝	$1m^2$	11.190	8	

续上表

编　号	名　称	单位	工程量	费率编号	备　注
-b	砂垫层	m^3	576.000		
5-1-25-2	砂砾泄水层	$100m^3$	5.760	8	
	清单 第300章　路面				
302-1	碎石垫层				
-a	未筛分水泥碎石垫层厚20cm	m^2	6369.000		
2-1-2-23 改	水泥碎石5:95 稳拌机厚20cm	$1000m^2$	6.369	7	+24×5

第六节　数量单价法

阅读本章前,建议先阅读第四节定额计算法。

对某些已知综合单价的项目,可以在“造价书”界面工程量清单中的“单价”列直接输入单价,也可输入单价的计算表达式,系统自动计算结果,并将计算式保留,以便修改,就像在EXCEL中一样。

一、直接在工程量清单的“单价”列输入综合单价

1. 直接输入综合单价

直接输入综合单价,如图7-35所示。

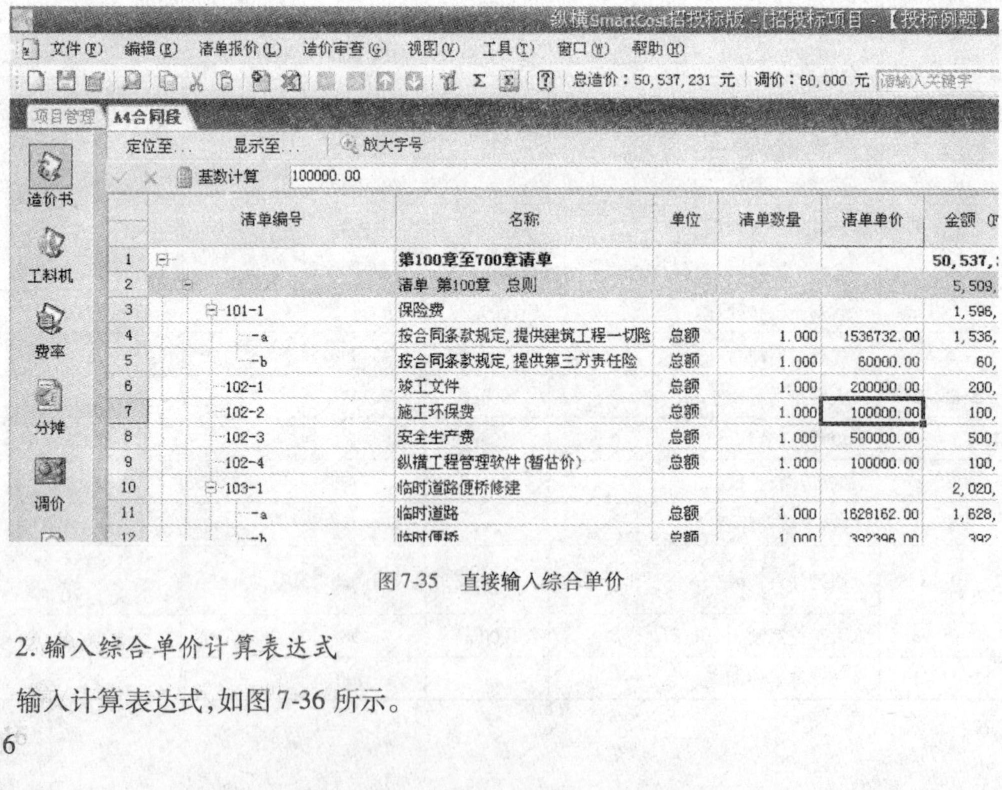

图7-35　直接输入综合单价

2. 输入综合单价计算表达式

输入计算表达式,如图7-36所示。

图 7-36 输入计算表达式

注：(1)直接在工程量清单细目的“单价”列输入综合单价的情况要该清单细目没有使用“选定额计算”综合单价，即直接在工程量清单细目的“单价”列输入综合单价不能与定额计算定额单价方法同时使用。

(2)计算式格式说明：①无需输入“＝”号；②表达式中允许使用加(＋)、减(－)、乘(＊)、除(/)、乘方(^)，同时还可以使用常用的函数、常量，函数值均需要用圆括号将参数括住。

二、“数量单价法”计算综合单价

当一个清单细目的单价由几个已知单价的子目组成时，如计算“防水卷材”细目中 SBS 防水卷材费用，防水卷材的供应地有两个，单价不同，这时可以用“数量单价”方式来计算综合单价。

【操作】：切换到“造价书”界面的“数量单价”窗口，如图 7-37 所示，逐个输入不同供应点防水卷材的供应数量及供应单价，勾选是否需要计算利润及税金。

提示：(1)“数量单价法”的数据可以与“定额计算法”的数据一并构成清单细目“防水卷材”的综合单价。即不仅可以用“数量单价”也可以有“定额计算”的项目，这两种项目的计算结果一起构成了“防水卷材”的单价。

(2)当清单细目含“数量单价”计算的数据时，在“数量单价”选项的名称前会显示＊号，即显示成“＊数量单价”，如图 7-37 所示。

【练习 8】：计算表 7-5 中的费用。

费 用 计 算

表 7-5

项	目	节	细目	工程或费用名称	单位	数量	单价(元)
				清单 第 100 章　总则			
	102－1			竣工文件	总额	1.000	800000
	102－3			安全文明施工费			
		－a		安全文明施工	总额	1.000	298766

续上表

项	目	节	细目	工 程 或 费 用 名 称	单位	数量	单价(元)
		-b		安全施工设备措施费	总额	1.000	896299
		-c		安全人员及培训费	总额	1.000	298766
	102-4			纵横公路工程管理软件及培训费			
				纵横公路工程管理软件	总额	1.000	75000
				培训费	总额	1.000	5000

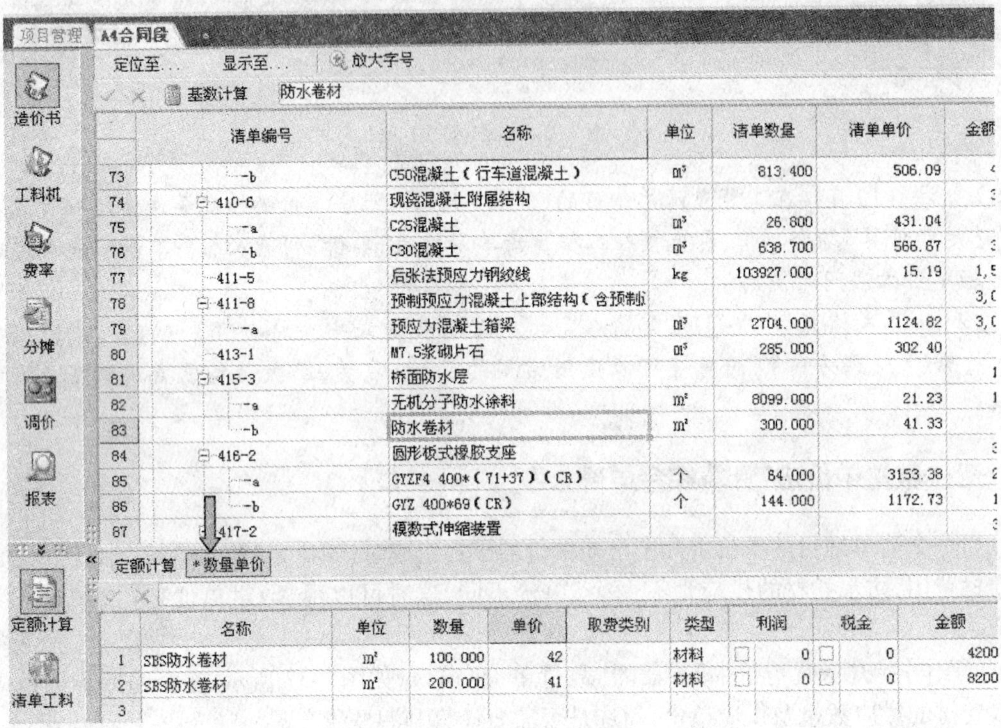

图 7-37 “数量单价”对话框

第七节 基数计算法

工程量清单保险费、不可预见费等费用等于一个计算基数乘以相应的费率。在软件中计算这此费用,就要用到“基数计算法”,在“表达式编辑器”中输入这些费用的计算公式。

一、使用预定义的计算基数

为防止循环计算,软件对基数“{100 章至 700 章合计}”的金额值作出定义如下:

1. 清单第 100 章总则范围内的定义

不包含所有用基数表达式(式前有“=”号)的清单项目金额本身,如例“{100 章至 700 章合计}”基数金额中,不含一切险本身的金额。

【例 4】:计算工程一切险。

分析:根据招标文件,工程一切险 = {第 100 章到 700 章合计} 的 3.14%(合计中不含工程一切险本身)。

【操作】:(1)在"造价书"界面的工程量清单窗口,点击一切险的金额列,点击 ,弹出表达式编辑器。

(2)双击{第 100 章到 700 章合计}取得基数,在"表达式编辑器"中继续输入,完成" = {100 章至 700 章合计} * 3.14%"的计算式,如图 7-38 所示,系统自动计算工程一切险的金额。

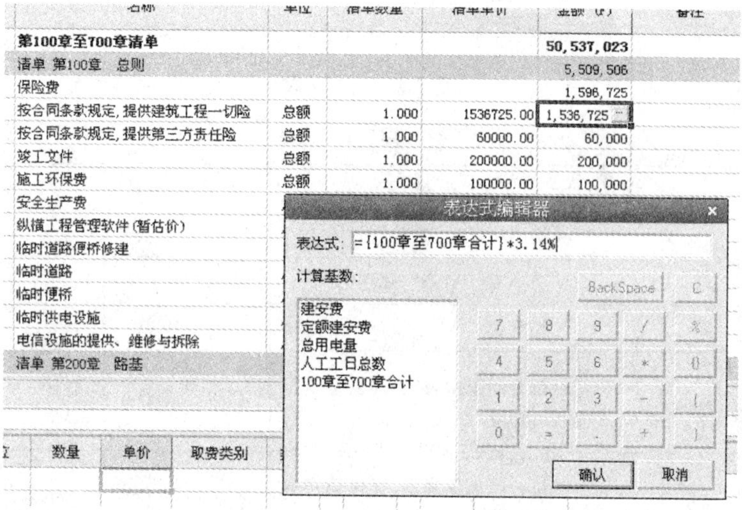

图 7-38 工程一切险的确定

2. 100 章到 700 章中基数的定义

100 章到 700 章中基数"{100 章至 700 章合计}"是指所有清单合计的金额。

【例 5】:计算暂定金额。

分析:招标文件规定,暂列金额为"100 章至 700 章合计"的 10%。

【操作】:点击"暂列金额(不含计日工总额)"对应的金额单元格,点击 。在出现的"表达式编辑器"中输入计算表达式" = {100 章至 700 章合计} * 10%"。

3. 以"金额列的任一单元格"为计算基数

【例 6】:【例 4】中工程一切险亦可输入表达式: = F1 * 0.3%

格式说明:(1)要使用基数"F",则表达式前必需输入" = "(这与常规表达式不同)。

(2)其中 F1 为单元格(基数)的代号。

F 为列号,即金额列的列号(第六列,与 EXCEL 一样)。

1 为行号。即金额列的行号(第 1 行,与 EXCEL 一样)。

F1 表示工程量清单第 F 列第 1 行,即为清单第 100 章到 700 章合计 = 2037645 元。

【例 7】:如图 7-39 所示,F15 是"清单第 200 章 路基"的合计 = 25815568 元。

说明:可输入形如 = {100 章至 700 章合计} + F2 + … + Fn 格式的表达式,以组成无穷无尽的计算基数。基数计算更多信息,参见第六章第七节。

【练习 9】:计算表 7-6 中的费用。

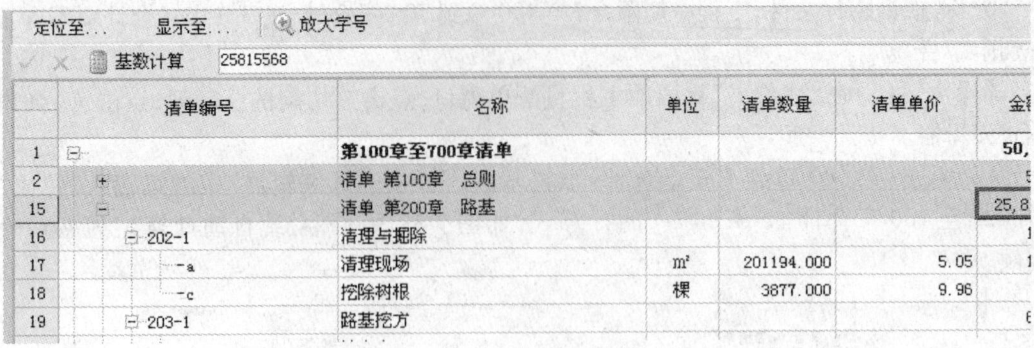

图 7-39　计算基数

费　用　计　算　　表 7-6

项	目	节	细目	工程或费用名称	单位	数量	单价(元)
				第 100 章至 700 章清单			
				清单 第 100 章　总则			
	101-1			保险费			
		-a		按合同条款规定;提供建筑工程一切险	总额	1.000	{100 章至 700 章合计} * 0.3%
		-b		按合同条款规定,提供第三方责任险	总额	1.000	5000000 * 0.3%

第八节　工料机预算单价计算

当选择好完成所有工程所需的定额后,软件会自动汇总所用到的人工、材料、施工机械台班名称和数量。为了计算人工费、材料费、施工机械使用费,需确定工料机预算单价。本节介绍如何确定工料机预算单价。

一、工料机汇总界面

【操作】:在"造价书"界面,点屏幕左侧的"工料机",切换到"工料机"汇总界面,如图 7-40所示。工料机汇总窗口显示了本造价文件所有定额内包含的工料机,可在此窗口修改或计算工料机的预算单价。

"工料机"汇总窗口中,有名称、消耗量、定额单价、预算单价、主材、相关分项、相关定额、全部显示、材料计算、机械单价等数据。

二、确定工料机预算单价

1. 直接输入工料机预算单价

【操作】:在"工料机"汇总界面,在"预算单价"列,直接输入工料机的预算单价。

说明：人工预算单价一般应参考本省发布的《部颁编制办法补充规定》输入，《补充规定》中的人工预算单价只用于编制概预算，不作为实发工资的依据。

图 7-40　工料机汇总界面

提示：如果材料的预算单价是在软件的"材料计算"窗口中计算的，则不能直接在"预算单价"列中直接修改材料预算单价，否则软件会提示"当前工料机已有计算材料，不允许直接编辑单价"，这时应修改原计算数据的方式来重新计算预算单价。

有时出现这个提示，主要是因为无意中双击了该材料（软件默认双击为添加计算材料的快捷键），使这材料成为计算预算单价的材料而无法在工料机窗口中直接输入预算单价。这时请在左下角的材料计算窗口中，点击右键删除该材料，即可直接在"预算单价"列输入预算单价（详见"材料预算价计算"）。

【练习 10】：根据前面练习题的数据，输入表 7-7 中人工、材料的预算单价。

输入预算单价　　表 7-7

序　　号	名　　称	单　　位	代　　号	预算单价(元)
1	人工	工日	1	43.90
2	机械工	工日	2	43.90
3	空心钢钎	kg	212	7.00
4	32.5 级水泥	t	832	388.74
5	硝铵炸药	kg	841	6.00
6	导火线	m	842	0.80
7	普通雷管	个	845	0.70
8	石油沥青	t	851	3800.00

续上表

序　号	名　称	单　位	代　号	预算单价(元)
9	柴油	kg	863	4.90
10	电	kW·h	865	0.55
11	水	m^3	866	0.50

2. 使用单价文件中的工料机预算单价

工料机预算单价文件是指包含有工料机预算单价信息的文件。如果有一个预先保存的能适用于当前项目的工料机预算单价文件，则可以选择这个工料机预算价格文件，导入文件中工料机预算单价作为本项目的工料机预算单价，而不用逐个输入工料机预算单价。

1）选择单价文件

【操作】：在工料机汇总界面，点屏幕左上角的“选择单价文件”图标，出现“选择单价文件”对话框。在单价文件列表中选择适用的单价文件，再点击“确定”图标。选中的单价文件将作为当前项目的单价文件来计算造价。

2）导入单价文件

适用的单价文件如果不在单价文件列表而在电脑数据盘中，可“导入”单价文件。

选择新单价文件后，原工料机汇总窗口中的工料机预算价将被选择的新单价文件中的工料机预算单价覆盖，软件将根据新工料机预算单价重新进行造价计算。

注：(1) 多个造价文件可采用同一个单价文件。有些项目是分为几段计算来造价的，各分段造价文件，可选择同一个工料机预算单价文件，即这些项目的工料机预算单价都采用同样的。

(2) 造价文件保存时，单价文件自动同时保存，且凡用到该单价文件的各造价文件均自动重算。要立即刷新分项单价，点按工具栏“造价计算 Σ”按钮，项目表的分项单价立即刷新。

3. 计算材料单价

在编制造价时，材料预算单价可以像前面介绍的一样在工料机汇总窗口中直接输入，也可导入工料机预算单价文件中的价格数据。此外，可通过“原价”及“运费”相加的方式计算得到材料预算单价。

详见第六章第八节工料机预算单价。

4. 机械台班单价计算

机械台班预算单价为机械台班的市场价。机械台班预算单价由不变费用和可变费用组成。不变费用为折旧费、大修理费、经常修理费、安装折卸及辅助设施费。可变费用 = 各机械每台班{机械工的消耗量 × 机械工的预算单价 + 动力燃料 × 动力燃料预算单价 + 养路费车船税}。其中每台班柴油、机械工等的消耗量，按现行《公路工程机械台班费用定额》取值。养路费车船税，各省分别有规定，软件默认为0。根据国发〔2008〕37 号已经取消养路费，即养路费为零。

1）不变费用计算

【操作】：在“工料机”汇总窗口，点左下侧的“机械台价”图标，进入机械单价的计算窗口。软件自动列出了各机械设备的不变费用。

不变费用采用《机械台班费用定额》中的数据，一般不宜修改。除非本企业有准确的相应数据时，可允许修改。

2)可变费用计算

可变费用中的动力燃料消耗量一般不宜修改,可以改变的是动力燃料的预算单价。动力燃料的预算单价可按材料预算单价的确定方法来确定。若修改动力燃料的预算单价后,系统自动重算机械单价。可变费用小计随相关材料预算单价(如汽油、柴油、机械工等)改变而变。

机械设备的养路费车船税从养路费标准中获得,养路费标准由各省当地的造价主管部门发布。软件列出了各省的养路费车船使用税标准供选择使用,选择方法如下。

【操作】:在“机械单价”窗口中,点击如图 7-41 所示“养路费车船使用税标准”栏右侧的三个点图标 ;出现“打开”文件对话框,点击选择工程所在省份的车船税标准,点击“打开”图标,即把该省的车船税标准导入到本项目中。

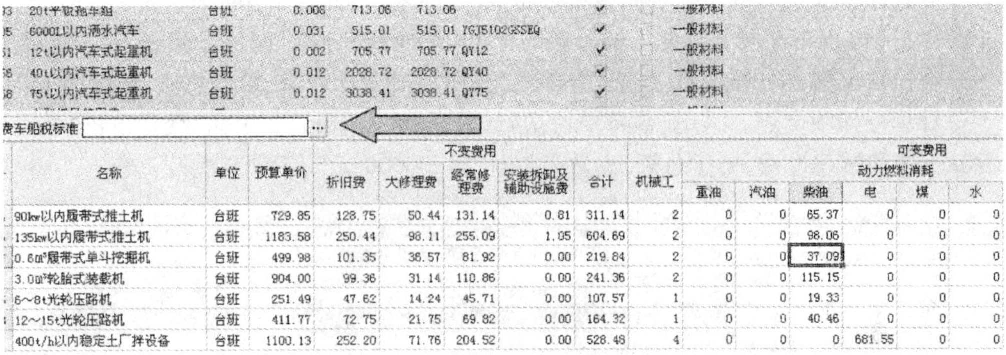

图 7-41 “养路费车船使用税标准”对话框

注:养路费车船税标准可以编辑,具体操作如下。

【操作】:点“工具”菜单\“编辑养路费车船税标准”。系统预置的标准不允许修改,要修改请另存一个文件名,在机械计算窗口中选择要修改的标准即可。

三、导出单价文件

“工料机”汇总窗口的工料机预算单价若想用于其他项目,可点击图 7-42 中的“导出单价文件”图标,输入文件名以单价文件形式保存工料机预算单价数据。在新项目中要使用时,选择“导入单价文件”导入该单价文件即可。

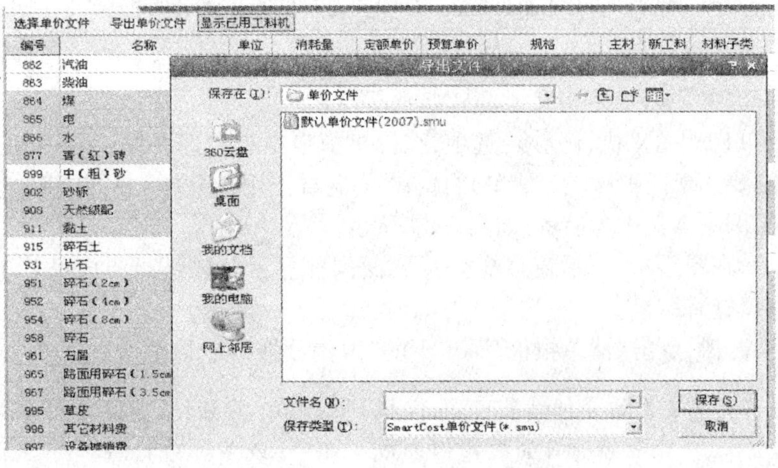

图 7-42 “导出文件”对话框

第九节　分　　摊

有一些费用项目，在工程量清单中没有单独开列，而在实际施工过程中必须发生，且与一个以上清单细目有关。这些费用一般不计入哪一个清单细目，而应该分摊到相关清单项目内。常见的分摊项目有“拌和站建设费”、“弃土场建设费”等。

【例8】：某清单有水泥混凝土路面15cm、20cm、25cm三个细目，建混凝土搅拌站一座。假设一座混凝土搅拌站的费用为200000元。试计算路面的综合单价。

【分析】：我们要将混凝土拌和站金额分摊到三个厚度的路面清单中。

【操作】：(1)点击左侧工具栏上的分摊图标，切换到“分摊”窗口。如图7-43所示。

(2)在窗口1建立分摊项目。输入分摊项名称：混凝土拌和站，单位总额，数量为1。

(3)计算分摊项金额。采用“数量单价法”计算金额。在窗口2中的“数量单价”选项中输入“混凝土拌和站建设费，单位总额，数量为1，金额200000元”，不计利润及税金。

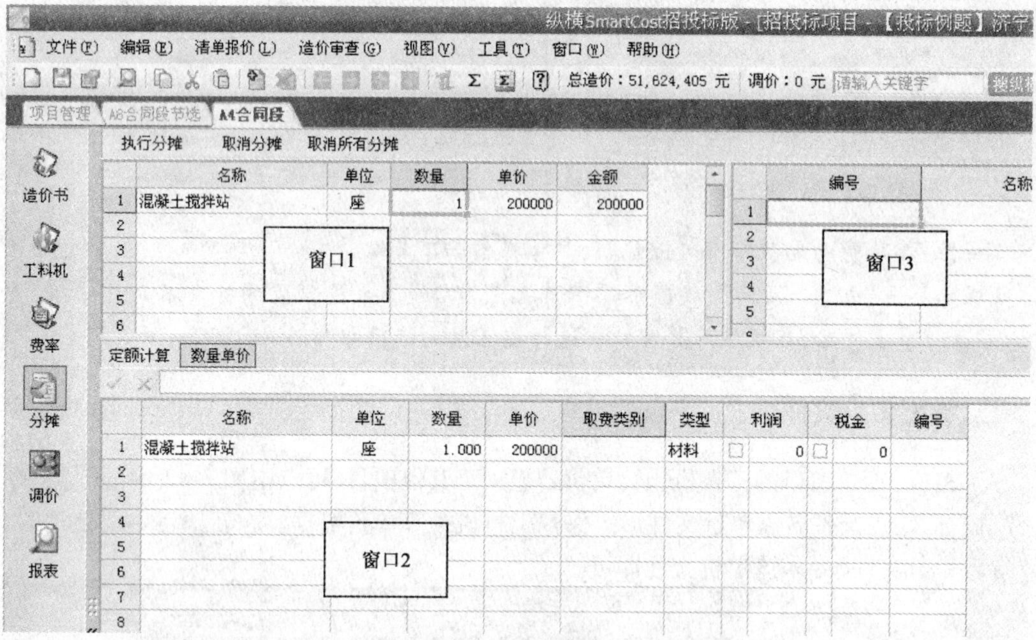

图7-43　“分摊”窗口

(4)点击窗口1中的“执行分摊”选项，在弹出窗口中打勾选择厚15cm、20cm、25cm的路面清单(可按需要选择任一章任一清单)，选择“按混凝土用量分摊”或“按清单金额分摊”或“自定义分摊比例”，本例中为前者，如图7-44所示。

(5)确定后，在图7-43所示窗口3分摊界面同屏显示分摊结果。也可从造价书界面的“数量单价”窗口查看结果。

(6)要取消分摊，点击“清单报价”菜单下的“取消分摊”或“取消所有分摊”。

说明：从查看上面的分摊结果可见，纵横SmartCost的分摊，实际是对分摊项目的工程量进行按比例分配，一个分摊项目会按比例分成3部分(或多部分)，每部分独立放在主窗口的数量单价窗口中，组成各自清单的单价。这样，将来在输出单价分析表时，就可与原清单套

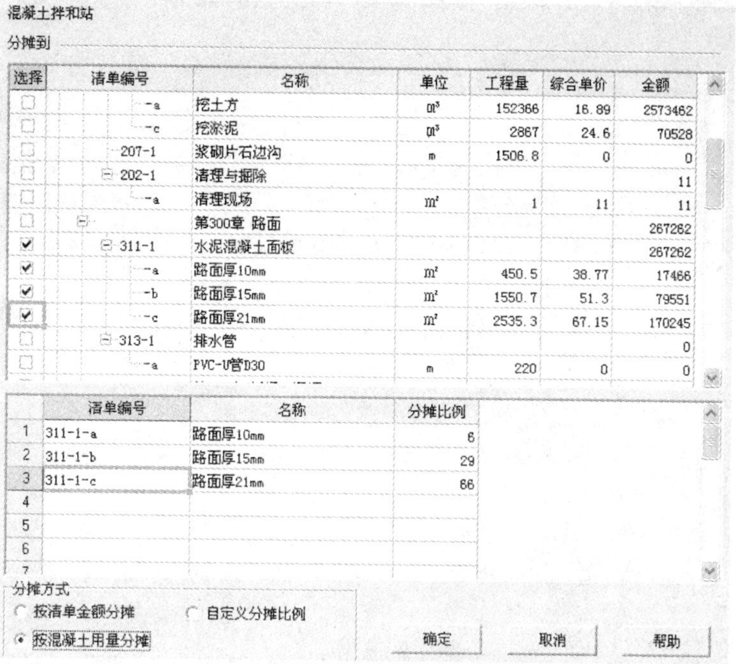

图 7-44 “按混凝土用量分摊”对话框

用的定额计算组成一个完整的单价分析表。

应留意工程名称列，“混凝土拌和站”是作为一个独立项目出现，简单，清晰。

分摊原理说明：《纵横 SmartCost》是将被分摊项的数量，按设定的分摊比例进行分配，并记入相关的清单项目内。如拌和站数量为“1”，可按混凝土用量的比例“7%、29%、64%”的比例分配到三个路面清单的“数量单价”计算类中。

这种方式的优点：在各类单价分析表中清晰显示包含分摊项目的单价组合，而不仅仅是将分摊项作为一金额列出。利于招标人、投标人进行单价分析。

第十节 调　　价

调价是《纵横 SmartCost》重要的特色功能。调价是工程量清单后处理的主要内容，也是标底或报价编制的最后工序，投标单位最终能否中标，跟调价后的最终报价有很大关系。

调价时，可自由选择调价范围，自由选择调价方式：调工料机消耗量、调费率、调工料机预算单价、直接调整清单细目的综合单价。软件保存调价前、调价后两套数据报表（所有报表数据均为两套）。调价基本操作如下。

【操作】：(1)在造价文件中，点击屏幕左侧工具栏上的调价按钮，切换到“调价”界面。

(2)在“调价”界面的左边第一列“选择”的方框内，打勾选择参于调价的清单细目，如图 7-45所示。

(3)点击“调价”界面的“初始化/恢复”图标，从主界面调用计算数据。

(4)如通过调整工料机消耗及直接调整综合单价的方式来调价，则点击“调价”界面的“成批调整消耗”图标，在人工、材料、机械方框内分别输入调整系数，或在“调整综合单价”方框中输入综合单价调整系数，点击“确定”图标，如图 7-45、图 7-46 所示。

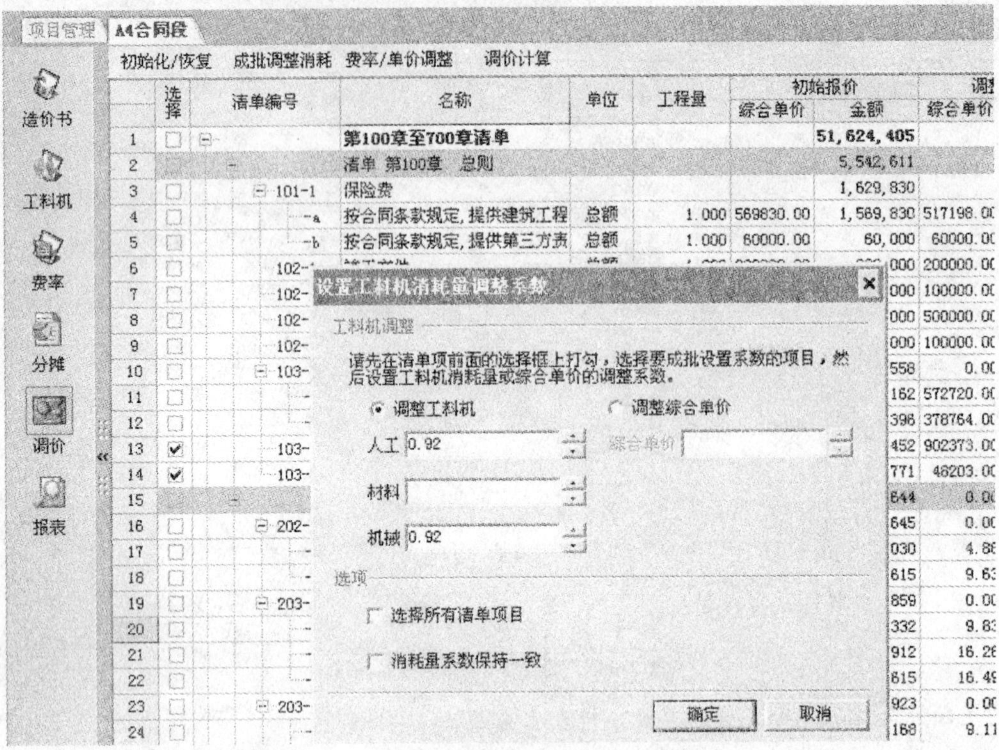

图 7-45　打勾选择调价的清单项目

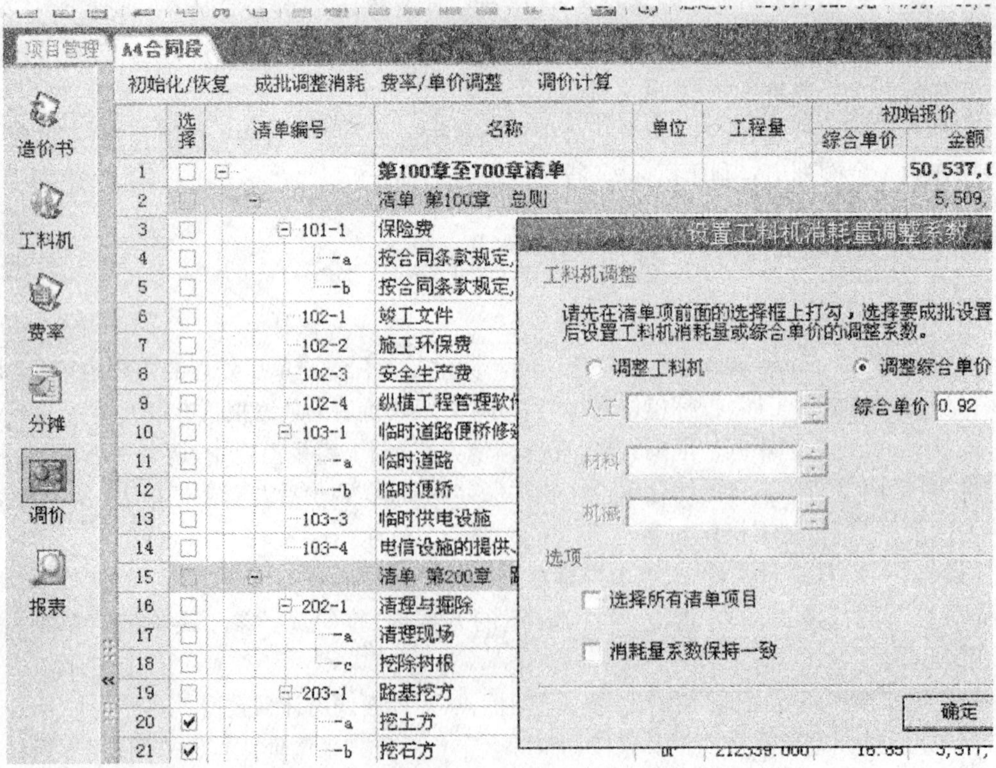

图 7-46　调整综合单价

（5）如通过调整费率和工料机预算单价来调价，则点击“调价”界面的“费率/工料机单价调整”图标，在弹出窗口中输入费率调整系数或工料机预算单价调整系数，点击“确定”图标，如图 7-47 所示。

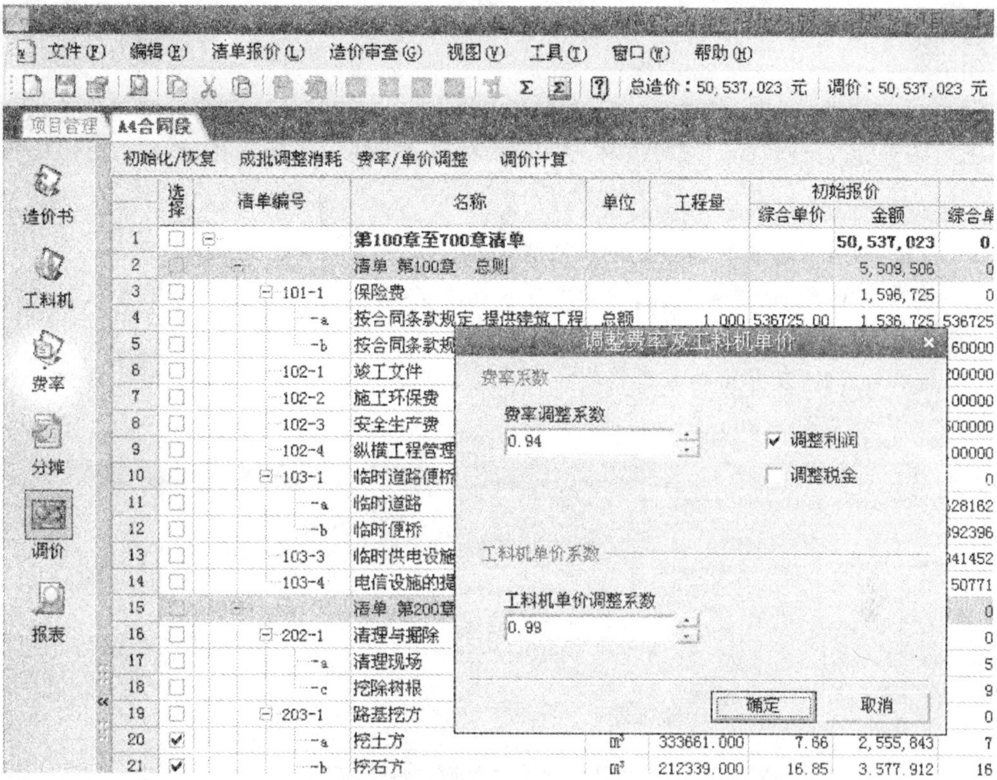

图 7-47 调整费率及工料机单价

费率、工料机预算单价调整与工料机消耗量调价可以同时起作用。可选择一种调价方式，也可选择多种。

（6）点“调价计算”。可观察到调价前后清单单价、总额的变化。

说明：（1）可在工料机窗口，勾选设置具体的工料机不参与调价。

（2）调价时，可设置具体的清单不参与调价。

（3）调价时，可设置清单中的人工、材料、机械不参与调价。

（4）首次调价前请点击“初始化/恢复”，调价后点击调价计算。

（5）“初始化/恢复”的作用是重新调用原始计算数据，一键取消全部调价操作。若在清单主界面内修改了计算数据，重新回到调价窗口时，应点“初始化/恢复”，以取得修改后的原始数据。

（6）调价是出报表前的最后工作，应于计算完所有项目后再进行。

建议：（1）在调整材料系数时，应慎重，以免出现不合理的现象，如混凝土的定额消耗单位为 $10m^3$，定额消耗量一般为 $10.2\ m^3$，若材料统一乘系数 0.9 后，则出现“每 $10\ m^3$ 混凝土定额”只使用“$9m^3$ 混凝土材料”的问题。特别是要求 08 表形式的详细单价分析表的情况下，明显不合理（若业主不要求 08 表形式的单价分析表，不罗列清单的材料组成，则无妨）。

（2）若必须调整材料系数，建议对不同的定额选择范围分批调价。

调价会有以下几种情况。

一、已知清单细目的目标综合单价

这是进行清单单价重分配(不平衡报价)策略所需的过程。直接输入清单目标综合单价操作如下。

【操作】:在"调价"界面的"调整后报价"的"单价"列中直接输入调价后清单单价,系统将自动刷新总造价,方便快捷。同时反算出"人工、材料、机械"的系数,如图7-48所示。

说明:(1)只有在点"调价计算"按钮后,单价分析表才会有调价后的数据。不点"调价计算"按钮,则只有标表1、标表2有调价后的数据。

(2)反算存在必然的算术误差,清单工程量数值较小时,误差小,清单工程量数值大时,误差增大。因此,在点"调价计算"按钮后,输入的清单单价可能会有变化。当"费率"或"工料机单价"系数不为1时,反算出的系数将有较大误差。因此,在点"调价计算"按钮后,输入的清单单价会有较大变化。

	选择	清单编号	名称	单位	工程量	初始报价		调整后报价		消耗量乘		
						综合单价	金额	综合单价	金额		人工	材
16	☐	202-1	清理与掘除				1,054,645	0.00	1,054,645	✓		✓
17	☐	-a	清理现场	m²	201194.000	5.05	1,016,030	5.05	1,016,030	✓		✓
18	☐	-c	挖除树根	棵	3877.000	9.96	38,615	9.96	38,615	✓		✓
19	☐	203-1	路基挖方				6,295,370	0.00	5,922,851	✓		✓
20	✓	-a	挖土方	m³	333661.000	7.66	2,555,843	7.00	2,335,627	✓	0.914	✓
21	✓	-b	挖石方	m³	212339.000	16.85	3,577,912	16.00	3,397,424	✓	0.95	✓
22	✓	-d	挖淤泥	m³	9490.000	17.03	161,615	20.00	189,800	✓	1.174	✓
23	☐	203-2	改河、改渠、改路挖方				8,923	0.00	8,923	✓		✓

图7-48　直接输入调价后清单单价

二、对个别的项目单独设置系数

如果只对个别项目进行调价,则可对个别项目单独设置调价系数。

【操作】:在"调价"界面的"消耗量乘系数调整"的"人工、材料、机械"列输入调整系数。每次调整系数后均需点击"调价计算",每次"调价计算"都是在初始报价的基础上乘以所显示的系数进行调价。如图7-49所示,可注意到利用石方的综合单价单独发生变化,其他清单细目综合单价均不变。

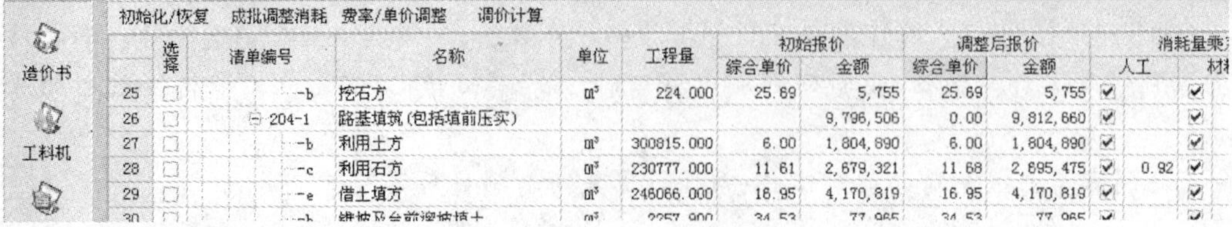

	选择	清单编号	名称	单位	工程量	初始报价		调整后报价		消耗量乘系		
						综合单价	金额	综合单价	金额		人工	材料
25	☐	-b	挖石方	m³	224.000	25.69	5,755	25.69	5,755	✓		✓
26	☐	204-1	路基填筑(包括填前压实)				9,796,506	0.00	9,812,660	✓		✓
27	☐	-b	利用土方	m³	300815.000	6.00	1,804,890	6.00	1,804,890	✓		✓
28	☐	-c	利用石方	m³	230777.000	11.61	2,679,321	11.68	2,695,475	✓	0.92	✓
29	☐	-e	借土填方	m³	246066.000	16.95	4,170,819	16.95	4,170,819	✓		✓
30	☐	-h	锥坡及台前溜坡填土	m³	2257.000	34.53	77,965	34.53	77,965	✓		✓

图7-49　个别项目单独设置调价系数

三、某些清单细目不调价

在"调价"界面的"消耗量乘系数调整"的"人工、材料、机械"列为空的清单,就是不调价。

不想对某清单项目调价时，直接清除该项系数即可。点击“初始化/恢复”则全部回复到调价前的状态。

说明：(1)直接输入清单单价或金额的固定项目不调价。

(2)由于存在税费等根据基数计算的金额，同时由于计算数据量大，存在必然算术误差，因此统一调价不可能调出形如“86800000”的精确报价。要调得精确的报价，可对个别清单的调价系数反复进行手工调整。

系数输入技巧提示：(1)可利用拖动功能成批输入系数。如在人工单元格输入0.92后，将鼠标移至单元格右下角，出现黑色小十字，此时，向右拖动鼠标，复制完成“材料、机械”的系数输入，或向下拖动鼠标，完成每一个清单细目的人工调整系数的复制。

(2)可将调价系数复制到任一单元格，点工具栏上的复制按钮(或右键)，就像EXCEL一样操作。

四、关于调工料机消耗量的原理说明

“调价”界面中的调工料机消耗，实际上相当于一次性地对成批定额乘以预设的系数。它的调价效果等同于在“定额调整”窗口中，一个个地手工输入“定额乘系数”，如图7-50所示。“调价”界面中调工料机系数调整的结果不会影响原定额的工料机调整。也就是“调价前”与“调价后”两套数据独立并存。

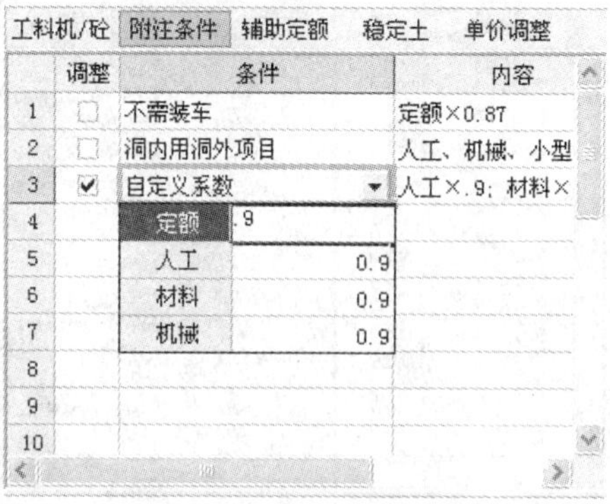

图7-50　手工输入“定额乘系数”

相对于“调工料机预算单价、调费率”，《纵横SmartCost》增加“调工料机消耗、调费率的模式”实现调价目的，主要基于以下考虑：

(1)定额工料机的消耗量随着企业施工管理水平的不同，出现差异是合理的，特别是人工、机械的消耗量。

(2)部颁《定额》中，工料机消耗量体现的是社会平均消耗量，一般偏高。施工企业通过提高项目管理水平，提高工效、降低消耗。因此，投标竞争中，“定额消耗量”有很大的下调空间。

(3)“调工料机消耗、调费率的模式”的调价空间很大，理论上可以调至任意报价。

(4)工料机预算单价为市场价，在某一时期内是基本固定的，若对预算单价进行了过大的调整，则清单单价分析时明显不合理。

(5)各项管理费用，如间接费、其他工程费等，随着企业施工管理水平的不同，出现较大的差异是合理的。因此，可调整。由于管理费用所占比例有限，费率的调价空间有限，同类软件中，费率调整过大，常会出现“负值”。即使不出现负值，费率调整幅度过大，管理费用过低，在单价分析时，也是不合理的。

五、关于调价后的报表

纵横SmartCost系统中保存“调价前”与“调价后”两套报表(全部报表)，用户可按招标文件的要求选择任意一套报表打印。

六、调价方案对比

将几个调价方案的结果复制到 EXCEL 中,以进行方案对比分析。

在投标过程中常需对几个报价方案进行对比分析,这时,就可以利用纵横 SmartCost 与 EXCEL 间数据兼容的特点,将清单项目及各个调价方案的报价复制到 EXCEL 中,再利用 EXCEL 的对比分析功能进行分析。

(1)进行调价操作,这时就有了第一次调价的结果,我们称为“方案一”。

(2)拖动选择清单编号、名称、单位、工程量、初始报价、调整后报价各列,点击工具栏复制,如图 7-51 所示。

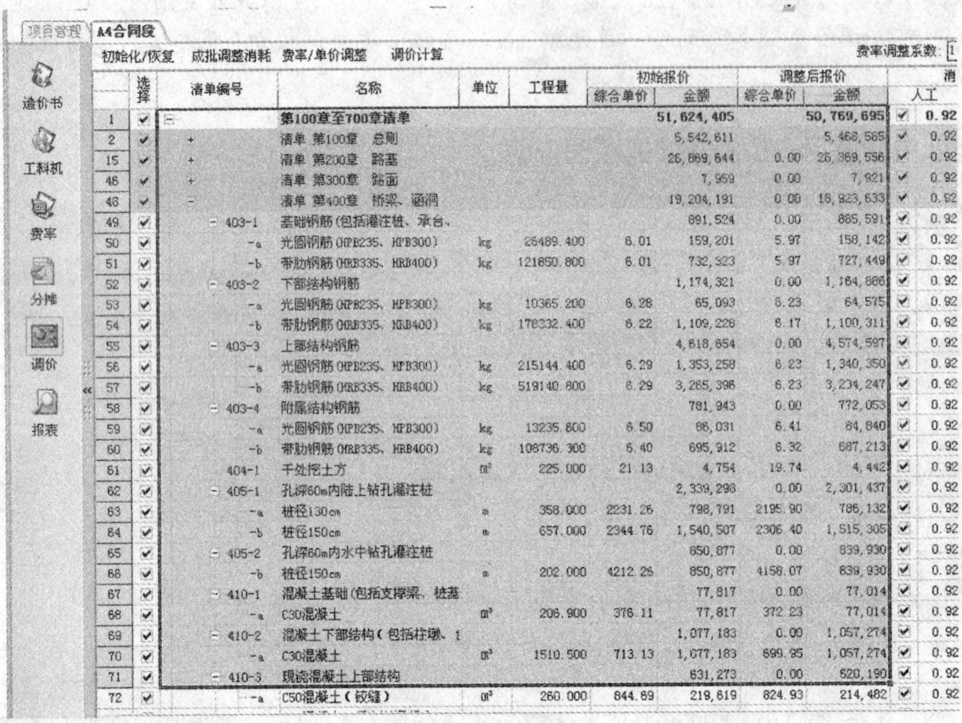

图 7-51 复制

(3)切换到 EXCEL,在 A1 单元格上点粘贴,则方案一复制完成,EXCEL 中已有与调价窗口中的相同内容,如图 7-52 所示。

(4)切换回纵横 SmartCost,改变报价策略,修改系数,点调价计算,进行第二次调价,我们称为“方案二”。

(5)选择方案二调价后的清单单价、金额列,同样,复制、粘贴到 EXCEL。

(6)同理,进行其他方案的调整,并复制到 EXCEL 中。

(7)输入表头文字,如“编号、名称、单位、数量、初始报价、方案一、方案二”等,最终在 EXCEL 中编辑成如图 7-53 所示的分析表。在 EXCEL 中对各方案进行对比分析(请参考 EXCEL 的操作说明)。

说明:粘贴到 EXCEL 前,应将 EXCEL 单元格设成“文本”格式(编号列),若不设置,则粘贴后,会出现形如“#NAME”的代码。在 EXCEL 中拖动选择 ABC 三列,点右键,设置单元格格式,选择文本,确定。

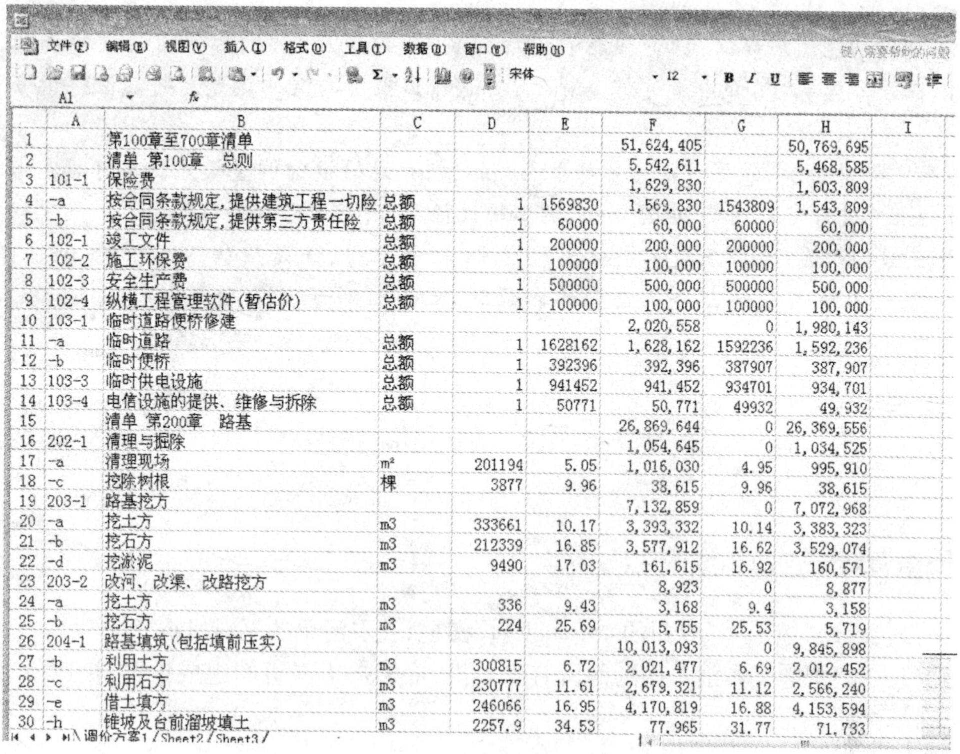

	A	B	C	D	E	F	G	H
1		第100章至700章清单				51,624,405		50,769,695
2		清单 第100章　总则				5,542,611		5,468,585
3	101-1	保险费				1,629,830		1,603,809
4	-a	按合同条款规定,提供建筑工程一切险	总额	1	1569830	1,569,830	1543809	1,543,809
5	-b	按合同条款规定,提供第三方责任险	总额	1	60000	60,000	60000	60,000
6	102-1	竣工文件	总额	1	200000	200,000	200000	200,000
7	102-2	施工环保费	总额	1	100000	100,000	100000	100,000
8	102-3	安全生产费	总额	1	500000	500,000	500000	500,000
9	102-4	纵横工程管理软件(暂估价)	总额	1	100000	100,000	100000	100,000
10	103-1	临时道路便桥修建				2,020,558	0	1,980,143
11	-a	临时道路	总额	1	1628162	1,628,162	1592236	1,592,236
12	-b	临时便桥	总额	1	392396	392,396	387907	387,907
13	103-3	临时供电设施	总额	1	941452	941,452	934701	934,701
14	103-4	电信设施的提供、维修与拆除	总额	1	50771	50,771	49932	49,932
15		清单 第200章　路基				26,869,644	0	26,369,556
16	202-1	清理与掘除				1,054,645	0	1,034,525
17	-a	清理现场	m^2	201194	5.05	1,016,030	4.95	995,910
18	-c	挖除树根	棵	3877	9.96	38,615	9.96	38,615
19	203-1	路基挖方				7,132,859	0	7,072,968
20	-a	挖土方	m3	333661	10.17	3,393,332	10.14	3,383,323
21	-b	挖石方	m3	212339	16.85	3,577,912	16.62	3,529,074
22	-d	挖淤泥	m3	9490	17.03	161,615	16.92	160,571
23	203-2	改河、改渠、改路挖方				8,923	0	8,877
24	-a	挖土方	m3	336	9.43	3,168	9.4	3,158
25	-b	挖石方	m3	224	25.69	5,755	25.53	5,719
26	204-1	路基填筑(包括填前压实)				10,013,093	0	9,845,898
27	-b	利用土方	m3	300815	6.72	2,021,477	6.69	2,012,452
28	-c	利用石方	m3	230777	11.61	2,679,321	11.12	2,566,240
29	-e	借土填方	m3	246066	16.95	4,170,819	16.88	4,153,594
30	-h	锥坡及台前溜坡填土	m3	2257.9	34.53	77,965	31.77	71,733

图 7-52　粘贴

粘贴后的文字需选择“smartsimsun”(在字体列表的第一位)方能正确显示 m^3。

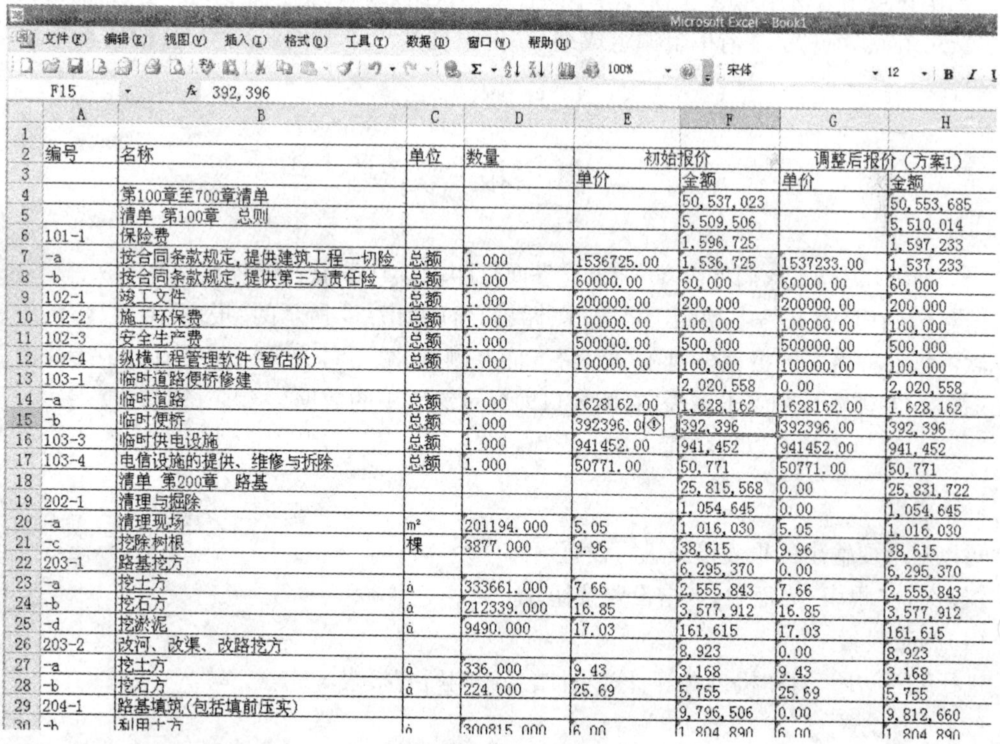

	A	B	C	D	E	F	G	H
1								
2	编号	名称	单位	数量	初始报价		调整后报价(方案1)	
3					单价	金额	单价	金额
4		第100章至700章清单				50,537,023		50,553,685
5		清单 第100章　总则				5,509,506		5,510,014
6	101-1	保险费				1,596,725		1,597,233
7	-a	按合同条款规定,提供建筑工程一切险	总额	1.000	1536725.00	1,536,725	1537233.00	1,537,233
8	-b	按合同条款规定,提供第三方责任险	总额	1.000	60000.00	60,000	60000.00	60,000
9	102-1	竣工文件	总额	1.000	200000.00	200,000	200000.00	200,000
10	102-2	施工环保费	总额	1.000	100000.00	100,000	100000.00	100,000
11	102-3	安全生产费	总额	1.000	500000.00	500,000	500000.00	500,000
12	102-4	纵横工程管理软件(暂估价)	总额	1.000	100000.00	100,000	100000.00	100,000
13	103-1	临时道路便桥修建				2,020,558	0.00	2,020,558
14	-a	临时道路	总额	1.000	1628162.00	1,628,162	1628162.00	1,628,162
15	-b	临时便桥	总额	1.000	392396.0	392,396	392396.00	392,396
16	103-3	临时供电设施	总额	1.000	941452.00	941,452	941452.00	941,452
17	103-4	电信设施的提供、维修与拆除	总额	1.000	50771.00	50,771	50771.00	50,771
18		清单 第200章　路基				25,815,568	0.00	25,831,722
19	202-1	清理与掘除				1,054,645	0.00	1,054,645
20	-a	清理现场	m^2	201194.000	5.05	1,016,030	5.05	1,016,030
21	-c	挖除树根	棵	3877.000	9.96	38,615	9.96	38,615
22	203-1	路基挖方				6,295,370	0.00	6,295,370
23	-a	挖土方	à	333661.000	7.66	2,555,843	7.66	2,555,843
24	-b	挖石方	à	212339.000	16.85	3,577,912	16.85	3,577,912
25	-d	挖淤泥	à	9490.000	17.03	161,615	17.03	161,615
26	203-2	改河、改渠、改路挖方				8,923	0.00	8,923
27	-a	挖土方	à	336.000	9.43	3,168	9.43	3,168
28	-b	挖石方	à	224.000	25.69	5,755	25.69	5,755
29	204-1	路基填筑(包括填前压实)				9,796,506	0.00	9,812,660
30	-b	利用土方	à	300815.000	6.00	1,804,890	6.00	1,804,890

图 7-53　分析表

调价功能使用建议:调价功能的设计初衷,是为适应激烈、紧张的的投标过程,使用它,可以在分析竞争对手的报价水平基础上,快速作出报价方案的调整。将其做得十分强大、细致。

然而,“调价功能”的原理是一种基于经验的、粗放式的报价调整模式。在时间充裕时,建议应针对性地进行定额调整、调费率值、调工料机预算价,以达到调价目的。

因此,我们认为,要真正提高企业报价水平、核算水平,还是应从不断积累、调整自身的《企业定额》;不断调整适合企业自身的取费费率入手;对于具体项目,调查准确的工料机单价。

第十一节　单价分析

一、查看清单工料组成

【操作】:点击“造价书”界面的“清单工料”图标,查看清单的工料机组成。

“清单工料”汇总了本清单用到的所有工料机,可根据工料机的组成情况,快速检查定额套用正确与否。

二、分析清单单价组成

【操作】:点击“费用组成”,查看清单的各项单价组成。

“费用组成”汇总了本清单金额组成细节,可根据清单单价的组成情况,快速检查清单单价是否合理。

第十二节　报表输出

完成前述内容后,我们可以在“报表”界面打印或查看各报表数据。

【操作】:在造价文件中,点击“报表”图标,出现图7-54所示的“报表”界面。

软件将各种格式的报表排列在“报表”界面左侧,如图7-54所示。想查看哪个表的数据只需在“报表”左侧窗口中点击该表,右侧窗口即显示该表中的数据。

“报表”窗口中具有以下功能:

1. 设置

可以对所要输出的报表格式进行设置。

【操作】:“报表“界面中,点击设置按钮。

(1)纸张设置

进行纸张边距,打印机设置等,该设置结果影响所有报表。

(2)页面设置

进行字体、边框线等设置,该设置结果影响所有报表,如图7-55所示。

(3)报表格式设置

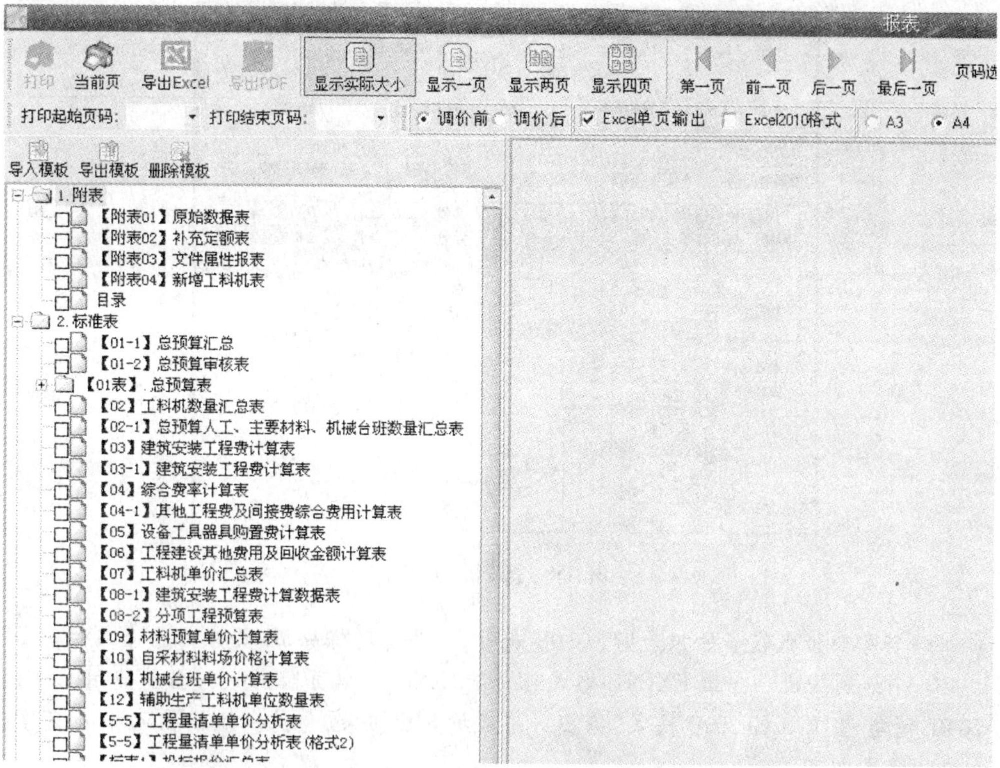

图 7-54 “报表”界面

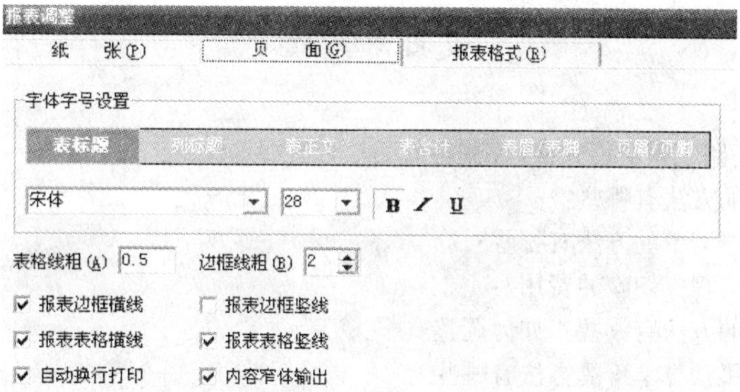

图 7-55 页面设置

如图 7-56 所示,因公路报表一般较复杂,不建议自行更改设置,请与纵横客服联系报表定制服务。

2. 打印

需要打印哪个报表,则先选中该报表,再点击“打印“图标,进行打印。学习版不能打印。

3. 输出报表到 EXCEL、PDF

软件中的报表数据可以 EXCEL 文件和 PDF 文件格式输出。

【操作】:在“报表”界面,点击  图标,即可导出数据到 EXCEL 中。

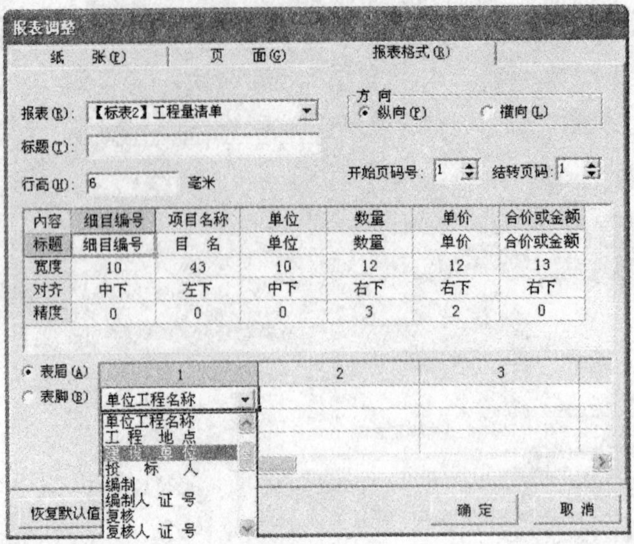

图7-56 报表格式设置

注:当导出张数较多的报表时,如08表时,软件自动将每20页分为一个文件。如1-20,21-40,…分别输出。导出EXCEL格式可勾选"EXCEL单页输出",如当前使用EXCEL版本为2010,请勾选"EXCEL2010格式"输出。可成批导出报表,勾选所需输出的报表直接点击导出相应的格式即可。

复习思考题

1. 用《纵横公路工程造价软件》编制标底的流程有哪些?
2. 定额选择的方法有哪些?
3. 建立工程量清单的方法有哪些?
4. 如何计算工程一切险的费用?
5. 确定费率的方法有哪些? 如何调整费率?
6. 确定工料机预算单价的方法有哪些?
7. 如何分摊费用?
8. 如何进行调价?

第八章　高级应用

第一节　如何编制补充定额

补充定额是指《部颁预算定额》(或概算定额、估算指标)内没有包含的定额,如为新工艺作的补充定额,系统已包罗各省近年公路工程的大量新工艺定额,内容全面涵盖各省路基、路面、隧道、桥梁、防护、绿化及交通工程,可直接调用。

一、新建补充定额

【操作】:(1)点击“工具菜单/定额库编辑器”,打开“SmartCost 定额库编辑器”窗口。点“新建”图标,出现如图 8-1 的界面。选择新建定额的类型,如选择“预算补充定额 2007”,系统自动建立基本的章结构,如图 8-2 所示。

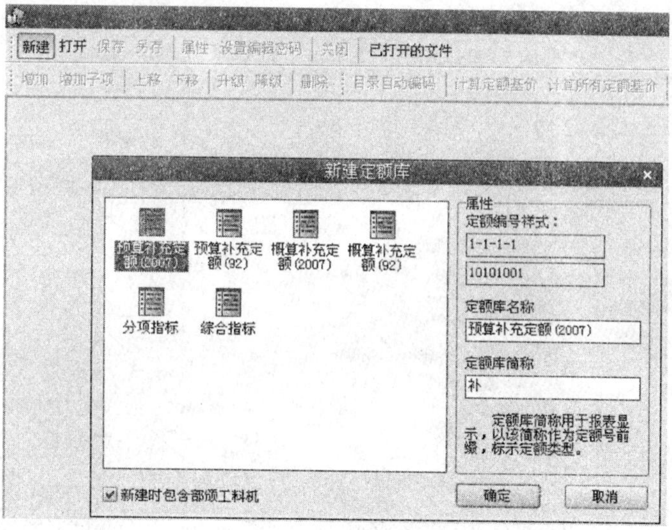

图 8-1　“新建定额库”界面

(2)建立章下一级“项”的结构。在如图 8-3“ SmartCost 定额库编辑器”的[a]窗口需要建立子项的章的名称上点鼠标右键,选择“插入子项”。并输入子项的名称,如输入“手摆片石(大块碎石)基层”。

(3)在[b]窗口输入定额编号、名称及单位。

(4)在[c]窗口输入(或选择,点击右键“增加”)该定额所消耗的“人工、材料、机械”代号及其消耗量。同时软件自动计算得出定额基价,如图 8-3 所示。

(5)点击保存,输入定额库名称。

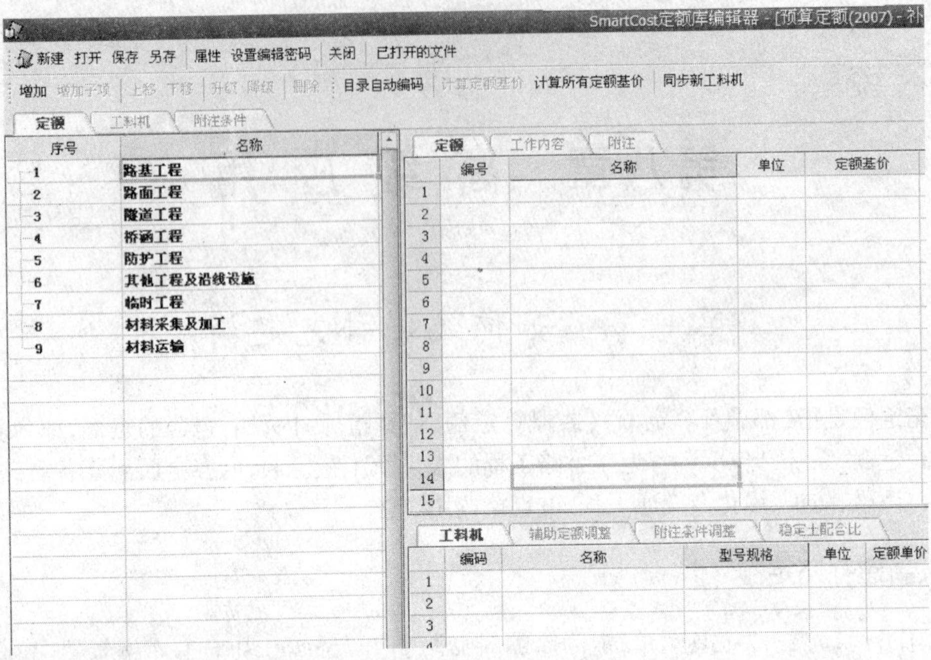

图 8-2　自动建立基本章结构

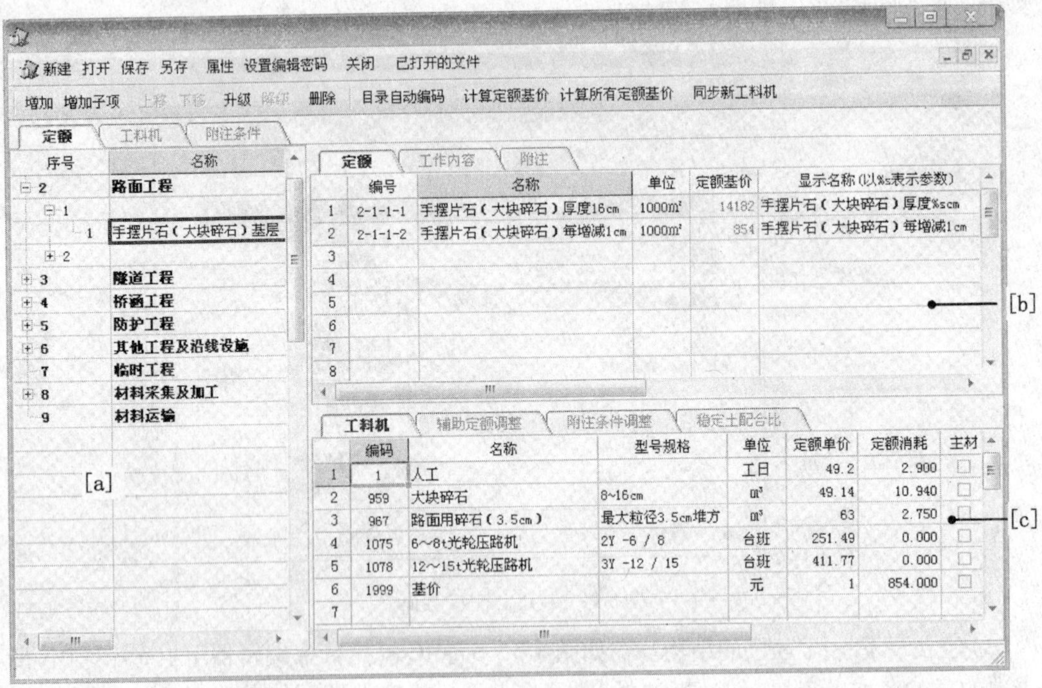

图 8-3　插入子项

二、输入工作内容和附注

1. 输入工作内容

【操作】:点击“SmartCost 定额库编辑器”界面的[b]窗口的“工作内容”选项,输入工作内容，如图 8-4 所示。

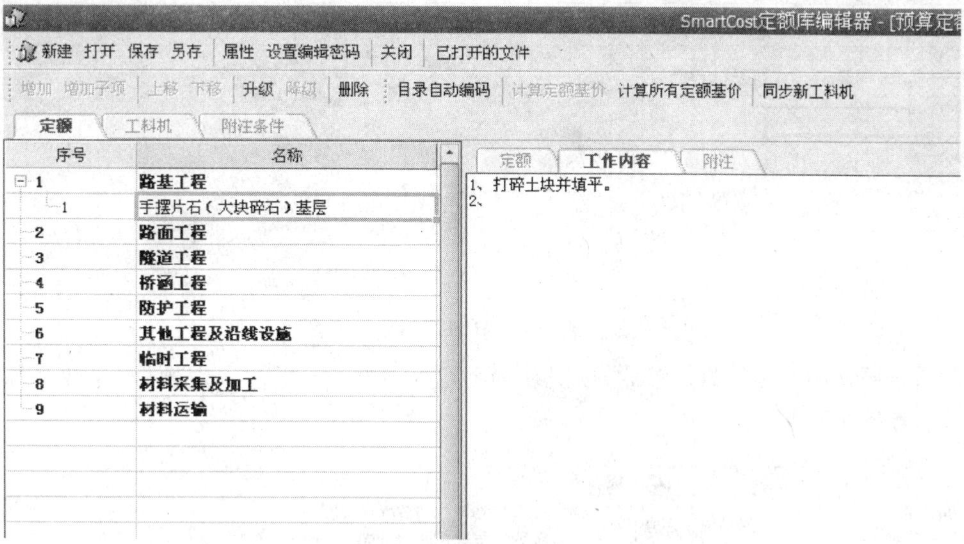

图 8-4　输入工作内容

2. 输入附注条件

【操作】：点击“SmartCost 定额库编辑器”界面的[b]窗口的“附注”选项，输入附注，如图 8-5所示。

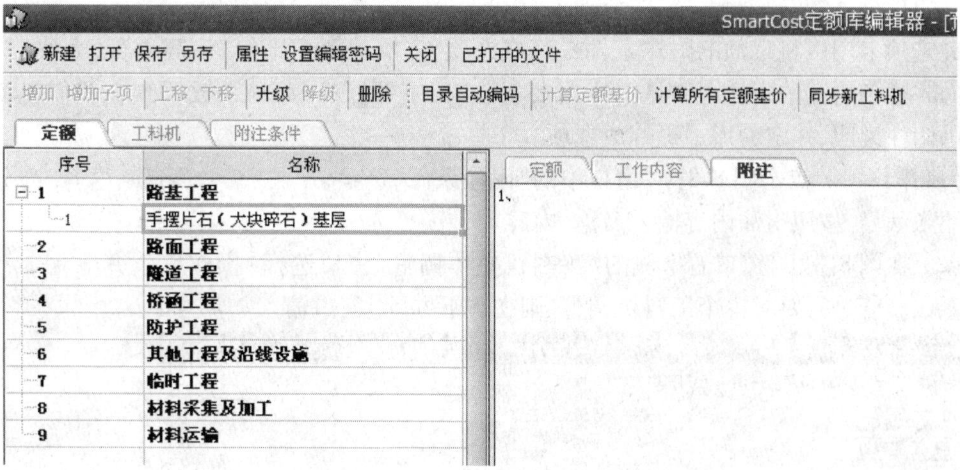

图 8-5　输入附注条件

三、增加“辅助定额调整、附注条件调整、稳定土配合比”内容

1. 辅助定额调整

比如：2－1－1－2“手摆片石（大块碎石）每增减 1cm”是 2－1－1－1“手摆片石（大块碎石）厚度 16cm”的辅助定额，现在我们就需要对定额 2－1－1－1 添加辅助定额。

【操作】：点击图 8-3“SmartCost 定额库编辑器”[c]窗口中的 **辅助定额调整** 选项卡，再在[c]窗口点击鼠标右键，选择“添加辅助定额调整”，如图 8-6 所示。

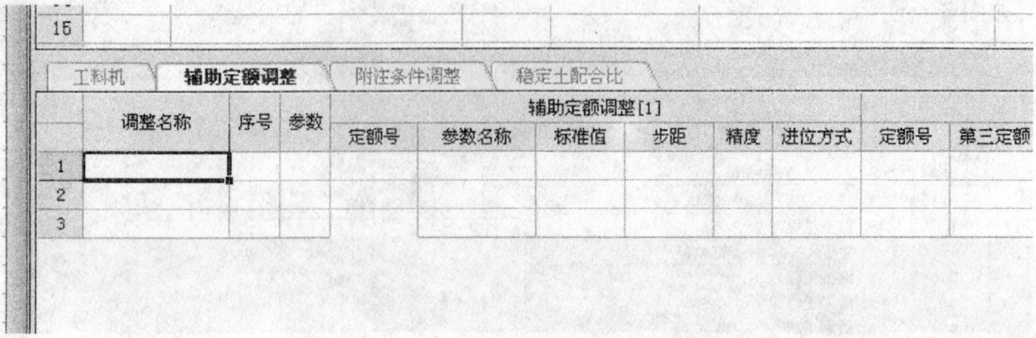

图 8-6　辅助定额调整

然后按照辅助定额的具体参数，依次在辅助定额调整[1]里输入定额号、参数名称、标准值、步距，如图 8-7 所示。

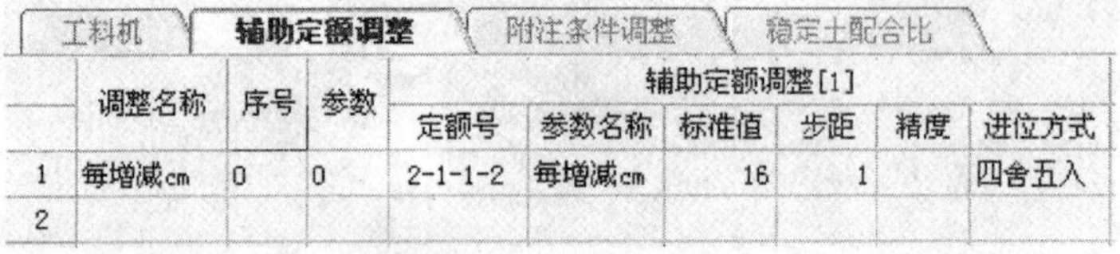

图 8-7　输入辅助定额具体参数

如果某条定额有不止 1 条的辅助定额，同理，在辅助定额调整[2]也输入参数值。

2. 附注条件调整

此选项卡用以将定额的附注条件提炼成选项，方便计算。比如“手摆片石(大块碎石)厚度 16cm”这条定额的附注说明是：“不需要安装时，应乘以 0.87 的系数。”现在我们就将这条定额的附注说明，在定额库中提炼成选项。

【操作】：(1) 点击图 8-8[a]窗口中的“附注条件”选项，并在“编号、名称、内容”列分别按次序添入编号，按照附注内容输入名称、内容。

(2) 在图 8-8[b]窗口右上侧的“工料机整体调整”窗口选择“操作符”，并输入工料机的调整系数。若是需要对单个工料机调整，则在右下方[c]窗口输入。

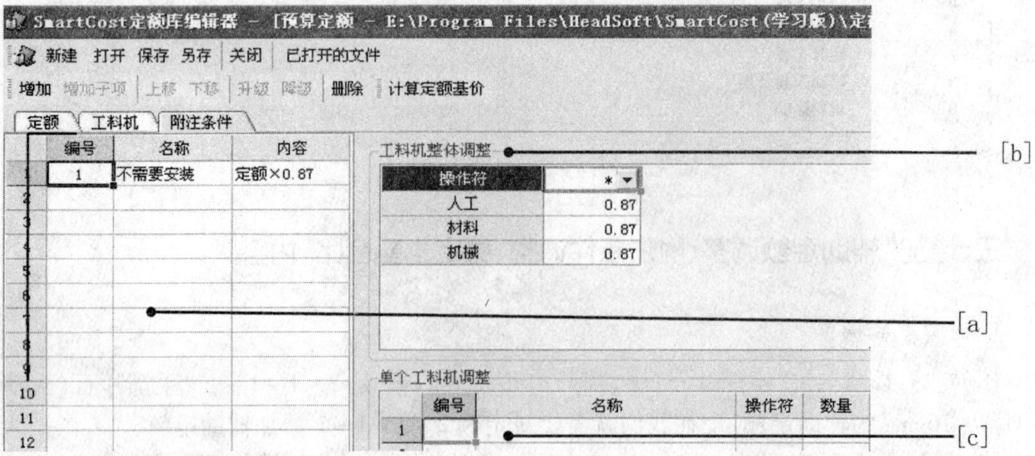

图 8-8　选择“操作符”

(3)点击 8-8[a]窗口的“定额”选项,回到定额库主窗口。

(4)点击定额库主窗口右侧下半窗口中的“ 附注条件调整 ”选项,在编号中输入附注条件的编号 1,则名称和内容自动显示,如图 8-9 所示。

[c]

工料机 | 辅助定额调整 | 附注条件调整 | 稳定土配合比

	编号	本分项全部适用	调整顺序	名称	内容
1	1	□		不需要安装	定额×0.87
2					

图 8-9　附注条件调整

3. 稳定土配合比

此选项卡的设置便于以后对稳定土的配合比例进行调整。比如要给“筛拌厚 15cm 石灰土(10%)”的定额增加稳定土配合比的设置。

【操作】:点击图 8-10 所示的“ 稳定土配合比 ”选项,可以看到这条定额用到的所有工料机编号、名称及配合比(默认是 0)。我们只要按照此定额输入(生石灰 10%)和(土 90%)的百分比含量即可。如图 8-10 所示。

工料机 | 辅助定额调整 | 附注条件调整 | 稳定土配合比

	编号	名称	配合比(%)
1	1	人工	0
2	268	水	0
3	278	生石灰	10
4	280	土	90
5	458	6~8t光轮压路机	0
6	461	12~15t光轮压路机	0
7	999	定额基价	0

图 8-10　稳定土配合比调整

四、补充定额库的简称

套用补充定额库时,可加入补充定额库的简称。

【操作】:在“工具/定额库编辑器/属性”中设置各定额库的简称。如图 8-11 所示。

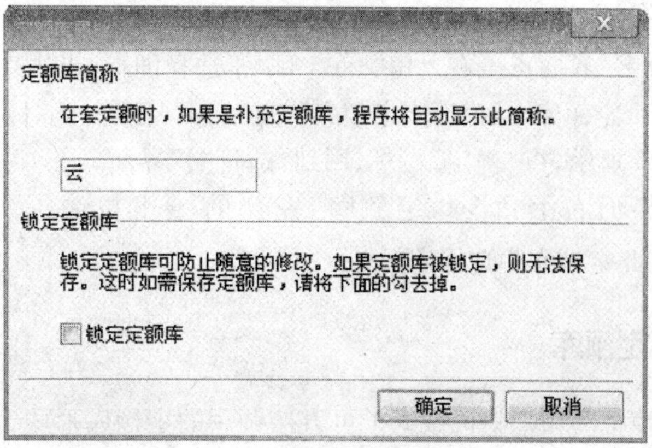

图 8-11　设置定额库简称

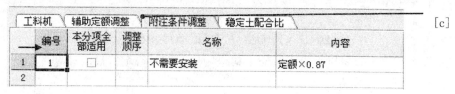

五、建立企业定额库

【操作】:(1)与录入补充定额的方法一样,在图 8-12 的[a]窗口中录入定额所属分项名称。

(2)在图 8-12 的[b]窗口中录入定额编号、名称、单位。

(3)在图 8-12 的[c]窗口中录入定额工料机编号、消耗量,基价自动计算。

(4)点击"保存"图标进行保存。

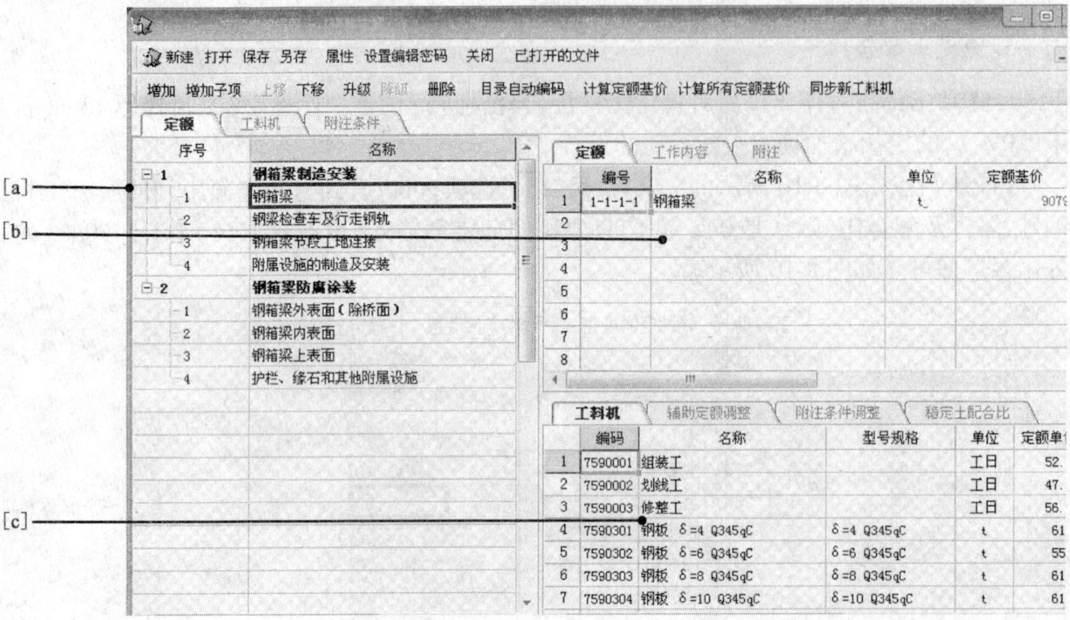

图 8-12　建立企业定额库

说明:《纵横 SmartCcost》收集了全国各省已发布的补充定额,为了方便查找,已经汇总为一个定额库供调用。

六、调用补充定额

【操作】:在"造价书"界面点击右上角"定额库"选择图标,点击"增加定额库"图标,在弹出的窗口中选择一个定额库。如"云南定额库",点"打开"图标,此时定额库列表中已有"云南定额库"。如图 8-13 所示,点"确定"图标,回到"造价书"界面。

点击"造价书"界面右上角"定额库"左侧的下拉箭头,选择"云南定额库" ,即可在此定额库中选择定额。

七、单个工料机定额库

《纵横 SmartCcost》将部颁工料机做成了可直接调用的定额库形式,可方便对单个工料机进行分析,如图 8-14 所示。

图 8-13　调用补充定额

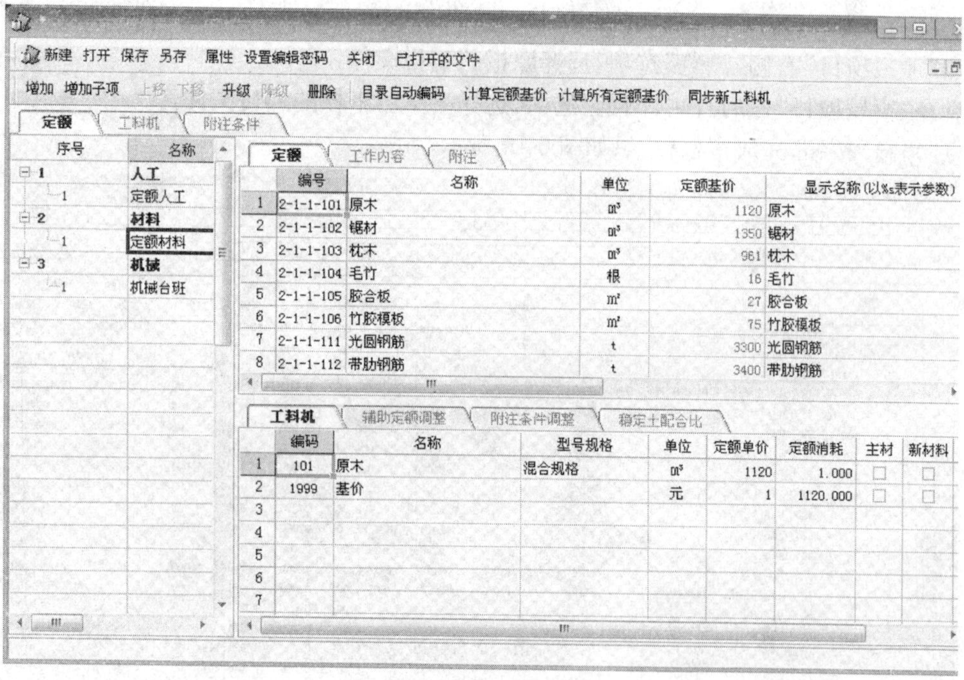

图 8-14　单个工料机定额库

第二节　造价审核/比较

“造价审核”功能特别适用于造价审核部门,或多种报价策略比较。提供造价审核结果与原造价的增减对比表,对比至每一条清单项目。

【操作】:点击菜单“造价审查(G)”/“审核/比较表”,出现图 8-15 所示窗口。

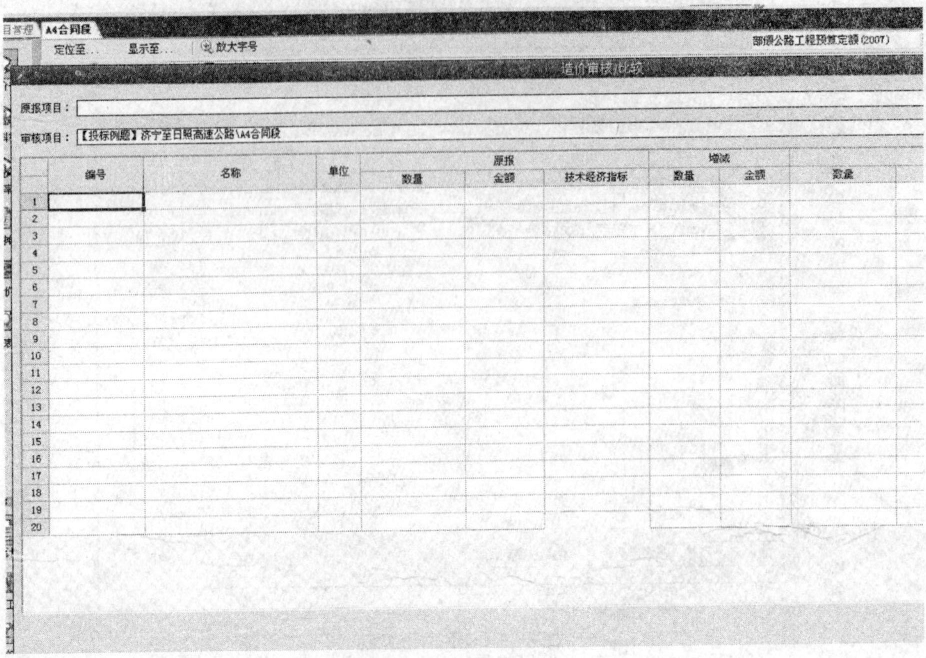

图 8-15　造价审核/比较

点“原报项目”右侧“浏览”选项,选择原报的项目文件。

点在“审核项目”栏的右侧“浏览”选项,选择一个已审核的项目文件。

点“审核”按钮,完成审核,结果如图 8-16 所示。

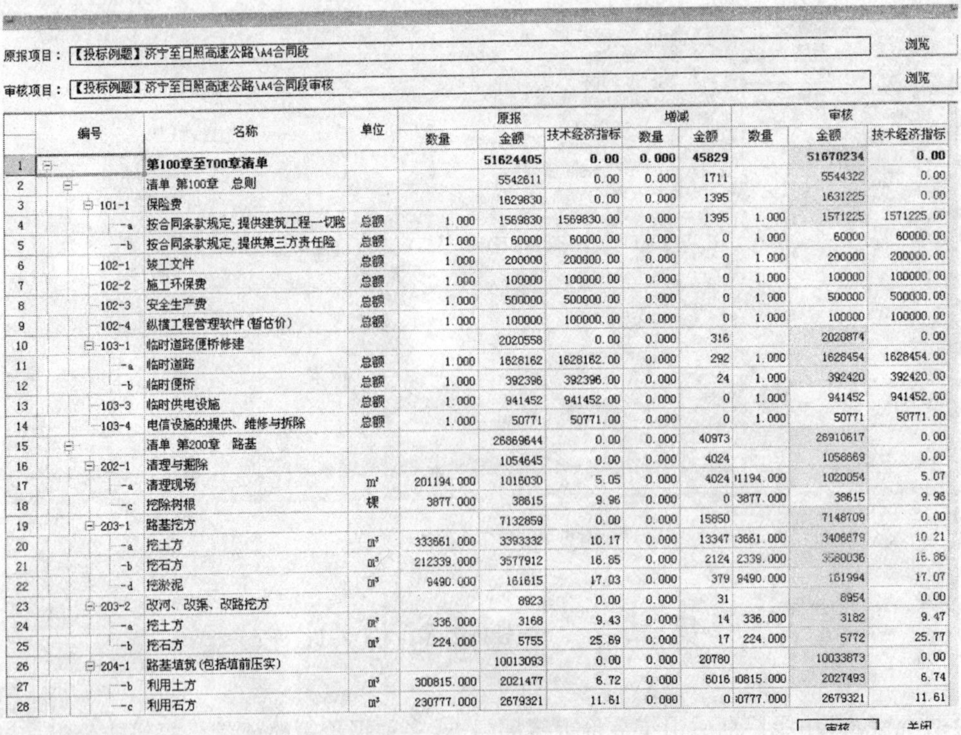

	编号	名称	单位	原报			增减		审核		
				数量	金额	技术经济指标	数量	金额	数量	金额	技术经济指标
1		第100章至700章清单			51624405	0.00	0.000	45829		51670234	0.00
2		清单 第100章　总则			5542611	0.00	0.000	1711		5544322	0.00
3	101-1	保险费			1629830	0.00	0.000	1395		1631225	0.00
4	-a	按合同条款规定,提供建筑工程一切险	总额	1.000	1569830	1569830.00	0.000	1395	1.000	1571225	1571225.00
5	-b	按合同条款规定,提供第三方责任险	总额	1.000	60000	60000.00	0.000	0	1.000	60000	60000.00
6	102-1	竣工文件	总额	1.000	200000	200000.00	0.000	0	1.000	200000	200000.00
7	102-2	施工环保费	总额	1.000	100000	100000.00	0.000	0	1.000	100000	100000.00
8	102-3	安全生产费	总额	1.000	500000	500000.00	0.000	0	1.000	500000	500000.00
9	102-4	纵横工程管理软件(暂估价)	总额	1.000	100000	100000.00	0.000	0	1.000	100000	100000.00
10	103-1	临时道路便桥修建			2020558	0.00	0.000	316		2020874	0.00
11	-a	临时道路	总额	1.000	1628162	1628162.00	0.000	292	1.000	1628454	1628454.00
12	-b	临时便桥	总额	1.000	392396	392396.00	0.000	24	1.000	392420	392420.00
13	103-3	临时供电设施	总额	1.000	941452	941452.00	0.000	0	1.000	941452	941452.00
14	103-4	电信设施的提供、维修与拆除	总额	1.000	50771	50771.00	0.000	0	1.000	50771	50771.00
15		清单 第200章　路基			26869644	0.00	0.000	40973		26910617	0.00
16	202-1	清理与掘除			1054645	0.00	0.000	4024		1058669	0.00
17	-a	清理现场	m²	201194.000	1016030	5.05	0.000	4024	1194.000	1020054	5.07
18	-c	挖除树根	棵	3877.000	38615	9.96	0.000	0	3877.000	38615	9.96
19	203-1	路基挖方			7132859	0.00	0.000	15850		7148709	0.00
20	-a	挖土方	m³	333661.000	3393332	10.17	0.000	13347	3661.000	3406679	10.21
21	-b	挖石方	m³	212339.000	3577912	16.85	0.000	2124	2339.000	3580036	16.86
22	-d	挖淤泥	m³	9490.000	161615	17.03	0.000	379	9490.000	161994	17.07
23	203-2	改河、改渠、改路挖方			8923	0.00	0.000	31		8954	0.00
24	-a	挖土方	m³	336.000	3168	9.43	0.000	14	336.000	3182	9.47
25	-b	挖石方	m³	224.000	5755	25.69	0.000	17	224.000	5772	25.77
26	204-1	路基填筑(包括填前压实)			10013093	0.00	0.000	20780		10033873	0.00
27	-b	利用土方	m³	300815.000	2021477	6.72	0.000	6016	0815.000	2027493	6.74
28	-c	利用石方	m³	230777.000	2679321	11.61	0.000	0	0777.000	2679321	11.61

图 8-16　审核完成

第三节　模　板　库

对于初学者，建立一个项目表后，往往不知道该套用哪些定额。当一个人编制一个建设项目的多段预算时，A 标预算已编制完成，如何才能快速完成 B 标、C 标预算的编制？把 A 标复制 B、C 后再改修太麻烦了。软件提供了一个简单的功能，即块模板库的功能，利用这个功能，可以解决以上问题。

新建或利用软件提供的块模板库，遇到类似项目时，块模板克隆就能自动完成定额套用，完成定额工程量计算。极大提高预算编制的速度、准确度、标准化程度。让知识得以积累。

克隆工作原理：为了给新项目套定额，软件从块模板库中查找同名分项（或同号）清单，并将相应块模板库下套用的定额自动复制到新项目中。根据分项（或清单）、定额工程量、分解系数自动计算新项目定额工程量。

块模板可应用在以下几个方面：

（1）编制多标段预算时，只需完成 A 标，其他标段只需通过克隆即可完成（与复制一份再修改有着本质的区别）。

（2）预算审查人员利用个性模板，快速审查上报预算的正确性。

（3）预算初学者可利用丰富的模板参考资料，快速完成预算。

模板库可进行以下几个方面的操作。

1.“一对一克隆”功能

【操作】：点击选中当前项目表（或工程量清单）某个需套定额的分项，再选择块模板库中相应分类下的相匹配的块文件，点右键，出现如图 8-17 所示的菜单。

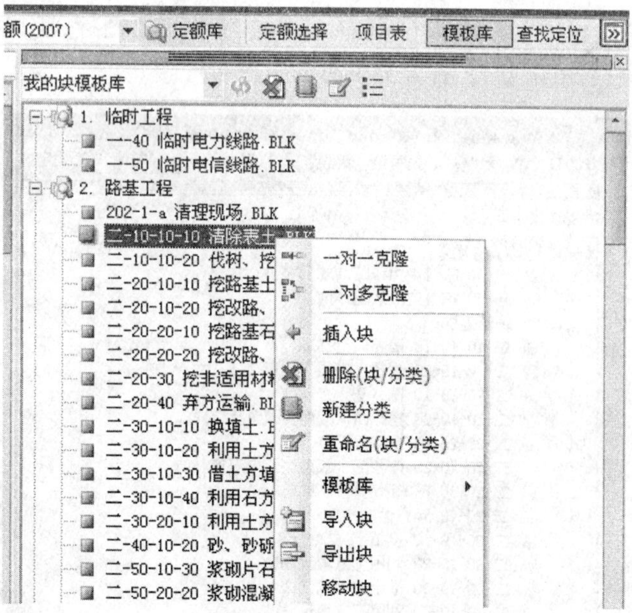

图 8-17　块文件的选择

“一对一克隆”是指一次只能将一个块文件下的定额信息克隆到当前项目表（或工程量清单）中的一个相匹配的分项中。

选择“一对一克隆”,如果当前选择的块文件中分项和当前选择的项目表(或工程量清单)的分项匹配,则系统会将块文件中分项及定额信息克隆至当前所选择的项目表(或工程量清单)分项中。

说明:“匹配”是指系统将当前选择的块文件的分项名称和当前选择的分项名称相同(清单是以清单编号进行匹配),且块文件和当前分项(或清单)都是最底层,且当前分项/清单下没有套定额和数量单价的情况。如遇到当前分项的名称(清单的编号)和该块的名称(编号)不一致时,则询问是否强行匹配,如图 8-18 所示。

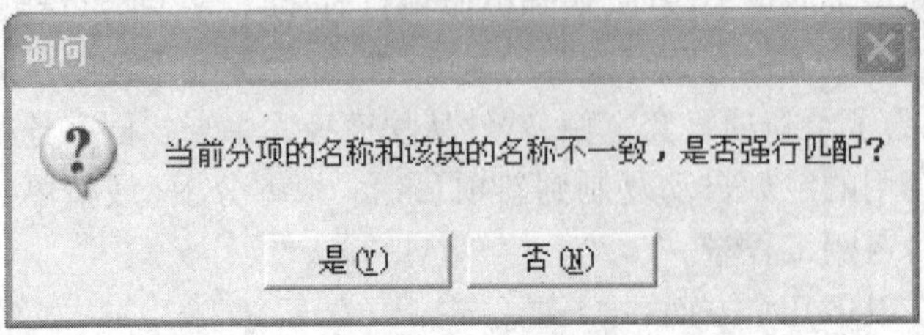

图 8-18 “询问”对话框

选择“是”则强行匹配,选择“否”则不匹配。

2. 多对多克隆功能

可以利用多对多克隆功能,把块模板库中的某个分项名称下所有模板块文件中的定额信息,克隆到与当前造价文件项目表(或工程量清单)相匹配的项目分项中。即把多个块文件中的定额,克隆到当前造价文件项目表(或工程量清单)中的多个匹配的分项中去。

【例 1】:利用块模板库对空白分项“临时工程”下的“临时电力线路”和“临时电信线路”进行快速套用定额。

【操作】:(1)在“造价书”界面,点屏幕右上侧的“模板库”图标,跳出块模板库对话框如图 8-19所示,里面列有若干个分类,各分类下有若干块文件。

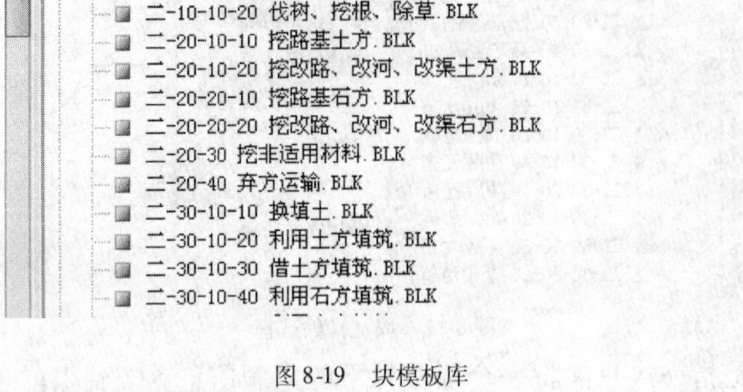

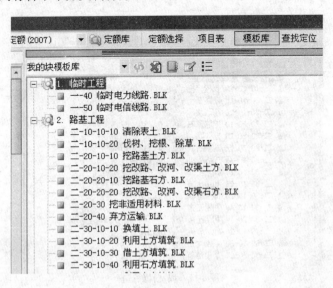

图 8-19 块模板库

（2）点击选择克隆块所在的分类，如果克隆块所在的分类为“临时工程”，把鼠标放在块模板库的“临时工程”分类上，点击右键，出现如图8-20所示菜单。

图8-20　点击选择克隆块分类

（3）在出现的菜单中选择“多对多克隆”，弹出“克隆块”对话框，如图8-21。

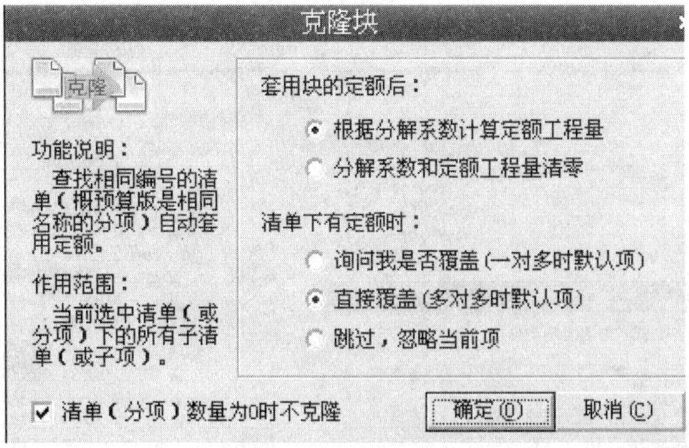

图8-21　“克隆块”对话框

选择是否根据分解系数计算定额工程量或清零分解系数和定额工程量，并选择确定已有定额时是否覆盖。

最后点击“确定”图标，即把块模板库中“临时工程”分类中“临时电力线路”和“临时电信线路”下的定额套用到项目表中“临时电力线路”和“临时电信线路”两个子目下面。

说明：（1）V9版之前的旧项目默认分解系数为0，点击“工具—计算所有分解系数”，即可计算本项目的所有分解系数。

（2）如欲修改分项/清单工程量时不影响定额工程量，此时点击“工具”菜单→“选项”→“常规”→“自动根据分项（或清单）数量计算”→“分解系数”或“定额工程量”。

（3）分项（或清单）数量为0时不克隆。

提示：如果克隆是按“根据分解系数计算定额工程量”进行，但是克隆后的工程量却为0，这是因为在生成模板库时分解系数已经为0了，此时只要修改分解系数，即可获得相应的定额工程量。系统自动进行克隆工作，并提示工作进度，如图8-22所示。

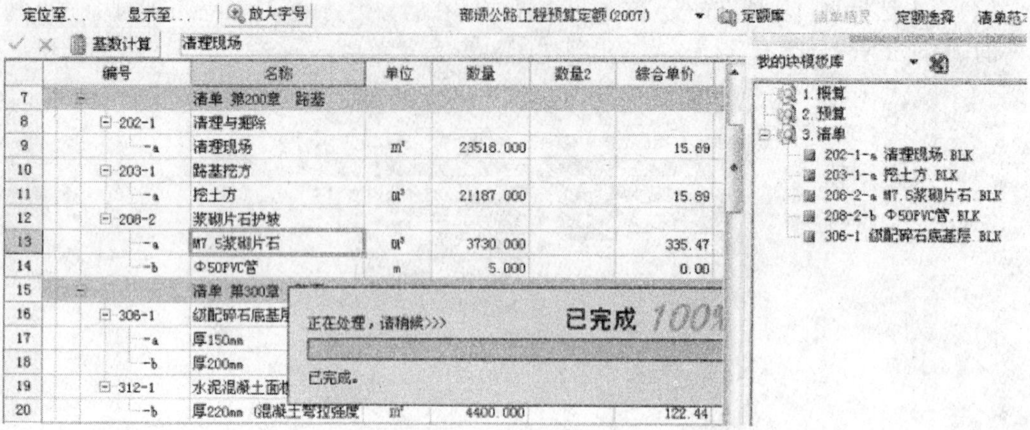

图 8-22　提示工作进度

3. 插入块

【操作】:在要选择的块文件上点鼠标右键,选择“插入块”,或双击选中的块文件,软件会提示将当前块插入到左屏幕清单中的哪个位置,如图 8-23 所示,确定后,插入块成功。

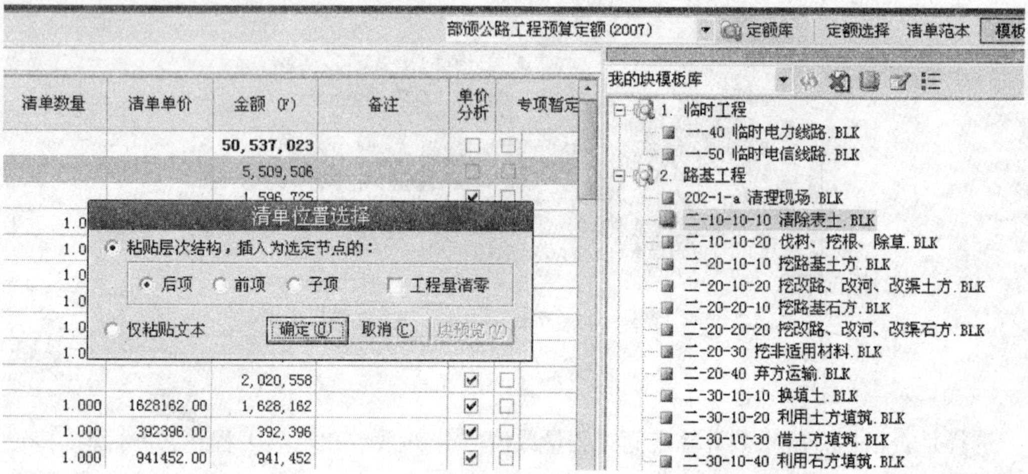

图 8-23　清单位置选择

4. 删除(块/分类)

在要删除的分类或块文件上点鼠标右键,选择“删除”,可以删除当前选择的分类或块文件。

5. 新建分类

块模板库中有一层分类目录,可以点鼠标右键选择“新建分类”来添加分类。

6. 重命名(块/分类)

在要重命名的分类或块文件上点鼠标右键选择“重命名”,可以对当前选择的分类或块文件进行重命名。

7. 模板库

模板库选项中有以下四项。

(1)导入模板库

选择“导入模板库”,出现对话框,选择要导入的. BLB 文件(其他编制人导出的模板库文件),即可导入一个新的块模板库。

(2)模板库/导出模板库

选择“导出模板库”,出现对话框,选择保存路径及模板库名称,即保存为. BLB 文件。此. BLB文件可以拷贝给其他编制人用于导入模板库,达到数据共用的目的。

(3)新建模板库

用于新建一个空的模板库。

(4)删除模板库

删除当前模板库。

8. 导入块

选择“导入块”选项,弹出打开对话框,默认为块文件路径,选择. BLK 块文件,打开,即可以将块文件导入到当前块模板库中。

9. 导出块

选择“导出块”选项,弹出保存对话框,默认为块文件路径,确定保存路径及. BLK 块文件名称,保存,即可以将块模板库中选择的块文件导出到指定路径下。

10. 移动块

选择“移动块”选项,将当前选择的块文件移动到指定的块模板库及分类下。

块模板库中的块文件来源主要有:

(1)分项/清单界面右键生成块模板,选择目的块模板库及分类保存。

(2)块模板库界面右键/导入块。

(3)导入模板库文件。

复习思考题

1. 简述如何建立补充定额。
2. 简述如何进行造价审核。
3. 什么是块模板? 其有什么功能?

第九章 操作技巧

一、导出导入数据(数据交换)

1. 导出建设项目

导出建设项目,有以下三种导出方法。

【操作1】:选择“文件”主菜单中的“导出/成批导出建设项目”选项,在弹出窗口中选择要导出的建设项目,如图9-1所示。

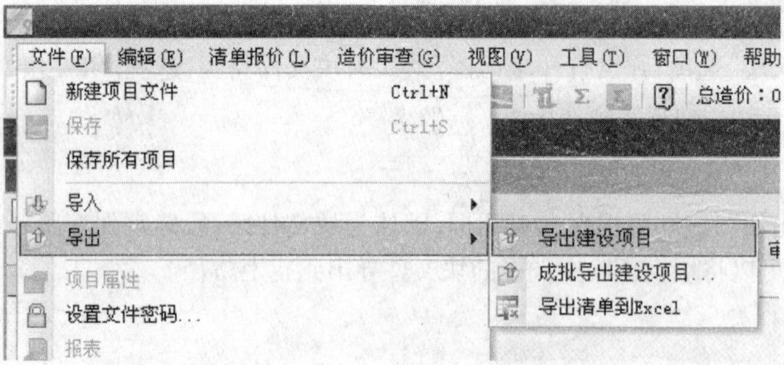

图9-1 从“文件”主菜单中导出

导出后请选择建设项目文件存放的路径。“导出建设项目”将整个项目的所有标段及其所用到的单价文件、费率文件、补充定额、新工料机文件,新增的机械台班全部压缩成一个*.sbp文件导出。

【操作2】:在“项目管理”界面中,把鼠标放在要导出的建设项目上,点鼠标右键选择“导出建设项目”选项,如图9-2所示。

【操作3】:在“项目管理”界面中“建设项目”窗口中的“导出建设项目图标”。

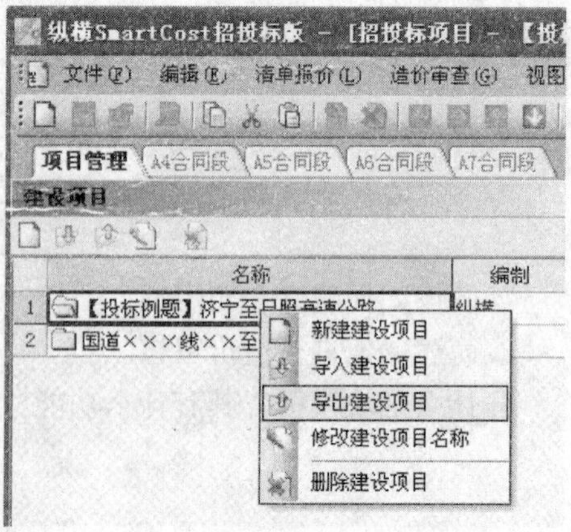

图9-2 从“项目管理”界面中导出

2. 导入建设项目

导入建设项目,有以下两种操作方法。

【操作1】:在“文件”主菜单上点“导入/导入建设项目”菜单,在弹出窗口选择要导入的建设项目,如图9-3所示。

导入建设项目将本项目所有标段及其所用到的单价文件、费率文件、补充定额、新工料机文件全部导入。

【操作2】:在“项目管理”界面中“建设项目”窗口中的“导入建设项目图标”。

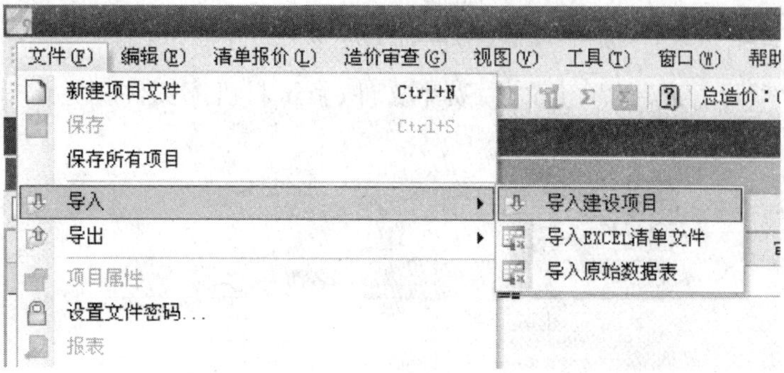

图 9-3　从“文件”主菜单中导入

3. 导出项目分段文件(即造价文件)、单价文件、费率文件及定额库文件

点击“项目管理”界面“项目分段”(或清单项目)窗口中的导出按钮“ ”,如图 9-4 所示。可导出标段以及标段所用到的单价文件、费率文件及定额库文件,其后缀为 ＊. smpx(清单标段)、＊. smbx(概预算标段)。

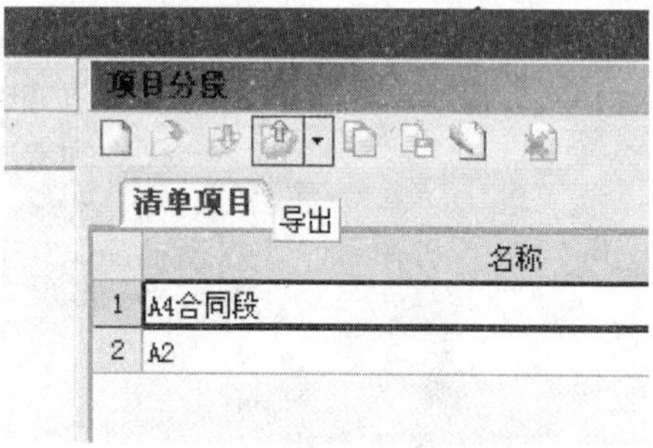

图 9-4　导出标段

4. 单个分段文件(即造价文件)的导出

【操作】:在“项目管理”界面的“项目分段”(或清单项目)窗口中点击“ ”的下拉小三角 ,选择“只导出分段文件”,如图 9-5 所示。

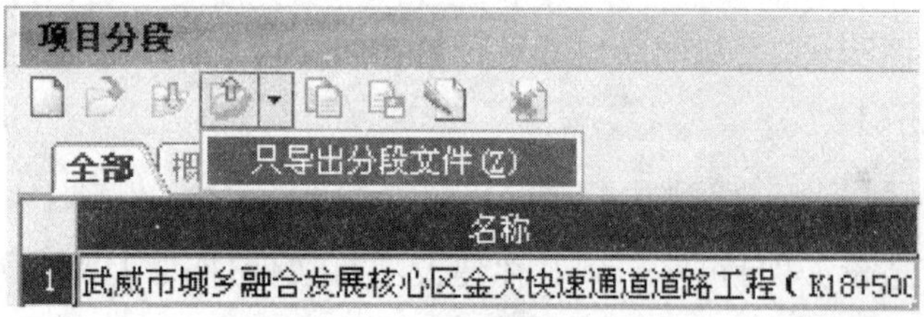

图 9-5　单个分段文件的导出

5. 单个分段文件(即造价文件)的导入

【操作】:在“项目管理”界面的“项目分段”(或清单项目)窗口中点击“导入分段文件 ”图标,如图 9-6 所示。

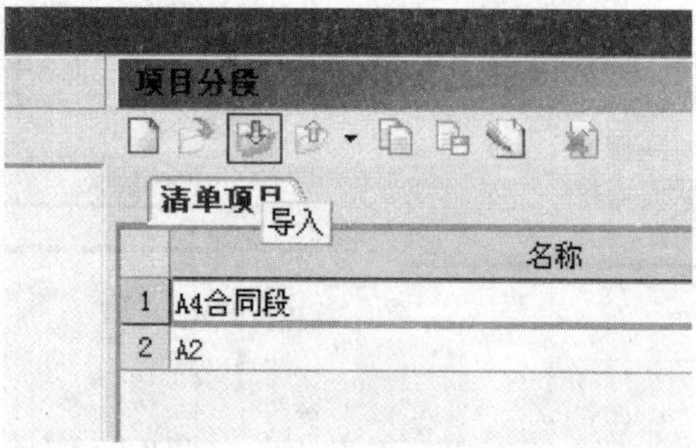

图 9-6　单个分段文件的导入

6. 导入或导出单价文件、费率文件、新工料机库文件

【操作】:在“项目管理”的单价文件、费率文件、新工料机库文件相关窗口点击“导出”图标 或“导入”图标,如图9-7所示。

图9-7 导出库文件

7. 另存为标段文件

另存为标段文件是将一个分段文件复制到同一建设项目文件中。

【操作】:选择需要另存的项目分段,点击“项目管理”界面的“项目分段”(或清单项目)窗口中“另存分段文件图标”,如图9-8所示。另存的文件在同一个建设项目的“项目分段”窗口或“清单项目”窗口。

8. 项目分段复制到其他建设项目文件

项目分段文件(造价文件)可复制到其他建设项目文件,同时复制的还有单价文件、费率文件。

【操作】:选择需要复制的项目分段,点击“项目管理”界面的“项目分段”(或清单项目)窗口的“复制图标”,如图9-9所示。在弹出的窗口中选择目标建设项目,点击“确定”,如图9-10所示,复制该分段到其他建设项目,切换至目标建设项目,即可看到该项目分段。

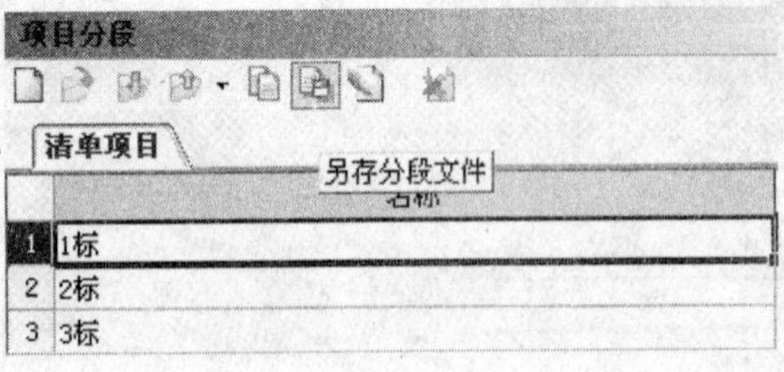

图9-8 另存分段文件

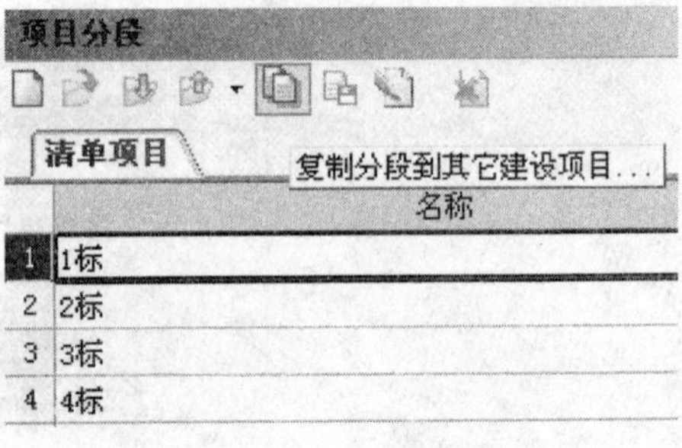

图9-9 复制分段到其他建设项目文件

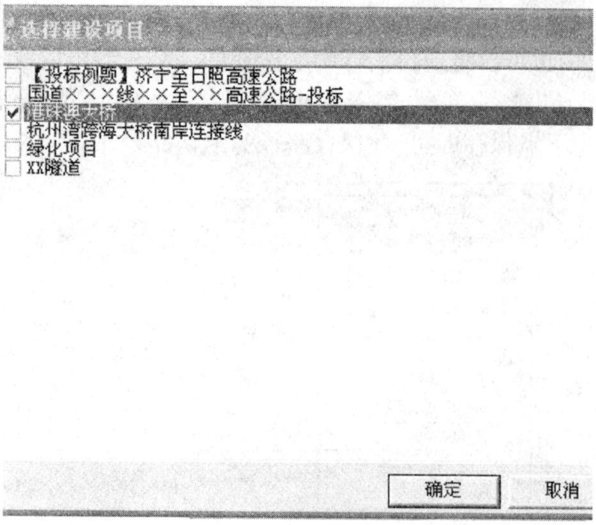

图 9-10 选择建设项目

9. 复制整块

可以直接在两个造价文件间批量复制整块及定额，复制时连同分项（或清单）下的定额及调整状态一并复制。

【操作】：拖动选择要复制的内容（涂蓝），点鼠标右键，选择“复制整块”选项，如图 9-11 所示；切换到新文件，在目标位置点“粘贴”图标。粘贴后请注意层次结构，如图 9-12 所示。发现不合理时，可通过←→↑↓调整层次结构。

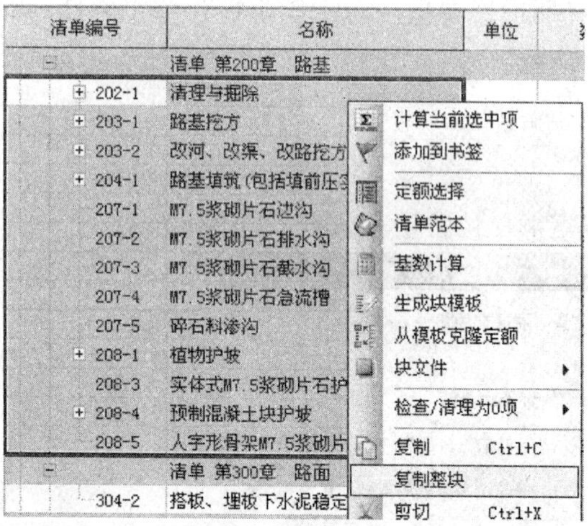

图 9-11 复制整块

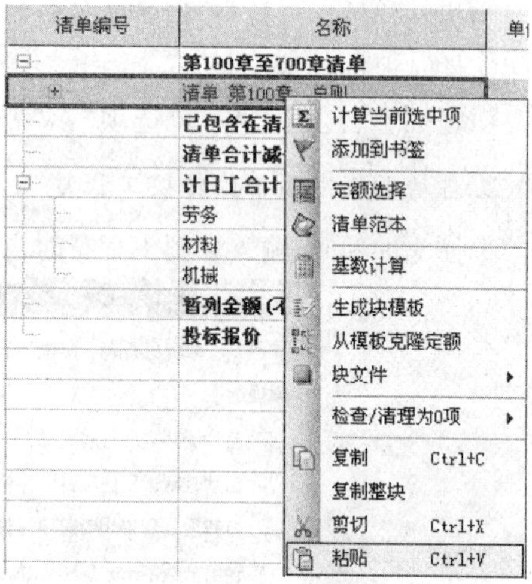

图 9-12 粘贴

此功能适用于由不同的预算人员负责清单（概预算）不同章/分项的报价。

由不同专业人员分别编制不同章/分项（如第 300 章路面由 A 负责、第 400 章桥梁由 B 负责），再利用复制整块功能（或下述导出导入块功能），汇总成完整项目清单/分项。尤其适用于编制大型的招投标/概预算项目。

10. 导出导入块

除上述复制整块外，也可以将造价文件中所选择的一部分导出成块文件。

【操作】：选择需要导出的清单，点鼠标右键，选择“块文件”下的“导出块”选项，如图9-13所示。在弹出的对话框下点保存即可，此保存路径为默认路径。

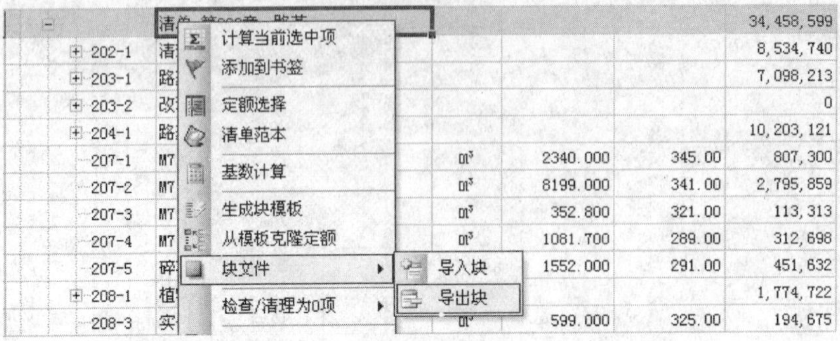

图9-13 导出块

当需要用到此块文件时，在其他用到此清单的地方点鼠标右键点击“导入块”，选择默认路径下的块文件即可。

注：块文件格式为.BLK。

二、“工具”菜单到“选项”菜单

1. 自动保存文件时间间隔

为提高软件运行效率，设备条件较好时，建议取消该选项。点💾手工保存造价文件，或在关闭文件时根据提示保存。

【操作】：“工具”菜单→“选项”→“常规”选项。

2. 自动根据定额单位转换工程量

选择此选项时，输入定额工程量时自动除以定额单位数量。如图9-14所示。

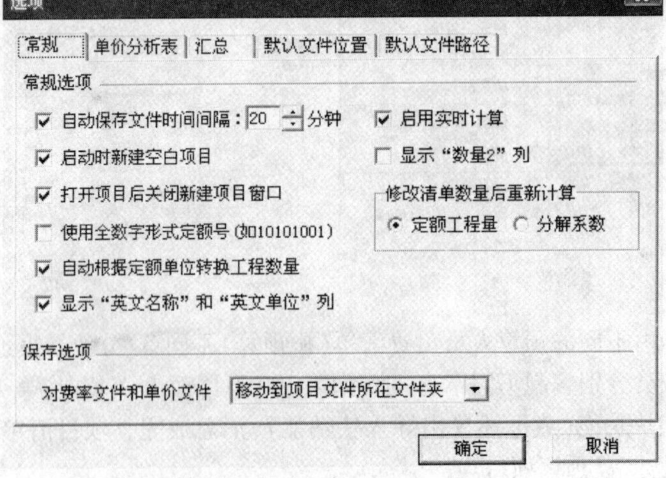

图9-14 自动根据定额单位转换工程数量

3. 单价分析表

设定主材的筛选方式，如图 9-15 所示。

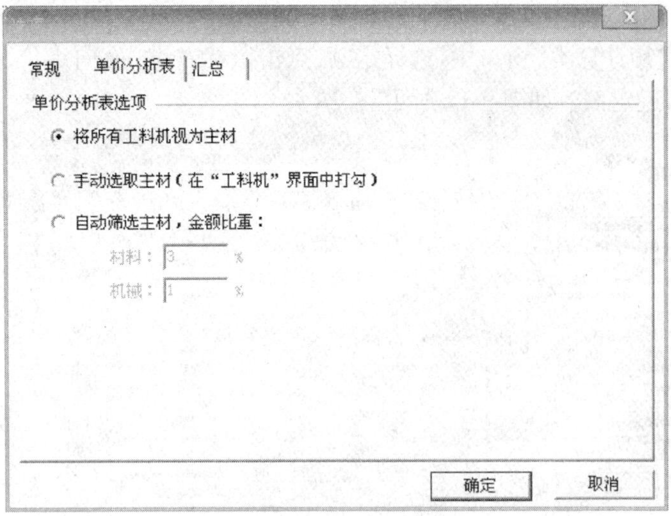

图 9-15　设定主材的筛选方式

4. 汇总

(1)"汇总最低层次"选项。通过选择汇总层次决定报表显示层次。

(2)汇总规则。可根据"编号"以及"编号和名称"两种方式进行汇总。

(3)审核比较。填写浮动范围，审核比较时根据所填浮动范围显示相应数据。如图 9-16 所示。

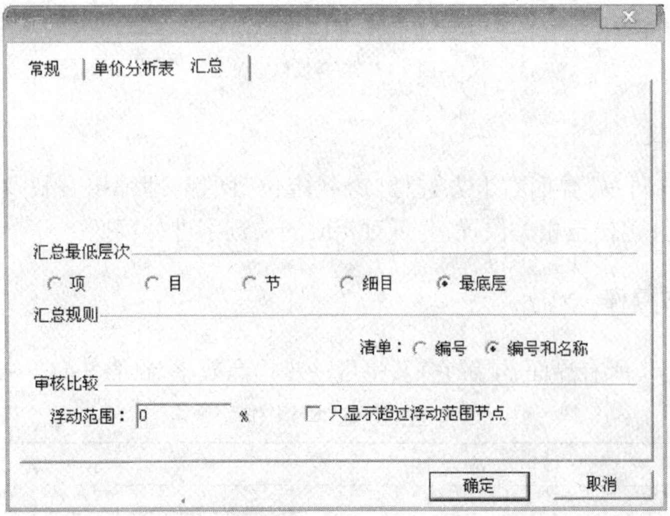

图 9-16　汇总

三、提高效率

除主体功能强大，《纵横 SmartCost》也从细节处着眼，提供众多高效工具。

1. 定额反向定位

在造价编制过程中,经常需要另选(替换)个别定额,前后定额一般处于定额中同一分项内(或附近)。“定额反向定位”就是为快速替换定额而设。

【操作】:在“定额计算类”窗口中,选择定额,点击鼠标右键“反向定位”,即可实时查看定额所在章节及其邻近定额。如图 9-17 所示。

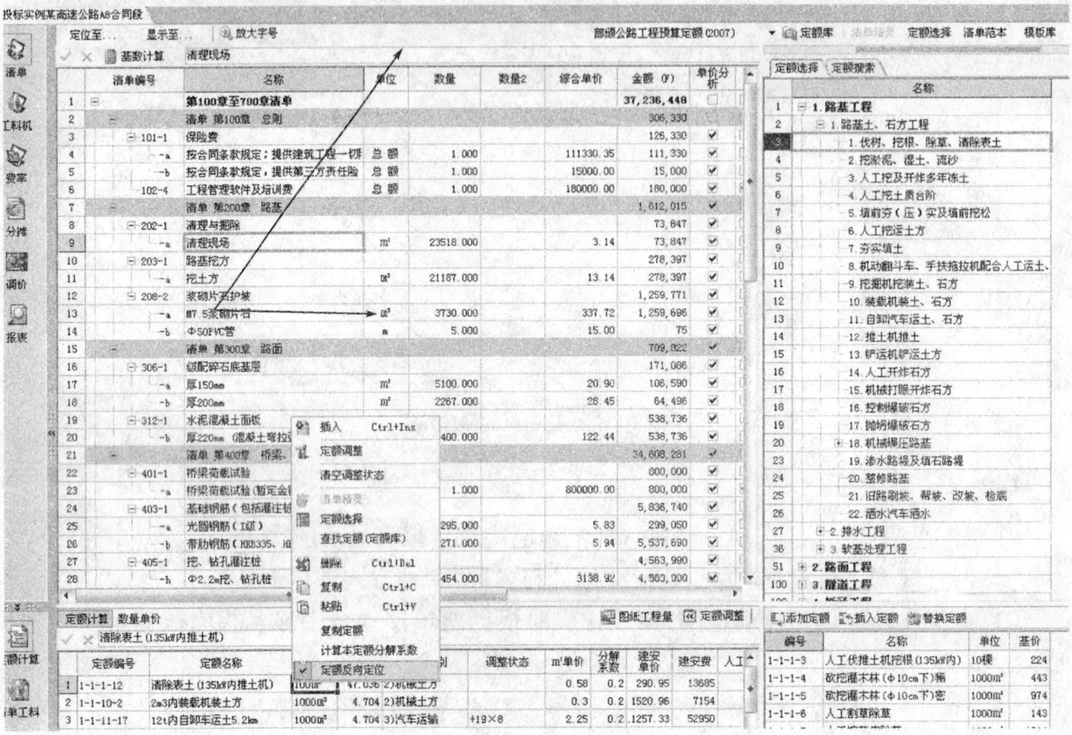

图 9-17　定额反向定位

2. “查找及替换”

【操作】:在“造价书”界面右上方选择“查找定位”图标,即弹出查找及定位窗口,可按需要查找相关信息,并定位至相关位置,并可对相应的关键字进行替换。

四、主要基本操作

以下操作适用于所有界面,了解它们,将进一步提高效率,见表 9-1。

主要基本操作　　　　表 9-1

操　　作	应　　用	示　　例
批量选择 左键拖动选择,涂蓝	一次处理多个数据	
拖动复制 拖动单元格右下角的小十字	对连续相近的项目,复制后稍作修改	有 3 个不同厚度的路面清单 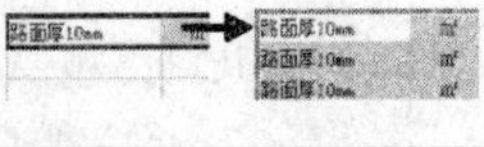

续上表

操　　作	应　　用	示　　例
移动单元格 拖动单元格边缘✥	将单元格文字移动到目标位置	路面厚10mm 排水管 可成批移动，先拖动选择（涂蓝），再操作
复制单元格 拖动单元格边缘✥的同时，按Ctrl	对类似的项目，复制后稍作修改	可成批复制，先拖动选择（涂蓝），再操作

1. 快速定位

【操作】：点击“造价书”界面的“定位至…”图标，选择目标章，则保持清单显示样式不变，快速定位至所需章，缩窄查找范围。避免频繁使用滚动条。如图9-18所示。

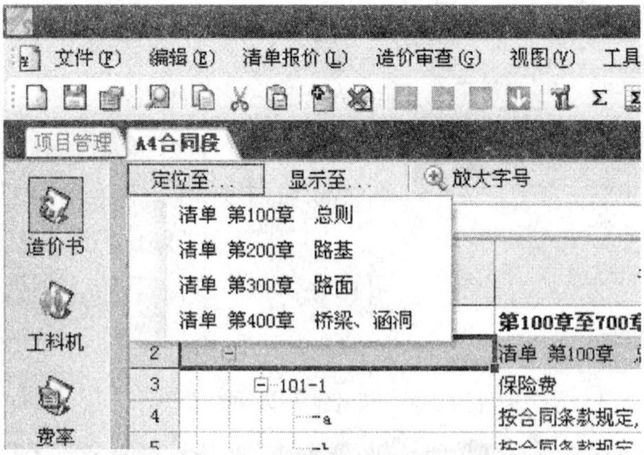

图9-18　快速定位

2. 快速查看各级计算结果汇总

【操作】：点击“造价书”界面的“显示至…”图标，显示至章，查看工程量清单汇总表，如图9-19所示。

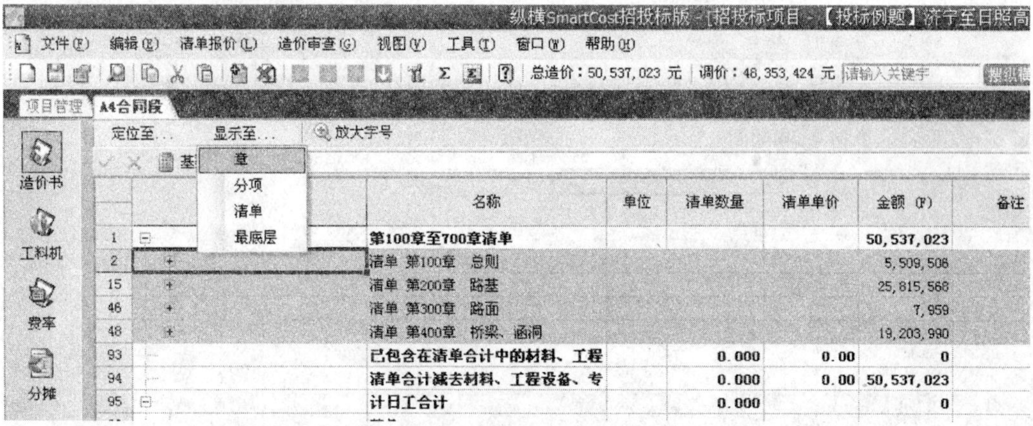

图9-19　快速查看各级计算结果汇总

3. 快速文本编辑

软件自有的表格技术，与 EXCEL 操作方式完全一致，见表 9-2。

快速文本编辑　　表 9-2

目　的	操　作
选择一行	在行号处点击
选择一列	在列表头处点击
选择一批单元格	鼠标拖动选择
移动该单元格内容到目标位置	鼠标点击边框并拖动
复制该单元格内容到目标位置	CTRL + 鼠标点击单元格边框并拖动
拖动复制	CTRL + 鼠标点击边框右下角黑色十字并拖动

4. 更高效地组织视图

(1) 临时隐藏定额选择窗口，以腾出更大窗口空间。

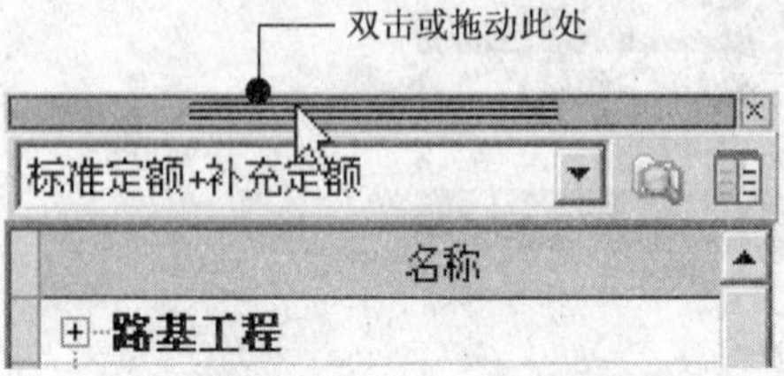

图 9-20　拖移/泊靠窗口

【操作】:点击“造价书“界面右上角隐藏(展开/隐藏切换)。

(2)拖移/泊靠窗口。如图 9-20 所示。

将向右泊靠窗口变为浮动窗口，相同操作，亦可将浮动窗口变为向右泊靠窗口。

(3)调整各窗口宽度。凡光标变为状态，均可调整窗口宽度。

5. 多个项目同时打开

可同时打开多个项目，切换查看数据。如图 9-21 所示。

图 9-21　同时打开多个项目

6. 多个项目横向或者纵向对比

【操作】:点击“窗口”主菜单,选择“横向平铺”或“纵向平铺”选项,可实现多个项目对比,直接复制数据,无需切换。如图 9-22 所示。

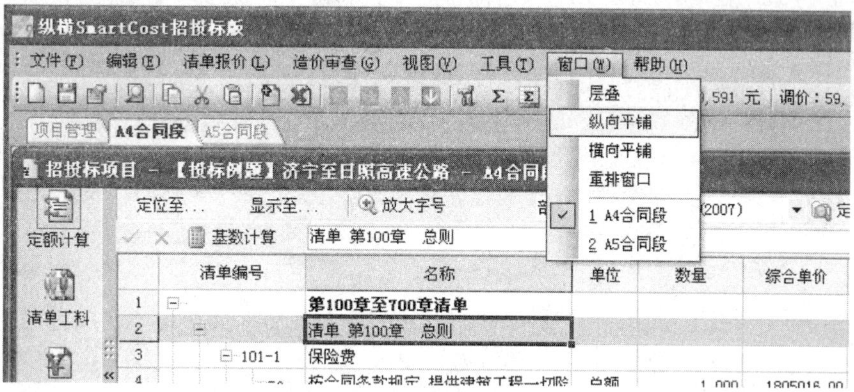

图 9-22　多个项目对比

7. 切换字号

点击“造价书”界面上方的“放大字号”图标,切换至较大字号,点击“还原字号”,还原至默认字号。

8. 书签功能

【操作】:在“造价书”界面,在需添加书签的分项上点击鼠标右键,选择“添加到书签”选项,可实现如 Word 文档一样的批注功能,软件会标注橘红色的书签痕迹,便于实时对比审核。如图 9-23 所示。

图 9-23　书签功能

如需取消书签,则直接删除书签即可。

【操作】:点击“造价书”界面右上角的“查找定位”图标,出现图 9-24 所示对话框。点击“书签(批注)”选项,找到需删除的书签,点右键选择“删除”。

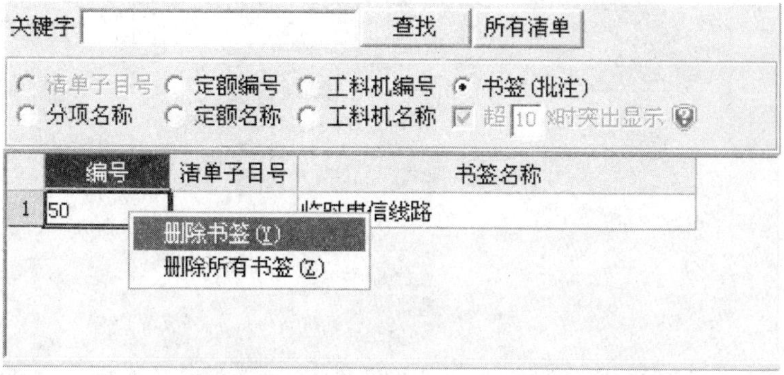

图 9-24　删除书签

复习思考题

1. 如何导入和导出建设项目?
2. 如何导入和导出单价文件、费率文件、造价文件?

第三部分　同望 WECOST 公路工程造价软件管理系统

第十章　同望 WECOST 公路工程造价管理系统

第一节　概　　述

一、WECOST 造价管理系统主要功能特点

WECOST 采用全新技术架构，系统操作更加符合使用习惯、贴心易用，界面直观，功能更加强大，真正实现了多专业、多阶段、多种计价模式、编制审核功能一体化。

根据未来工程造价管理发展的趋势，WECOST 采用了网络（即 B/S 结构）和单机（即 C/S 结构）相结合的使用模式，既可以在 C/S（同望 WECOST 公路工程造价管理系统编审软件的简称）系统下实现造价文件的编制、审核，又能通过 B/S（同望 WECOST 公路工程造价管理系统 BS 造价工作平台的简称）平台系统按设定的流程进行有序控制及流转，真正实现了数据集中管理，分级分组授权查询访问，满足了造价规范化、审批网络化及数据共享、数据查询的高端需求。如图 10-1 所示。

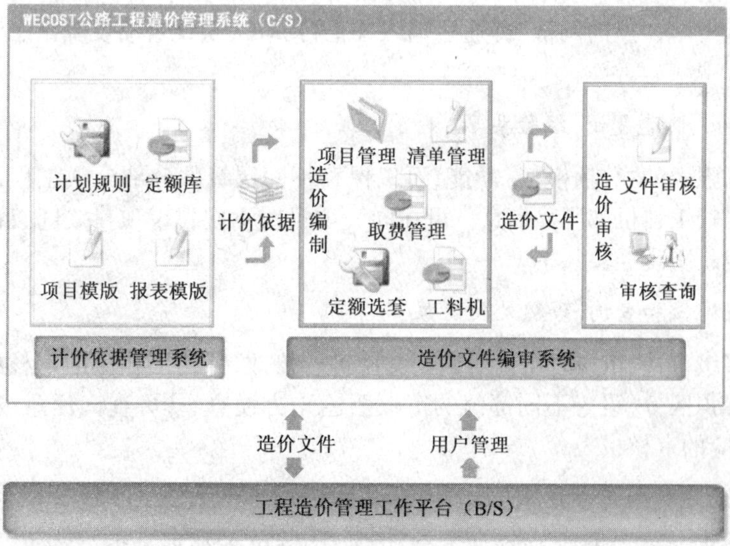

图 10-1　系统工作原理图

1. 项目管理灵活多样

系统可以实现多专业的大型综合性建设项目造价管理，同一建设项目下可以任意分解不同层次的子项目，各子项目可以兼顾公路、房建、通信等多种不同专业的计价依据，同时可按项

目分解的层次进行费用汇总,输出汇总后的项目报表。

2. 预算书编制轻松自如

编制预算书时可以方便地选择系统内置的项目模板或者导入工程量清单,对项、目、节、细目可自由进行升级、降级操作,还可以调用本专业定额以外的其他专业定额。

3. 定额选套及调整方便直观

系统选套定额方便灵活,既可以从定额库里选择所需要的定额,又可以通过设置的分项模板批量套取定额。同时系统还提供丰富、便捷的定额调整功能,包括标准换算、混合料配比、子目系数、辅助定额等调整选项,还可对相同调整内容的定额进行批量调整,调整后的定额可存入定额库,方便下次选用。

4. 取费程序灵活定义

在系统内置的标准费用项目基础上可以自定义新的费用模板,进行新增或删除费用项目、灵活定义或修改计算公式、修改费率及设置不计费项目等操作,同时还可进行不同模板之间费用逐项对比分析,找出差异。自定义的取费模板可以保存并继续应用到其他建设项目中。

5. 工料机汇总、反查、调整省时省力

特别耗时的材料价格查询和录入,预算员可以通过建立自己的工料机价格库,批量地导入到系统中,系统自动进行相应工料机价格替换,未刷新的工料机价格,系统提示预算员手工录价。系统还可以实现反查工料机具体消耗,批量设置材料运输的起讫地点等功能。特别是项目级工料机汇总功能,极大提高造价文件编制审查的效率。

6. 多种清单调价方式,调价快速灵活

系统提供"正向调价"和"反向调价"两种调价方式。"正向调价"可调整工料机消耗、工料机单价和综合费率;"反向调价"即通过输入一个目标价,系统自动反算出工料机的消耗、工料机单价和综合费率。

7. "分项模板"快速复制,经验共享

系统提供了强大的"分项模板"功能,可以保存不同层级的分部分项工程,包括其下所套用的定额、工程量、工料机和调整信息。可在同一项目或不同建设项目之间自由复制,还可导出、导入分项模板,实现经验共享。

8. 支持多级审核和查询,审核处处留痕

系统支持多级审核,审核时可以对编制文件进行修改,并留下相应的审核痕迹,各级审核可用不同颜色标识区分(设置不同部门的审核颜色),方便查看,可查询任意级别审核内容和结果,并输出相应的审核报表。

9. 维护"我的定额和工料机库"

系统不仅内置了全国各省的公路补充定额,还可以方便地把系统定额、补充定额和系统工料机保存到"我的定额库"和"我的工料机库",并对其进行管理和维护,逐步形成企业定额库。

10. WECOST 数据完美导入

系统提供了旧版同望 WECOST 造价软件的数据接口,对于用 WECOST 编制的历史数据文件,可以通过文件导入或数据库导入的方式导入到 WECOST 中进行编辑。

11. WECOST 网络协作平台有序管理

WECOST 网络协作平台像一条纽带,把各个单机编审软件有序联结。系统通过 B/S 结构的网络协作平台进行统一的组织机构维护和管理,实现网上传输数据,控制编审权限及文件的上传和下载,版本发布及数据集中管理。

二、WECOST 造价管理系统运行环境

1. 系统硬件要求

配置:主频 1G 以上 CPU,512MB 以上内存,500MB 以上可用硬盘空间。

2. 系统软件需求

系统平台:Windows 2000 /XP/VISTA,Linux,Unix 等各种操作系统。

三、WECOST 造价管理系统安装卸载

1. 安装系统

(1)运行安装盘中的 SETUP. EXE 文件,出现欢迎界面,单击【下一步】按钮,系统进入下一步操作,单击【取消】退出系统安装,如图 10-2 所示。

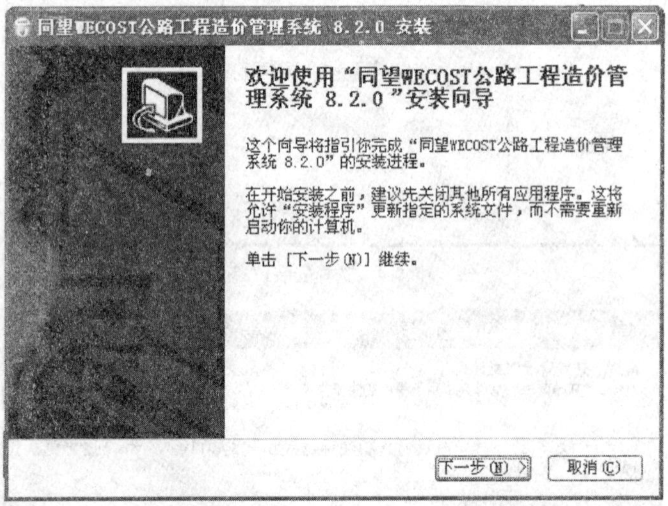

图 10-2　安装向导

(2)系统出现是否接受所提出的协议界面,选择【我接受…】并单击【下一步】继续安装,单击【取消】按钮退出安装,单击【上一步】按钮返回上一步操作界面,如图 10-3 所示。

(3)系统出现选择安装目录界面,如果不想采用默认安装目录,单击【浏览】按钮设置安装目录,单击【下一步】按钮继续安装,单击【取消】按钮退出安装,单击【上一步】按钮返回上一步,如图 10-4 所示。

(4)系统出现确定程序文件夹界面,单击【安装】按钮继续安装,单击【取消】按钮退出安装,单击【上一步】按钮返回上一步操作界面,如图 10-5 所示。

(5)系统出现正在安装界面,如图 10-6 所示。

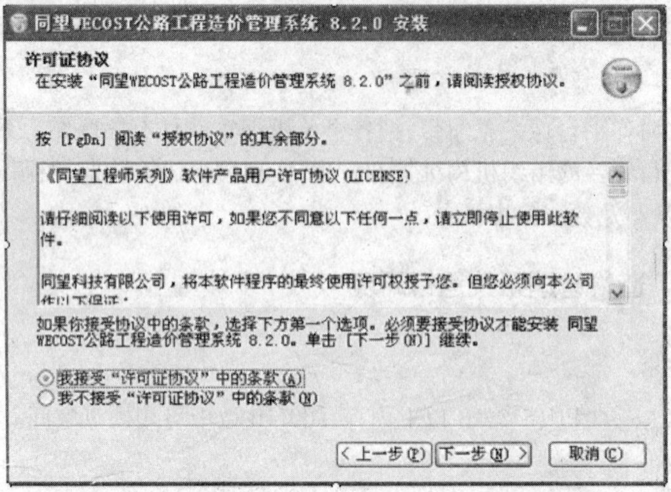

图 10-3　许可证协议

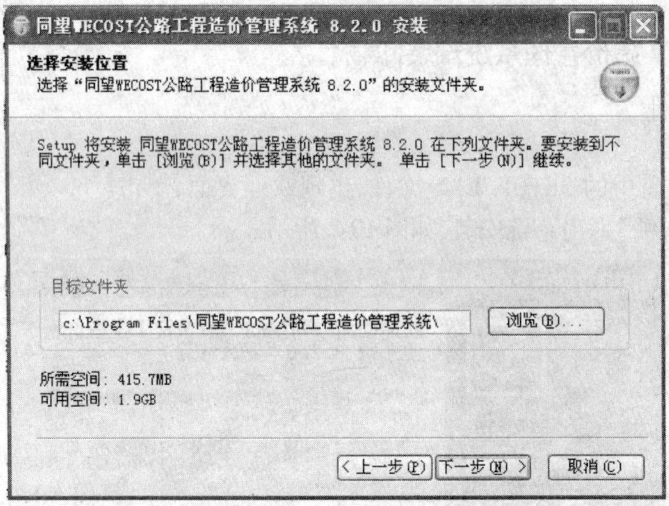

图 10-4　选择安装位置

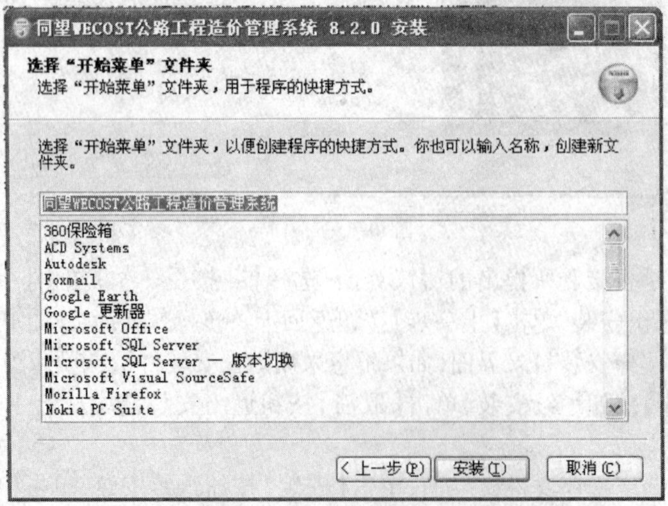

图 10-5　选择“开始菜单”文件夹

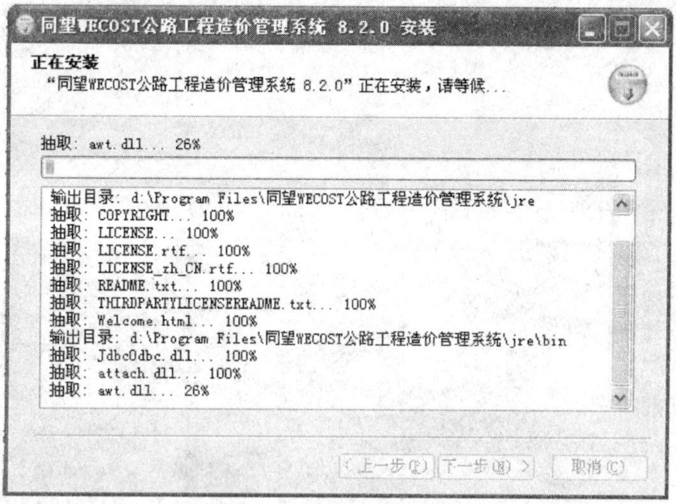

图 10-6　正在安装

(6)系统安装完成,点击【完成】,页面自动关闭,如图 10-7 所示。

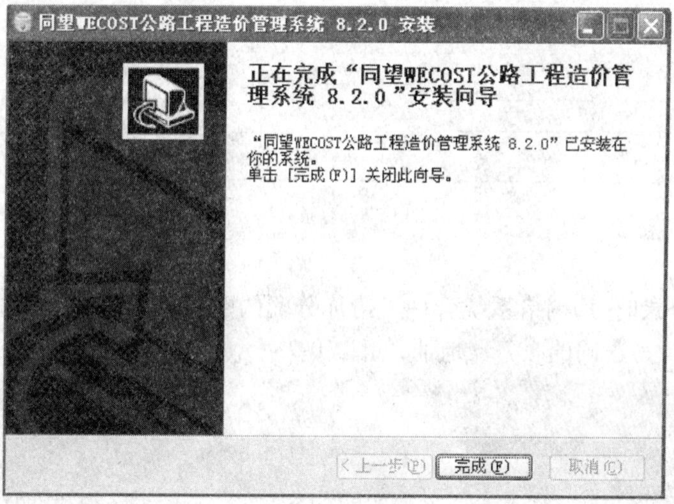

图 10-7　安装完成

2. 卸载系统

在【开始】菜单中选择【程序】→【同望 WECOST 公路工程造价管理系统】→【卸载】,可以卸载系统。【控制面板】→【添加或删除程序】→【同望 WECOST 公路工程造价管理系统】→【更改/删除】,可以卸载系统。

3. 运行系统

在【开始】菜单中选择【程序】→【WECOST 公路工程造价管理系统】→【WECOST 公路工程造价管理系统】,即可启动系统。双击桌面上的【WECOST 公路工程造价管理系统】快捷图标即可。

四、WECOST 造价管理系统登录

1. 登录系统

(1)单机版

初始登录时用系统管理员的身份登录,账号:admin,初始密码:12345678。如图 10-8 所示。

图 10-8 登录系统

(2)网络版

网络版初始登录时,用网络系统管理员给你分配的账号和密码登录,例如:temp,temp,网站 URL 处一定要填写正确的服务器地址,如图 10-9 所示。

图 10-9 网络版登录系统

2. 自动登录

网络版与单机版都有【自动登录】功能，登录时在复选框中“打勾”后，再次启动系统时系统默认上一次的账号和登录方式登录。如图 10-10 所示。

图 10-10　自动登录

3. 取消自动登录

成功后，选择【工具】→【系统参数设置】，在弹出对话框中，将【是否自动】改为【否】即可。如图 10-11 所示。

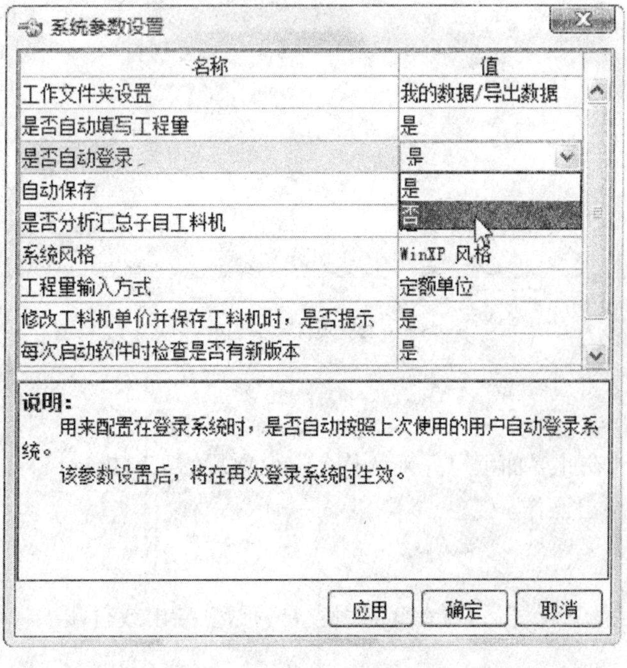

图 10-11　取消自动登录

第二节　WECOST 造价管理系统介绍

一、系统操作界面介绍

1. 项目管理界面

登录后，首先进入到的是项目管理界面，可在此界面新建建设项目、子项目和造价文件的操作，并确认相应的项目信息。如图 10-12 所示。

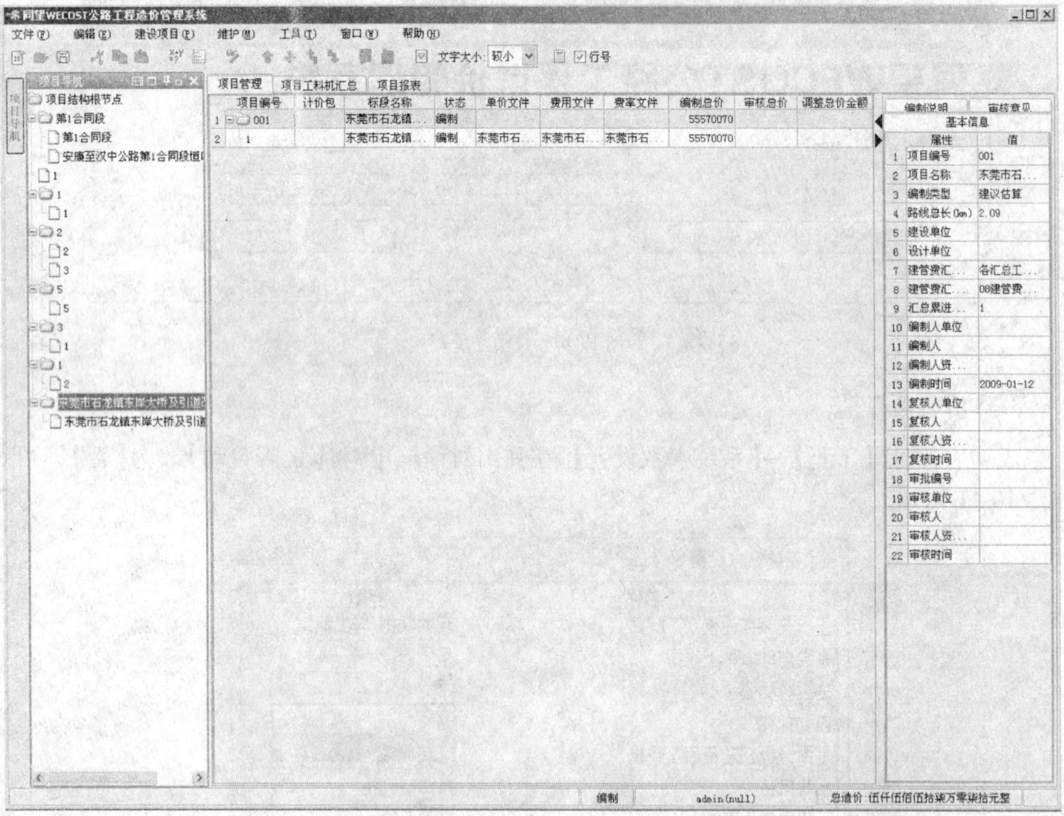

图 10-12　项目管理界面

2. 项目工料机汇总

如图 10-13 所示，在此界面汇总并确认整个建设项目的工料机价格，并可以进行工料机价格信息的批量导入、导出操作。

3. 项目报表

通过系统对项目汇总计算后，可在此界面查看、调整、导出或打印项目级报表。如图 10-14 所示。

图 10-13　项目工料机汇总

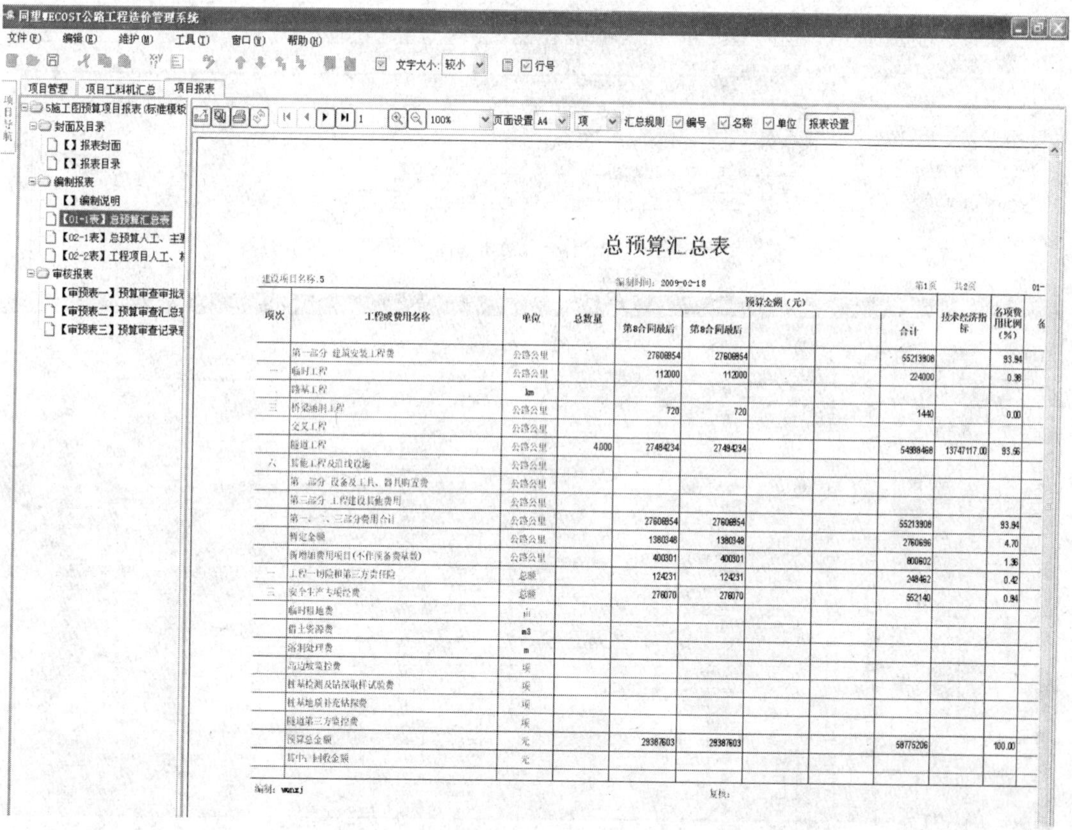

图 10-14　项目报表

4. 预算书界面

选择项目节点下的造价文件，打开造价文件进入预算书界面。如图 10-15 所示，在此界面添加工程细目，并根据自身项目特点及相应施工组织设计，采用套取定额、列计算公式等造价编辑操作。

5. 工料机汇总界面

如图 10-16 所示，在该界面进行工料机价格的录入和查询操作。

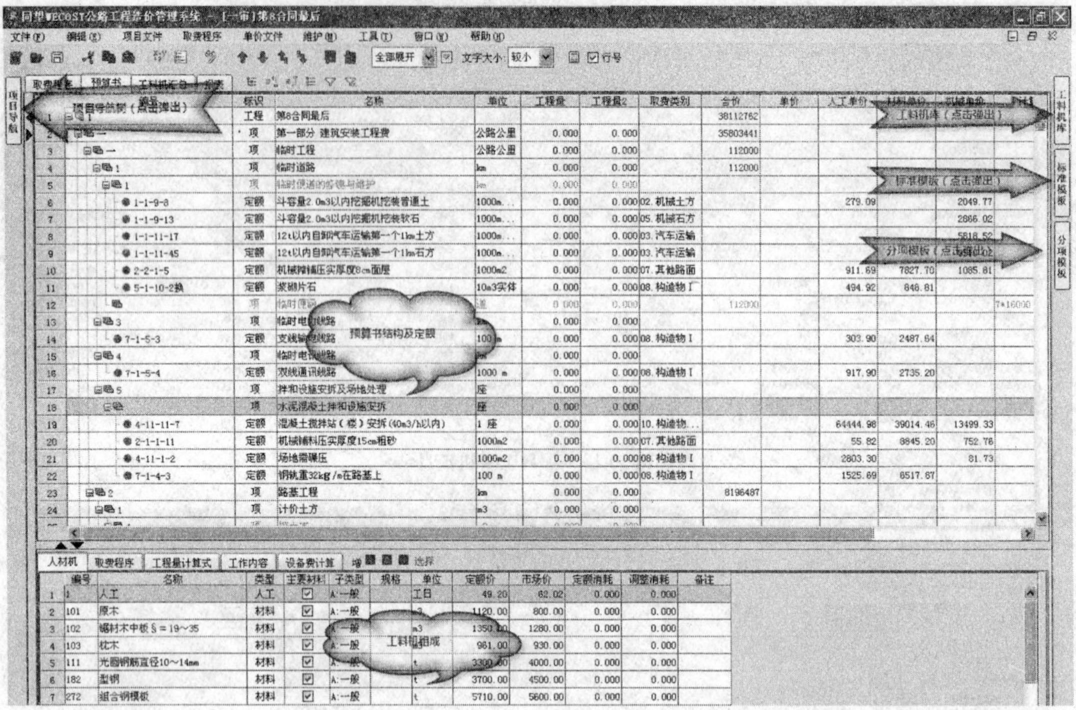

图 10-15　预算书界面

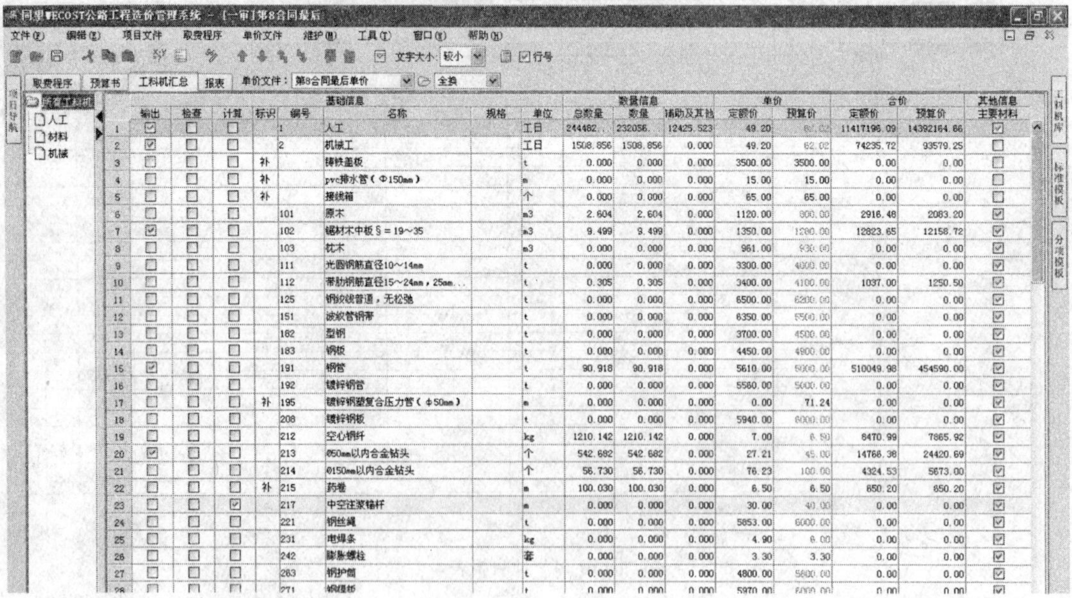

图 10-16　工料机汇总界面

6. 取费程序界面

如图 10-17 所示,在此界面进行费用项目的取费设置。

7. 分摊界面

对于不能作为第 100 章总则费用单列的项目,且涉及两个及以上清单编号项目,需按不同的分摊方式直接摊入各分项单价中的费用,如混凝土拌和站(楼)安拆费用,可在此界面进行分摊操作。如图 10-18 所示。

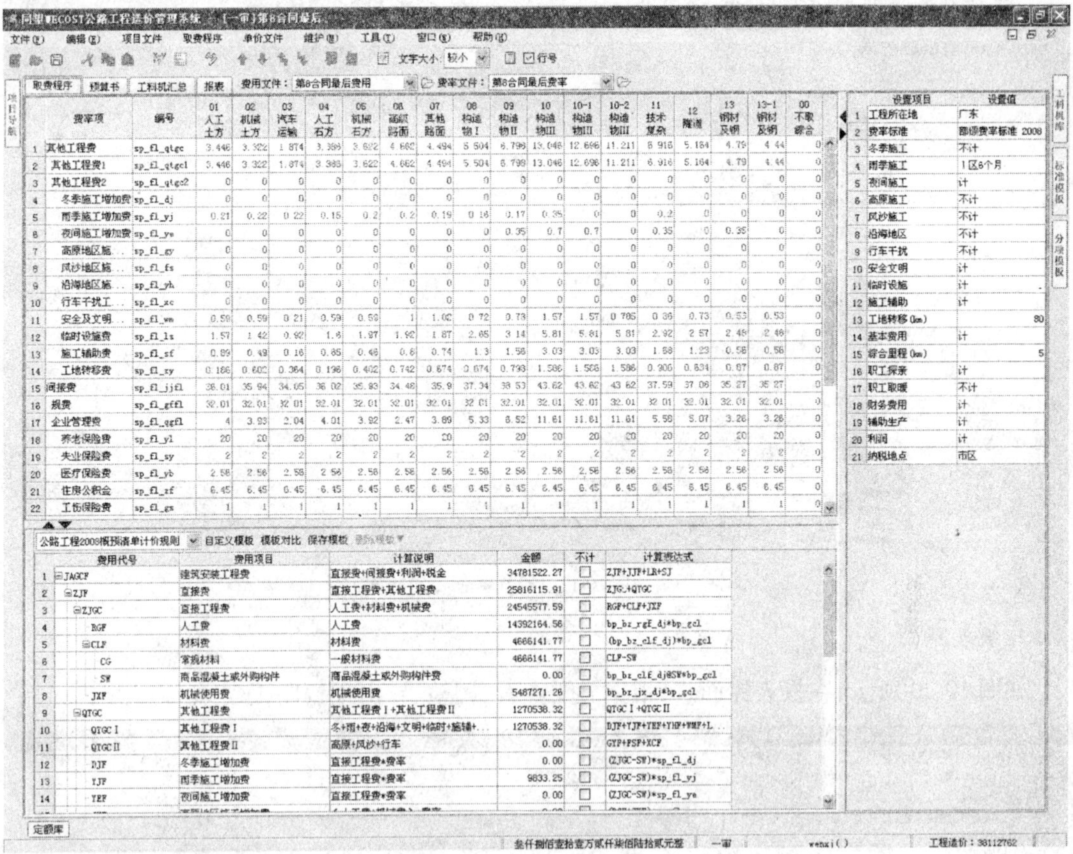

图 10-17　取费程序界面

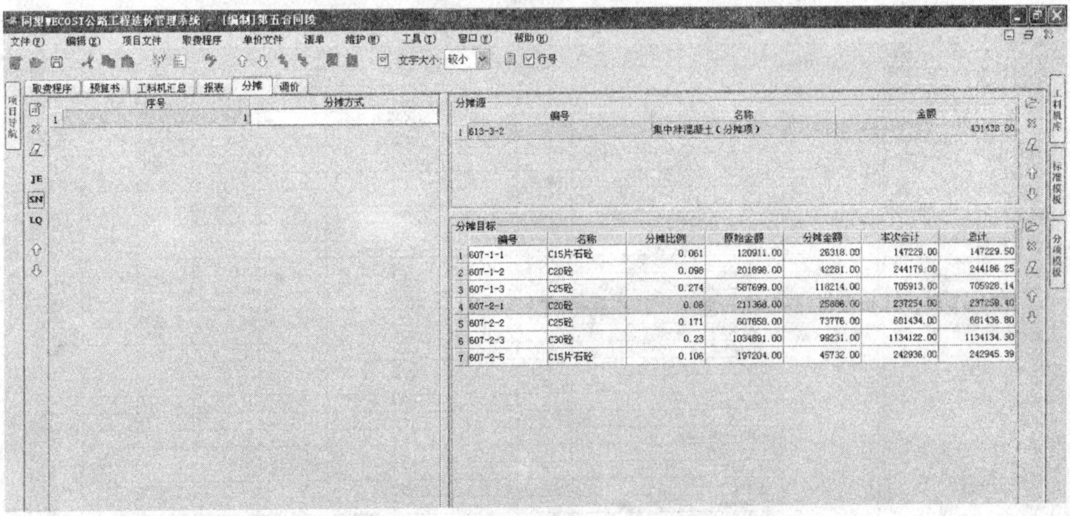

图 10-18　分摊界面

8. 调价界面

调价顾名思义是根据自身需要对工程量清单报价进行合理地调整,如图 10-19 所示,可在此界面采用【正向调价】或【反向调价】两种调价方式调整。

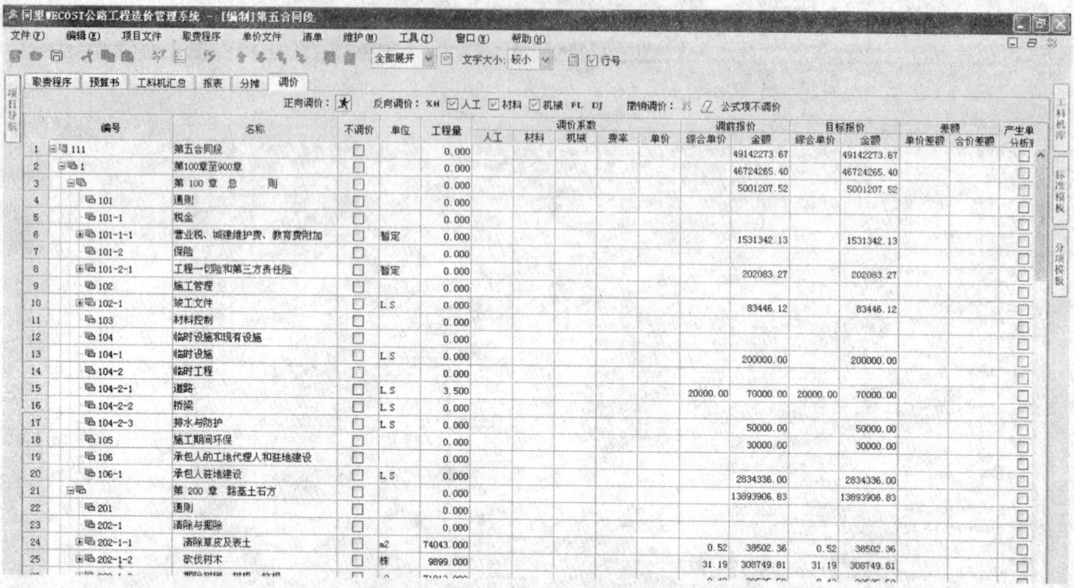

图 10-19　调价界面

9. 报表界面

如图 10-20 所示，在报表界面，可根据需要查看、调整、导出或打印报表。

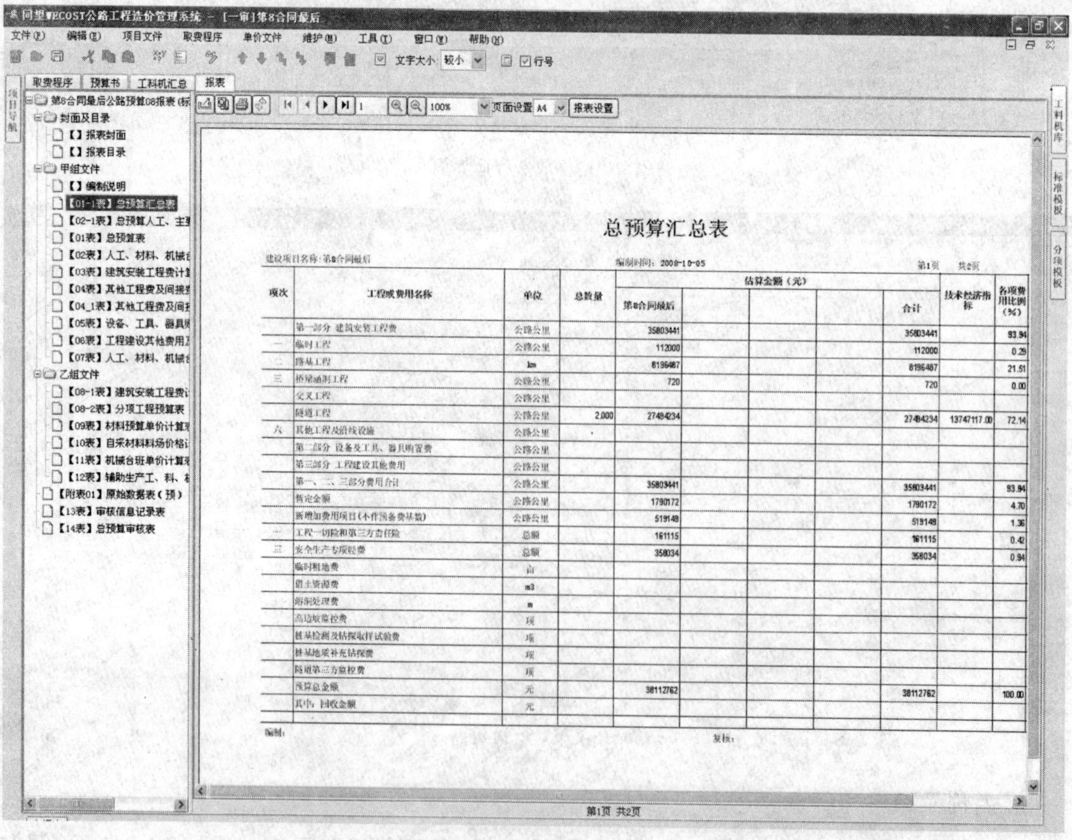

图 10-20　报表界面

二、系统菜单介绍

1.【文件】菜单

【文件】菜单，如图 10-21 所示。

【文件】菜单主要功能，见表 10-1。

主 要 功 能　　表 10-1

命　令	作　用
新建建设项目	新建建设项目
新建造价文件	新建造价文件
保存	保存造价文件
导入	导入数据文件(包括 WECOST 及 WCOST 数据)
导出	导出数据文件(项目节点、预算模板、报表数据)
打印报表	连续打印或导出报表
重新	重新系统
退出系统	退出系统

2.【编辑】菜单

【编辑】菜单，如图 10-22 所示。

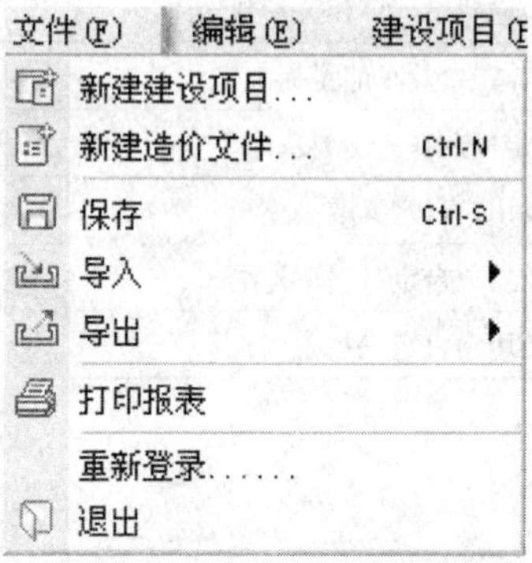

图 10-21 “文件”菜单

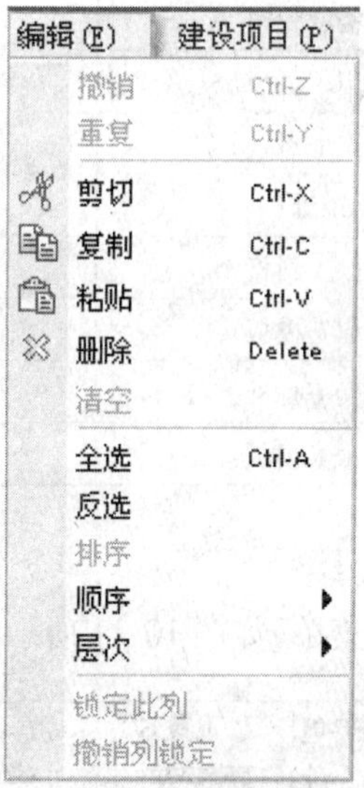

图 10-22 “编辑”菜单

【编辑】菜单主要功能，见表 10-2。

主 要 功 能　　表 10-2

命　令	作　用
撤销	撤销上一步删除操作
重复	恢复已撤销的上一步删除操作
剪切	剪切项目、子项目

续上表

命　令	作　用
复制	复制项目、子项目
粘贴	粘贴项目、子项目
删除	删除项目、子项目、预算书
清空	
全选	全选项目管理表中的行
反选	选择项目管理表中没被选中的行,已选中的行则取消选择
排序	选中根节点并对项目或定额或全部按名称或编号排序
顺序	改变项目、子项目、预算书的顺序
层次	改变项目、子项目的层次
锁定此列	锁定选定的列,方便浏览数据
撤销列锁定	撤销锁定列操作

3.【维护】菜单

【维护】菜单,如图10-23所示。

【维护】菜单主要功能,见表10-3。

主　要　功　能　　表10-3

命　令	作　用
计算精度管理	对系统计算及显示精度进行设置
常用单位	设置系统单位及用户自定义单位
起讫地点	设置材料运输费用计算相关参数
车船税维护	维护各省养路费及车船税标准
我的定额工料机库	维护补充定额及补充工料机库
我的取费模板	管理系统及用户自定义取费模板
我的费率标准	管理系统及用户自定义费率标准
我的报表模板	管理系统及用户自定义报表模板

4.【工具】菜单

【工具】菜单,如图10-24所示。

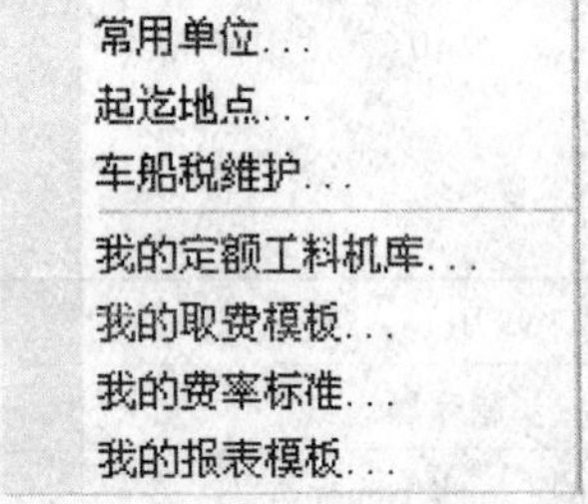

图10-23　“维护”菜单

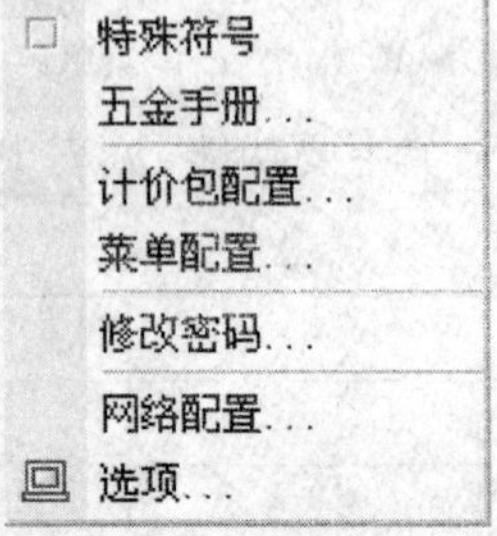

图10-24　“工具”菜单

【工具】菜单主要功能,见表 10-4。

主 要 功 能 表 10-4

命 令	作 用
计算器	调出及关闭计算器
特殊符号	显示/关闭特殊符号栏
五金手册	调用五金手册
计价包配置	导入、管理各种计价包
菜单配置	对右键菜单进行配置
修改密码	修改用户密码(网络版无此选项)
网络配置	设置网络参数
选项	对系统参数进行设置

5.【窗口】菜单

【窗口】菜单,如图 10-25 所示。

【窗口】菜单主要功能,见表 10-5。

主 要 功 能 表 10-5

命 令	作 用
层叠窗口	对打开的窗口做层叠处理
横向平铺窗口	对打开的窗口做横向平铺处理
纵向平铺窗口	对打开的窗口做纵向平铺处理

6.【帮助】菜单

【帮助】菜单,如图 10-26 所示。

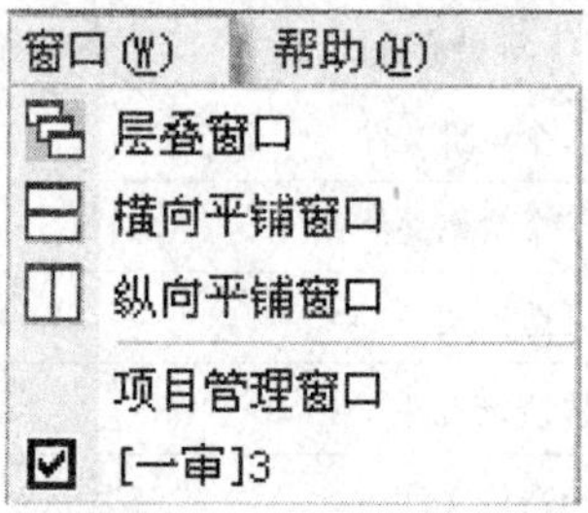

图 10-25 “窗口”菜单

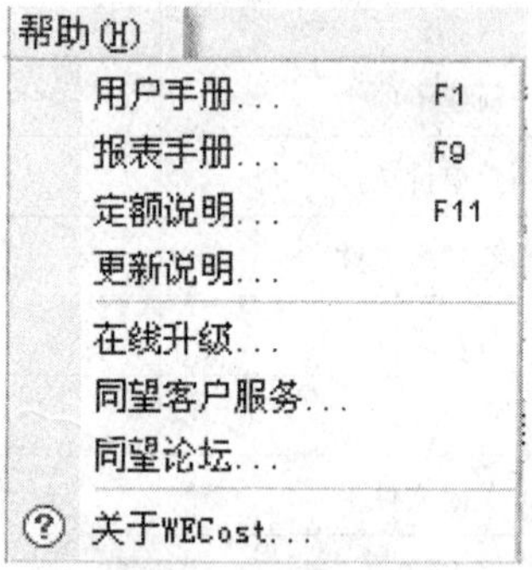

图 10-26 “帮助”菜单

【帮助】菜单主要功能,见表 10-6。

主 要 功 能 表 10-6

命 令	作 用
用户手册	用户使用手册
报表手册	报表工具使用手册
定额说明	08 编制办法及定额说明

续上表

命　令	作　用
更新说明	当前版本更新说明
在线升级	在线升级到最新版本
同望客户服务	连接同望公司服务网站
同望论坛	连接同望公司服务论坛

三、项目管理界面特有菜单介绍

【建设项目】菜单，如图10-27所示。

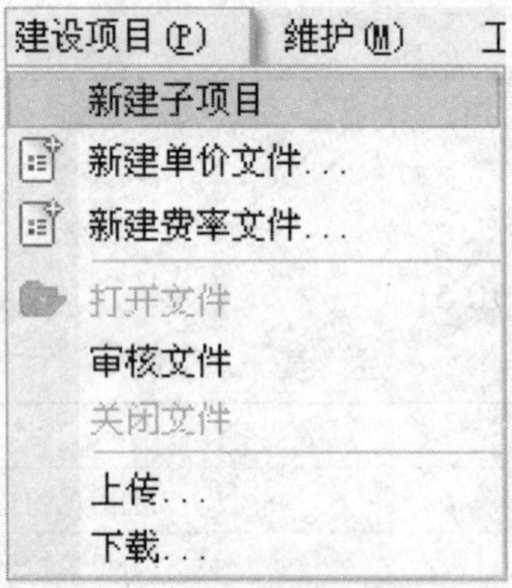

图10-27　“建设项目”菜单

【建设项目】菜单主要功能，见表10-7。

主　要　功　能　　表10-7

命　令	作　用
新建子项	在项目下新建子项目
新建单价文件	新建一个单价文件
新建费率文件	新建一个费率文件
打开文件	打开造价文件
审核文件	审核造价文件
关闭文件	关闭造价文件
上传	将造价文件上传给指定用户(仅限网络版)
下载	下载其他用户上传给本用户的造价文件(仅限网络版)

四、造价文件界面特有菜单介绍

1.【项目文件】菜单

【项目文件】菜单，如图10-28所示。

【项目文件】菜单主要功能，见表10-8。

主 要 功 能　　表 10-8

命　令	作　用
增加	增加项目结构、定额、人工、材料、机械
工程量乘系数	将工程量乘以系数
填写公路公里(桥长米)数量	自动填写公路公里或者桥长米数量,
填写混凝土搅拌数量	将需要集中搅拌的混凝土数量填写到指定定额中
保存到	保存定额、工料机、预算书结构到相应的地方
块导入	将批量的定额及预算书结构导入应用
块导出	将批量的定额及预算书结构导出保存
人材机	增加工料机及工料机替换及将工料机放入我的工料机库
分项模板	增加到项目文件、增加目录、导入模板、导出模板
设置独立取费	将特定费用设置为独立取费
取消独立取费	取消独立取费设置
独立取费应用到	将独立取费设置应用到预算书别的部分
自动计算	用户可以设置预算文件是否实时自动计算
显示设置	对系统安装的计价包进行管理
审核信息	退出系统
设置当前计算精度	设置本造价文件的计算精度
分析与计算	工料机分析及计算

2.【取费程序】菜单

【取费程序】菜单,如图 10-29 所示。

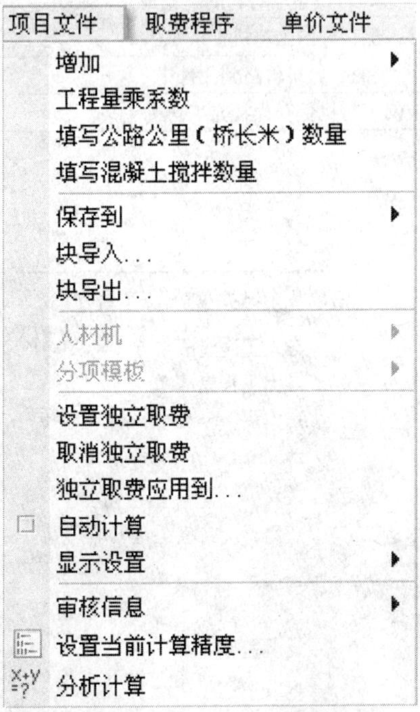

图 10-28 “项目文件”菜单

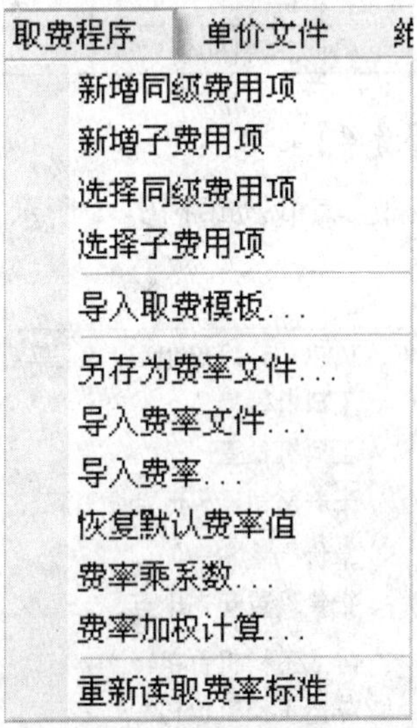

图 10-29 “取费程序”菜单

【取费程序】菜单主要功能,见表10-9。

主 要 功 能 表10-9

命 令	作 用
新增同级费用项	新增跟所选择的费用同级的项
新增子费用项	新增所选择的子费用项
选择同级费用项	选择跟所选择的费用同级的项
选择子费用项	选择所选择的子费用项
导入取费模板	导入别的造价文件取费模板
另存为费率文件	将当前费率设定值保存为费率文件
导入费率文件	导入已存在的费率文件
导入费率	导入别的造价文件的费率
恢复默认费率值	将修改过的费率值恢复成默认值
费率乘系数	将选中的费率乘以同一个系数
费率加权计算	按路线长度权重计算加权费率
重新读取费率标准	重新读取系统的取费标准

3.【单价文件】菜单

【单价文件】菜单,如图10-30所示。

【单价文件】菜单主要功能,见表10-10。

主 要 功 能 表10-10

命 令	作 用
工料机替换	将查找到的工料机用指定的工料机进行替换
工料机反查	查找指定的工料机在造价文件中的使用情况
主要材料、机械筛选方式	设定手动或者自动方式筛选主要机械、材料
单价乘系数	将选中的单价乘以统一的系数
批量设置起讫地点	批量设置自采、自办运输材料的起讫地点
导入工料机价格	导入保存好的工料机价格
导出工料机价格	导出指定的工料机价格到文件中
保存为补充工料机	将选定的工料机保存为补充工料机

4.【清单】菜单

【清单】菜单,如图10-31所示。

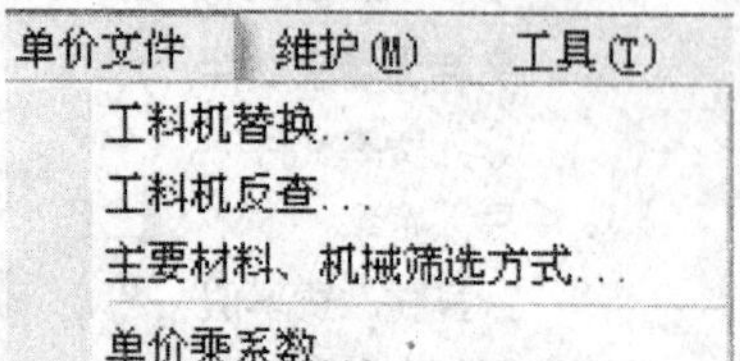

图10-30 “单价文件”菜单

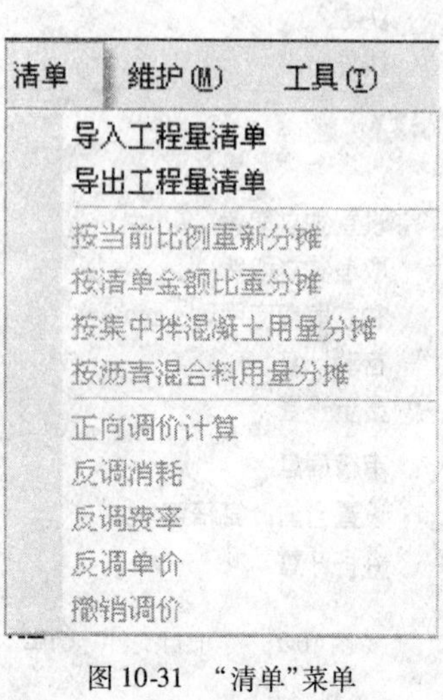

图10-31 “清单”菜单

【清单】菜单主要功能，见表 10-11。

主 要 功 能 表 10-11

命　令	作　用
导入工程量清单	将工程量清单导入系统形成预算书结构
导出工程量清单	将预算书结构导出为 EXCEL 格式清单
按清单金额比重分摊	按清单金额比重将分摊源分摊到分摊目标
按集中拌混凝土用量分摊	按集中拌混凝土用量比重将分摊源分摊到分摊目标
按沥青混合料用量分摊	按沥青混合料用量比重将分摊源分摊到分摊目标
正向调价计算	采用正向调价模式调整单价
反向消耗	调整工料机消耗实现设定的单价调整
反调费率	调整费率实现设定的单价调整
反调单价	调整工料机单价实现设定的单价调整
撤销调价	撤销设定的单价调整

五、系统工具栏介绍

【主工具栏】的图标、按钮名称及作用，见表 10-12。

【主工具栏】图标、按钮名称及作用 表 10-12

图　标	名　称	作　用
	新建造价文件	新建造价文件
	打开	打开造价文件
	保存	保存当前数据
	剪切	剪切预算书结构及定额
	复制	复制预算书结构及定额
	粘贴	粘贴预算书结构及定额
	分析与计算	对造价文件进行工料机分析及造价计算
	当前精度维护	对当前造价文件的计算及显示精度进行设置
	审核汇总信息	造价文件审核信息汇总
显示级...	显示级别	调整预算书显示的级别
	上移	将预算书结构及定额上移一级
	下移	将预算书结构及定额下移一级
	升级	将预算书结构及定额提升至上一层结构
	降级	将预算书结构及定额下降至下一层结构
	第一行	到数据首行
	第末行	到数据末行
	显示/隐藏	显示或隐藏副界面
文字大小: 较小	文字大小	调节显示文字的大小
	计算器	调出及关闭计算器
□行号	行号	选择显示或不显示行号

六、数据文件导入与导出

1. 导入

(1)导入 WECOST 数据

在项目管理界面,点击鼠标右键选择【导入】→【导入 EC 数据】,如图 10-32a)所示;或选择【文件】菜单→【导入】→【导入 EC 数据】,如图 10-32b)所示,选择后缀名为“. ecp 或. ecb”的文件,选定后点击【打开】按钮,文件则被导入到指定位置。

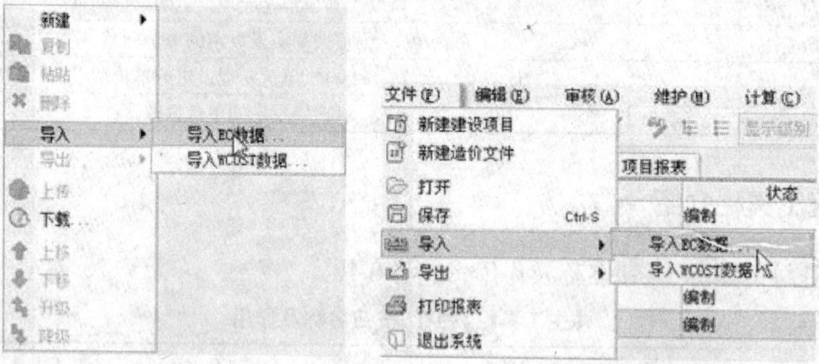

a)　　　　　　　　b)

图 10-32　导入 WECOST 数据

(2)导入 WCOST 数据

①从数据库里导入项目数据。在项目管理界面,点击鼠标右键选择【导入】→【导入 WCOST 数据】,或者选择【文件】菜单→【导入】→【导入 WCOST 数据】,弹出导入 WCOST 项目数据对话框,点击【WCost 主数据库文件】后面的 ... 按钮,选择后缀名为“ * . MDB”的数据库文件(注:该文件通常在 WCOST 的安装目录下),然后在项目信息框里选中需要导入的建设项目,单击确定即可。如图 10-33 所示。

②直接导入项目数据文件。如要导入“ * . WCT”格式(即 WCOST 的输出文件格式)的文件,则需要同时指定【WCost 主数据库文件】和【WCost 导出项目】,如图 10-34 所示,首先在弹出的导入 WCOST 项目对话框中,点击【WCost 主数据库文件】后面的“ ... ”按钮,选择后缀名为“ * . MDB”的数据库文件,然后勾选【WCost 导出项目】复选框,选择后缀为“ * . WCT”的文件,在项目信息框里选中需要导入建设项目,单击确定即可导入。

2. 导出

(1)导出项目节点

导出项目节点即导出所选项目节点及其子节点的所有项目数据,包含编制人账户信息。只有当使用同一账户导入时,才可进行编辑操作,以不同账户导入时只能以审核方式打开进行审核操作(注:审核功能主要针对于专业版及网络版)。该功能主要适用于导出有审核需要的建设项目、子项目和造价文件。

如:导出建设项目。选中要导出的项目,点击鼠标右键选择【导出】→【项目节点】,或者选择【文件】→【导出】→【项目节点】,在弹出的对话框中指定文件保存的路径,并输入文件名,点击“ 保存 ”后,系统会提示保存成功。如图 10-35 所示。

图 10-33　从数据库里导入 WCOST 数据

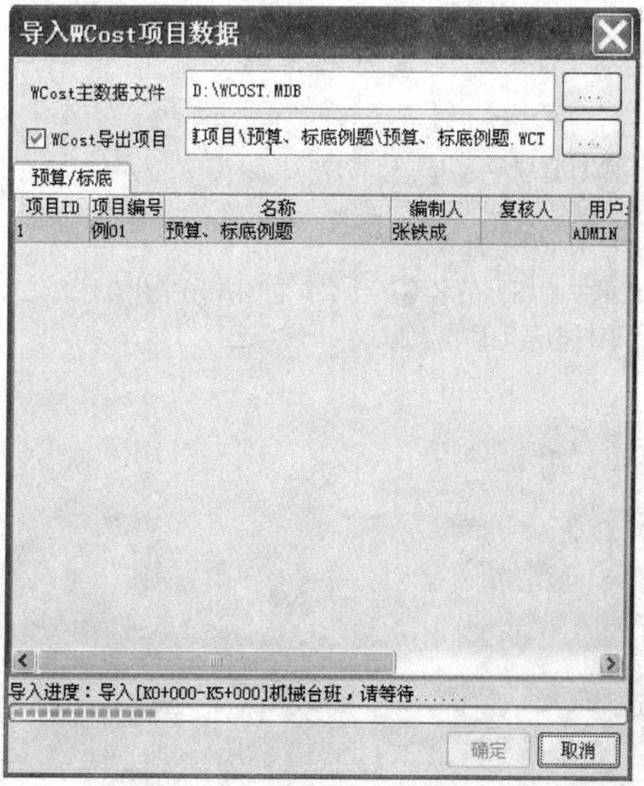

图 10-34　直接导入 WCOST 数据

图 10-35　导出建设项目

(2)导出预算模板

导出预算模板的操作步骤与导出项目节点相同,不同的是导出的项目数据不包含编制人账户信息,导出后为公共的模板文件,任何用户都可以导入进行编辑。

注:如果要进行单机版的审核操作,则必须采用导出项目节点的方式,重新用审核账户登录系统后导入,这样才能进行审核操作。

复习思考题

1. 简述 WECOST 造价管理系统主要功能特点。
2. 什么是调价?调价有哪几种调价方式?
3. 简述【维护】菜单的主要功能点。
4.【主工具栏】菜单中▤图标的名称是什么?它的作用是什么?
5. 简述导出建设项目的基本操作。

第十一章　如何编制造价文件

第一节　造价文件编制流程图

用 WECOST 编制造价文件流程,如图 11-1 所示。

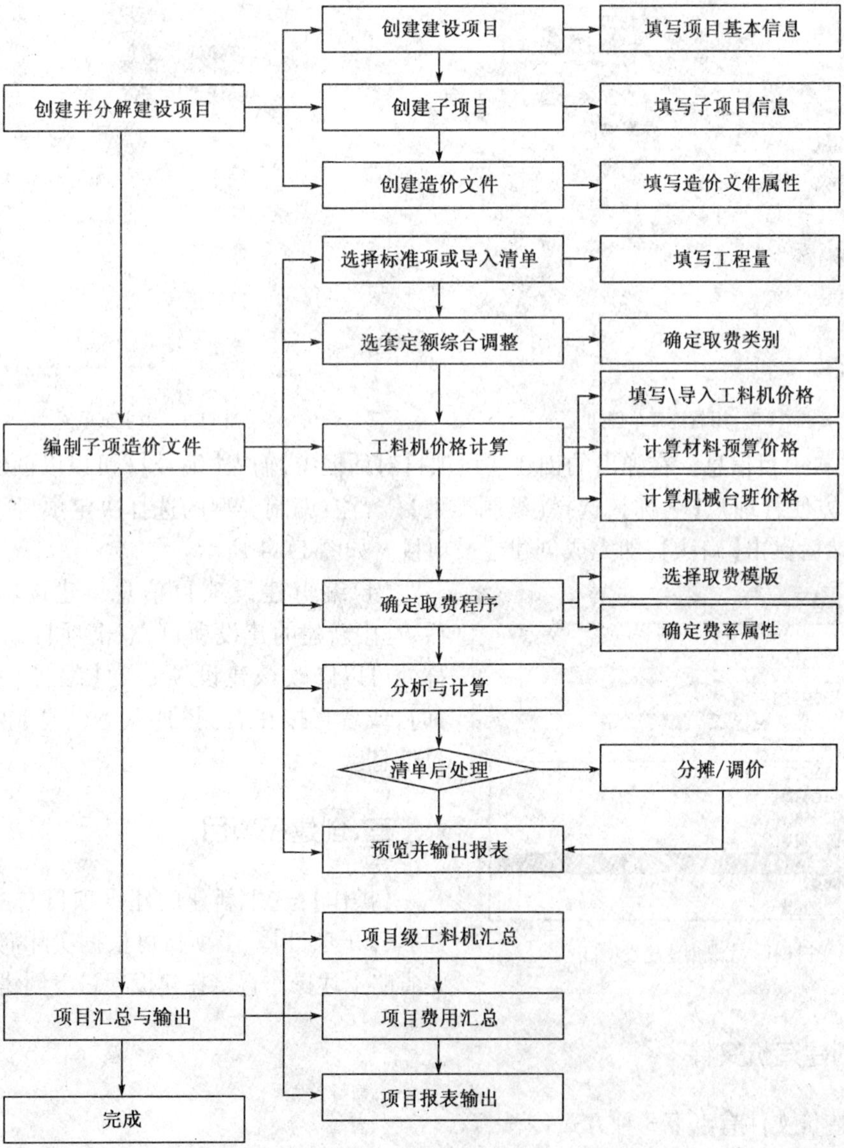

图 11-1　造价文件编制流程图

第二节　项目管理界面操作

一、创建建设项目

【操作】:(1)采用右键菜单创建。在项目管理窗口空白处单击鼠标右键,弹出右键菜单,选择【新建】→【建设项目】。如图11-2所示。

(2)采用主菜单创建。在项目管理界面,选择【文件】→【新建建设项目】。如图11-3所示。

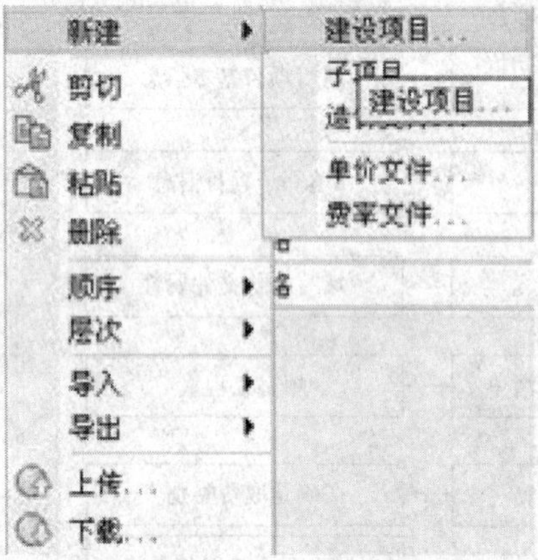

图11-2　用右键菜单创建

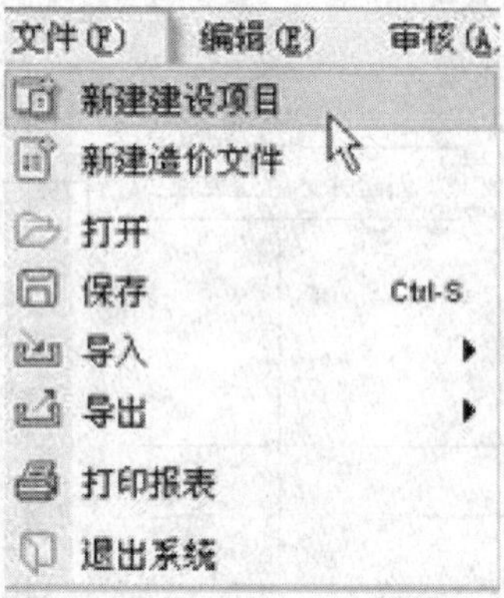

图11-3　用主菜单创建

(3)输入项目信息。在弹出的创建建设项目对话框中,输入【编号】(可以以创建文件的日期为编号,方便管理)、【名称】,选择【编制类型】(注:编制类型的选择决定项目级报表的输出样式),然后点击【确认】,即完成创建建设项目。如图11-4所示。

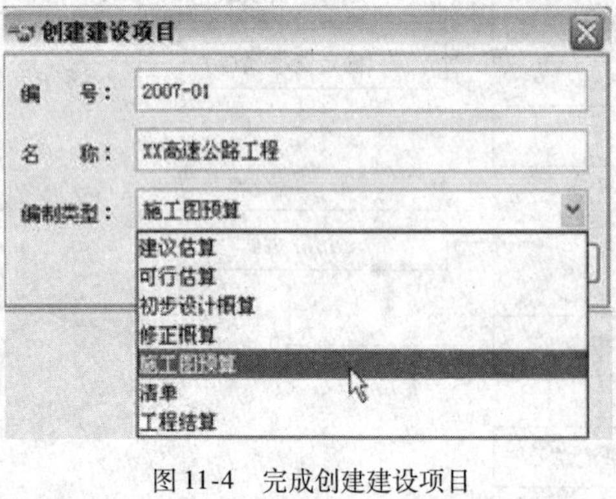

图11-4　完成创建建设项目

(4)编辑建设项目信息。建设项目创建以后,选中新建的建设项目,双击项目编号、项目名称处可以修改该建设项目的【编号】和【工程名称】,或者直接在右侧的【基本信息】窗口修改项目信息。

二、创建子项目

【操作】:选中新建的建设项目右击,选择【新建】→【子项目】。子项目可根据实际需要创建,或是省略上述操作直接在建设项目下创建造价文件。

三、创建造价文件

新建造价文件有以下3种方式:

【操作1】:选中子项目(或建设项目)右击,选择【新建】→【造价文件】。如图11-5所示。

【操作2】:选择【文件】→【新建造价文件】。如图11-6所示。

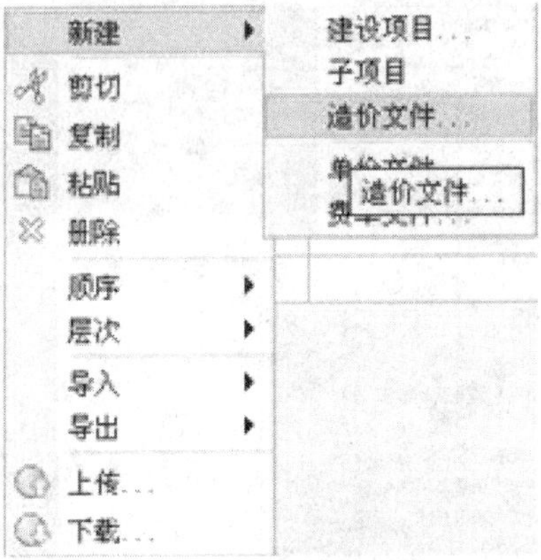

图 11-5　从“新建”创建造价文件

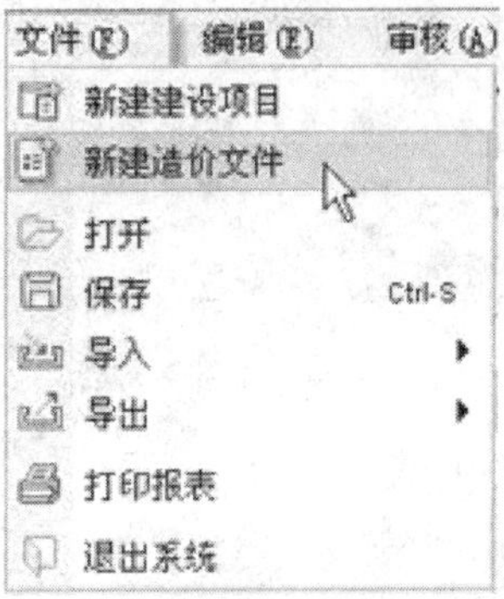

图 11-6　从“文件”创建造价文件

【操作 3】:在工具栏里直接点击快捷键，新建造价文件。

输入造价文件基本信息:在弹出的窗口中,输入【编号】、【名称】,选择【计价依据】、【主定额】和【项目模板】,点击确定。如图 11-7 所示。

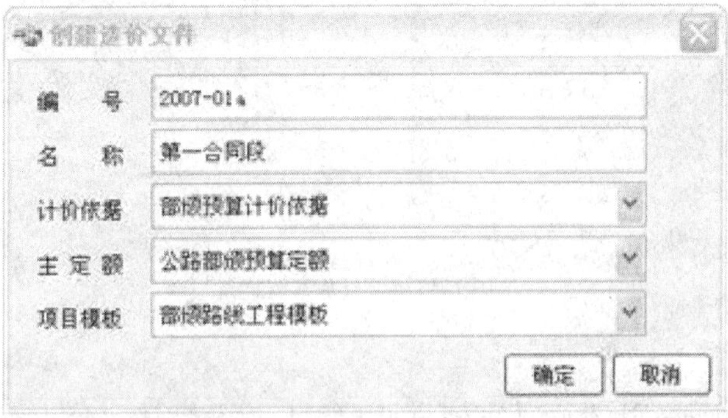

图 11-7　输入造价文件基本信息

注:造价文件创建好后,计价依据是不能再更改了,因此在选择计价依据时,必须考虑所编制造价文件的类型再进行选择。

【练习 1】:新建建设项目文件,项目名称为“××公路”,编制类型为“施工图预算”,并建立该项目的造价文件,造价文件名称为“第一标段”,计价依据为“部颁预算计价依据”,并同时建立该项目的单价文件和费率文件。

四、填写建设项目及造价文件基本信息

1. 基本信息

【操作】:根据工程实际情况,填写项目基本信息(图 11-8a)以及造价文件基本信息(图 11-8b)。

2. 填写编制说明

【操作】:在项目管理界面,【编制说明】窗口,可以输入项目编制说明,在该处输入的数据,会在【项目报表】的“编制说明”表以及【预算书报表】的“编制说明”表中输出。根据需要选择打印其中一张编制说明表。如图 11-9 所示。

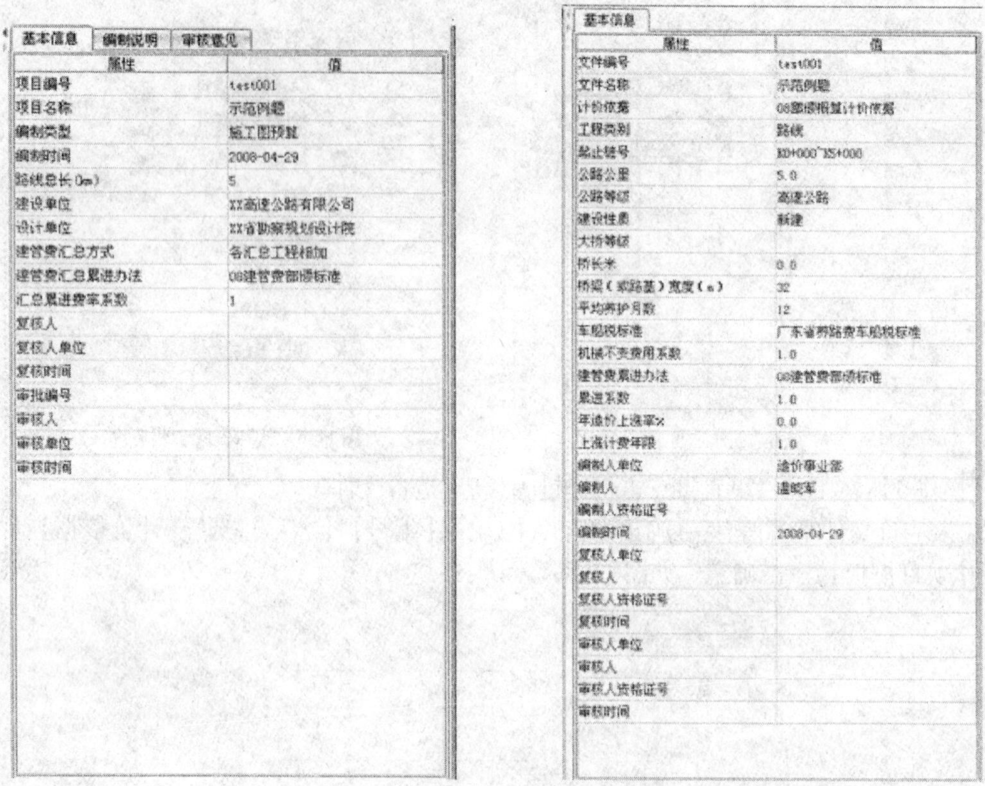

a)　　　　　　　　　　　　b)

图 11-8　项目基本信息

3. 填写审核意见

【操作】:在项目管理右边界面,【审核意见】窗口,以及默认了分为 4 点填写内容,可视实际情况填写及删减,该处输入的数据会在审核状态的【项目审核表】-“审核表一”中输出。如图 11-10 所示。

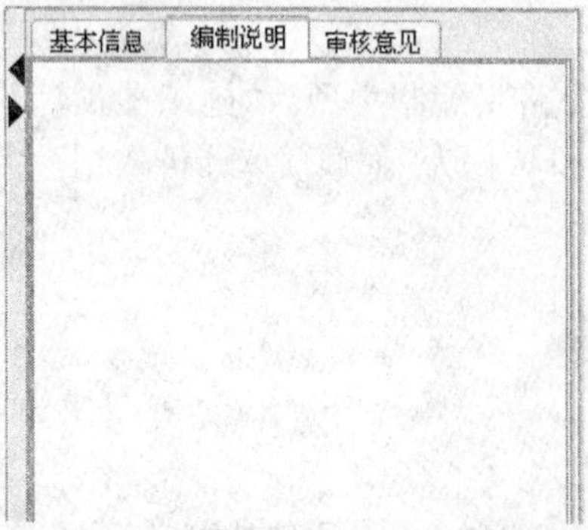

图 11-9　填写编制说明

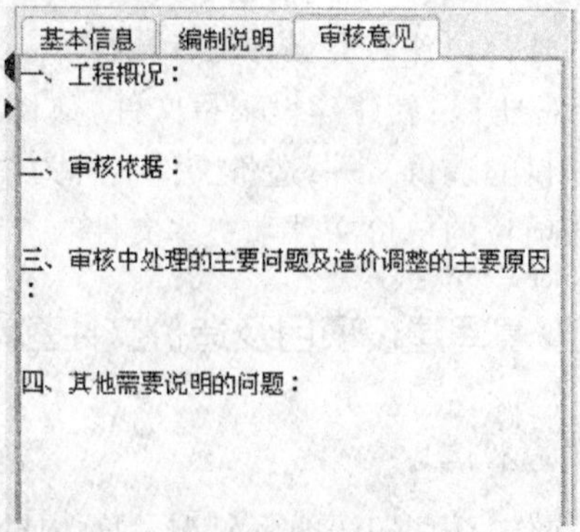

图 11-10　填写审核意见

五、项目级单价文件

项目级单价文件,在同一建设项目下的不同标段(造价文件)需要使用同一个单价文件时使用,可实现单价一改全改。

1. 创建

【操作】:(1)采用右键菜单创建。在项目管理窗口,选中需要添加项目级单价文件的建设项目节点,单击鼠标右键,弹出右键菜单,选择【新建】→【单价文件】。如图 11-11 所示。

(2)采用主菜单创建。在项目管理界面,选中需要添加项目级单价文件的建设项目节点,选择【建设项目】→【新建单价文件】。如图 11-12 所示。

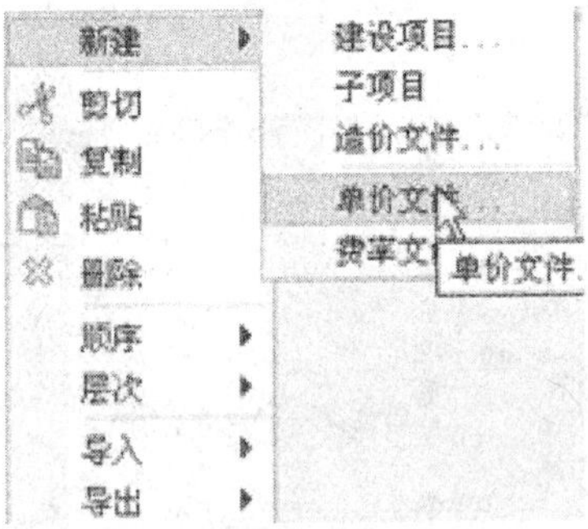

图 11-11　创建单价文件(采用右键)

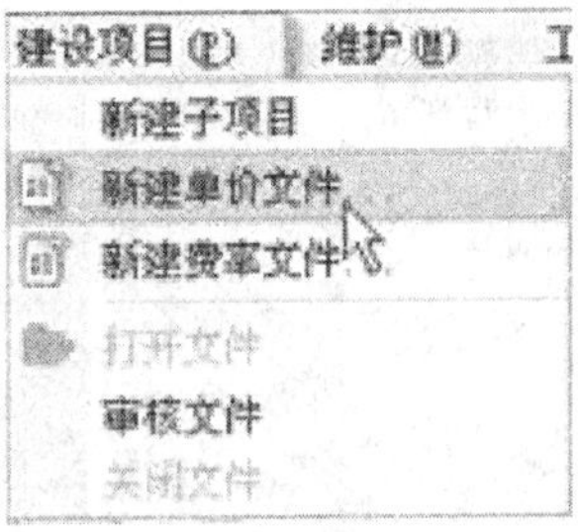

图 11-12　创建单价文件(采用主菜单)

2. 使用单价文件

【操作】:在项目管理界面,选中该项目下任何一个造价文件,在单价文件列,双击,在出现的下拉列表中选择需要切换的单价文件。如图 11-13 所示。

项目管理 | 项目工料机汇总 | 项目报表

	项目编号	计价包	标段名称	状态	单价文件
1			项目结构根节点		
2	07070		070	一审	
3	2009003		S242临洪河特大桥移动模...	编制	
4	例01		预算、标底例题	编制	
5	07070		070	编制	
6	001		武钢(草铺项目)进出厂公路	编制	
7	2		阳山文塔大桥新建工程	编制	
8	1		鹤大高速公路	编制	
9	200808h		绥满高速绥芬河至牡丹江段h	编制	
10	1	【08概】	绥芬河段	编制	
11	2	【08概】	绥芬河至兴源段	编制	取消关联
12	3	【08概】	兴源至牡丹江段	编制	单价文件1
13	4	【08概】	穆棱市联线	编制	单价文件2
14	5	【08概】	绥芬河至兴源段辅道工程	编制	绥芬河至兴...
15	6	【08概】	兴源至牡丹江段辅道工程	编制	兴源至牡丹...
16	7	【08概】	绥芬河至兴源段(安全设施)	编制	绥芬河至兴...
17	8	【08概】	兴源至牡丹江段(安全设施)	编制	兴源至牡丹...
18	9	【08概】	交通工程及沿线设施	编制	交通工程及...
19	1	【08概】	单价文件1	编制	单价文件
20	2	【08概】	单价文件2	编制	单价文件

图 11-13　使用单价文件

注:造价文件选用了单价文件后,系统会将造价文件中的工料机价格等信息拷贝到单价文件中。如果单价文件被多个造价文件使用,则这个单价文件里的价格信息是所有造价文件价格信息的合集。

取消关联:如果造价文件选用了(关联了)建设项目下的实体单价文件后,又突然不使用时,这时候,需要选择"单价文件"列下拉列表中的"取消关联"选项,系统会取消造价文件与选用单价文件的关联，并且，给造价文件新建一个空的同造价文件名的单价文件，这个空的单价文件是造价文件必须带的，因为造价文件存在的同时必须有一个单价文件同时存在，取消关联的同时必须发生新建空文件的操作。

3. 编辑单价文件

【操作】：在项目管理界面，选中单价文件，双击或点击工具栏（主菜单）的🗁图标或者右键打开，则进入单价文件的编辑界面。如图11-14所示。

图11-14　编辑单价文件

单价文件界面包括3个标签页，分别是单价文件标签、运费费率标签和自采自办费率标签。

六、项目级费率文件

项目级费率文件，在同一建设项目下的不同标段（造价文件）需要用同一个费率文件时使用，可实现单价一改全改。

1. 创建费率文件

【操作】：(1)采用右键菜单创建。在项目管理窗口，选中需要添加项目级费率文件的建设项目节点，单击鼠标右键，弹出右键菜单，选择【新建】→【费率文件】。如图11-15所示。

(2)采用主菜单创建。在项目管理界面，选中需要添加项目级费率文件的建设项目节点，选择【建设项目】→【新建费率文件】。如图11-16所示。

2. 使用费率文件

【操作】：在项目管理界面，选中任何一个造价文件，在费率文件列，双击，在出现的下拉列表中选择需要切换的费率文件。如图11-17所示。

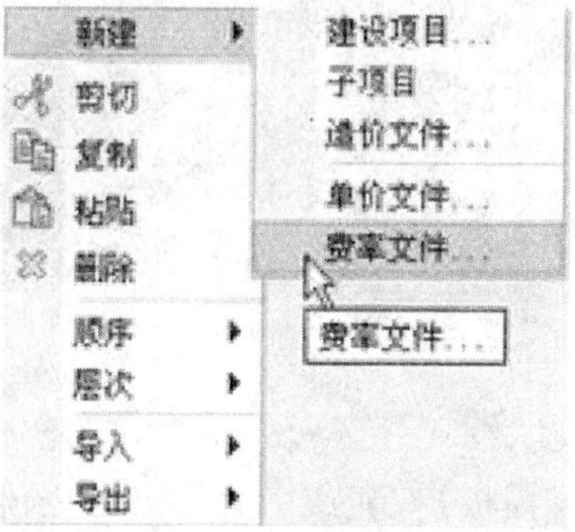

图 11-15 创建费率文件(采用右键菜单)

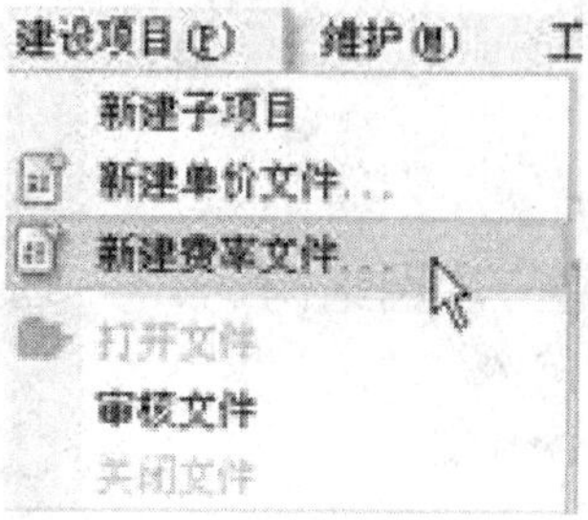

图 11-16 创建费率文件(采用主菜单)

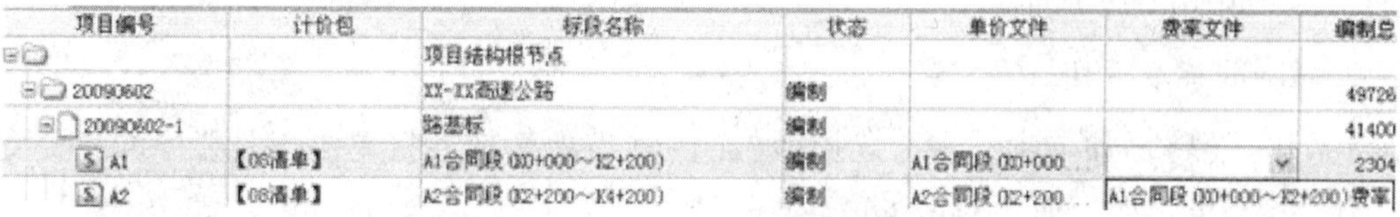

项目编号	计价包	标段名称	状态	单价文件	费率文件	编制总
		项目结构根节点				
20090602		XX-XX高速公路	编制			49726
20090602-1		路基标	编制			41400
A1	【08清单】	A1合同段(K0+000~K2+200)	编制	A1合同段(K0+000...		2304
A2	【08清单】	A2合同段(K2+200~K4+200)	编制	A2合同段(K2+200...	A1合同段(K0+000~K2+200)费率	

图 11-17 使用费率文件

注:取消关联,如果造价文件选用了(关联了)建设项目下的实体费率文件后,又突然不使用时,需要选择"费率文件"列下拉列表中的"取消关联"选项,系统会取消造价文件与选用费率文件的关联,并且给造价文件新建一个空的同造价文件名的费率文件,这个空的费率文件是造价文件必须带的,因为造价文件存在的同时必须有一个费率文件同时存在,取消关联的同时必须发生新建空文件的操作。

3. 编辑费率文件

【操作】:在项目管理界面,选中费率文件,双击或点击工具栏(主菜单)的 图标或者右键打开,则进入费率文件的编辑界面。如图 11-18 所示。

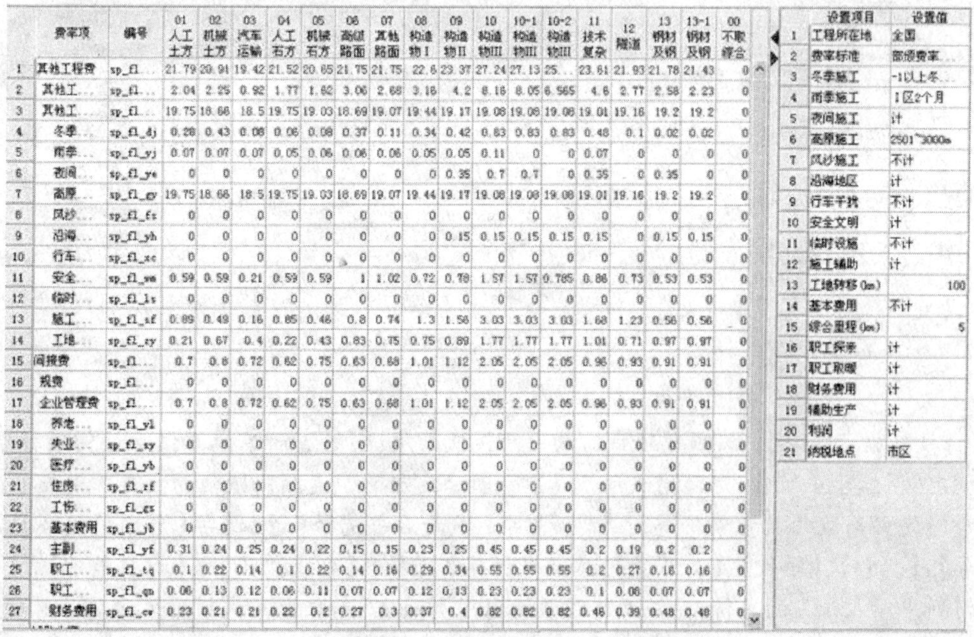

	费率项	编号	01 人工土方	02 机械土方	03 汽车运输	04 人工石方	05 机械石方	06 高级路面	07 其他路面	08 构造物Ⅰ	09 构造物Ⅱ	10 构造物Ⅲ	10-1 构造物Ⅲ	10-2 构造物Ⅲ	11 技术复杂	12 隧道	13 钢材及钢	13-1 钢材及钢	00 不取综合
1	其他工程费	sp_fl...	21.79	20.91	19.42	21.52	20.65	21.75	21.75	22.6	23.37	27.24	27.13	25...	23.61	21.93	21.78	21.43	0
2	其他工...	sp_fl...	2.04	2.25	0.92	1.77	1.62	3.06	2.68	3.16	4.2	8.16	8.05	6.565	4.6	2.77	2.58	2.23	0
3	其他工...	sp_fl...	19.75	18.66	18.5	19.75	19.03	18.69	19.07	19.44	19.17	19.08	19.08	19.08	19.01	19.16	19.2	19.2	0
4	冬季...	sp_fl_dj	0.28	0.43	0.08	0.06	0.08	0.37	0.11	0.34	0.42	0.83	0.83	0.83	0.48	0.1	0.02	0.02	0
5	雨季...	sp_fl_yj	0.07	0.07	0.07	0.05	0.06	0.06	0.06	0.05	0.05	0.11	0	0	0.07	0	0	0	0
6	夜间...	sp_fl_ye	0	0	0	0	0	0	0	0	0.35	0.7	0.7	0	0.35	0	0.35	0	0
7	高原...	sp_fl_gy	19.75	18.66	18.5	19.75	19.03	18.69	19.07	19.44	19.17	19.08	19.08	19.08	19.01	19.16	19.2	19.2	0
8	风沙...	sp_fl_fs	0	0	0	0	0	0	0	0	0	0	0	0	0	0	0	0	0
9	沿海...	sp_fl_yh	0	0	0	0	0	0	0	0	0.15	0.15	0.15	0.15	0.15	0	0.15	0.15	0
10	行车...	sp_fl_xc	0	0	0	0	0	0	0	0	0	0	0	0	0	0	0	0	0
11	安全...	sp_fl_wm	0.59	0.59	0.21	0.59	0.59	1	1.02	0.72	0.78	1.57	1.57	0.785	0.86	0.73	0.53	0.53	0
12	临时...	sp_fl_ls	0	0	0	0	0	0	0	0	0	0	0	0	0	0	0	0	0
13	施工...	sp_fl_sf	0.89	0.49	0.16	0.85	0.46	0.8	0.74	1.3	1.56	3.03	3.03	3.03	1.68	1.23	0.56	0.56	0
14	工地...	sp_fl_zy	0.21	0.67	0.4	0.22	0.43	0.83	0.75	0.75	0.89	1.77	1.77	1.77	1.01	0.71	0.97	0.97	0
15	间接费	sp_fl...	0.7	0.8	0.72	0.62	0.75	0.63	0.68	1.01	1.12	2.05	2.05	2.05	0.96	0.93	0.91	0.91	0
16	规费	sp_fl...	0	0	0	0	0	0	0	0	0	0	0	0	0	0	0	0	0
17	企业管理费	sp_fl...	0.7	0.8	0.72	0.62	0.75	0.63	0.68	1.01	1.12	2.05	2.05	2.05	0.96	0.93	0.91	0.91	0
18	养老...	sp_fl_yl	0	0	0	0	0	0	0	0	0	0	0	0	0	0	0	0	0
19	失业...	sp_fl_sy	0	0	0	0	0	0	0	0	0	0	0	0	0	0	0	0	0
20	医疗...	sp_fl_yb	0	0	0	0	0	0	0	0	0	0	0	0	0	0	0	0	0
21	住房...	sp_fl_zf	0	0	0	0	0	0	0	0	0	0	0	0	0	0	0	0	0
22	工伤...	sp_fl_gs	0	0	0	0	0	0	0	0	0	0	0	0	0	0	0	0	0
23	基本费用	sp_fl_jb	0	0	0	0	0	0	0	0	0	0	0	0	0	0	0	0	0
24	主副...	sp_fl_yf	0.31	0.24	0.25	0.24	0.22	0.15	0.15	0.23	0.25	0.45	0.45	0.45	0.2	0.19	0.2	0.2	0
25	职工...	sp_fl_tq	0.1	0.22	0.14	0.1	0.22	0.14	0.16	0.29	0.34	0.55	0.55	0.55	0.2	0.27	0.16	0.16	0
26	职工...	sp_fl_qn	0.06	0.13	0.12	0.06	0.11	0.07	0.07	0.12	0.13	0.23	0.23	0.23	0.1	0.06	0.07	0.07	0
27	财务费用	sp_fl_cw	0.23	0.21	0.21	0.22	0.2	0.27	0.3	0.37	0.4	0.82	0.82	0.82	0.46	0.39	0.48	0.48	0

	设置项目	设置值
1	工程所在地	全国
2	费率标准	部颁费率...
3	冬季施工	-1以上冬...
4	雨季施工	Ⅰ区2个月
5	夜间施工	计
6	高原施工	2501~3000m
7	风沙施工	不计
8	沿海地区	计
9	行车干扰	不计
10	安全文明	计
11	临时设施	不计
12	施工辅助	计
13	工地转移(km)	100
14	基本费用	不计
15	综合里程(km)	5
16	职工探亲	计
17	职工取暖	计
18	财务费用	计
19	辅助生产	计
20	利润	计
21	纳税地点	市区

图 11-18 编辑费率文件

第三节　预算书界面操作

一、建立项目结构

1. 选择标准项

【操作】:在“预算书”界面的右边工具栏,点击【标准模板】按钮或者直接点击在预算书右侧的【标准模板】按钮,系统弹出选择标准模板对话框,勾选节点后,双击或右击选择【添加选中】即可。如图 11-19 所示。

2. 增加非标准项目

【操作】:(1)增加前项。右击选择【增加】→【前项】,或直接单击工具栏中的快捷图标 ,在选中项的前面增加一个非标准项。

(2)增加后项。选择【增加】→【后项】,或直接单击工具栏中的快捷图标 ,在选中项的后面增加一个非标准项。

(3)增加子项。选择【增加】→【子项】,或直接单击工具栏中的快捷图标 ,在选中项的子节点增加一个非标准项。

子项下面可以再增加定额同级项,但定额同级项下不能再增加任何对象。如图 11-20 所示。

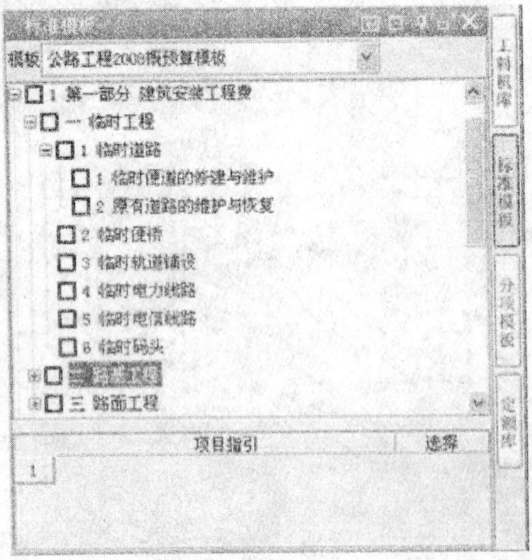

图 11-19　选择标准项

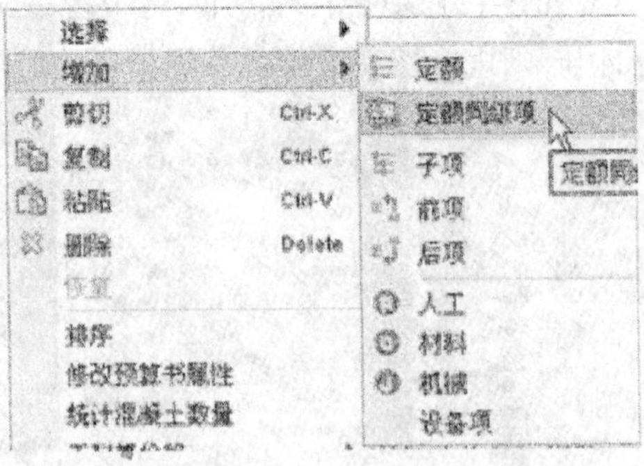

图 11-20　增加非标准项目

☆技巧提示:定额同级项是项目结构中的最低层次,它的下面不能再增加任何项目结构,它和“定额”属于平级项,定额同级项下是不能再套定额的。定额同级项的主要作用如下:

(1)定额同级的数量单价类。在“预算书”界面右击选择【增加】→【定额同级项】,输入【编号】、【名称】、【单位】、【工程量】,然后根据判断选择在【人工单价】或【材料单价】或【机械单价】列中输入相应的单价,系统默认设置的取费类别为“不取费”,该项中不需要计算的费用可直接在“预算书”窗口下的“取费程序”中勾选【不计】。

(2)定额同级的计算公式类。在"预算书"界面右击选择【增加】→【定额同级项】,输入【编号】、【名称】、【单位】,双击"计算公式"栏可以直接输入公式;或者点击按钮,在弹出的"取费基数编辑对话框"中编辑公式。

【练习2】:根据表11-1建立项目表。

建立项目材料　　表11-1

编　号	名　称	单　位	工　程　量	费　率　号
1	第一部分建筑安装工程费	公路公里	5	
一	临时工程	公路公里	5	
1	临时工程	km	3	
二	路基工程	km	3	
1	路基土方	m^3	30000	
5	排水工程	km	5	
6	防护与加固工程	km	3	
三	路面工程	km	5	
3	路面基层	m^2	80000	
2	水泥稳定类基层	m^2	80000	
5	沥青混凝土面层	m^2	80000	
2	中粒式沥青混凝土面层	m^2	80000	
6	水泥混凝土面层	m^2	70000	
1	水泥混凝土面层	m^2	70000	
四	桥梁涵洞工程	km	0.035	
3	小桥工程	m/座	35/1	
5	预应力混凝土空心板桥	m/座	35/1	
七	公路设施及预埋管线工程	公路公里	5	
4	其他工程	公路公里	5	
5	公路交工前养护费	km	5	06

二、选套定额

1.定额库中选择

【操作】:在"预算书"界面点击需要套取定额的位置,点击鼠标右键,在右键菜单【选择】→【定额】,或者直接点击在预算书右或下侧的【定额库】按钮,则系统弹出定额库窗口,如图11-21所示,从"定额"的下拉框中选择需要的定额库(注:系统默认的定额库是创建造价文件时的选择的主定额库),然后再查找所需套用的定额子目,双击选入或者右击选择【添加选中行】来套取定额。

☆技巧提示:系统增加了定额查询功能,可按定额编号或名称来查询所需的定额,查询后的数据显示在查询结果框中,可双击选入或右击选择【添加选中行】来选取定额。

如查询定额名称中有"水泥"字样的定额。如图11-22所示。

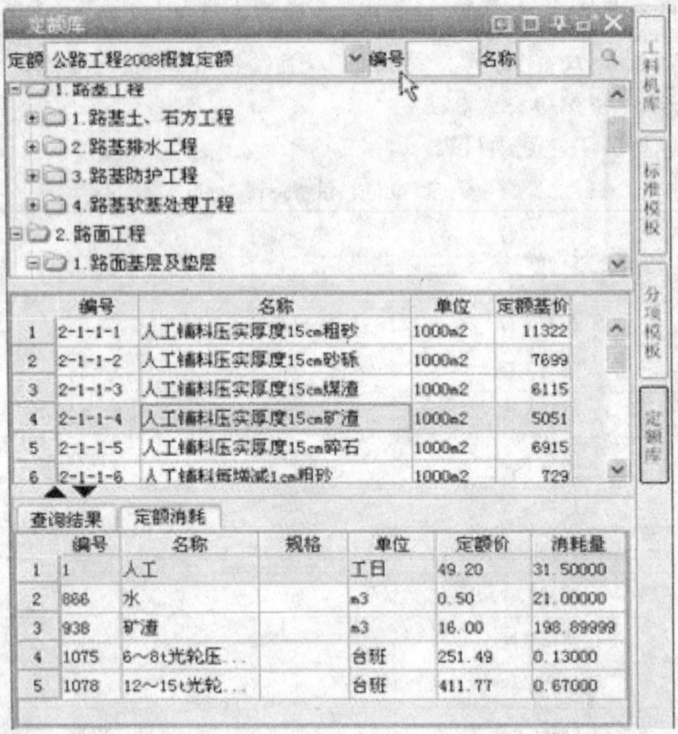

图 11-21　定额库中选择

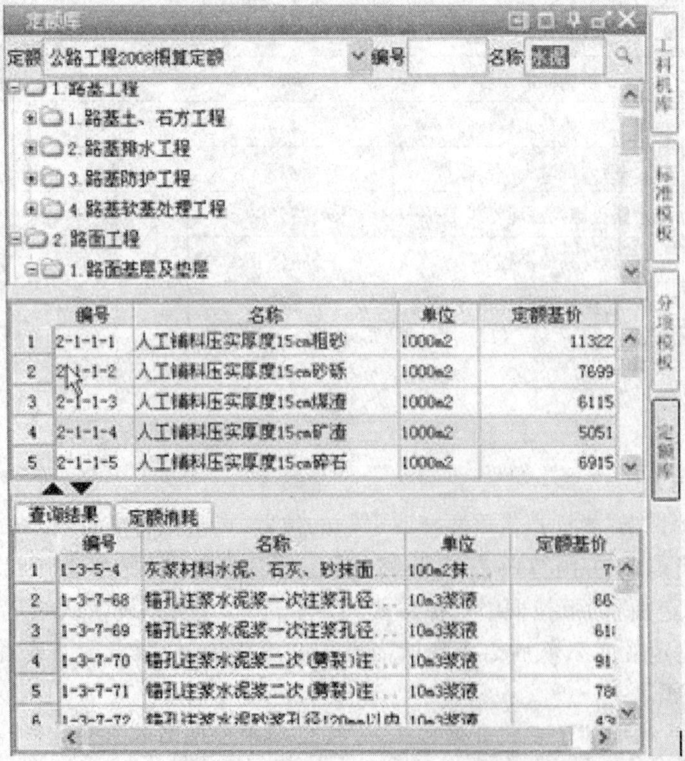

图 11-22　查询定额

2. 渐进式选择定额

【操作】:在“预算书”界面点击需要套取定额的位置,点击鼠标右键,在右键菜单【增加】→【定额】,或直接点击工具栏中的快捷图标 ,新增一条空记录,在“编号”栏直接输入定额编号;也可单击该空记录“编号”右侧的 按钮,进入定额库中选套定额,选择定额方法同上。如图 11-23 所示。

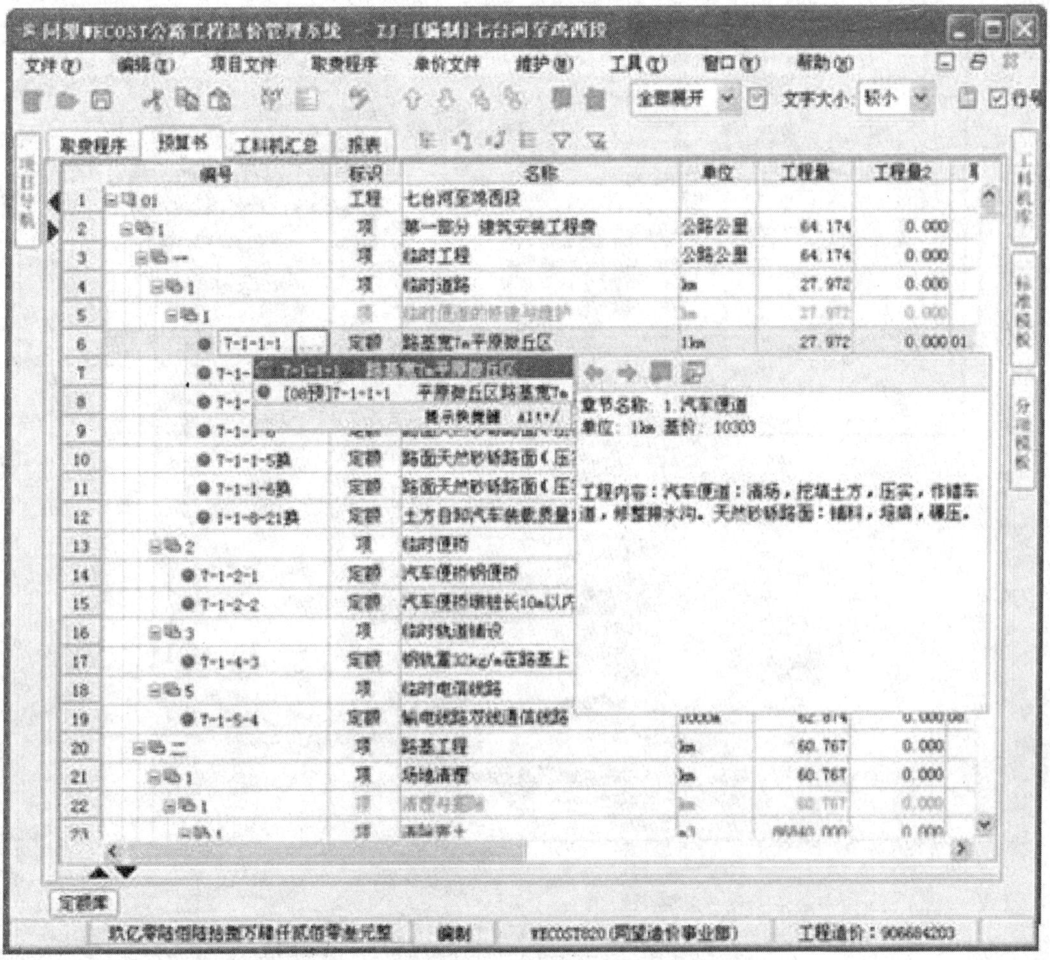

图 11-23　渐进式选择定额

☆技巧提示:在“编号”列,可通过输入定额名称模糊查找,渐进显示包含该名称的定额。如图 11-24 所示。

3. 分项模板录入

【操作】:在“预算书”界面点击需要套取定额的位置,然后在界面右侧工具栏点击“分项模板”按钮,弹出【分项模板】对话框,点击在“模板”窗口下的【分项模板】里找到对应的项目模板,点击鼠标右键,在右键菜单里选择【增加到预算书】。如图 11-25 所示。

☆技巧提示:可以将分项工程常用的定额组合,保存至【分项模板】下,然后可根据实际需要批量套用。如图 11-26 所示。

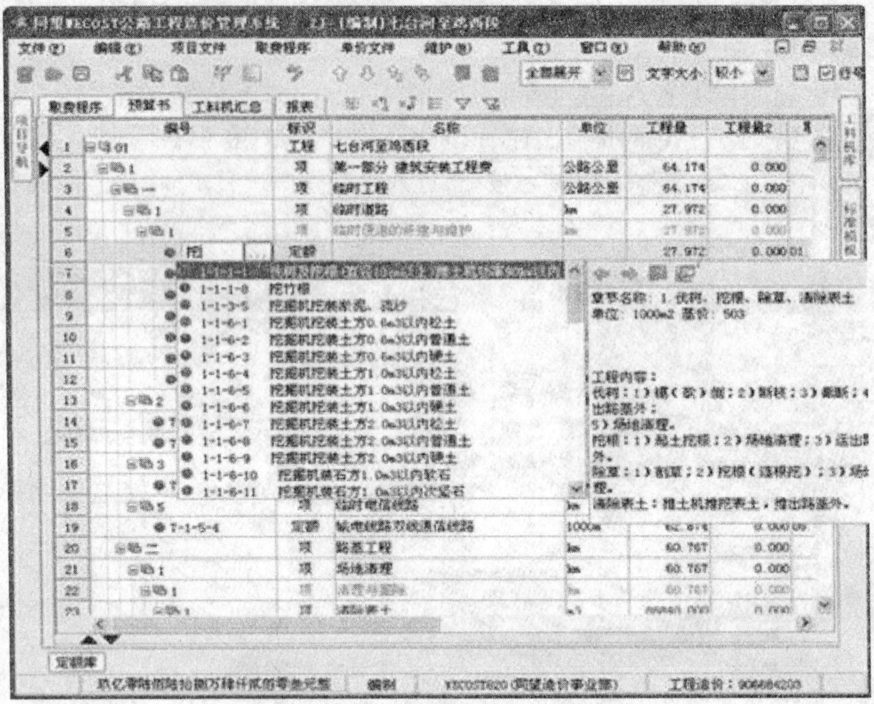

图 11-24　模糊查找

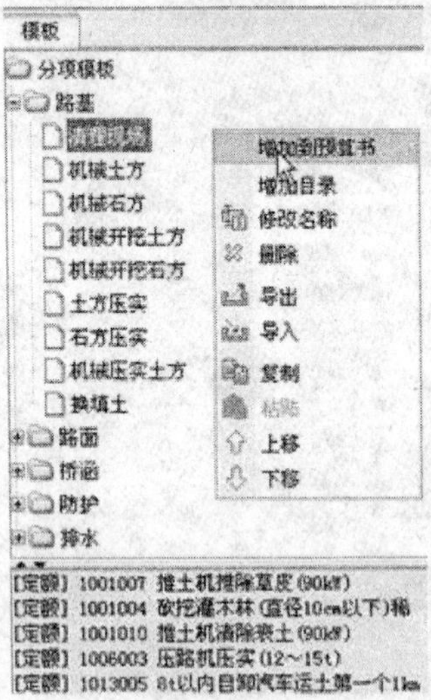

图 11-25

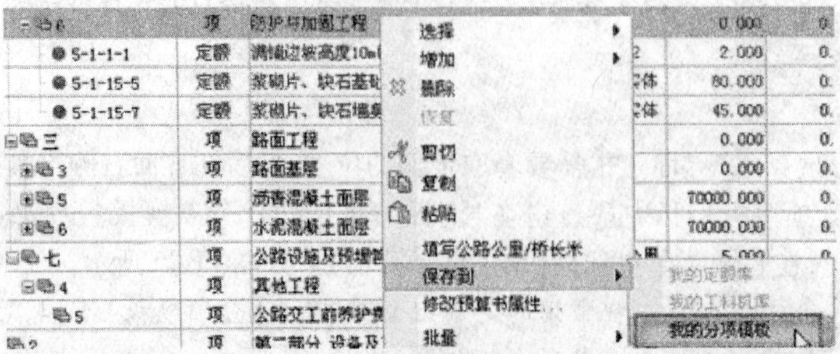

图 11-26　保存至“分项模板”

【练习3】:给表11-2所列项目选套定额。

项 目 材 料　　表11-2

编 号	名 称	单 位	工 程 量	费 率 号
1	临时工程	km	3	
7-1-1-1	平原微丘区路基宽7m	1km	3	01
7-1-5-1	角铁横担干线三线裸铝线输电线路	100m	500	08
7-1-5-3	支线输电线路	100m	500	08

4. 添加补充定额

如果在编制造价文件时,所需项目定额在交通运输部发布的定额库中查找不到,系统还提供了编制补充定额的功能。

【操作】:在“预算书”界面点击需要套取定额的位置,点击鼠标右键,在右键菜单【增加】→【定额】或直接点击工具栏中的快捷图标,新增一条空记录,在定额编号中录入新编号,系统会自动提示并在新增补充定额编号前加“LB”作为补充的标识,如图11-27a)、b)所示。接着需输入补充定额的名称、工程量,选择单位,然后在“预算书”下的“人材机”窗口选择、增加补充定额的人材机消耗。如图11-27c)所示。

☆技巧提示:将已经编制好的补充定额保存至“我的定额库”,方便以后调用。

【操作】:在“预算书”界面选中补充定额,点鼠标右键,在右键菜单【保存到】→【我的定额库】,弹出【我的定额库】界面,选中左边【我的补充定额】,点鼠标右键选择【保存定额到该章节】。如图11-28a)所示。

用户也可以选择主菜单【维护】→【我的定额工料机库】,在弹出的【我的定额工料机库】进行补充定额的管理维护操作。如图11-28b)所示。

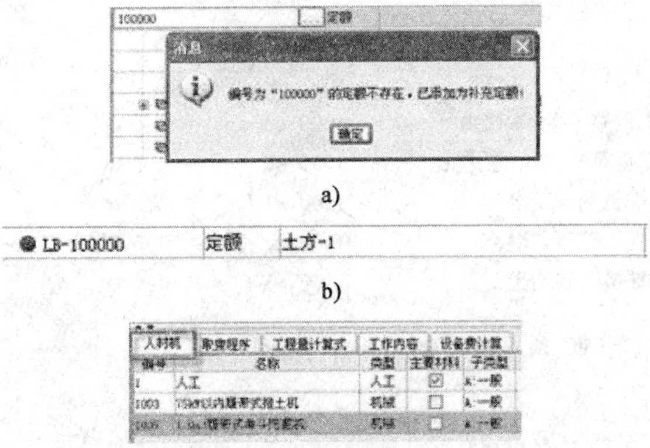

图11-27　添加补充定额

a)系统提示;b)补充定额编号前加“LB”;c)选择、增加人材机消耗

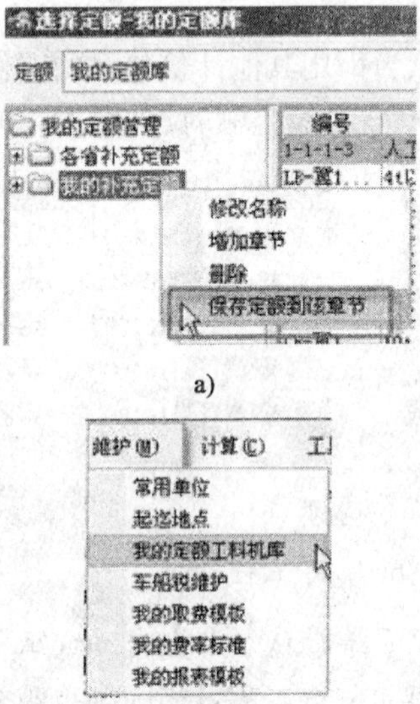

图11-28　保存补充定额到“我的定额库”

【练习 4】:按照表 11-3 所示建立补充定额。

建立钢筋混凝土预制管补充定额 表 11-3

直径 1000mm 钢筋混凝土预制管 定额单位 100m				
代　号	项　目	单　位	基　础	铺　设
1	人工	工日	124.16	62.62
101	原木	m^3	0.218	0.00
102	锯材木中板 § =19～35	m^3	0.326	0.00
832	32.5 级水泥	t	6.39	0.28
866	水	t	24.6	0.18
899	中粗砂	m^3	16.28	0.69
952	4cm 碎石	m^3	40.48	0.00
10100	1000mm 混凝土管	m	0	101.0
996	其他材料费	元	15	4.0

5. 定额标识

系统会在非主定额库的定额编号前加上定额库的简称进行标识。如图 11-29 所示。主定额库为 1996 概算库,套用同计价包下的 1996 预算库定额时,套用的 1996 预算定额编号前会增加[预]字标识。

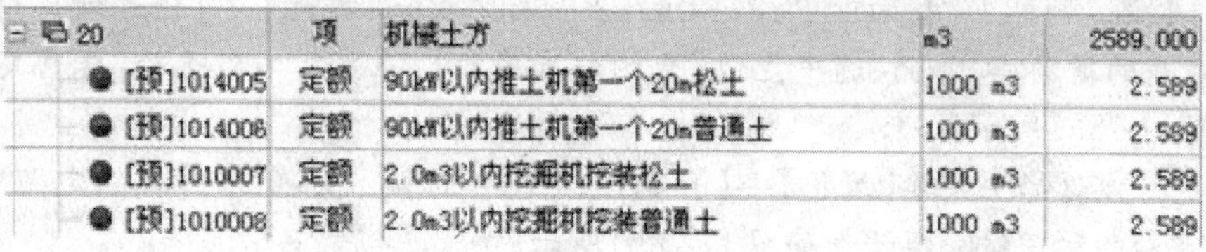

20	项	机械土方	m3	2589.000
[预]1014005	定额	90kW以内推土机第一个20m松土	1000 m3	2.589
[预]1014006	定额	90kW以内推土机第一个20m普通土	1000 m3	2.589
[预]1010007	定额	2.0m3以内挖掘机挖装松土	1000 m3	2.589
[预]1010008	定额	2.0m3以内挖掘机挖装普通土	1000 m3	2.589

图 11-29 增加[预]字标识

当借用其他计价包下的定额时,系统会在这些定额编号前加"借[简称]"。如可行估算借用 1996 预算定额时,如图 11-30 所示。

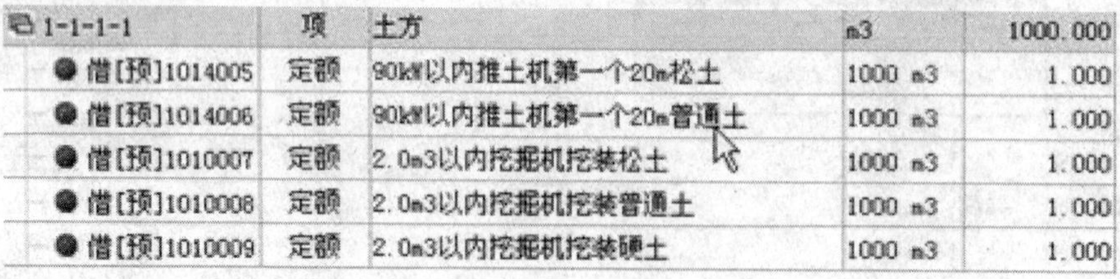

1-1-1-1	项	土方	m3	1000.000
借[预]1014005	定额	90kW以内推土机第一个20m松土	1000 m3	1.000
借[预]1014006	定额	90kW以内推土机第一个20m普通土	1000 m3	1.000
借[预]1010007	定额	2.0m3以内挖掘机挖装松土	1000 m3	1.000
借[预]1010008	定额	2.0m3以内挖掘机挖装普通土	1000 m3	1.000
借[预]1010009	定额	2.0m3以内挖掘机挖装硬土	1000 m3	1.000

图 11-30 增加"借[预]"标识

6. 填写工程量

系统默认子节点自动继承父节点工程量。当修改上级节点工程量时,下级节点工程量如果跟父节点工程量相同的也跟着自动改变,不相同的不变。

【操作】:如不需要自动继承工程量功能,在主菜单【工具】→【系统参数设置】,把"是否自动填写工程量"的值设置为"否"。

系统默认以自然单位处理工程量,即输入定额子目的工程量会自动除以定额单位系数。

【操作】:按定额单位处理工程量时,可在主菜单【工具】→【工程量输入方式】的下拉列表中,把“自然单位”改为“定额单位”。

7. 确定取费类别

系统根据施工划分为每一条定额设置了“取费类别”,因此在选套定额后,用户可不再选择“取费类别”。

【操作】:如果系统设置的取费类别跟实际情况不符,可直接以数字键选择相应“取费类别”,也可以在下拉列表中选择。如图 11-31 所示。

☆技巧提示:如需批量修改“取费类别”,在“预算书”界面选中需要修改的分项或部分分项子目,点鼠标右键,在右键菜单里选择【批量】→【设置取费类别】,所有被选中分项或部分分项子目都会被设置为选中的“取费类别”。如图 11-32 所示。

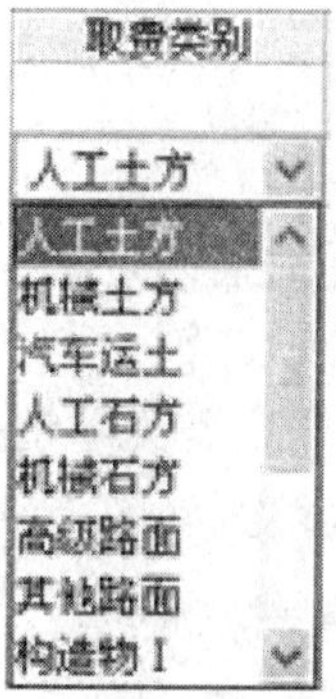

图 11-31　确定取费类别

图 11-32　设置取费类别

三、选择工料机

【操作】:在“预算书”界面需要增加的位置,点击鼠标右键,再右键菜单【选择】→【工料机】;或者直接点击预算书右侧的【工料机库】按钮,出现工料机对话框,从【工料机】的下拉列表中选择需要的工料机库,然后在窗口右侧选中所需添加的工料机,双击或单击鼠标右键选择【添加选中行】,将工料机添加到预算书中,如图 11-33 所示。

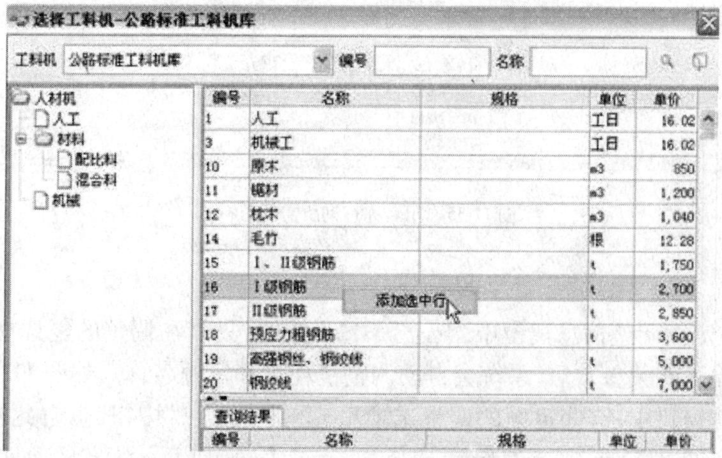

图 11-33　选择工料机

如需新增补充的工料机，可在“预算书”界面点击需要增加的位置，点击鼠标右键，再右键菜单【增加】→【人工】、【材料】、【机械】，输入新增工料机的【编号】、【名称】、【工程量】、【单价】，选择【单位】、【取费类别】等信息。确认回车后，系统自动增加下一条工料机。如图11-34所示。

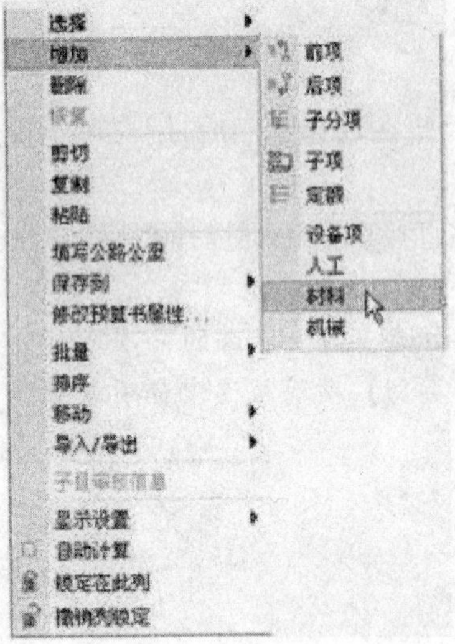

图 11-34　自动增加工料机

☆技巧提示：系统可使用编号或名称来查询所需的工料机，查询后的数据显示在右下方的查询窗口中，可双击或单击鼠标右键选择【添加选中行】将选中工料机添加到预算书中。

如查询材料名称中包含“水泥”字样的材料。如图 11-35所示。

四、定额调整

在“预算书”界面，单击需要调整的定额，系统在靠右下方窗口里设置“标准换算（BZ）”、“混合料配比（PB）”、“子目系数（XS）”、“辅助定额（FZ）”等定额调整窗口，用户可根据工程实际情况对需要调整的定额进行调整，所有的定额调整信息会记录在“调整列表”里。

图 11-35　用名称查询所需的工料机

1. 标准换算

【操作】：在定额调整信息视窗中，点击“ **BZ** ”按钮，只需在调整的复选框中打勾，并根据工程具体情况输入相关参数后，系统会自动调整消耗量和定额名称。如图 11-36 所示。

在标准换算窗口中，有些定额的调整选项里，会带有“…”按钮，点击此按钮，可弹出“参数编辑”对话框，在对话框中可编辑计算公式，点击【确定】后，系统自动计算。如图 11-37 所示。

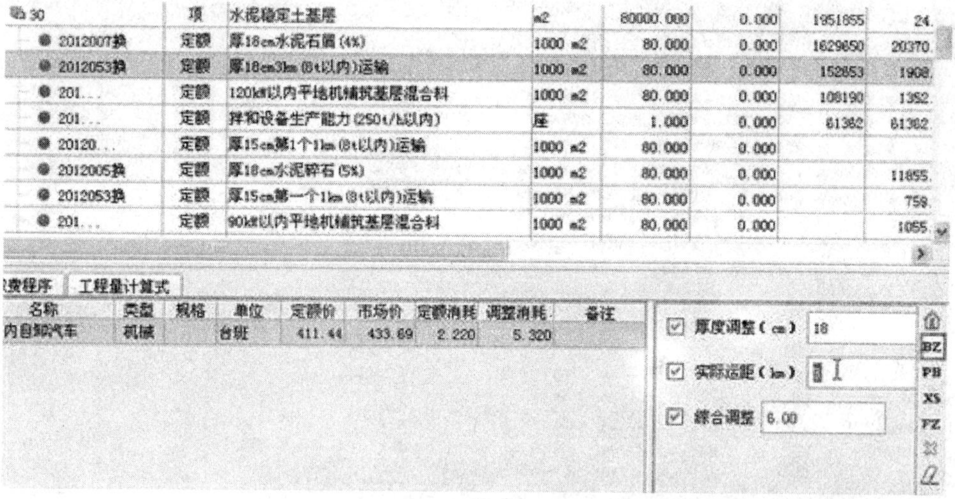

图 11-36　系统自动调整

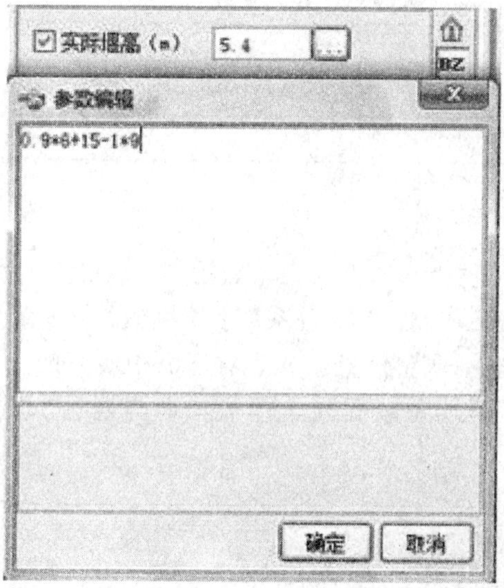

图 11-37　系统自动计算

【练习 5】:表 11-4 所示定额进行标准换算。

定　额　　表 11-4

编　号	名　称	单　位	工 程 量	费 率 号	备　注
2-2-13-9	8t 以内自卸汽车装载 5km	$1000m^3$ 路面实体	5000	03	实际运距:3km

2. 混合料配比调整

【操作】:在“预算书”界面里,选中需进行混合料配比调整的定额,点击“PB”按钮,直接在“调整为”一栏中输入目标比例。输入第一个材料的配合比例后,系统会根据比例之和“100%”自动计算并生成第二个材料的配合比例,同时自动修改定额名称。如图 11-38 所示。

【练习 6】:表 11-5 所示定额进行混合料配比调整。

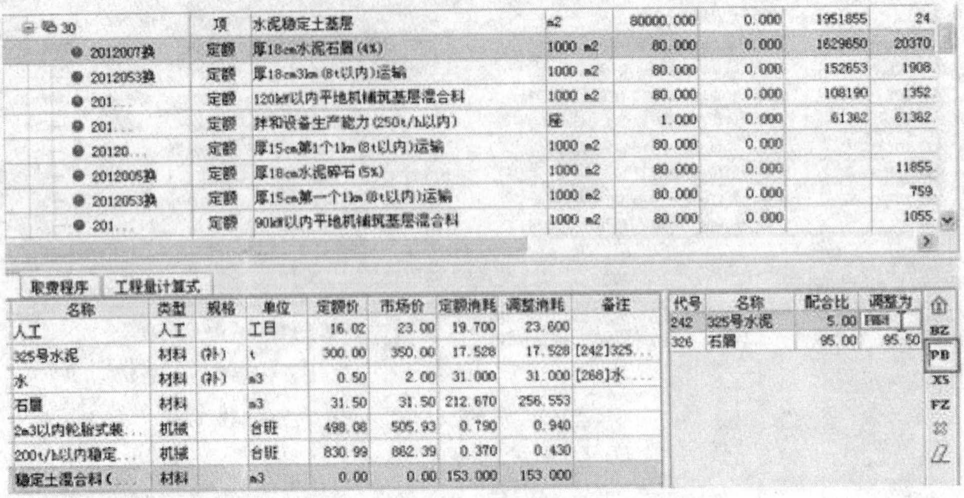

图 11-38　自动调整混合料配比

定　　额　　　　表 11-5

编号	名　称	单　位	工程量	费率号	备　注
2-1-7-7	水泥石屑压实厚度 18cm 水泥剂量 6%	$1000m^2$	80000	07	实际厚度(cm):18cm 水泥剂量 6%

3. 子目系数调整

【操作】:在“预算书”界面里,选择需要乘系数的定额,在定额调整信息窗口中点击“**XS**”按钮,根据调整需要,在【人工系数】、【材料系数】、【机械系数】调整框里输入对应系数后回车,系统自动计算消耗量并显示调整信息。如要对定额中所有的工料机消耗乘以相同的系数时,则只要在【单价系数】框里填系数后回车即可。不调整时“子目系数”全部默认为 1,如图 11-39所示。

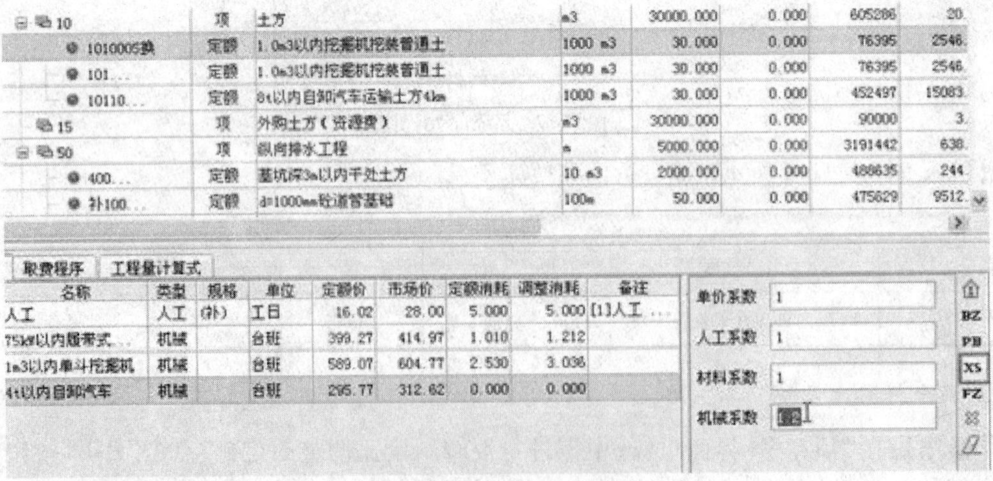

图 11-39　子目系数调整

4. 辅助定额调整

辅助定额是对主定额的标准量进行增减的调整。

【操作】:在“预算书”界面里,选中需要进行调整的定额,点击“FZ”按钮,然后在调整信息框空白处点击鼠标右键选择【增加】,如图11-40所示,则弹出选择定额对话框,找到对应的辅助定额后,双击或单击鼠标右键选择【添加选中行】,如图11-41所示,辅助定额被添加到调整信息窗口中,填写调整系数即可。

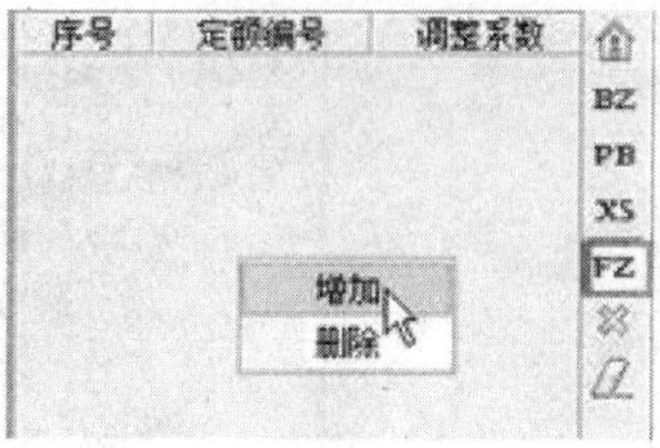

图11-40 “增加”对话框

如2008新版公路定额中,2-1-8-21为15t以内自卸汽车装载第一个1km,现在实际运距为2km。调整方法如下:选择辅助定额2-1-8-22为15t以内自卸汽车装载每增运0.5km(5km以内),调整系数输入2,回车确认完成辅助定额调整。如图11-42所示。

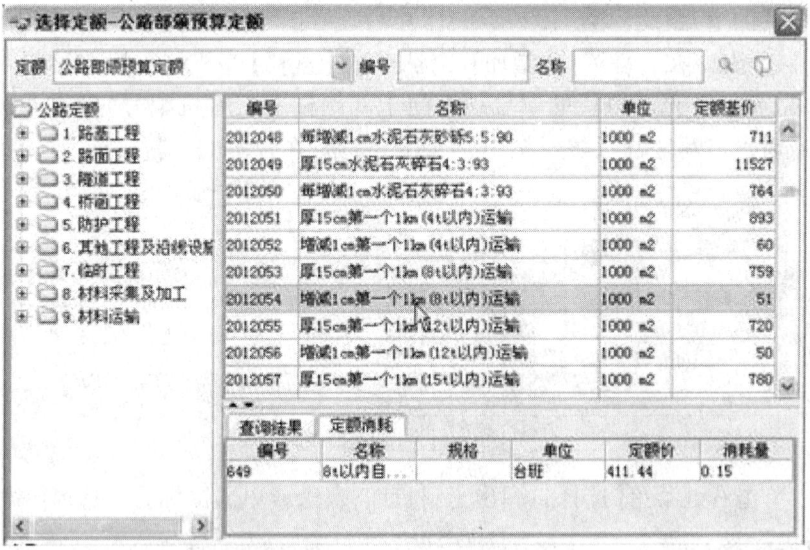

图11-41 添加选中行

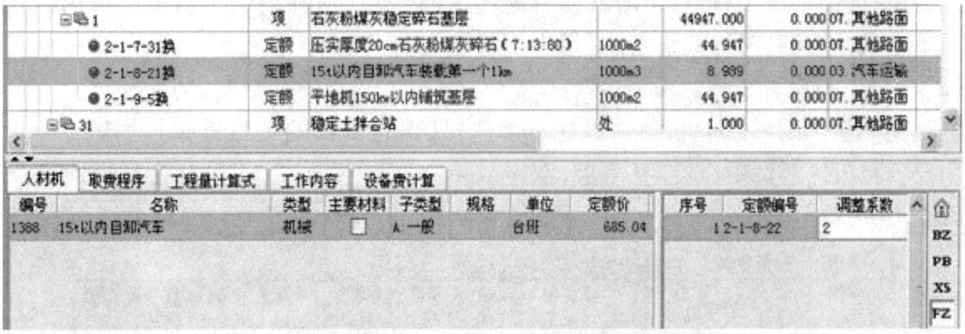

图11-42 完成辅助定额调整

注:如果该定额已在“标准换算”中进行辅助定额调整,则此处不必再调整。

5. 调整工料机

【操作】:在“人材机”界面中,单击鼠标右键,在右键菜单中用户可根据需要【增加】/【选择】/【删除】/【替换】工料机,同时还可以将新增的补充工料机保存至“我的工料机库”。如图11-43所示。

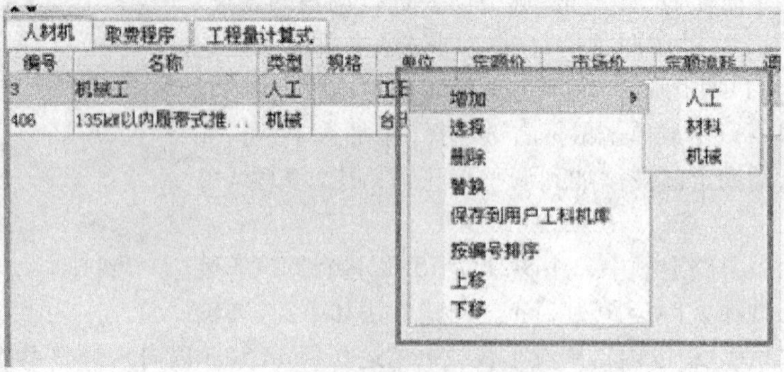

图 11-43 “调整工料机”对话框

（1）工料机的增、删及替换

【操作】:①增加:在右键菜单【增加】→【人工】/【材料】/【机械】,可直接输入新增工料机的【编号】(注:新增补充工料机的编号须不同于部颁标准工料机编号)、【名称】、【市场价】、【消耗量】;或者点击新增行“编号”栏中的“[...]”按钮,在弹出的工料机库中选择所需工料机,如图 11-44 所示。

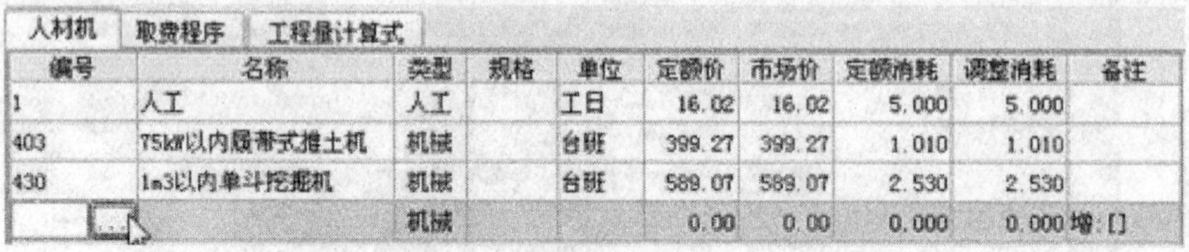

图 11-44 工料机的增加

②选择:单击右键菜单【选择】,弹出工料机库,双击或单击鼠标右键选择【添加选中行】选择所需工料机。

③删除:选中某条工料机,单击鼠标右键选择【删除】即可。

④替换:选中某条工料机,单击鼠标右键选择【替换】,从弹出的工料机库中选择工料机,双击或单击鼠标右键选择【添加选中行】即可替换当前工料机。

（2）保存工料机

【操作】:选中某条工料机,单击鼠标右键选择【保存到我的工料机库】,如图 11-45 所示。弹出用户工料机库对话框,选择某章节,双击或单击鼠标右键选择【保存工料机到该章节】即可,如图 11-46 所示。

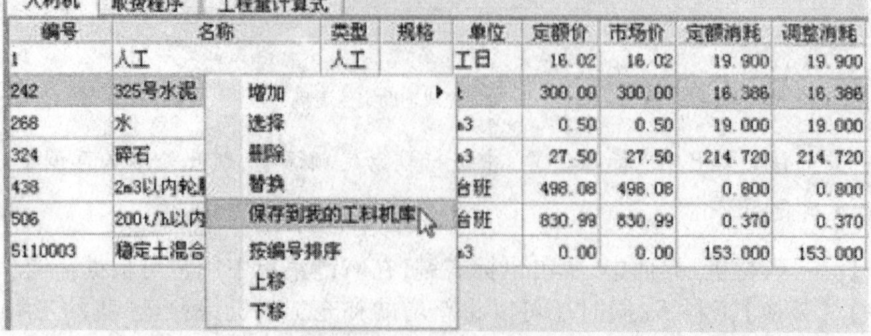

图 11-45 保存到我的工料机库

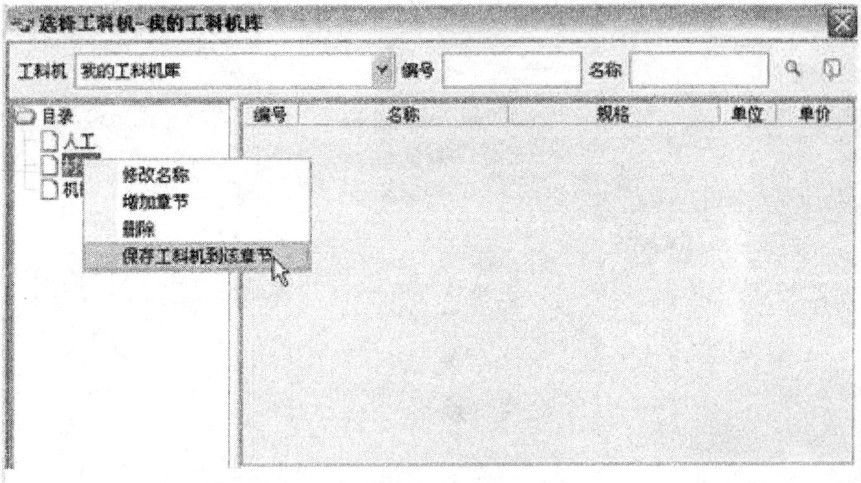

图 11-46　保存工料机到该章节

(3)按编号排序

【操作】:在“人材机”窗口,单击鼠标右键选择【按编号排序】,系统会自动按编号的升序排列,如图 11-47 所示;再次选择,编号按降序排列,如图 11-48 所示。

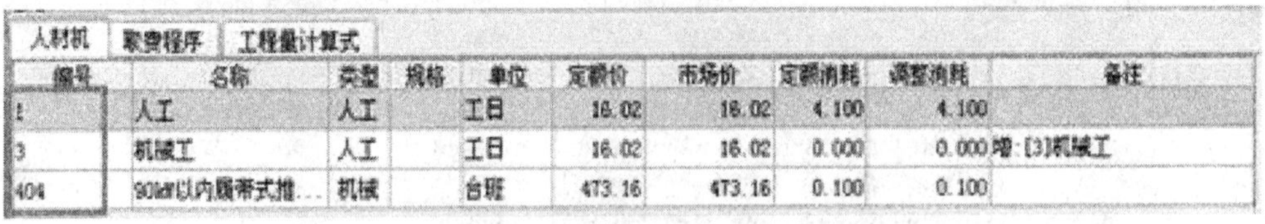

人材机　取费程序　工程量计算式

编号	名称	类型	规格	单位	定额价	市场价	定额消耗	调整消耗	备注
1	人工	人工		工日	16.02	16.02	4.100	4.100	
3	机械工	人工		工日	16.02	16.02	0.000	0.000	增:[3]机械工
404	90kW以内履带式推...	机械		台班	473.16	473.16	0.100	0.100	

图 11-47　自动按编号升序排列

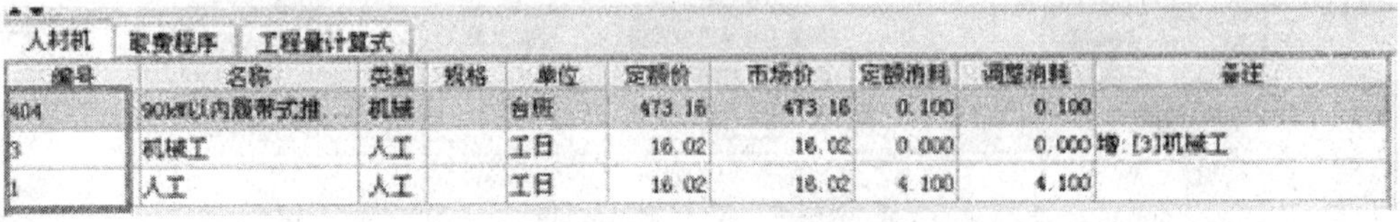

人材机　取费程序　工程量计算式

编号	名称	类型	规格	单位	定额价	市场价	定额消耗	调整消耗	备注
404	90kW以内履带式推...	机械		台班	473.16	473.16	0.100	0.100	
3	机械工	人工		工日	16.02	16.02	0.000	0.000	增:[3]机械工
1	人工	人工		工日	16.02	16.02	4.100	4.100	

图 11-48　自动按编号降序排列

6. 批量调整定额

系统还提供批量调整定额的功能,以将有相同调整的定额进行快速、批量的调整。

【操作】:点击定额调整信息框中的“⌂”图标,在调整列表中选中一条调整信息,点击鼠标右键选择【应用到】,如图 11-49 所示。弹出“批量设置定额调整”对话框,勾选要进行相同调整的定额,点击【确定】,即可完成定额的批量调整,如图 11-50 所示。

注:【全选】→选中全部记录;【反选】→选择与现有状态相反的记录。

批量调整功能适用于标准换算、配比调整、乘系数调整、消耗量调整。

7. 撤销定额调整

(1)撤销定额单项调整

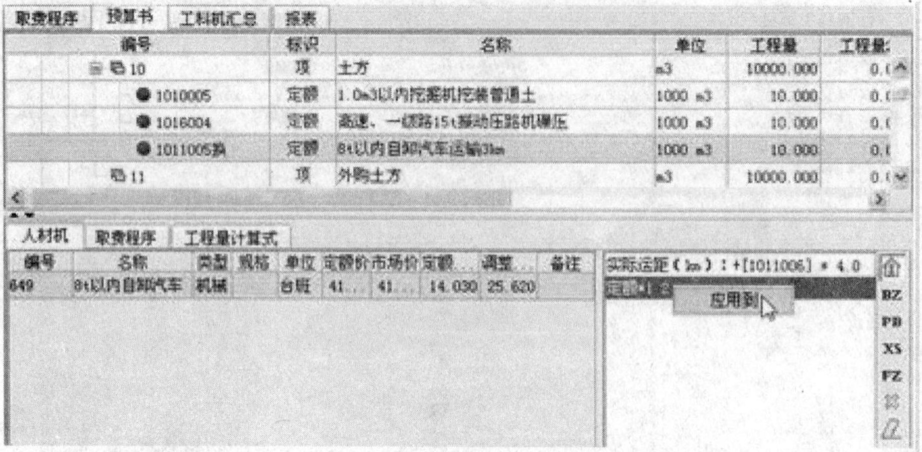

图 11-49 “应用到”对话框

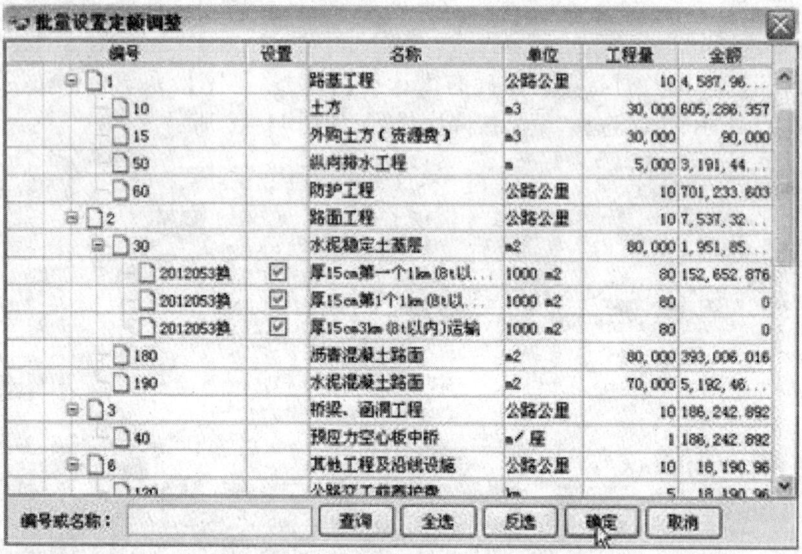

图 11-50 批量调整定额

【操作】:在调整列表窗口选中某条调整记录,点击“ ”按钮即可撤销该项定额调整。如图 11-51 所示。

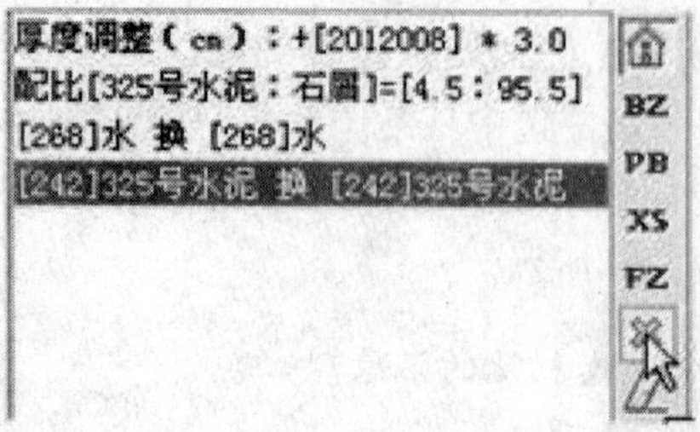

图 11-51 撤销定额单项调整

(2)撤销单个定额调整

【操作】:在调整列表窗口,点击“ ”按钮,清空该定额的所有调整记录,定额恢复初始值。

(3)撤销多项定额调整

【操作】:在“预算书”界面,按“Ctrl”或“Shift”选中要撤销调整的定额,点击鼠标右键选择【定额】→【取消选中定额调整】,即可撤销所选择定额的所有调整。

(4)撤销所有定额调整

【操作】:在“预算书”界面,点击鼠标右键选择【定额】→【取消所有定额调整】,即可撤销该造价文件中所有定额的定额调整。

8. 分部分项项目工料机

(1)分部分项项目工料机价格调整

【操作】:在【预算书】界面,选中其中任一分部分项项目,系统会汇总该分部分项项目下的所有工料机信息。在"人材机"窗口,用户可以修改该分部分项项目下的人材机的价格。如图 11-52 所示,选中土方项,在"人材机"窗口将【人工】的价格修改为 28 元/工日,系统弹出对话框询问"系统工料机价格将发生改变,是否新建同编号工料机?",选择"是",则系统修改该分项下人工工日价格;选择"否"或关闭对话框,系统修改整个预算书的人工工日价格。

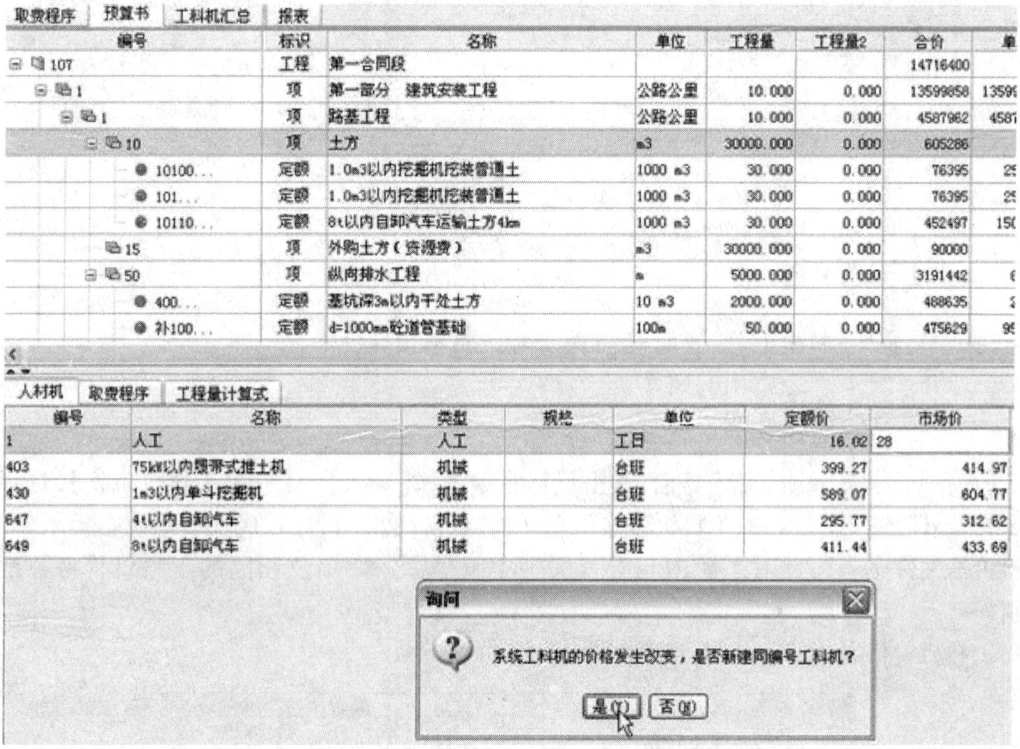

图 11-52　分部分项项目工料机价格调整

(2)分部分项下单价文件

【操作】:在【预算书】界面选中任意分部分项或定额,在【预算书】→【人材机】界面的工具栏,可以选择切换分项单价文件。如图 11-53 所示。

图 11-53　分部分项下单价文件

第四节　工料机汇总界面操作

工料机分析是对单位工程造价基础数据的分析，是计算各类费用的基础。在完成“预算书”窗口的操作后，切换进入“工料机汇总”窗口，系统会自动汇总当前单位工程的工料机，包括工料机编号、名称、单位、消耗量及单价信息，并可按人工、材料、机械分类显示。如图11-54所示。

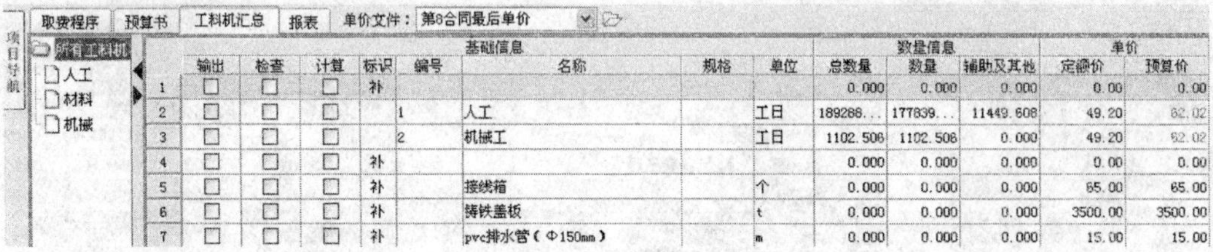

	基础信息								数量信息			单价	
	输出	检查	计算	标识	编号	名称	规格	单位	总数量	数量	辅助及其他	定额价	预算价
1	□	□	□	补					0.000	0.000	0.000	0.00	0.00
2	□	□	□		1	人工		工日	189288...	177839...	11449.608	49.20	62.02
3	□	□	□		2	机械工		工日	1102.506	1102.506	0.000	49.20	62.02
4	□	□	□	补					0.000	0.000	0.000	0.00	0.00
5	□	□	□	补		接线箱		个	0.000	0.000	0.000	65.00	65.00
6	□	□	□	补		铸铁盖板		t	0.000	0.000	0.000	3500.00	3500.00
7	□	□	□	补		pvc排水管（Φ150mm）		m	0.000	0.000	0.000	15.00	15.00

图11-54　工料机汇总

一、手工输入价格

【操作】：在“工料机汇总”界面，手工逐条输入材料预算价格。

二、批量导入价格信息

【操作】：在“工料机汇总”界面，点击鼠标右键选择【导入】→【一般工料机价格】，选择后缀名为“.xls”或“.prices”的工料机价格信息文件，点击【打开】，导入成功后系统会提示“导入材料价格文件完毕”，此时系统内与导入文件中编号、名称、单位相同的工料机价格被批量刷新。

工料机价格导入的EXCEL格式如图11-55所示。

编号	名称	规格	单位	预算价	是否原价	供应地点
10	原木		m3	850	1	香洲
10	原木		m3	880	1	斗门
11	锯材		m3	1200	1	珠海
16	Ⅰ级钢筋		t	2700		珠海
17	Ⅱ级钢筋		t	2850	1	珠海
25	高强钢丝		t	5000	1	珠海
31	型钢		t	2800	1	珠海
32	钢板		t	3200	1	珠海
42	电焊条		kg	5.41		珠海
57	组合钢模板		t	4000		珠海
110	沸氏锚具		kg	9		珠海
143	U型锚钉	（补）	只	0.231		珠海
150	铁件		kg	4.28		珠海
151	铁钉		kg	5.2		珠海
153	8～12号铁		kg	6.1		珠海
154	20～22号铁		kg	6.5		珠海

图11-55　工料机价格导入的EXCEL格式

如图11-55所示，在第6列“是否原价”里填写1，则系统把该材料价格添加为计算材料的原价导入，在第6列“是否原价”里不填或填写“1”以外的值，则系统把该材料价格导入成预算价。而第7列，可填写计算材料的供应地点。

价格信息导入成功后，系统会将被批量刷新价格的工料机所对应的“检查”里打上勾，表示该项材料价格已被检查刷新。

三、使用其他单价文件

【操作】：在工料机汇总界面的工具栏处，如建设项目下，有多个单价文件存在时，在单价文件的下拉列表中，可切换单价文件，如图 11-56 所示。

点击工具栏的图标，可以导入单价文件，实现单价文件的共享，如图 11-57 所示。

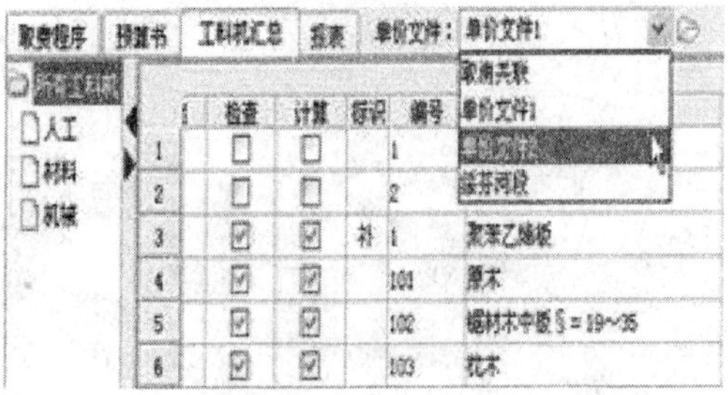

图 11-56 切换单价文件

图 11-57 导入单价文件

四、材料价格计算

1. 自采材料计算

【操作】：找到“工料机汇总”界面里的“计算”列，将要计算的材料勾选，然后切换到“采购点”，在“起讫地点”处输入自采地点，在下方的【自采定额】窗口的空白处点击鼠标右键选择【增加】，进入定额选择窗口，选择所需套用的定额，双击或单击鼠标右键选择【添加选中行】即可。

注：【高原施工费率(%)】处的值如果是“0”，则系统显示为“同取费类别”，计算高原施工时，高原施工费率取的是系统费率文件中高原施工费率的值；如果【高原施工费率(%)】处的值不为“0”，则系统计算高原施工时，高原施工费率取该处的填写值。如图 11-58 所示。

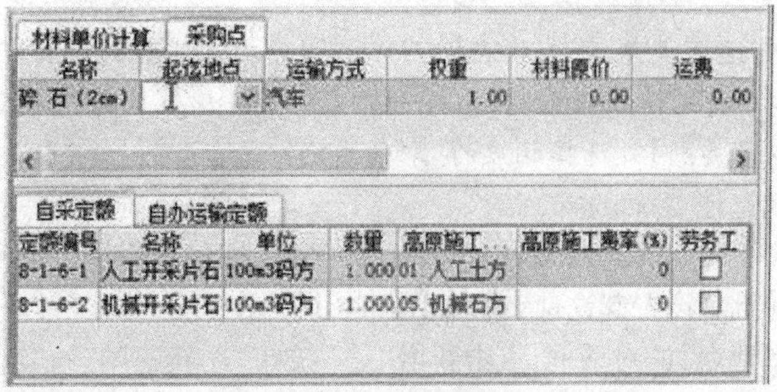

图 11-58 高原施工费率取值

还有就是部颁2008预算定额的第八章自采定额8-1-8(人工捶碎石)和8-1-9(机械轧碎石)所用的片石(定额代号931)与其他定额所列片石的定额单价不同,因为前者是片石的料场开采价。

为了以示区别,同时为使计算过程更加合理,系统建立了一过渡材料——开采片石(代号8931),来代替第八章自采定额中的片石(定额代号931)。在计算各碎石、石屑料场价时,只需直接选择标准定额(人工捶碎石、机械轧碎石),但必须先计算出开采片石料场价。软件将在02表中统计需开采的片石数量,方便组织辅助生产。

2. 材料运杂费计算

(1)社会运输

【操作】:选择计算材料,切换进入到"采购点",输入材料的【起讫地点】、【原价】、【运距】、【t·km运价】、【装卸费单价】等参数,并选择社会运输方式,通过分析计算即可计算出材料运杂费。如图11-59所示。

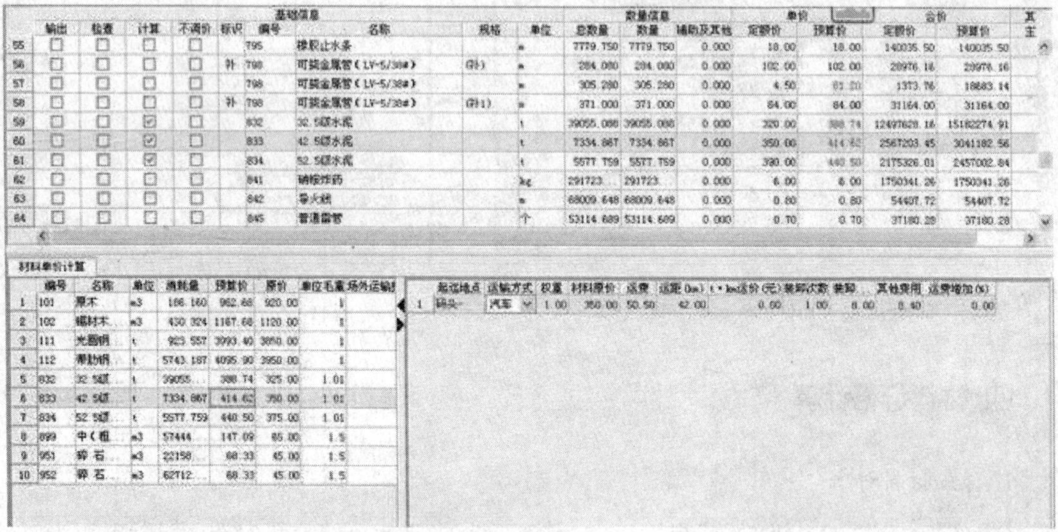

图11-59　选择社会运输方式

(2)自办运输

【操作】:选择计算材料,切换进入到"采购点",选择运输方式为"自办运输",输入除【t·km运价】、【装卸费单价】的其他参数,切换到【自办运输定额】窗口,在空白处点击选择【增加】进入选套运输定额的窗口,选择所需套用的定额,双击或单击鼠标右键选择【添加选中行】即可。如图11-60所示。

注:如要进行运距调整,则直接在【实际运距】处输入实际的运输距离。

如有高原施工取费,则请确认系统【取费程序】中项目属性已经选择了高原施工,然后在此处的【高原施工取费类别】处选择相应的"取费类别"。

(3)批量设置起讫地点

【操作】:在材料单价计算视窗里,按"Ctrl"或"Shift"批量选中同一起讫地点的材料,然后点击鼠标右键选择【批量设置起讫地点】,如图11-61所示。

弹出维护"起讫地点"的对话框,点击新增"▤"按钮,在新建的运输起讫地点空白栏里直接输入【起点】、【终点】、【运距】,并选择【运输工具】等信息。如图11-62所示。

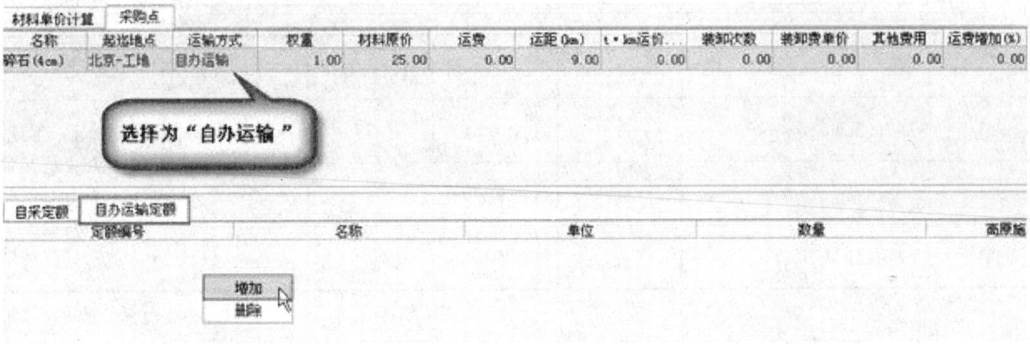

图 11-60　自办运输定额

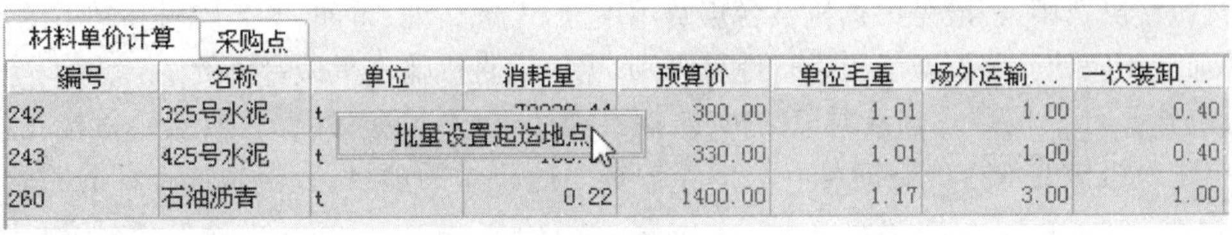

图 11-61　批量设置起讫地点

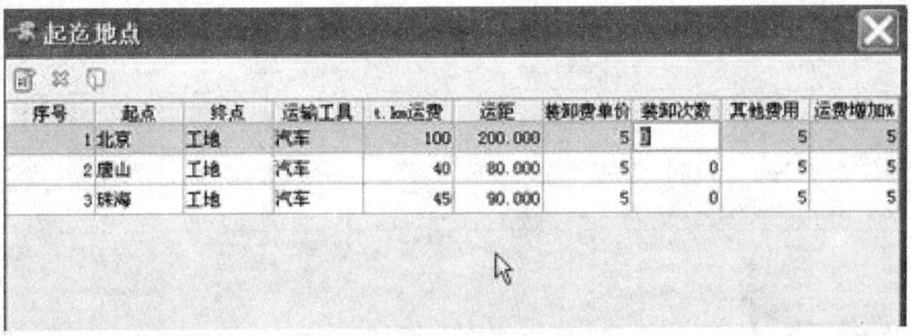

图 11-62　输入“起讫地点”信息

新建好运输起讫地点后,在“序号”处双击,系统会提示“已经选择序号×的起讫地点”,则所选材料的运输起讫地点已被批量设置好,不需要重复录入。如图 11-63 所示。

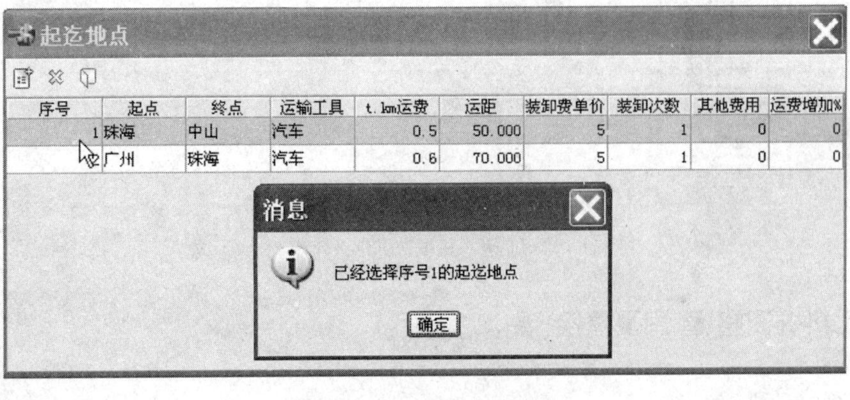

图 11-63　批量设置起讫地点

【练习 7】:练习表 11-6 所列材料的单价。

材　料　　表 11-6

编　号	名　称	规　格	单　位	预 算 价	是否为原价	备　注
951	碎石(2cm)		m^3	(原价 55)	1	采用计算单价:赣州南～工地,运距 20km,运费 0.51 元/t.km,装卸一次,费用 5 元
961	石屑		m^3	(原价 40)	1	
981	块石		m^3	50		

五、机械台班价格计算

机械台班费用,一般是根据机械台班费用定额,考虑柴油、重油、电等燃料和动力的预算价格,并加上相应的养路费车船税进行计算得到,也可以直接输入机械台班价格。

【操作】:在“计算”栏勾选对应的机械;如不需计算,不勾选“计算”项,然后直接在预算价格栏中输入机械的预算价格即可。取消养护费之后新做的项目,直接勾选不计养路费则可。如图 11-64 所示。

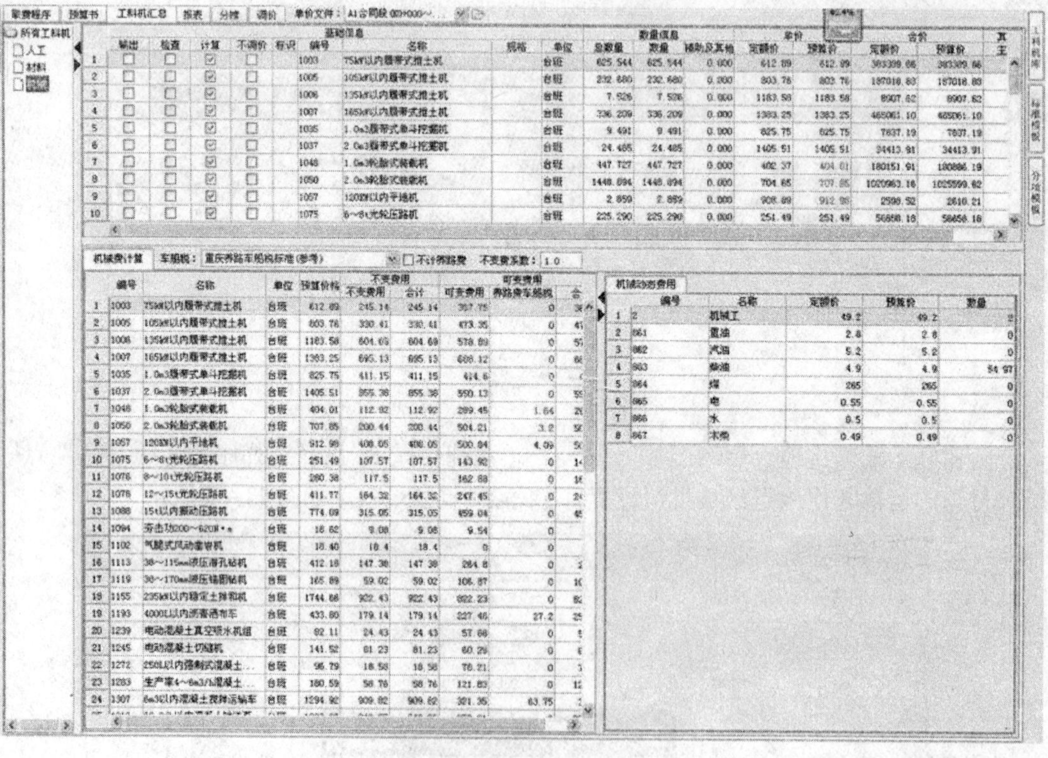

图 11-64　机械台班价格计算

六、工料机调整、查询及替换

1. 单价乘系数

【操作】:在“工料机汇总”界面,选中要调整的工料机,在右键菜单中选择【单价乘系数】,系统弹出输入价格系数对话框,如图 11-65 所示,输入系数后【确定】,所选工料机的预算价随之改变。

选择工料机时可以按住鼠标左键拖选，也可按“Ctrl”或“Shift”键多选。

2. 工料机反查

【操作】：在“工料机汇总”界面，选中需要查询的工料机，在右键菜单中选择【工料机反查】，如图 11-66 所示，弹出的“材机查询”窗口会显示所有包含该条工料机信息的分部分项项目和定额子目。

图 11-65　输入价格系数

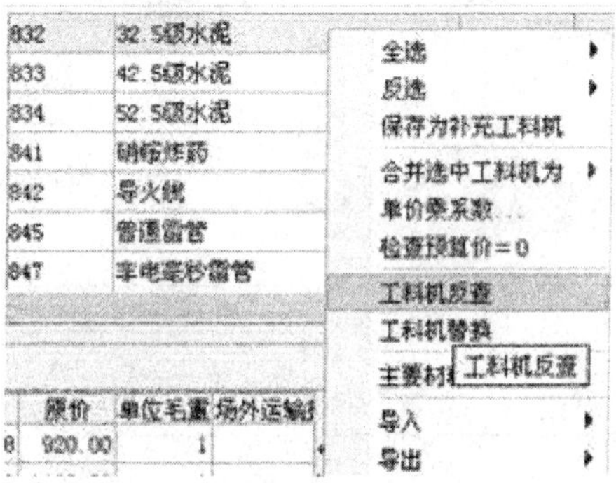

图 11-66　工料机反查

如查询石油沥青的使用情况，如图 11-67 所示。

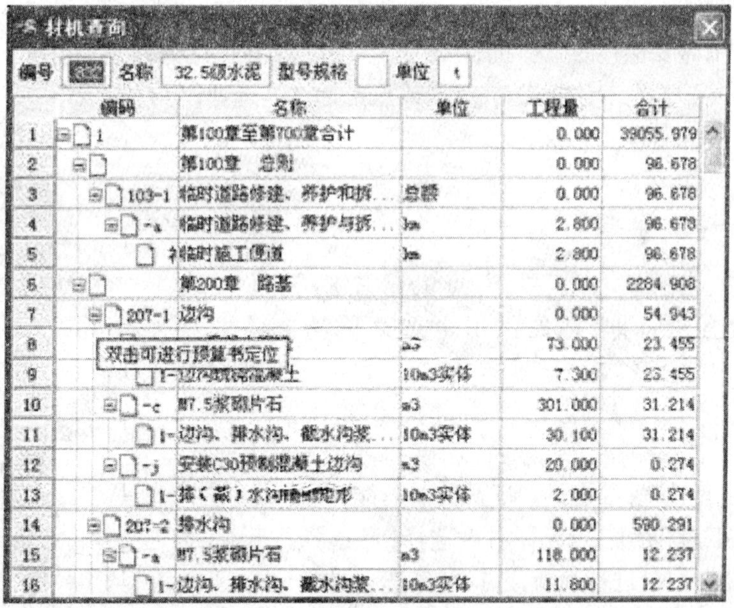

图 11-67　查询石油沥青的使用情况

3. 工料机替换

在“工料机汇总”界面进行工料机替换，可以实现对整个项目同一材料的统一替换。

【操作】：选中需要替换的工料机，在右键菜单中选择【工料机替换】，弹出替换工料机对话框，输入需替换进来的工料机代号及名称，或者点击【选择】按钮，在弹出的工料机库中选择需替换进来的工料机，点击【确定】即可。如图 11-68、图 11-69 所示。

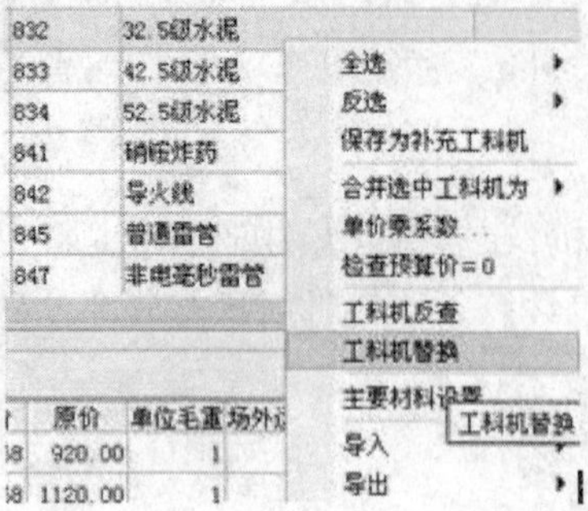

图 11-68　工料机替换

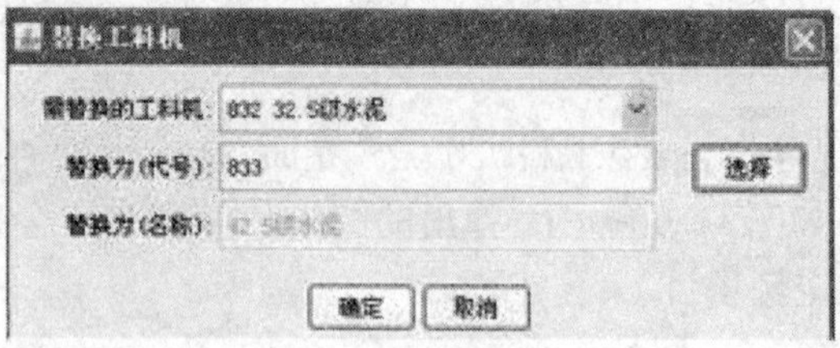

图 11-69　替换工料机

【练习 8】:将表 11-7 所列定额中某材料进行替换。

定　额　　表 11-7

编　号	名　称	单　位	工程量	费率号	备　注
5-1-15-7	浆砌片、块石墙身片石	10m³ 实体	2000	08	M5 水泥砂浆换 M7.5 水泥砂浆

七、其他功能

1. 保存功能

【操作】:选中需要保存的工料机,在右键菜单中选择【保存为补充工料机】,弹出我的工料机库对话框,选择正确的工料机节点,双击或点鼠标右键选择【保存到该章节】,即可将工料机保存到“我的工料机库”。

2. 批量选择功能

(1)全选

【操作】:在“工料机汇总”界面,点鼠标右键选择【全选】,系统对所有复选框,都提供了全选菜单功能。如图 11-70所示。

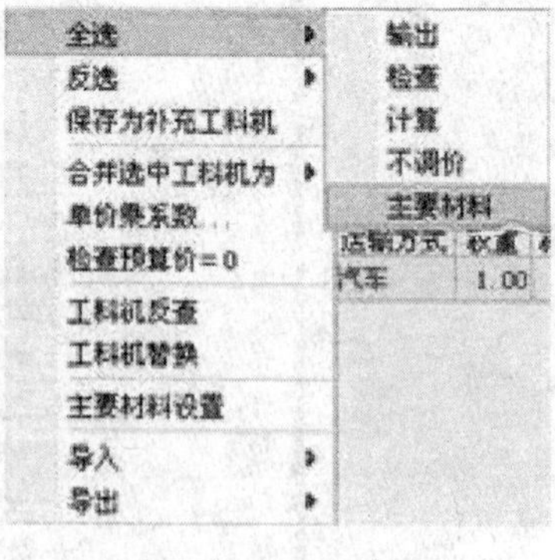

图 11-70　全选

(2)反选

【操作】:在“工料机汇总”界面,点鼠标右键选择【反选】,系统对所有复选框,都提供了反选菜单功能。

在“工料机汇总”界面,点鼠标右键选择【反选】时,系统根据现有的复选框记录进行判断,选择与已选记录相反的记录。如图 11-71、图 11-72 所示。

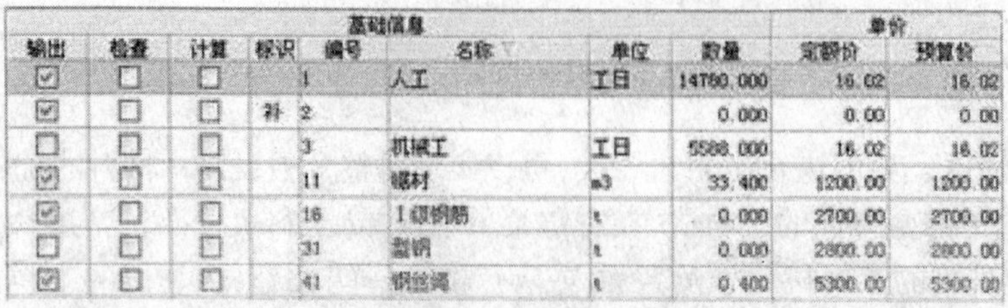

图 11-71　反选前状态

基础信息								单价	
输出	检查	计算	标识	编号	名称	单位	数量	定额价	预算价
☐	☐	☐		1	人工	工日	14780.000	16.02	16.02
☐	☐	☐	补	2			0.000	0.00	0.00
☑	☐	☐		3	机械工	工日	5588.000	16.02	16.02
☐	☐	☐		11	锯材	m3	33.400	1200.00	1200.00
☐	☐	☐		16	I级钢筋	t	0.000	2700.00	2700.00
☑	☐	☐		31	型钢	t	0.000	2800.00	2800.00
☐	☐	☐		41	钢丝绳	t	0.400	5300.00	5300.00

图 11-72　反选后状态

3. 主要材料设置

系统提供了主要工料机的筛选功能，用户可根据需要设定材料及机械费用占金额比重的下限。占设置比重下限以上的工料机将作为主要工料机在单价分析表中体现，在比例下限以下的工料机在“其他材料费”和“其他机械使用费”中体现。

【操作】：在“工料机汇总”界面，点鼠标右键选择【主要材料设置】，在弹出的窗口中，可以设置主要材料的筛选方式。选择【自动设置】后，选择取费基数，系统提供两个取费基数节点供用户选择，选好取费基数节点后，在右侧文本框中填写取费基数费用名称。系统默认值为 JAGCF（建安工程费）。如图11-73所示。

注：“主要材料设置”只适用于编制“清单”时筛选单价分析表的主要材料，不针对“施工图预算”等其他类型的造价文件。

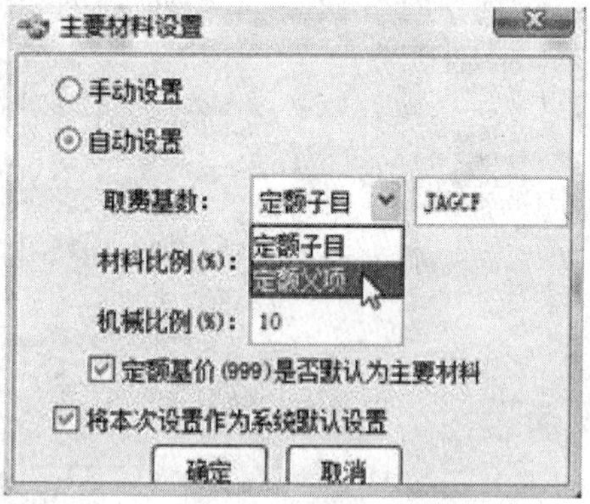

图 11-73　主要材料设置

4. 导出功能

【操作】：在“工料机汇总”界面的【输出】列中勾选要导出价格信息的工料机，点击鼠标右键选择【导出】→【一般工料机价格】，指定导出文件的保存路径，输入文件名后，点击【保存】即可。导出的文件类型为“. xls”格式。

导出成功时系统会提示“导出材料价格文件完毕”。

第五节　取费程序界面操作

一、设置费率参数

1. 选择属性值

【操作】：在“取费程序”的右侧窗口，可根据工程所在地选择相应的费率文件属性，通过选择费率文件属性来确定费率值。

把光标停放“冬季施工”、“雨季施工”费率项目上时，系统会在线提示该费率属性的详细信息，用户可根据提示信息选择所需要的属性值。

设置好了费率属性后，可在“取费程序”靠左下方的窗口查看设置好的取费费率，如图11-74所示。系统中所有的费率项设置的费率值均可在此窗口查看，包括利润，税金，冬、雨、夜增工率等。

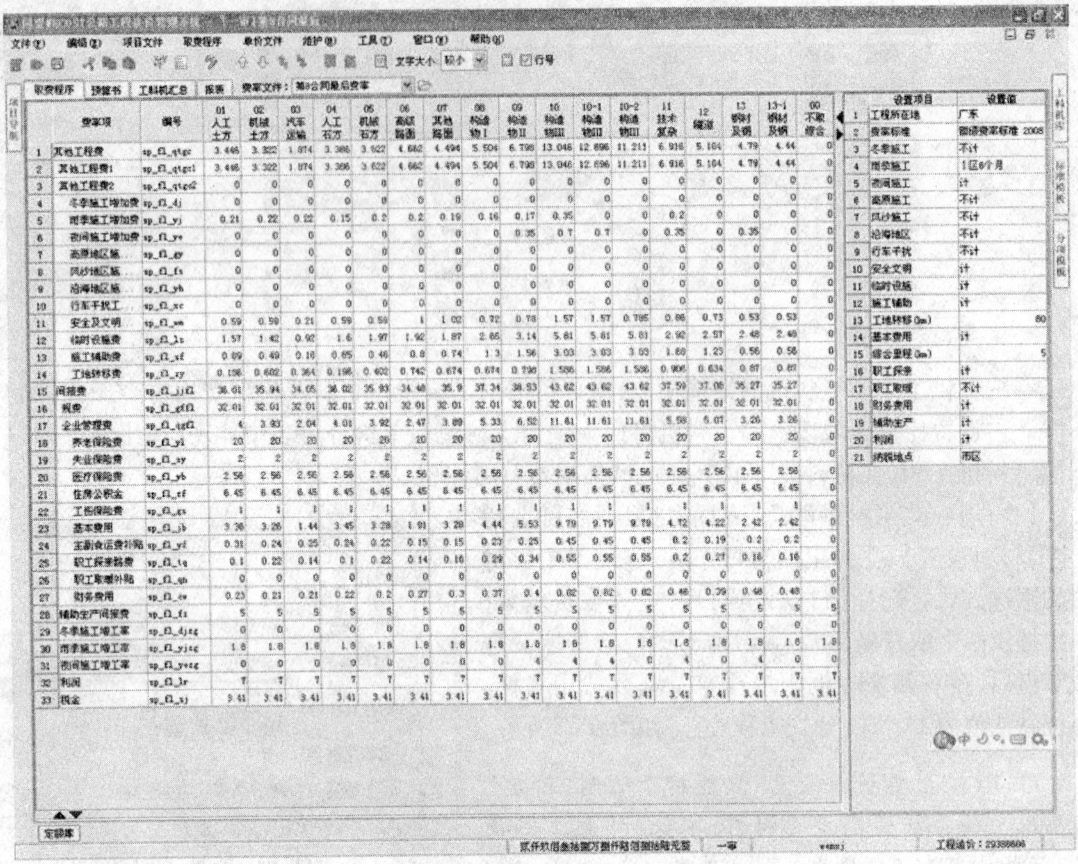

图 11-74　取费程序

2. 费率加权计算

【操作】:当工程跨越不同的取费区域时,点击鼠标右键,选取【费率加权计算】,填写项目在不同取费区域内的里程,则自动加权计算出各费率值,如图 11-75 所示。

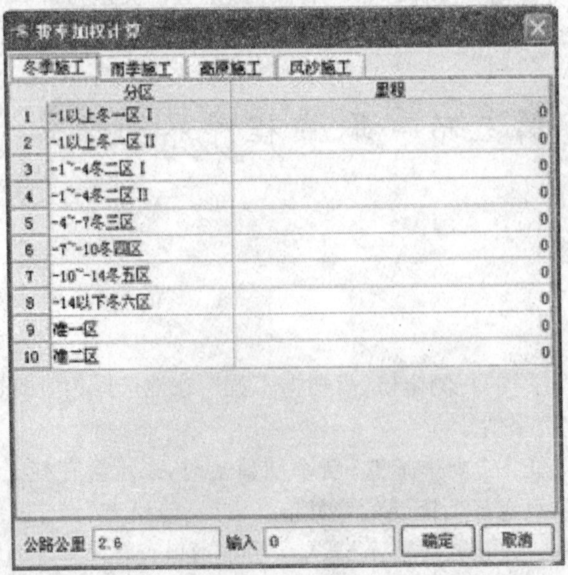

图 11-75　费率加权计算

设置好费率属性后，即可在“取费程序”靠左上方的窗口查看设置好的取费费率，如图 11-76所示。系统中所有的费率项设置的费率值均可在此窗口查看，包括利润、税金、冬、雨、夜增工率等。

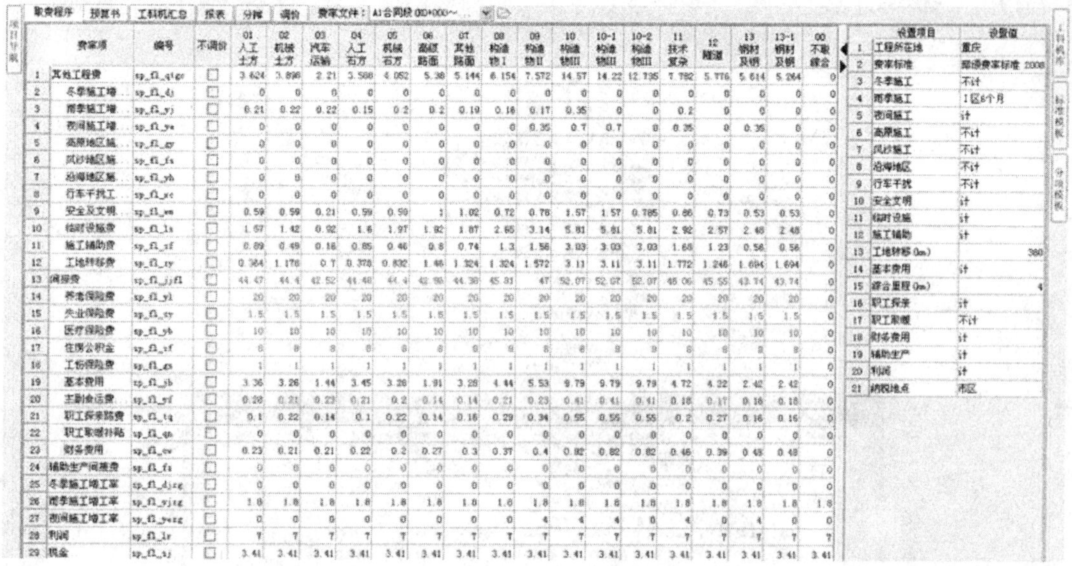

	费率项	编号	不调价	01 人工土方	02 机械土方	03 汽车运输	04 人工石方	05 机械石方	06 高级路面	07 其他路面	08 构造物I	09 构造物II	10 构造物III	10-1 构造物III	10-2 构造物III	11 技术复杂	12 隧道	13 钢材及钢	13-1 钢材及钢	00 不取综合
1	其他工程费	sp_fl_qtgc	□	3.624	3.896	2.21	3.588	4.052	5.38	5.144	6.154	7.572	14.57	14.22	12.735	7.792	5.776	5.614	5.264	0
2	冬季施工增…	sp_fl_dj	□	0	0	0	0	0	0	0	0	0	0	0	0	0	0	0	0	0
3	雨季施工增…	sp_fl_yj	□	0.21	0.22	0.22	0.15	0.2	0.2	0.19	0.18	0.17	0.35	0	0	0.2	0	0	0	0
4	夜间施工增…	sp_fl_ye	□	0	0	0	0	0	0	0	0	0.35	0.7	0.7	0	0.35	0	0.35	0	0
5	高原地区施…	sp_fl_gy	□	0	0	0	0	0	0	0	0	0	0	0	0	0	0	0	0	0
6	风沙地区施…	sp_fl_fs	□	0	0	0	0	0	0	0	0	0	0	0	0	0	0	0	0	0
7	沿海地区施…	sp_fl_yh	□	0	0	0	0	0	0	0	0	0	0	0	0	0	0	0	0	0
8	行车干扰工…	sp_fl_xc	□	0	0	0	0	0	0	0	0	0	0	0	0	0	0	0	0	0
9	安全及文明…	sp_fl_wm	□	0.59	0.59	0.21	0.59	0.59	1	1.02	0.72	0.78	1.57	1.57	0.785	0.86	0.73	0.53	0.53	0
10	临时设施费	sp_fl_ls	□	1.57	1.42	0.92	1.6	1.97	1.92	1.87	2.65	3.14	5.81	5.81	5.81	2.92	2.57	2.48	2.48	0
11	施工辅助费	sp_fl_sf	□	0.89	0.49	0.16	0.85	0.46	0.8	0.74	1.3	1.56	3.03	3.03	3.03	1.68	1.23	0.56	0.56	0
12	工地转移费	sp_fl_zy	□	0.384	1.176	0.7	0.378	0.832	1.48	1.324	1.324	1.572	3.11	3.11	3.11	1.772	1.246	1.694	1.694	0
13	间接费	sp_fl_jjfl	□	44.47	44.4	42.52	44.48	44.4	42.98	44.38	45.31	47	52.07	52.07	52.07	46.06	45.55	43.74	43.74	0
14	养老保险费	sp_fl_yl	□	20	20	20	20	20	20	20	20	20	20	20	20	20	20	20	20	0
15	失业保险费	sp_fl_sy	□	1.5	1.5	1.5	1.5	1.5	1.5	1.5	1.5	1.5	1.5	1.5	1.5	1.5	1.5	1.5	1.5	0
16	医疗保险费	sp_fl_yb	□	10	10	10	10	10	10	10	10	10	10	10	10	10	10	10	10	0
17	住房公积金	sp_fl_zf	□	8	8	8	8	8	8	8	8	8	8	8	8	8	8	8	8	0
18	工伤保险费	sp_fl_gs	□	1	1	1	1	1	1	1	1	1	1	1	1	1	1	1	1	0
19	基本费用	sp_fl_jb	□	3.36	3.26	1.44	3.45	3.28	1.91	3.28	4.44	5.53	9.79	9.79	9.79	4.72	4.22	2.42	2.42	0
20	主副食运费	sp_fl_yf	□	0.28	0.21	0.23	0.21	0.2	0.14	0.14	0.21	0.23	0.41	0.41	0.41	0.18	0.17	0.16	0.18	0
21	职工探亲路费	sp_fl_tq	□	0.1	0.22	0.14	0.1	0.22	0.14	0.16	0.29	0.34	0.55	0.56	0.55	0.2	0.27	0.16	0.16	0
22	职工取暖补贴	sp_fl_qn	□	0	0	0	0	0	0	0	0	0	0	0	0	0	0	0	0	0
23	财务费用	sp_fl_cw	□	0.23	0.21	0.21	0.22	0.2	0.27	0.3	0.37	0.4	0.82	0.82	0.82	0.46	0.39	0.48	0.48	0
24	辅助生产间接费	sp_fl_fz	□	0	0	0	0	0	0	0	0	0	0	0	0	0	0	0	0	0
25	冬季施工增工率	sp_fl_djzg	□	0	0	0	0	0	0	0	0	0	0	0	0	0	0	0	0	0
26	雨季施工增工率	sp_fl_yjzg	□	1.8	1.8	1.8	1.8	1.8	1.8	1.8	1.6	1.8	1.8	1.8	1.8	1.8	1.8	1.8	1.8	1.8
27	夜间施工增工率	sp_fl_yezg	□	0	0	0	0	0	0	0	0	4	4	4	0	4	0	4	0	0
28	利润	sp_fl_lr	□	7	7	7	7	7	7	7	7	7	7	7	7	7	7	7	7	7
29	税金	sp_fl_sj	□	3.41	3.41	3.41	3.41	3.41	3.41	3.41	3.41	3.41	3.41	3.41	3.41	3.41	3.41	3.41	3.41	3.41

	设置项目	设置值
1	工程所在地	重庆
2	费率标准	部颁费率标准 2008
3	冬季施工	不计
4	雨季施工	Ⅰ区6个月
5	夜间施工	计
6	高原施工	不计
7	风沙施工	不计
8	沿海地区	不计
9	行车干扰	不计
10	安全文明	计
11	临时设施	计
12	施工辅助	计
13	工地转移 (km)	380
14	基本费用	计
15	综合里程 (km)	4
16	职工探亲	计
17	职工取暖	不计
18	财务费用	计
19	辅助生产	计
20	利润	计
21	纳税地点	市区

图 11-76　设置好的取费费率

二、修改费率值

1. 直接修改

【操作】：在“取费程序”界面，字体为蓝色的费率值可以直接输入修改。

2. 费率乘系数

【操作】：先自定义取费模板，然后在靠“取费程序”左下方窗口，选择需要乘系数的“费率项”，点击鼠标右键选择“费率乘系数”，在弹出的输入窗口里，输入系数点“确定”，该费率项的费率值会自动乘系数调整。

3. 恢复默认值

如需恢复系统默认设置值，则可以在右键菜单中选择“恢复默认费率值”即可。

三、借用费率文件

在编制造价文件过程中可借用其他造价文件的费率设置。

【操作】：首先在“取费模板”界面点击鼠标右键选择【获取费率…】，如图 11-77a）所示，在弹出的对话框中选中借用费率的造价文件，确定即可，如图 11-77b）所示。借用费率文件的操作只能在采用相同的计价依据的造价文件间进行。

【练习 9】：选择工程费率。

工程所在地：江西宜春

费率标准：江西省补充规定

冬季施工:准一区

雨季施工:Ⅱ区7个月

沿海地区、高原施工、风沙施工:不计

行车干扰:不计

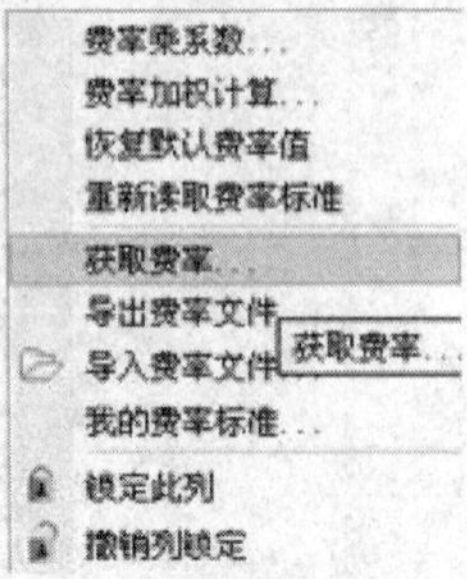

a)

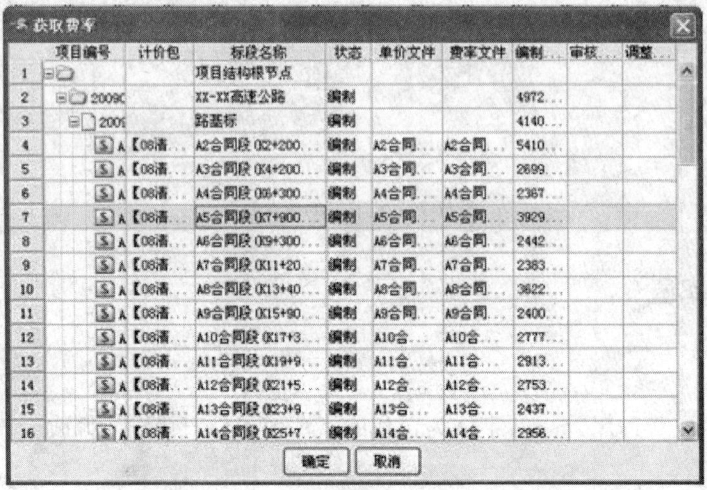

b)

图11-77　借用费率造价文件

夜间、安全文明、临时设施、施工辅助:计

(1)规费。按江西省执行交通部《公路工程基本建设项目概算预算编制办法》的补充规定。

养老保险:20%失业保险:2%医疗保险:6.6%住房公积金:8%工伤保险:2.2%。

(2)企业管理费。财务费用按编制办法计列,主副食运费补贴按综合里程4km计算,基本费用、职工探亲、职工取暖补贴不计。

(3)辅助生产间接费计。利润按直接费与间接费之和扣除规费的7%计算,税金按直接费与间接费、利润之和的3.41%计算。

四、设置费用模板

1.自定义模板

系统提供自定义新的计费模板功能,用户可根据需要定义计费方式、增加或删除计费项目等。

【操作】:在"取费模板"界面点击【自定义模板】,在弹出的对话框中填写自定义模板的名称,在下拉列表中选择参照的系统模板,如图 11-78 所示,点击确定系统加载自定义模板。

图 11-78　自定义模板

根据需要可进行增删费用项目、编辑计算公式等自定义操作。

【操作】:在右键菜单里可选择【选择同级费用项】或【选择子费用项】,弹出"费用选择对话框"中可选择已定义的费用项,如图 11-79 所示。

图 11-79　选择同级费用率

也可在模板界面点击鼠标右键选择【增加同级费用项】或【增加子费用项】,新增一项新费用项,填写费用代号、费用说明、计算说明等信息,如图 11-80 所示,或者在费用选择对话框中点击鼠标右键选择【增加】,如图 11-81 所示,然后填写新增费用代码及费用名称,然后鼠标右键选择【添加】,将新增费用项添加到模板中。

图 11-80　新增同级费用项

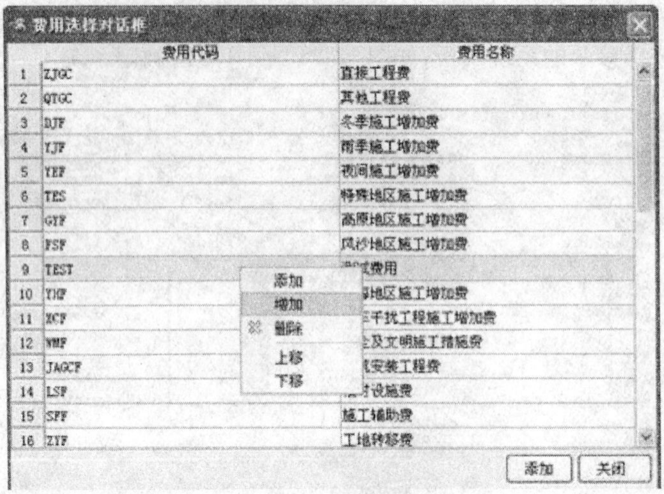

图 11-81　右键增加费用项

新增费用项目后,点击计算表达式的按钮“□”,编辑该费用项的计算公式为:定额 = 建安费 × 费率。如图 11-82 所示。

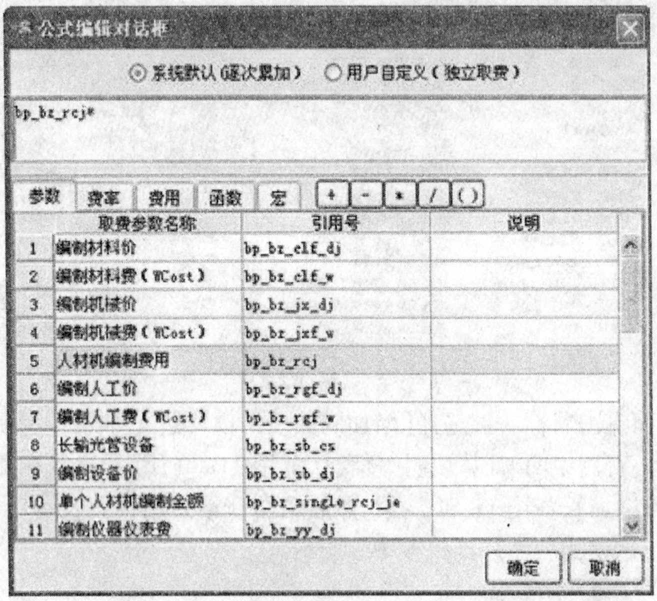

图 11-82　编辑公式

2. 模板对比

【操作】:点击“模板对比”,在左边取费模板下拉框,和右边取费模板下拉框中,分别选择需要对比的取费模板名称,可对比不同取费模板中费用项目、公式以及费用等的差异。如图 11-83所示。

3. 保存模板

【操作】:点击“保存模板”按钮,系统将选择设置好的保存路径保存当前费用模板。

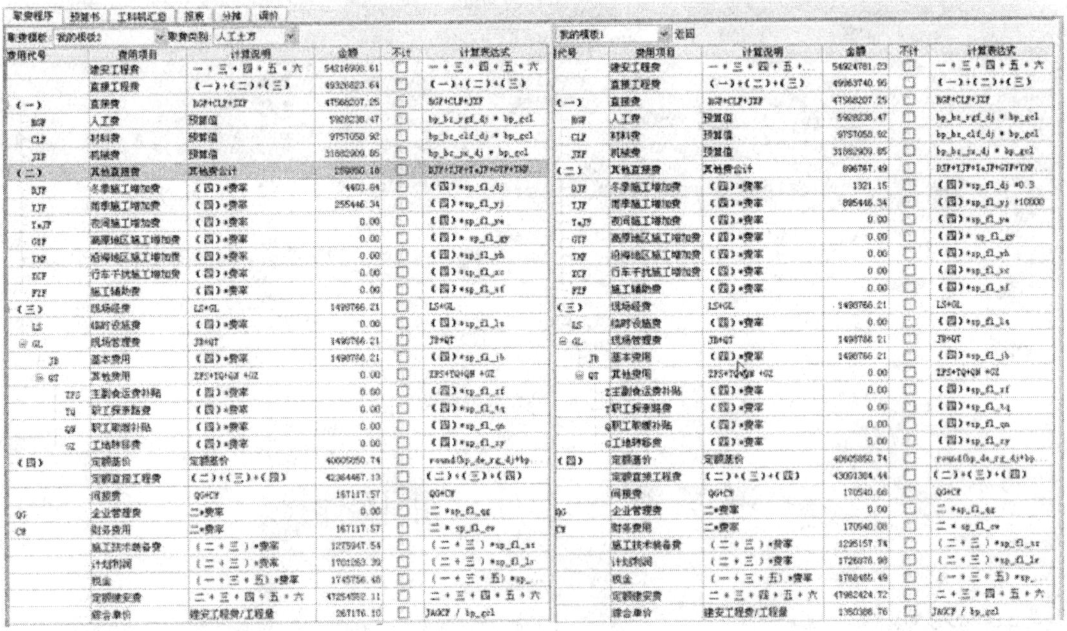

图 11-83　模板对比

4. 删除模板

【操作】:点击【删除模板】,出现下拉列表,选择需要删除的计费模板删除即可,如图 11-84 所示。

	费用代号	费用项目		金额	不计	计算表达式
1	JAGCF	建筑安装工程费	直...	200917609.51	☐	ZJF+JJF+LR+SJ
2	ZJF	直接费	直接工程费+其他工程费	161913268.10	☐	ZJGC+QTGC
3	ZJGC	直接工程费	人工费+材料费+机械费	153089719.62	☐	RGF+CLF+JXF
4	RGF	人工费	人工费	32758346.07	☐	bp_bz_rgf_dj*bp_gcl
5	CLF	材料费	材料费	90659682.30	☐	(bp_bz_clf_dj)*bp_gcl
6	CG	常规材料	一般材料费	90659682.30	☐	CLF-SW
7	SW	商品混凝土或外购构件	商品混凝土或外购构件费	0.00	☐	bp_bz_clf_dj@SW*bp_gcl
8	JXF	机械使用费	机械使用费	29673691.24	☐	bp_bz_jx_dj*bp_gcl
9	QTGC	其他工程费	其他工程费Ⅰ+其他工程费Ⅱ	8823548.48	☐	QTGCⅠ+QTGCⅡ
10	QTGCⅠ	其他工程费Ⅰ	冬+雨+夜+沿海+文明+临时+施辅+...	8823548.48	☐	DJF+YJF+YEF+THF+WHF+L...
11	QTGCⅡ	其他工程费Ⅱ	高原+风沙+行车	0.00	☐	GYF+FSF+XCF
12	DJF	冬季施工增加费	直接工程费*费率	0.00	☐	(ZJGC-SW)*sp_fl_dj
13	YJF	雨季施工增加费	直接工程费*费率	87897.22	☐	(ZJGC-SW)*sp_fl_yj
14	YEF	夜间施工增加费	直接工程费*费率	203909.64	☐	(ZJGC-SW)*sp_fl_ye

图 11-84　删除模板

注:软件内置的标准费用模板是不能删除的。如需删除自定义的费用模板,可以先在下拉列表中选择标准费用模板,然后点击【删除模板】,再在下拉列表里选择需要删除的模板。

5. 借用取费模板

【操作】:在“取费程序”界面,点击鼠标右键选择【获取取费模板】,如图 11-85 所示,在弹出的对话框中选中借用模板的造价文件,点击确定即可。借用取费模板的操作只能在采用相同的计价依据的造价文件间进行。

图 11-85　获取取费模板

第六节　各种计算操作

一、分析计算

“分析计算”是对造价文件中各项费用的综合分析计算，计算出来的结果是报表的数据来源。在分析计算以前，用户应完成在“预算书”、“工料机汇总”、“取费程序”界面的操作，最后才进行分析计算。

【操作】：在“取费程序”界面确认好取费费率后，点击主菜单【计算】→【分析与计算】，或者点击工具栏的“ ”图标进行分析计算。

☆技巧提示：如果项目有多个取费模板时，系统是优先按当前设置的取费模板进行分析计算。如需采用其他取费模板，可在“取费程序”界面切换取费模板后，再重新分析计算。

二、系统精度管理与维护

计算精度管理与维护功能是系统为满足用户各种不同的计算精度需求而增加的模块。用户可以根据需要，修改设置计算过程中的数据保留位数，以满足计算需要。

1. 计算精度管理

(1) 新建精度集合

【操作】：在“计算精度管理”窗口的左侧，点击鼠标右键，在右键菜单中选择【新增】，或者在工具栏点击图标“ ”，可新建一个精度集合。如图 11-86 所示。

(2) 设为默认精度

【操作】：在“计算精度管理”窗口左侧，选中新建的精度集合，点击鼠标右键，在弹出的菜单中选择【设为默认精度】，则在新建造价文件时，系统按此精度设置来计算和显示。

(3) 常用操作

【上移】、【下移】可改变精度集合文件的位置。

【复制】、【粘贴】可在复制的精度文件基础上快速增加一个精度集合，并可进行修改设置。

【删除】删除精度文件。

右侧窗口中【编辑与计算】是控制输入和计算时的精度;【显示】是控制界面上显示的精度,可根据需要来进行设置;【零不显示】是控制在界面上是否显示零;【对齐】是当计算出来的数据小数位数不足时,在界面上是否补零来达到设置的精度。

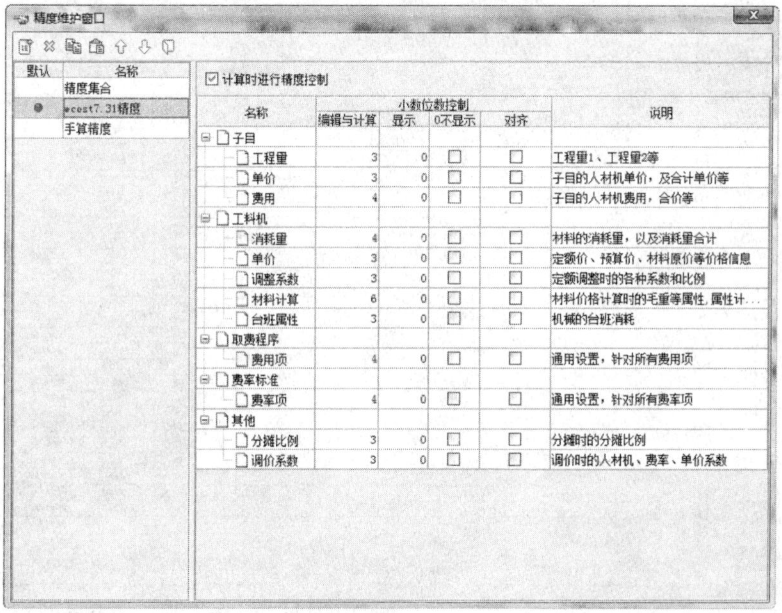

图 11-86　新建精度集合

2. 当前精度维护

用户可以对当前造价文件的精度集合进行维护,该精度修改维护,只影响当前造价文件,对其他造价文件的计算精度不造成任何影响。

第七节　报表界面操作

系统报表包括“预算书报表”和“项目报表”。其中,报表类型又分为“编制报表”和“审核报表”。

一、预算书报表

【操作】:进行“分析与计算”后切换到报表窗口,在窗口左侧报表树中选中报表,系统会自动生成并显示相应的数据报表。如图 11-87 所示。

二、项目报表

【操作】:在“预算书”界面右上角点击“※”,系统退回至“项目管理”界面,切换到“项目报表”界面,可以看到窗口左侧的项目报表树有“编制报表”和“审核报表”,用户可根据需要汇总输出。如图 11-88 所示。

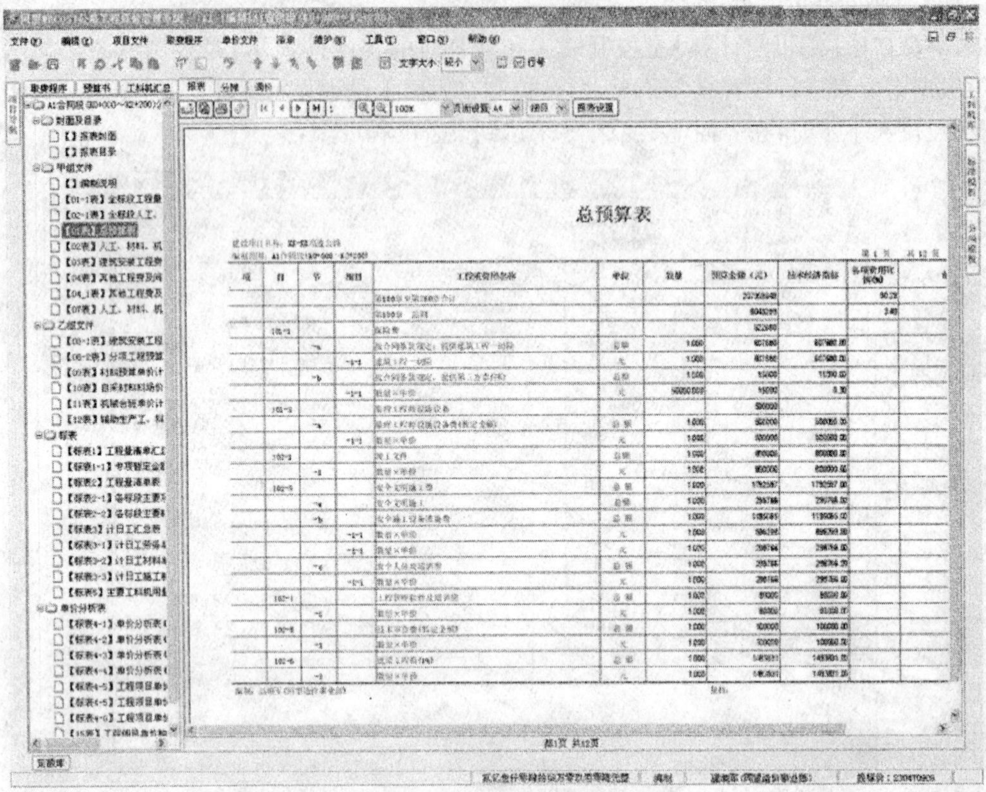

图 11-87　自动生成报表

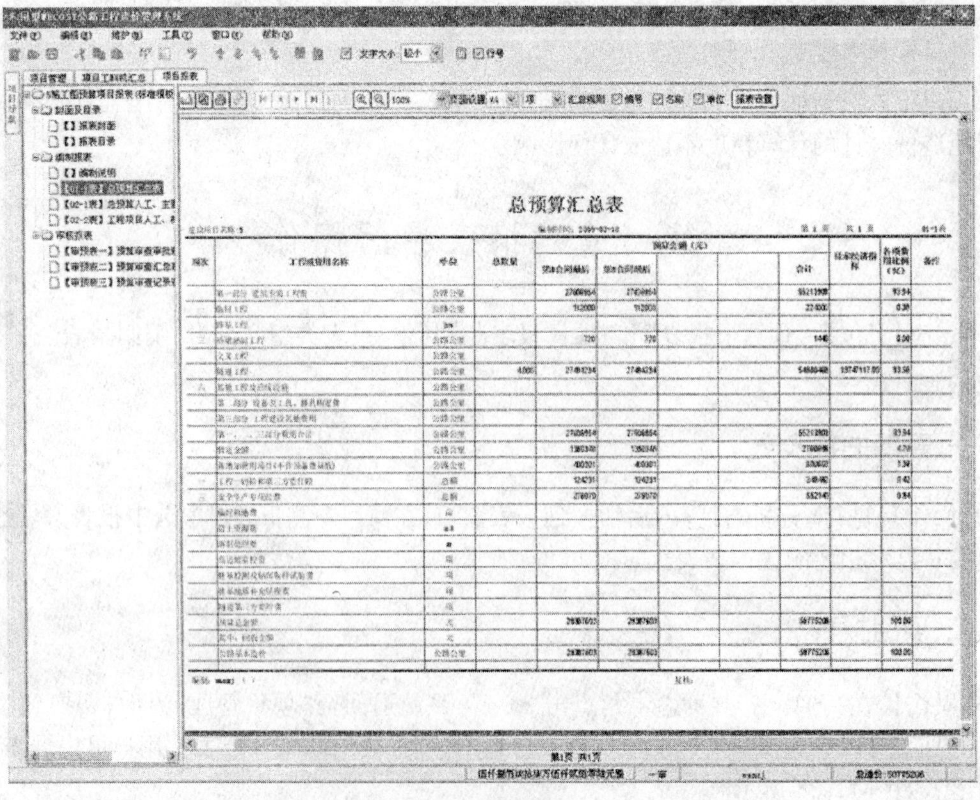

图 11-88　项目报表

注：如果有多个造价文件参与项目汇总，需确认建设项目文件的【编制类型】和下属所有造价文件的“计价依据”是否对应。

三、打印和导出报表

1. 打印报表

（1）报表单张打印

【操作】：切换至“报表”或“项目报表”窗口，用户选择生成需要的报表，然后点击“🖨”直接打印，也可根据表头上方的工具报表工具菜单设置打印。如图 11-89 所示。

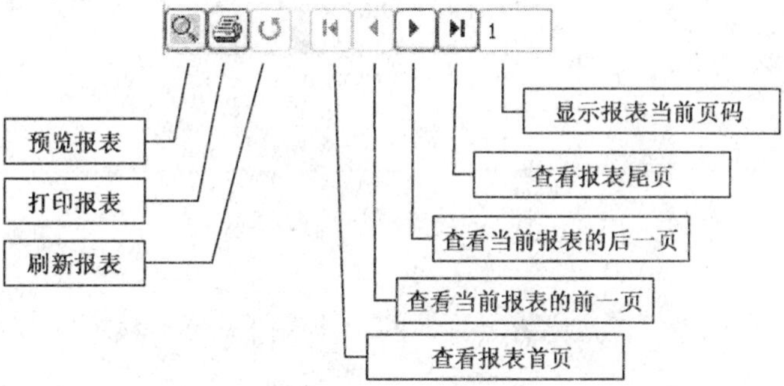

图 11-89　报表工具菜单

（2）报表批量打印

【操作】：批量打印“项目报表”时，可在项目管理界面，选中建设项目节点，选择主菜单【文件】→【打印报表】，弹出“连续打印报表”窗口，选择汇总项目（如 × × 高速公路），可以批量打印该项目的项目报表。如图 11-90 所示。

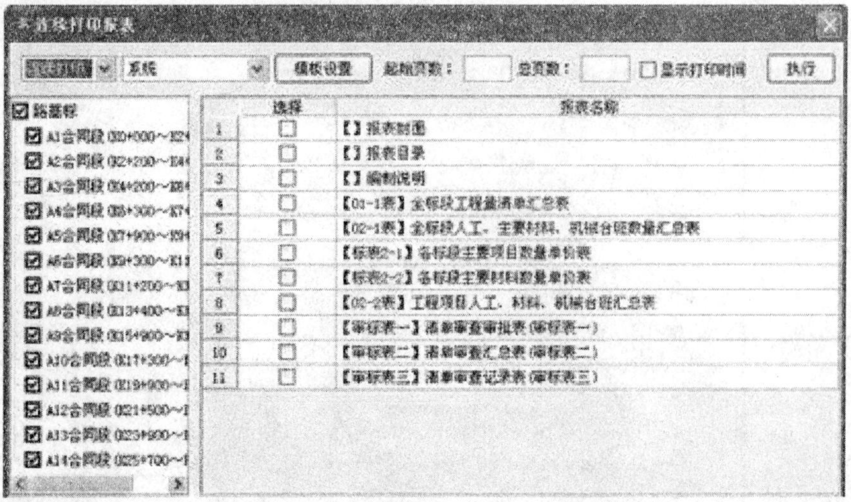

图 11-90　报表批量打印

如果要打印某一个造价文件的“预算书报表”，则选择该造价文件节点，即可在不打开预算书编制界面的情况下连续打印其下的所有预算书报表。也可根据需要将不要打印的报表前“选择”里的勾去掉。如图 11-91 所示。

图 11-91　选择性打印报表

(3) 显示打印时间

用户可以根据自己的需求,勾选显示打印时间,以控制报表是否显示打印时候的计算机时间。

(4) 报表设置

在预算书报表界面或项目报表界面,按标表设置按钮,会出现报表设置对话框,能够设置报表名称、页面边距、纸张大小等一些调节报表的参数,如图 11-92 所示。

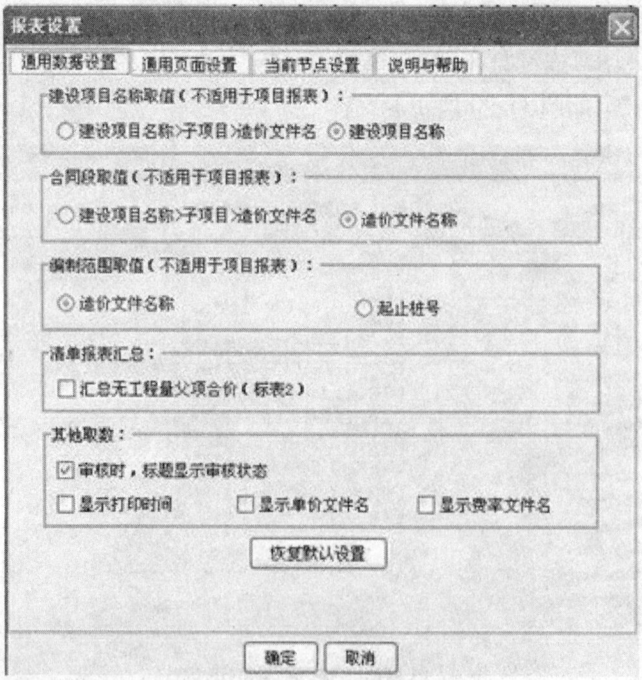

图 11-92　报表设置

2. 导出报表

(1) 报表单张打印

【操作】:切换至"报表"或"项目报表"窗口,用户选择生成需要的报表,然后点击"",弹出保存窗口,选择好保存路径和导出文件类型后,点击确定导出报表。

(2)报表批量打印

【操作】:切换至"报表"或"项目报表"窗口,选择主菜单【文件】→【打印报表】,在连续打印报表对话框中的第一个下拉列表中,选择"连续导出"。如图 11-93 所示。

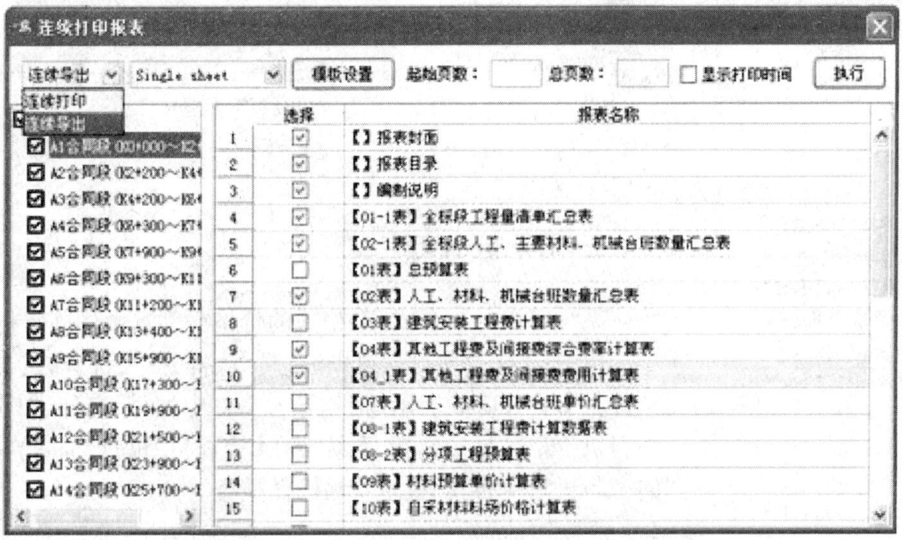

图 11-93　报表批量打印

在第二个下拉列表框中,可以选择报表导出的格式,分别有"Single sheet",导出为 EXCEL 单工作表的格式;"Multiple sheets",导出为 EXCEL 多个工作表格式;另外,还可导出 WORD 以及 PDF 格式。

第八节　项目工料机

一、工料机汇总

【操作】:在"项目管理"界面选择某建设项目或子项目,然后将界面切换到"项目工料机汇总",点击【汇总】按钮,系统自动汇总该项目下所有标段工料机信息。如图 11-94 所示。

图 11-94　工料机汇总

二、查询

用户可以通过设置【类别】、【编号】、【名称】、【价格】等不同查询条件来查询工料机信息。如图 11-95 所示。

分类信息		基础信息					单价	
专业	分类	编号	名称	规格	单位	数量	定额价	市场价
公路工程清单计价依据	材料	11	锯材		m3	228.97	1200.00	1200.00
公路工程清单计价依据	材料	132	钢绞线群锚垫板		t	4.20	5600.00	5600.00
公路工程清单计价依据	材料	16	Ⅰ级钢筋		t	243.52	2700.00	2700.00
公路工程清单计价依据	材料	17	Ⅱ级钢筋		t	1070.10	2850.00	2850.00
公路工程清单计价依据	材料	20	钢绞线		t	47.18	7000.00	7000.00
公路工程清单计价依据	材料	260	石油沥青		t	68.78	1400.00	1400.00
公路工程清单计价依据	材料	28	波纹管钢带		t	3.63	6350.00	6350.00
公路工程清单计价依据	材料	31	型钢		t	30.76	2800.00	2800.00

图 11-95　查询

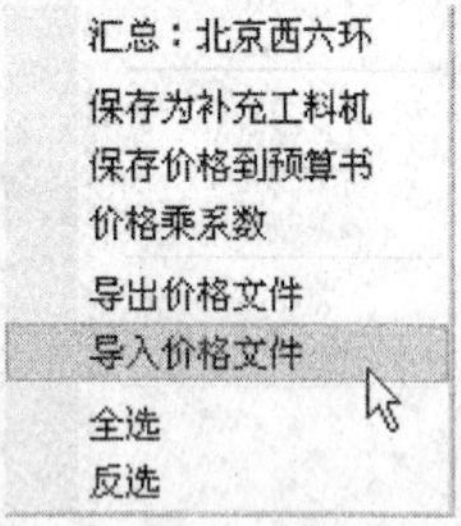

图 11-96　导入价格文件

三、导入价格文件

系统可以导入 EXCEL 格式的价格文件来批量刷新材料价格。

【操作】:在"项目工料机汇总"点击鼠标右键选择【导入价格文件】,如图 11-96 所示,则与导入文件中编号、名称、单位相同的工料机价格被批量刷新,系统会在【检查】栏里自动将价格被刷新的工料机对应打勾,提示价格已做检查。

四、调价

【操作】:对【调价】复选框打勾,则可对汇总工料机的市场价进行修改编辑。如图 11-97 所示。

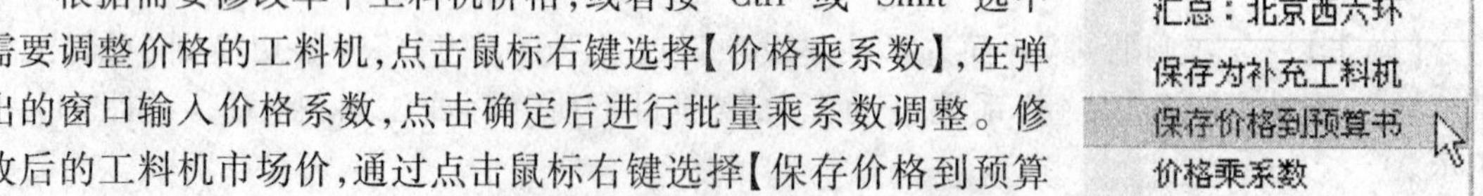

	基础信息								数量信息			单价		合价		其他信息
	输出	检查	计算	标识	编号	名称	规格	单位	总数量	数量	辅助及其他	定额价	预算价	定额价	预算价	主要材料
9	☐	☐	☐		231	电焊条		kg	9.450	9.450	0.000	4.90	4.90	46.31	46.31	☑
10	☐	☐	☐		272	组合钢模板		t	0.166	0.166	0.000	5710.00	5710.00	947.86	947.86	☑
11	☐	☐	☐		565	弗氏锚具		kg	2920.400	2920.400	0.000	9.00	9.00	26283.60	26283.60	☑
12	☐	☐	☐		651	铁件		kg	245.750	245.750	0.000	4.40	[illegible]	1081.30	1081.30	☑

图 11-97　调价

根据需要修改单个工料机价格,或者按"Ctrl"或"Shift"选中需要调整价格的工料机,点击鼠标右键选择【价格乘系数】,在弹出的窗口输入价格系数,点击确定后进行批量乘系数调整。修改后的工料机市场价,通过点击鼠标右键选择【保存价格到预算书】,则用到该项目下所有造价文件中用到该材料的价格同时被刷新,各子项目的造价总金额也自动重新计算。如图 11-98、图 11-99所示。

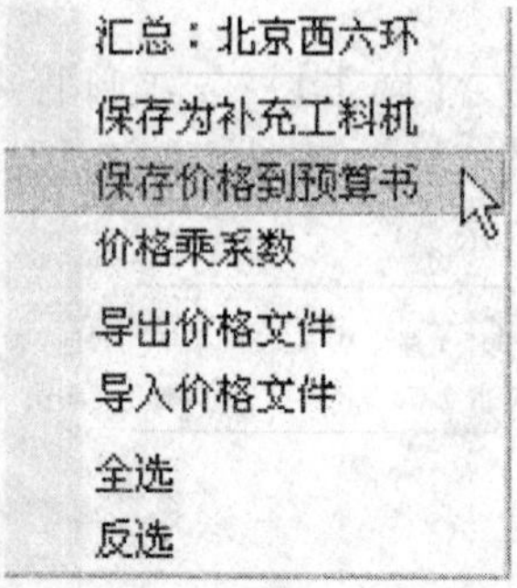

图 11-98　保存价格到预算书

五、导出价格文件

【操作】:在"导出列"打勾后(可以通过【全选】命令),点击鼠标右键选择【导出价格文件】,可以导出 EXCEL 格式的价格信息表。

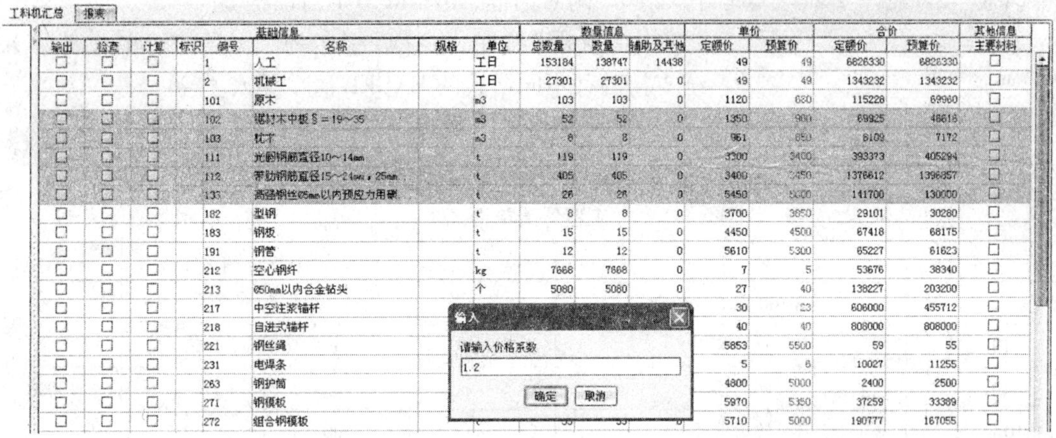

图 11-99　自动刷新材料价格

第九节　清单编制的特殊功能

清单的编制总体步骤跟概、预算编制总体一致,但有一些不同功能上的需求。

一、项目指引

系统依据 2003 清单范本,在清单编制模块提供"项目指引"功能,系统自动列出清单细目下常用的工作内容和定额来引导帮助用户选择。用户既可以添加选中的清单,也可同时添加选中的定额,还可以添加选中的工作内容,或者将三者同时添加。如图 11-100 所示。

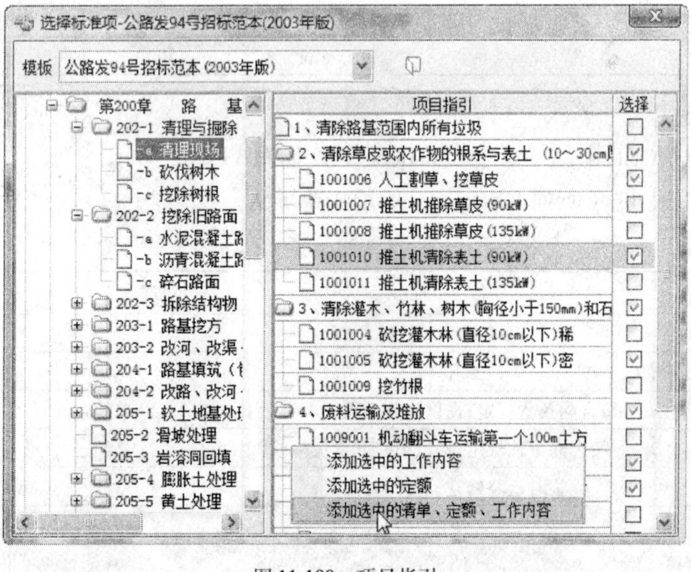

图 11-100　项目指引

二、导入工程量清单

【操作】:在"预算书"界面,点击鼠标右键选择【导入/导出】→【导入工程量清单】,弹出

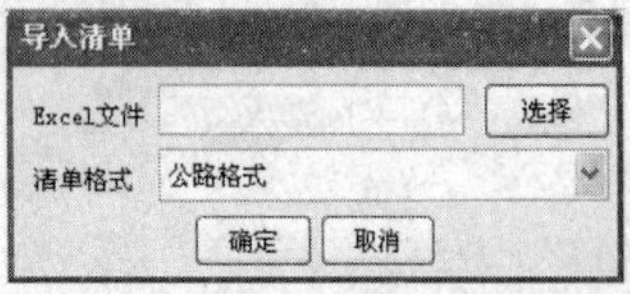

图 11-101　导入工程量清单

“导入清单”的对话框，如图 11-101 对话框。

点击“**选择**”按钮，选择后缀名为“. xls”的清单文件导入。系统支持两种不同格式的 EXCEL 清单导入。

(1)第一种格式

每一章的章名前空一个单元格。见表 11-8。

工程量清单格式　　表 11-8

清单编号	名　称	单　位	数　量	单　价	合　价
	第 100 章　总则				
101-2	临时便道	km	3	50	
101-3	临时供电				10000
101-11-1	输电线路	m	500	50	
101-11-2	支线输电线路	m	500		
	第 200 章　路基土石方				
201-1	路基土方				
201-1-1	路基挖土方	m^3	3000		
201-1-2	路基填方	m^3	3000		
	第 300 章　路面				
301-1	水泥稳定石屑基层				
301-1-1	厚 18cm	m^2	8000		
301 －2	混凝土路面				
301-2-1	厚 24cm	m^2	70000		
301-2-2	混凝土路面钢筋	t	10		
301-3	中粒式沥青混凝土路面				
301-11-1	厚 10cm	m^2	5000		

(2)第二种格式

每一章节为 EXCEL 中的一个分页(sheet 页)，如图 11-102 所示。

【练习 10】:将表 11-9 所列 EXCEL 工程量清单导入。

工　程　量　　表 11-9

清单编号	名　称	单　位	工 程 量
	第 100 章　总则		
101-1	保险费		
－a	按合同条款规定;提供建筑工程一切险	总额	
－b	按合同条款规定;提供第三方责任险	总额	
103-1	临时道路修建、养护与拆除	总额	
－a	便道		1.0
－b	便桥		1.0
103-2	临时工程用地	亩	200.0
104-1	承包人驻地建设	总额	1.0
	第 200 章　路基		
202-1	清理与掘除		

续上表

清单编号	名　称	单　位	工　程　量
－a	清理现场	m^2	300000.0
204-1	路基填筑(包括填前压实)		
－e	借土填方	m^3	200000.0
	第300章　路面		
304-2	水泥稳定土基层		
－a	厚18cm	m^2	80000.0
308－2	中粒式沥青混凝土		
－a	厚10cm	m^2	1000.0
－b	沥青混凝土拌和站(分摊项)	座	1.0
311-1	水泥混凝土路面		0.0
－a	厚24cm	m^2	70000.0
－b	水泥混凝土搅拌站(分摊项)		1.0
	第400章　桥梁、涵洞		
403-3	上部结构钢筋	t	10.0
410－3	50号混凝土空心板	m^3	100.0
411-5	预应力钢绞线	kg	5000.0
419-1	单孔钢筋混凝土圆管涵;ϕ1000mm	m	50.0
	第700章　绿化及环境保护		
703-2	铺植草皮		
－a	路堤边坡	m^2	25000.0
－b	美国二号草皮	m^2	3000

图11-102　工程量清单格式

三、导出工程量清单

【操作】:在“预算书”界面,点击鼠标右键选择【导入/导出】→【导出工程量清单】,可导出“. xls”格式的工程量清单。

四、分摊与调价

1. 分摊

系统提供三种分摊方式:按清单金额比重分摊(“JE”)、按集中拌混凝土用量分摊(“SN”)和按沥青混合料用量分摊(“LQ”)。

【操作】:“分摊”界面分为3个窗口:“分摊方式”、“分摊源”和“分摊目标”。如图11-103所示。

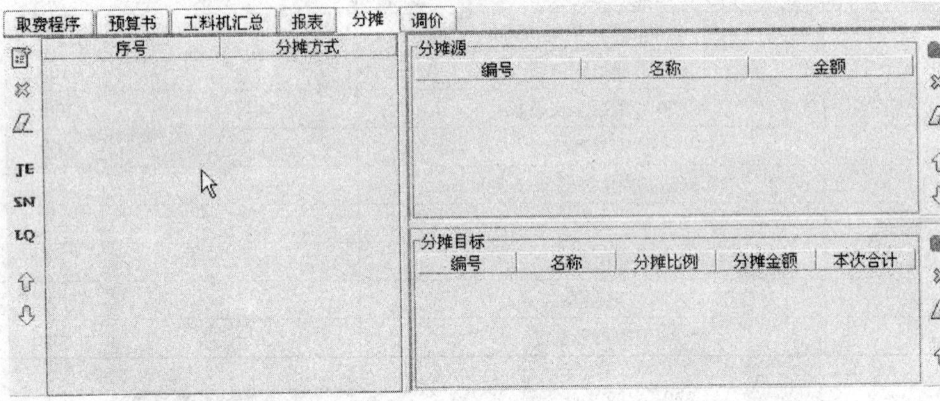

图11-103　分摊

(1)第一步:新增分摊

在“分摊方式”窗口空白处,点击鼠标右键选择【新增分摊步骤】,如图11-104所示。

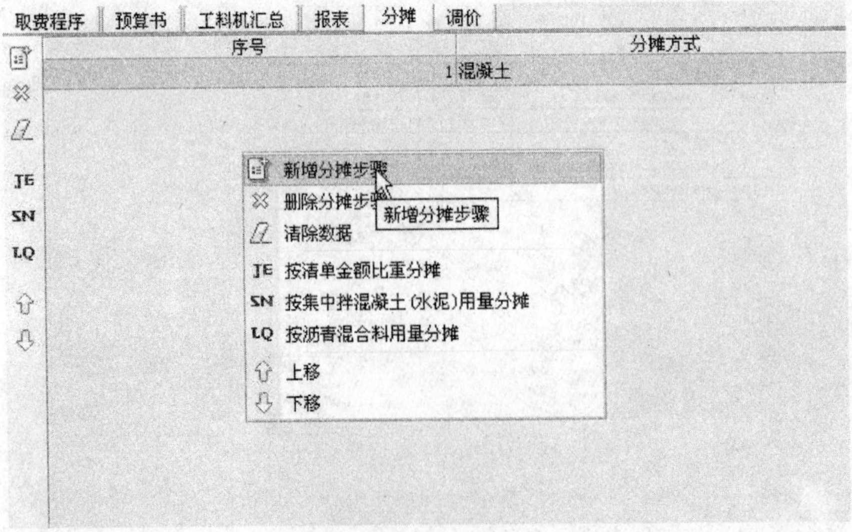

图11-104　新增分摊步骤

或者点击左侧工具栏的新增“ ”图标，新增一个分摊步骤。

(2)第二步：确定分摊源

在右上“分摊源”窗口空白处，点击鼠标右键选择【新增分摊源】，如图 11-105 所示，也可直接点击右侧的“ ”图标新增分摊源。

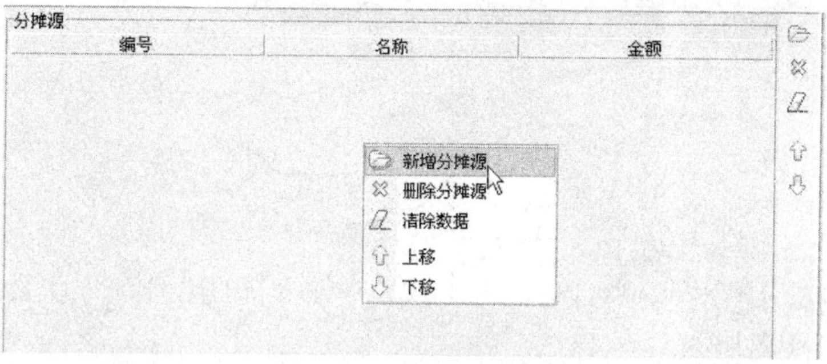

图 11-105　新增分摊源

弹出分摊源选择界面，双击或是点击鼠标右键选择“添加选中”，如图 11-106 所示，将被分摊的项目添加进来。

图 11-106　“添加选中”对话框

(3)第三步：确定分摊目标

在“分摊目标”窗口处，点击鼠标右键选择【新增分摊目标】，也可直接点击右侧的“ ”图标新增分摊目标。如图 11-107 所示。

在弹出的界面选择所需要分摊至的清单项，可以通过 Ctrl、Shift 键或者鼠标拖选的方式选择，点击【添加选中】。

(4)第四步：分摊计算

在左边“分摊方式”窗口选择分摊计算方式“JE”、“SN”或“LQ”的其中一种（分别代表“按清单金额比重，按集中拌混凝土（水泥）用量和按沥青混合料用量分摊”）进行分摊计算，也可以通过鼠标右键选择任一方式进行分摊计算。系统即自动计算出分摊目标各自所占比例和分摊金额。

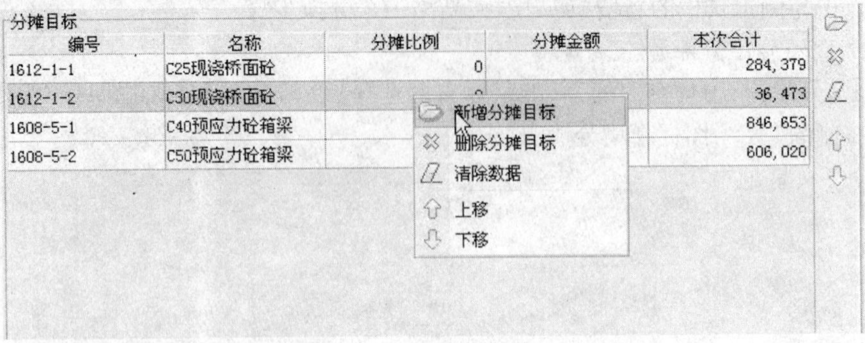

图 11-107　新增分摊图标

如果需要调整分摊比例，则可以直接在比例框中输入新的比例值，系统会自动计算新的分摊金额。如图 11-108 所示。

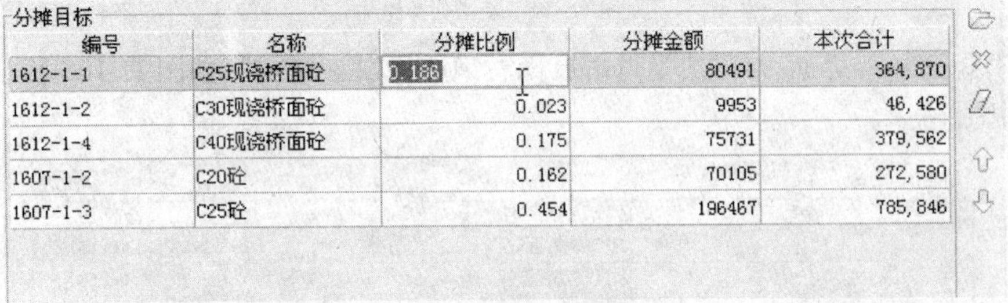

分摊目标				
编号	名称	分摊比例	分摊金额	本次合计
1612-1-1	C25现浇桥面砼	0.186	80491	364,870
1612-1-2	C30现浇桥面砼	0.023	9953	46,426
1612-1-4	C40现浇桥面砼	0.175	75731	379,562
1607-1-2	C20砼	0.162	70105	272,580
1607-1-3	C25砼	0.454	196467	785,846

图 11-108　分摊计算

其他分摊方式分摊操作同上。

注：分摊后的"分摊源"项不再出现在"标表 2 工程量清单"中。

【操作】：删除分摊

点击"分摊方式"窗口左侧的" "图标，可以删除选中的分摊步骤。

点击" "图标可以清除所有的分摊数据。

【练习 11】：将【练习 10】中清单项 311-1-b 的金额按水泥混凝土用量的多少分摊到 311-1-a 和 410-3 里；将 308-2-b 的金额按沥青用量的多少分摊到 308-2-a 里。

2. 调价

系统提供"正向调价"和"反向调价"两种调价方式，可反复调价直至所需报价，并同步输出调价后的各种报表。

(1) 正向调价

"正向调价"可按调整工料机消耗量、工料机单价和综合费率三种方式进行操作。

【操作】：①直接在父节点处输入工料机消耗、单价或综合费率的调价系数，子节点自动按此系数调整；

②点击正向调价" "按钮，则"目标报价"栏的"综合单价"和"金额"按调价系数计算出新的结果。如图 11-109 所示。

调价后可以在"差额"栏对比显示调整清单项的"单价差额"和"合价差额"，便于客户对调价前后的金额进行对比分析。

(2) 反向调价

"反向调价"则是用户在"目标报价"栏输入目标项目的单价或合价控制金额,然后按可按工料机消耗量" XH "、综合费率" FL "和工料机单价" DJ "三种方式进行组合操作,最后由系统根据输入的单价或合价金额进行调价计算。

编号	名称	单位	工程量	调价系数					调前报价		目标报价		差额	
				人工	材料	机械	费率	单价	综合单价	金额	综合单价	金额	单价差额	合价差额
203-1-1	路基挖土方		151971...						5.40	820643	5.40	820643	0.00	
203-1-3	路基挖淤泥		3283.000						17.93	58864	17.93	58864	0.00	
203-2	道路改移开挖		5779.000						9.98	57674	9.98	57674	0.00	
203-3	改移河道开挖												0.00	
203-3-1	改河挖土方	m^3	1978.000						12.07	23874	12.07	23874	0.00	
204-1	路基填方												0.00	
204-1-1	土方填筑(包括清淤后回填土)	m^3	609339...						17.44	10626872	17.44	10626872	0.00	
204-2	改移道路的填筑	m^3	28263.000						17.29	488667	17.29	488667	0.00	
206-1	软基砂砾垫层	m^3	2835.000						51.47	145917	51.47	145917	0.00	
207	路基整理与维修												0.00	
207-1	路基整修	L.S	1.000						29546.00	29546	29545.94	29546	-0.06	
	第 300 章 路 面							[illegible]		908145		834889	0.00	-73256
301	通则							0.90					0.00	
302	级配碎石或砂砾垫层							0.90					0.00	
302-1	水泥土底基层							0.90					0.00	
302-1-1	级配碎石垫层厚15cm	$1000m^2$	2.267					0.90	8155.27	18488	7502.84	17009	-652.43	-1479
302-3	碎石基层(15cm)	$1000m^2$	1.910					0.90	8148.69	15564	7496.40	14318	-652.29	-1246
303-1	水泥稳定石屑底基层							0.90					0.00	
303-1-1	4%水泥稳定石屑底基层厚15cm	$1000m^2$	2.983					0.90	16411.67	48956	15098.13	45038	-1313.54	-3918
303-2	水泥稳定碎石基层							0.90					0.00	
303-2-1	6%水泥稳定碎石基层厚15cm	$1000m^2$	2.771					0.90	17693.25	49028	16277.09	45104	-1416.16	-3924
303-2-3	4%水泥稳定碎石基层厚25cm	$1000m^2$	2.159					0.90	25775.36	55649	23712.46	51195	-2062.90	-4454
305-2	中粒式沥青砼中面层							0.90					0.00	
305-2-1	10cm中粒式沥青砼	$1000m^2$	2.040					0.90	47196.08	96280	43315.63	88364	-3880.45	-7916
305-3	粗粒式沥青砼下面层							0.90					0.00	
305-3-1	8cm沥青碎石	$1000m^2$	2.040					0.90	32317.16	65927	29659.80	60506	-2657.36	-5421
306-1	水泥混凝土面层							0.90					0.00	
306-1-1	水泥砼路面厚10cm	$1000m^2$	0.445					0.90	36831.46	16390	33803.94	15043	-3027.52	-1347
306-1-2	水泥砼路面厚15cm	$1000m^2$	1.443					0.90	48866.94	70515	44850.10	64719	-4016.84	-5796
306-1-3	水泥砼路面厚21cm	$1000m^2$	2.435					0.90	63308.42	154156	58104.23	141484	-5204.19	-12672

图 11-109 正向调价计算

①反向调价设置

【操作】:在"调价"窗口,点击鼠标右键选择【反向调价设置】,系统弹出反向调价设置对话框,"合价误差范围"默认值为10,"最大运算次数"默认值为100。如图 11-110 所示。

根据需求修改"合价误差范围"和"最大运算次数",选择【确定】后,该设置作为本次调价设置,选择【保存为默认条件】,则该设置作为系统调价的默认设置。

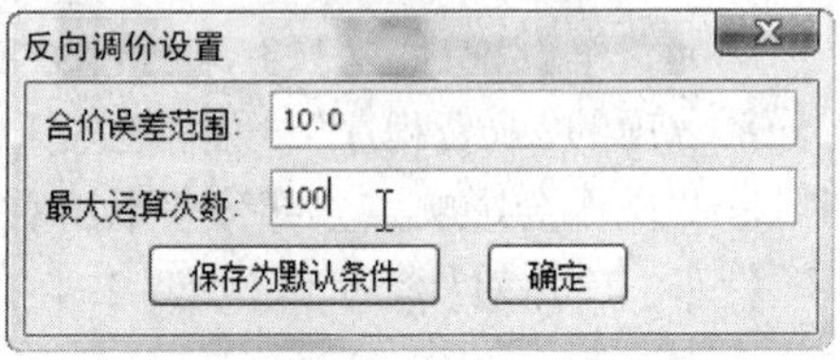

图 11-110 反向调价设置

②反向调价方式

反向调价包含反调工料机消耗、反调综合费率和反调综合单价三种计算方式。

【操作】:a. 工料机消耗反算调整:先设置复选条件" ☑人工 ☑材料 ☑机械 "确认是否对"人工"、"材料"或"机械"同时进行调整,然后输入目标控制价后点击" XH "按钮即可;

b. 综合费率反算调整:输入目标控制价后点击" FL "按钮;

c. 综合单价反算调整:输入目标控制价后点击" DJ "按钮。

如图 11-111 所示。

(3)停止或撤销调价

在进行调价的过程中,如需中止调价,可直接点击"停止"按钮,调价计算停止后,系统会取误差最小的系数作为调价系数。

【操作】:点击调价工具栏的删除" "图标,可以撤销选中节点的调价计算。

点击清空“ ”图标撤销所有调价计算。

(4)设置不调价

①设置子目不调价

编号	名称	单位	工程量	调价系数					调前报价		目标报价		差额	
				人工	材料	机械	费率	单价	综合单价	金额	综合单价	金额	单价差额	合价差额
	第 300 章 路 面							0.90		908145		798949	0.00	-109196
301	通则							0					0.00	
302	级配碎石或砂砾垫层							0					0.00	
302-1	水泥土底基层							0					0.00	
302-1-1	级配碎石垫层厚15cm	1000m²	2.267					0.90	8155.27	18488	7502.84	17009	-652.43	-1479
302-3	碎石基层（15cm）	1000m²	1.910					0.90	8148.69	15564	7496.40	14318	-652.29	-1246
303-1	水泥稳定石屑底基层							0.90					0.00	
303-1-1	4%水泥稳定石屑底基层厚15cm	1000m²	2.983					0.90	1641		098.13	45038	-1313.54	-3918
303-2	水泥稳定碎石基层							0.90					0.00	
303-2-1	6%水泥稳定碎石基层厚15cm	1000m²	2.771					0.90	1769		277.09	45104	-1416.16	-3924
303-2-3	4%水泥稳定碎石基层厚25cm	1000m²	2.159					0.90	25775		23712.46	51195	-2062.90	-4454
305-2	中粒式沥青砼中面层							0.90					0.00	
305-2-1	10cm中粒式沥青砼	1000m²	2.040					0.90	47196.08	96280	25697.92	52424	-21498.16	-43856
305-3	粗粒式沥青砼下面层							0.90					0.00	
305-3-1	8cm沥青碎石	1000m²	2.040					0.90	32317.16	65927	29659.80	60506	-2657.36	-5421
306-1	水泥混凝土面层							0.90					0.00	
306-1-1	水泥砼路面厚10cm	1000m²	0.445					0.90	36831.46	16390	33803.94	15043	-3027.52	-1347
306-1-2	水泥砼路面厚15cm	1000m²	1.443					0.90	48866.94	70515	44850.10	64719	-4016.84	-5796
306-1-3	水泥砼路面厚21cm	1000m²	2.435					0.90	63308.42	154156	58104.23	141484	-5204.19	-12672

图 11-111　反向调价方式

【操作】:在“调价”界面,在不需参与调价的分部分项或定额的【不调价】复选框中勾选即可。

②设置工料机不调价

【操作】:切换到“工料机汇总”界面,在不参与调价的工料机的【不调价】复选框中勾选即可。

③设置费率不调价

【操作】:全局费率设置:切换到“取费程序”界面,在不参与调价的费率项的【不调价】复选框勾选即可。

局部费率设置:如果只有某分部分项下的某一费率不调价,则可切换到“预算书”界面,在该分部分项的“取费程序”处设置独立取费,并在不参与调价的费率项的【不调价】复选框勾选即可。此操作会影响该分部分项下所有存在相同取费类别的定额的费率,使之不参与调价。

【练习 12】:对【练习 10】中调 204 - 1 - e 的人工乘系数 0.7,机械乘系数 0.8。

复习思考题

1. 简述在创建建设项目过程中采用主菜单创建的基本操作。
2. 新建造价文件有哪几种操作方式?
3. 简述建立项目结构中选择标准项的基本操作。
4. 选套定额有哪几种方式?
5. 简述填写工程量的基本操作。
6. 定额调整有哪几种调整方式?
7. 简述辅助定额调整的基本操作。
8. 简述自采材料计算的基本操作。

9. 简述机械台班费用的基本操作。
10. 如何查询某材料的使用情况?
11. 简述主要材料设置的基本操作。
12. 如何选择属性值?
13. 如何修改费率值?
14. 简述借用取费模板的基本操作。
15. 如何新建精度集合?
16. 简述报表打印的基本操作。
17. 简述分摊的基本操作。

第十二章　如何审核造价文件

系统具有强大的审核功能，能够为审核造价文件提供极大的操作便利，下面我们介绍一下审核功能。

第一节　审核操作流程图

WECOST 审核流程图，如图 12-1 所示。

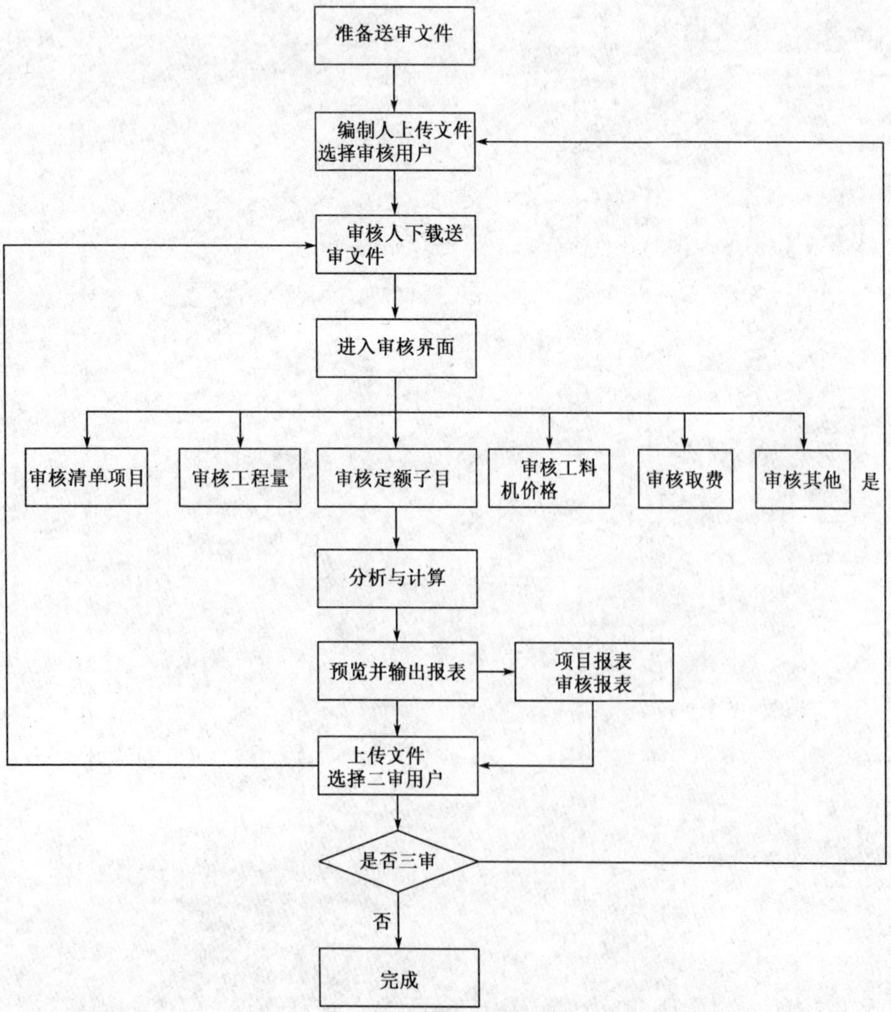

图 12-1　WECOST 审核流程图

第二节　审核造价文件

一、打开待审文件

【操作】:审核人选择要审核的造价文件,点击鼠标右键选择【审核】,进入审核界面,如图 12-2所示。

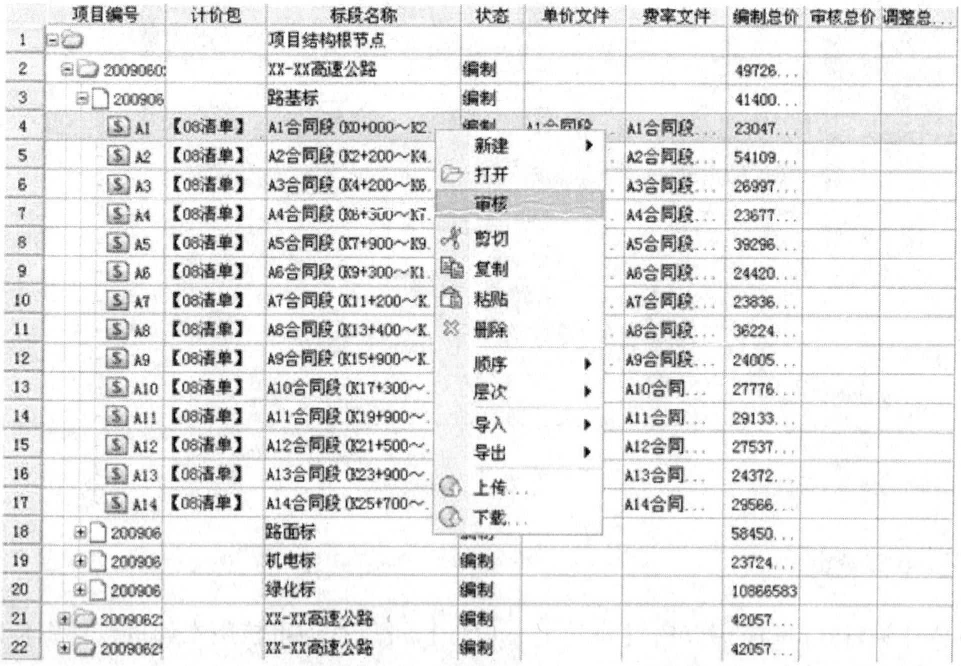

图 12-2　打开审核文件

一个用户编制的文件不能被其他用户打开,审核人不能打开编制人的文件,否则系统会提示,如图 12-3 所示。

图 12-3　“消息”对话框

二、审核操作

审核操作同编制操作,审核人主要从以下 6 个方面来审核:清单项目,工程量,定额子目,工料机价格,取费程序以及其他需要审核的地方。

审核操作处处留痕,并用不同颜色标识审核版本,如图 12-4 所示。

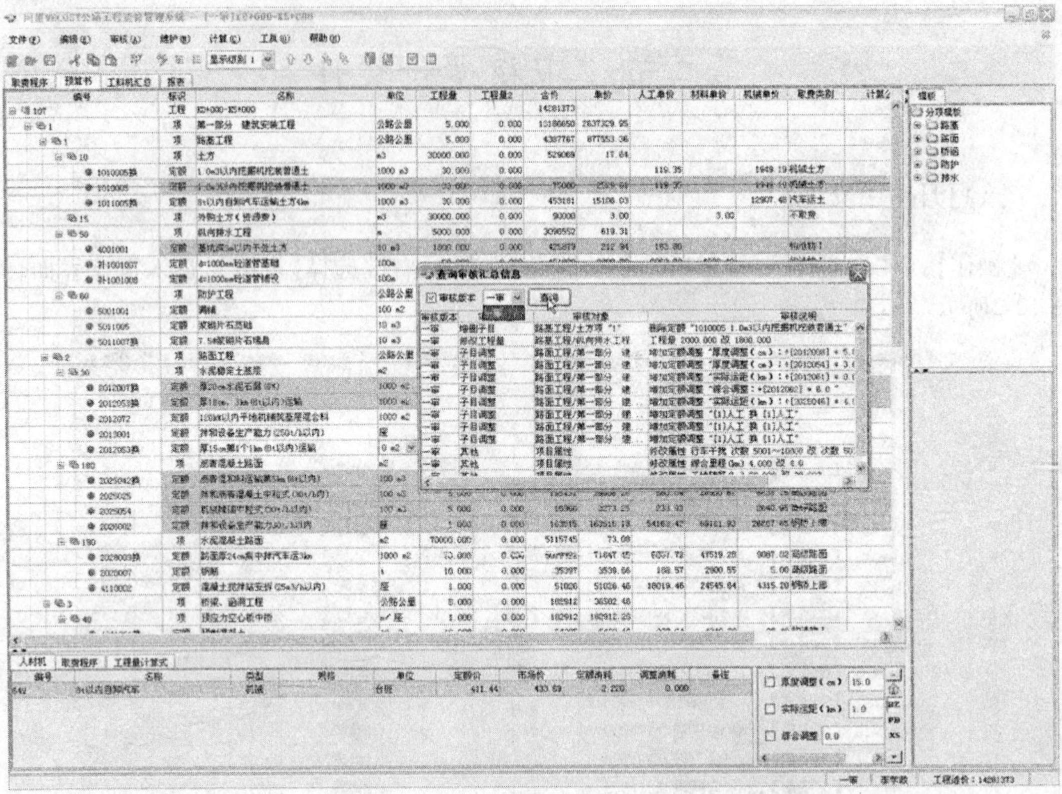

图 12-4　审核

三、审核查询

【操作】:打开【审核】菜单→【审核汇总信息】,可以查询审核版本和审核详细信息,如图 12-5、图 12-6 所示。

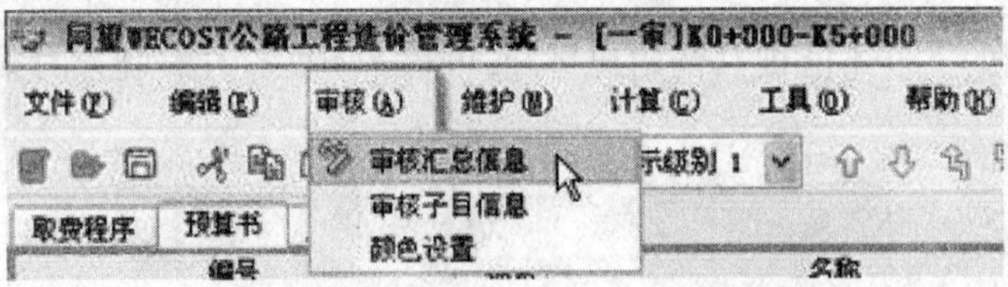

图 12-5　查询审核汇总信息

【审核子目信息】可以查询某个定额子目的详细审核信息。

四、审核报表

所有报表表头均会变成审核版,表尾显示审核人信息,并增加一张"审核信息记录表",报表操作同预算书报表。

五、项目报表(审核)

首先在"项目管理"界面,可以查阅编制金额、审核金额和审减金额,如图 12-7 所示。

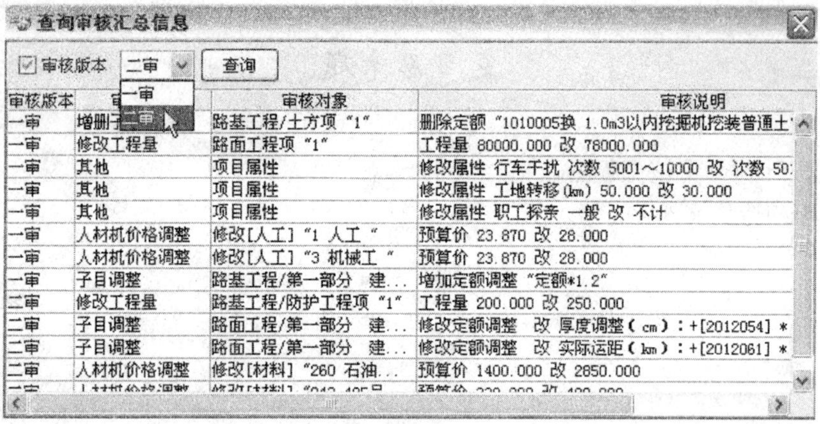

图 12-6　查询结果

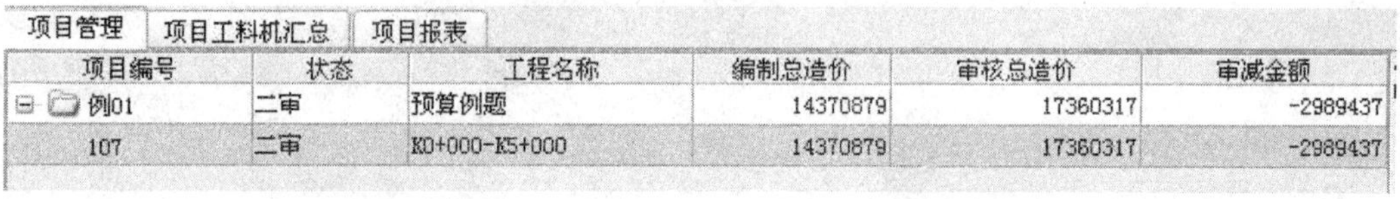

图 12-7　查阅信息

切换到【项目报表】界面，系统提供3张审核汇总报表，从不同角度分析对比审核和报审数据，如图12-8所示。

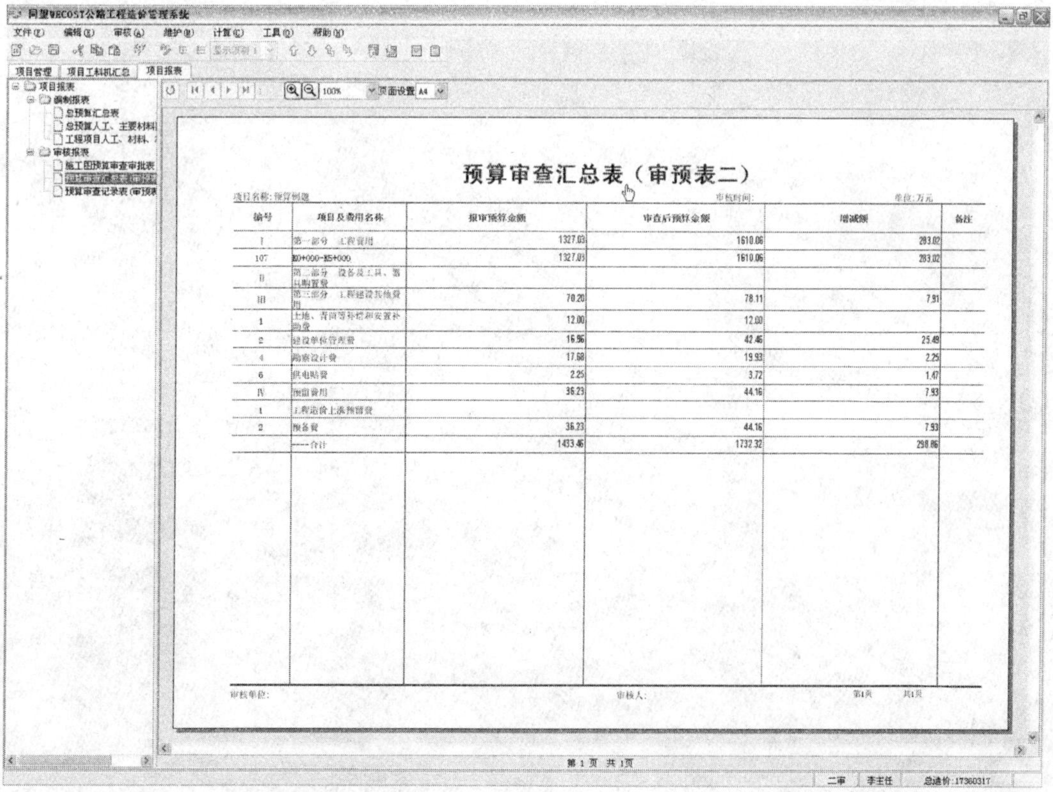

图 12-8　审核汇总报表

审核报表是汇总表，只有在选择“建设项目”或者“子项目”时才会生成数据。

复习思考题

1. 简述 WECOST 审核流程图。
2. 如何审核造价文件?

第十三章　应用操作技巧

第一节　快捷填写工程数量

在编制工程造价文件的时候，往往图纸上的量并不是直接就能够在套用的定额中填写，一般都是要经过一些汇总的计算。因此，一个造价文件的编制人员往往是离不开一个计算器，复杂一点的甚至要用到EXCEL，而这样做的最大麻烦还不是在编制过程中，而是在复核与审查过程中，又必须得把这个过程再重复一遍，系统则提供了一些非常实用的功能，在一定程度上解决了这个问题。

一、工程量中填写计算式

对于简单的几个数的汇总，我们可以直接把算式填在工程量空格内（图13-1），回车后自动会计算出结果（图13-2）。

项	沥青混凝土面层	m^3	28120+21020
定额	粗粒式沥青混凝土沥青混合料拌和设备生...	1000m...	28.120
定额	中粒式沥青混凝土沥青混合料拌和设备生...	1000m...	21.020
定额	自卸汽车装载质量8t以内25km	1000m...	49.140
定额	拌和设备生产能力240t/h以内	座	2.000

图13-1　算式填在工程量空格内

项	沥青混凝土面层	m^3	49140.000
定额	粗粒式沥青混凝土沥青混合料拌和设备生...	1000m...	28.120
定额	中粒式沥青混凝土沥青混合料拌和设备生...	1000m...	21.020
定额	自卸汽车装载质量8t以内25km	1000m...	49.140
定额	拌和设备生产能力240t/h以内	座	2.000

图13-2　自动计算结果

不过这样虽然方便，但对复核或审查并没有减轻工作量的帮助，而且如果要统计的数量比较多的时候就不容易了，因此这个方式比较适合用在对细节对组成的定额工程数量的合计，以及上一级项、目、节等对下级细目的数量合计等。

二、工程量计算式

工程量计算式的功能、用途更广泛，效果也更好一些，我们首先选定要进行工程数量统计的定额，然后在界面的下方选择工程量计算式（图13-3），按图纸的分类把工程数量的算式都填进去后，系统会进行自动的汇总并填入相应的定额中（图13-4），这样，当我们进行复核或者审查的时候，只要对着工程量计算式的内容与图纸对应，就能起到很好的检查效果了。

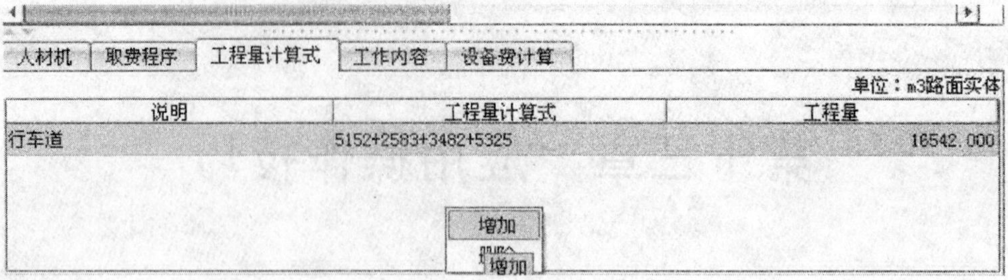

图 13-3　增加工程量计算式

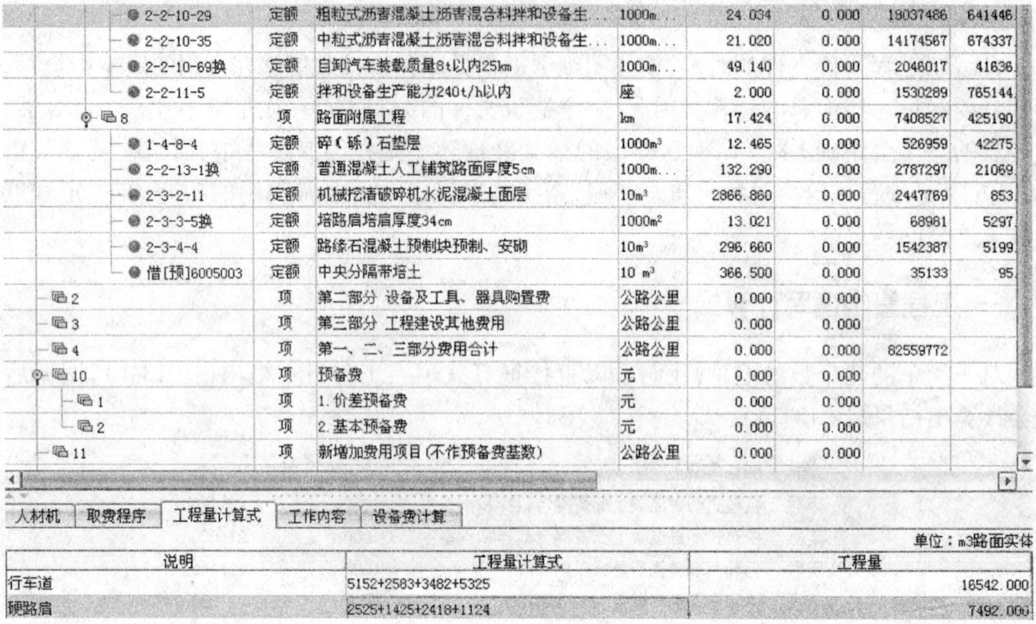

图 13-4　工程量算式效果

三、工程量乘系数

【操作】:选择需要调整工程量的记录(项、子项、定额、工料机),右击右键菜单选择【批量】→【工程量乘系数】,输入工程量系数后确定即可。如选中的是上级节点,则其下所有子节点也会乘以相应系数。

可按住 Shift 和 Ctrl 键进行多选,如图 13-5 所示。

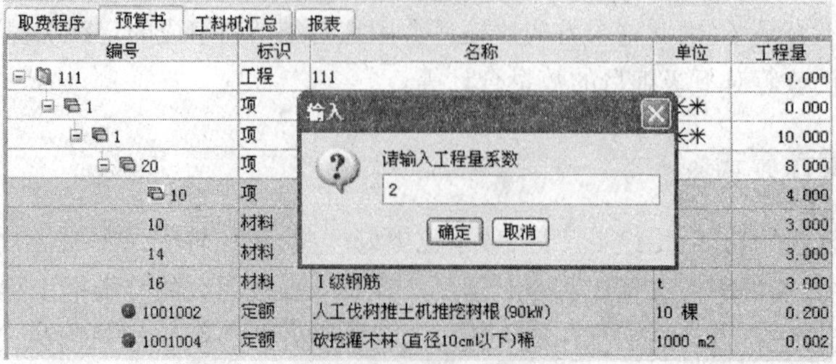

图 13-5　工程量乘系数

第二节　数量单价类及计算公式计算

在估算、概算、预算的第一部分下增加项或清单同级的数量单价类，需注意以下约定。

一、项或清单同级的数量单价类

【操作】：右击选择【增加】→【前项】或【后项】或【子项】或【清单】，输入【编号】、【名称】、【单位】、【数量】，在【人工单价】或【材料单价】或【机械单价】列中输入相应的单价，并选择相应的取费类别，即可进行计算，如图 13-6 所示。

编号	标识	名称	单位	工程量	工程量2	合价	单价	人工单价	材料单价	机械单价	取费类别
001	工程	XX公路									
1	项	第一部分　建筑安装工程	公路公里	0.000	0.000						
1	项	路基工程	公路公里	0.000	0.000						
10	项	土方	m^3	10000.000	0.000						
|	项			0.000	0.000						
50	项	纵向排水工程	m	1000.000	0.000						

图 13-6　输入相应的单价

如不需计算技术装备费、利润、税金，可将取费类别设置为独立取费，并勾选不需计算的项目，如图 13-7 所示。

费用代号	费用项目	计算说明	金额	不计	计算表达式
JAGCF	建安工程费	一＋三＋四＋五＋六	33163.92	☐	一＋三＋四＋五＋六
一	直接工程费	(一)+(二)+(三)	30000.00	☐	(一)+(二)+(三)
(一)	直接费	RGF+CLF+JXF	30000.00	☐	RGF+CLF+JXF
(二)	其他直接费	其他费合计	0.00	☐	DJF+YJF+YeJF+GYF+YHF...
(三)	现场经费	LS+GL	0.00	☐	LS+GL
(四)	定额基价	定额基价	30000.00	☐	round(bp_de_rg_dj+bp...
二	定额直接工程费	(二)+(三)+(四)	30000.00	☐	(二)+(三)+(四)
三	间接费	QG+CW	0.00	☐	QG+CW
四	施工技术装备费	(二＋三)*费率	900.00	☑	(二＋三)*sp_fl_sz
五	计划利润	(二＋三)*费率	1200.00	☑	(二＋三)*sp_fl_lr
六	税金	(一＋三＋五)*费率	1063.92	☑	(一＋三＋五)*sp_...
ZBJAF	定额建安费	二＋三＋四＋五＋六	33163.92	☐	二＋三＋四＋五＋六
DJ	综合单价	建安工程费/工程量	331.64	☐	JAGCF / bp_gcl

图 13-7　勾选不需要计算的项目

二、项或清单同级的计算公式类

【操作】：右击选择【增加】→【项】或【清单】，输入【编号】、【名称】、【单位】，然后在【计算公式】列直接填入计算公式，如 10000 ∗ 3，如图 13-8 所示。

编号	标识	名称	单位	工程量	工程量2	合价	单价	取费类别	计算公式
001	工程	XX公路				59996			
1	项	第一部分　建筑安装工程	公路公里	0.000	0.000	57139	57139.11		
1	项	路基工程	公路公里	0.000	0.000	54550	54549.78		
10	项	土方	m^3	10000.000	0.000	24550	2.45		
1010005	定额	$1.0m^3$以内挖掘机挖装普通土	1000 m^3	10.000	0.000	24550	2454.98	机械土方	
11	项	外购土方	m^3	10000.000	0.000	30000	3.00		10000*3

图 13-8　直接输入计算公式

也可点击【计算公式】右侧的按钮，弹出“取费基数编辑对话框”。在【费率】或【费用项目】标签下，双击选择费率项或费用项，在上半视窗的多行文本框中可任意编辑公式，如图 13-9 所示。

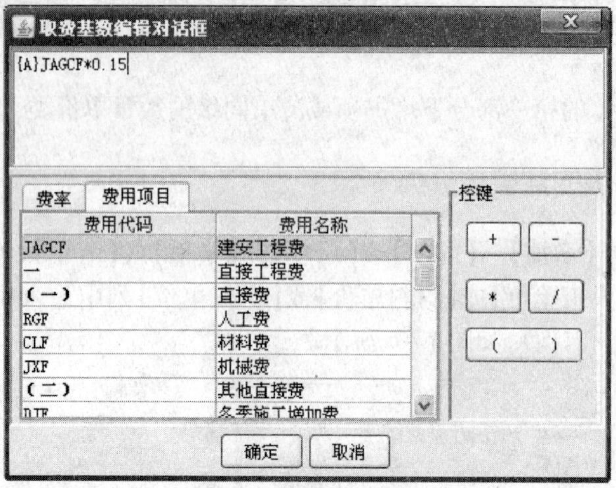

图 13-9　编辑公式计算

下面介绍一些特殊公式的编辑方法：

(1)符号#

#×××表示合计，即取所有代号为×××的累加值。

例如：系统给选择了专项暂定金的清单，自动编代号为 ZX，则在专项暂定金小计的【计算公式】列，写入公式#ZX，即可计算出专项暂定金小计金额，如图 13-10 所示。

编号	标识	名称	单位	工程量	合价	综合单价	取费类别	计算公式	代号	专项暂定
071j-01	工程	第一合同段								☐
	清单	第100章至第700章合计		0.000	200000	200000.00			A	☐
	清单	清单　第100章　总　则		0.000	200000	200000.00			A1	☐
101-1	清单	保险费		0.000						☐
102-2	清单	施工环保费	总额	1.000	100000	100000.00			#ZX	☑
103-1	清单	临时道路修建、养护与拆除(包括原道路...	总额	1.000	100000	100000.00			#ZX	☑
	清单	已包含在清单合计中的专项暂定金额小计		0.000	200000	200000.00		#ZX	B	☐

图 13-10　专项暂定金小计金额计算

(2)符号$

$表示取某一工料机的数值，数值类型分为：数量 SL、定额价 DEJ、市场价 BZJ。

例如：$ BZJ[×××]——表示取编号×××的工料机的市场价。

总用电量：$ SL[267]

人工总数量：$ SL[1] + $ SL[3]

人工预算价：$ BZJ[1]

人工定额价：$ DEJ[1]

第三节　快捷输入定额

一、利用块导入导出功能

这个功能的优点是，既能够作为数据积累使用，又能作为协同工作使用。

根据需要，选中所需导出的项、目、节、细目，也可以具体选中一条或者多条定额。

1. 选中项、目、节及细目

【操作】:如图 13-11 所示,选中"ϕ1.8m 挖、钻孔桩"细目,则导出这个细目内的所有定额。

选中具体一条或者多条定额,如图 13-12 所示,则导出所选 4 条定额。选择块导出后系统将弹出对话框,如图 13-13 所示,填写名称单击保存就可以完成导出工作。

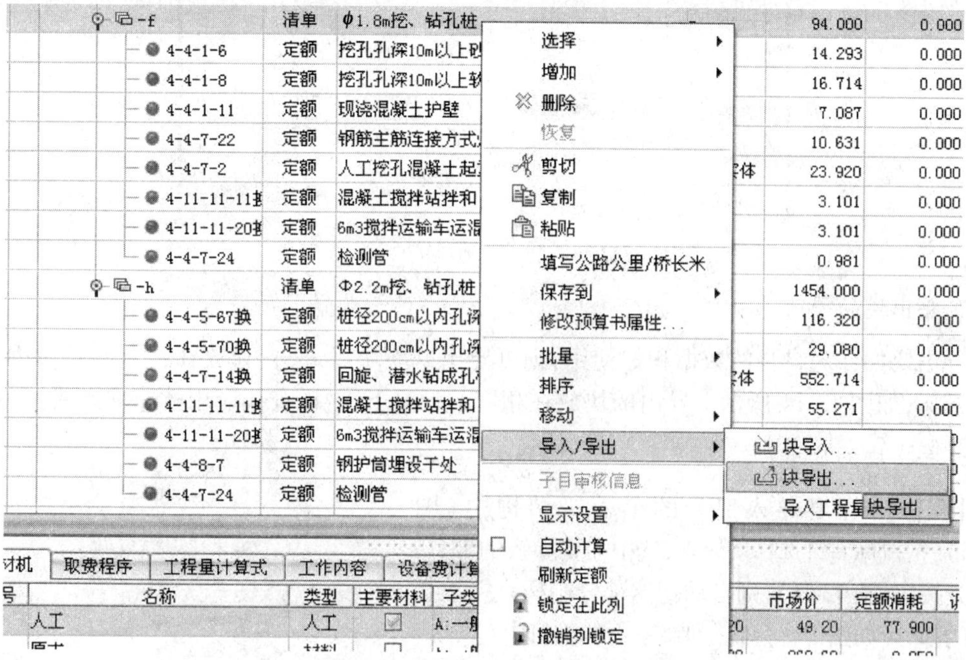

图 13-11　导出细目内的所有定额

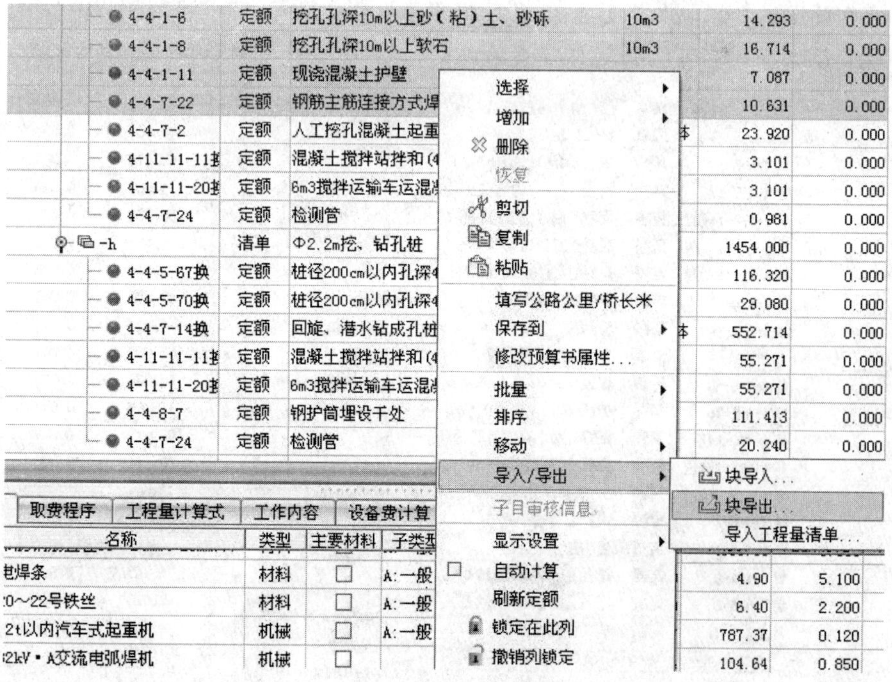

图 13-12　导出所选定额

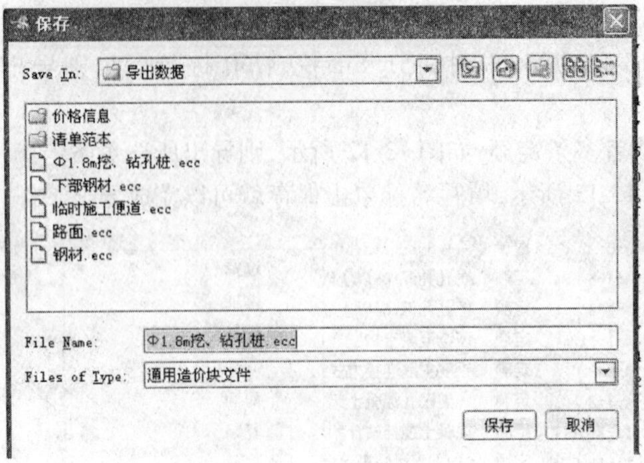

图 13-13　完成导出

2. 导出块的管理

导出块如作为自身的数据积累使用，则可导出这些块后，把它存放在特定的目录内，起一个目录树，如图 13-14 所示。导出的块放在相应的目录下，这样查找应用就非常方便。

3. 导出块的应用

【操作】：在要导入部分的上一级结构中（图 13-15），按鼠标右键选择块导入，选中需要导入的部分，按打开按钮（图 13-16），则自动把这部分结构直接放在需要的部分（如图中就会放在 425-1 下的细目中）。

注：在使用块导入定额时，要先在【工具】菜单→【系统参数设置】处，把“是否自动填写工程量”的值设置为“否”，否则有可能引起工程量的混乱。

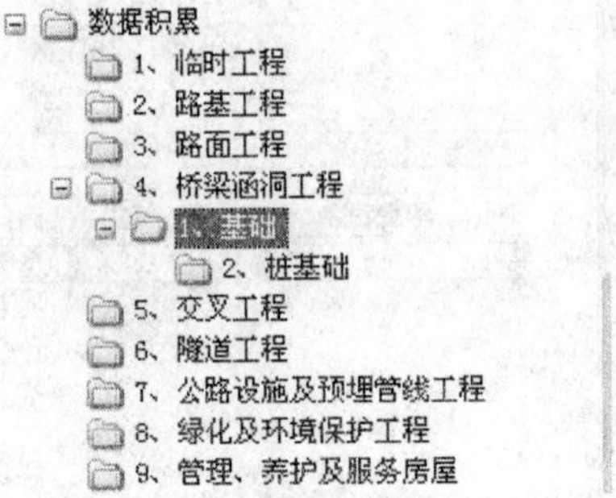

图 13-14　导出块的管理

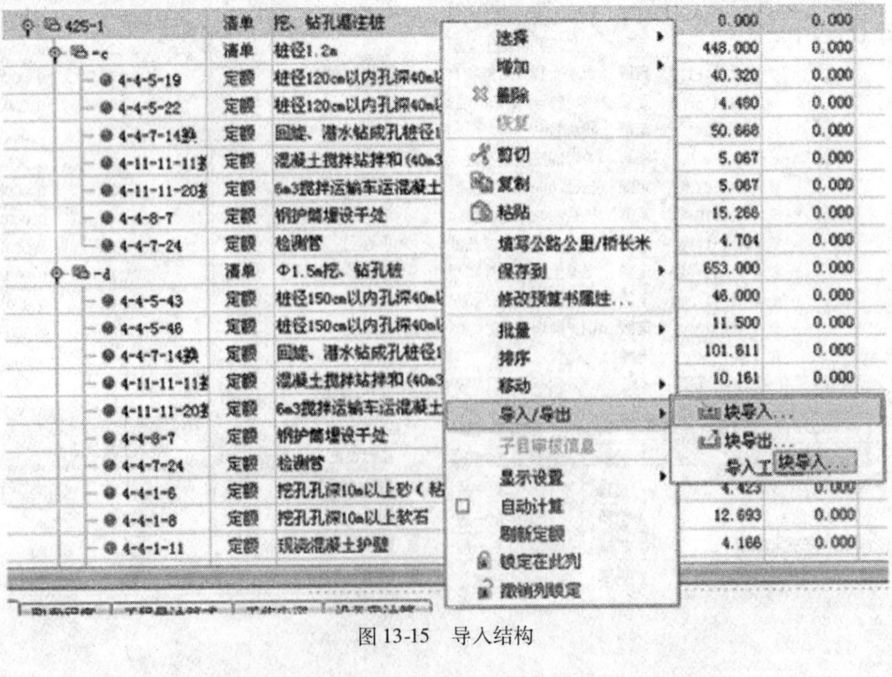

图 13-15　导入结构

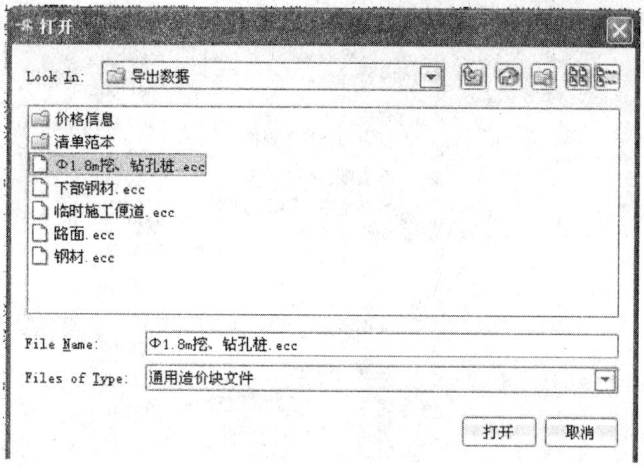

图 13-16　自动导入

二、利用分项模板功能

【操作】：首先选择要导到的分项模板的位置，如图 13-17a）所示；然后选择要保存到分项模板的项、目、节、细目或者定额，选择保存到"我的分项模板"，如图 13-17b）所示；再将该部分的结构及定额复制到分项模板的相应位置，当别的项目需要应用的时候，只要选中准备导入该部分分项模板的上一级，然后在分项模板中选中你要导入的部分，按鼠标右键选择"增加到预算书"，如图 13-17c）所示，就可以将该部分的结构及定额全部导入。

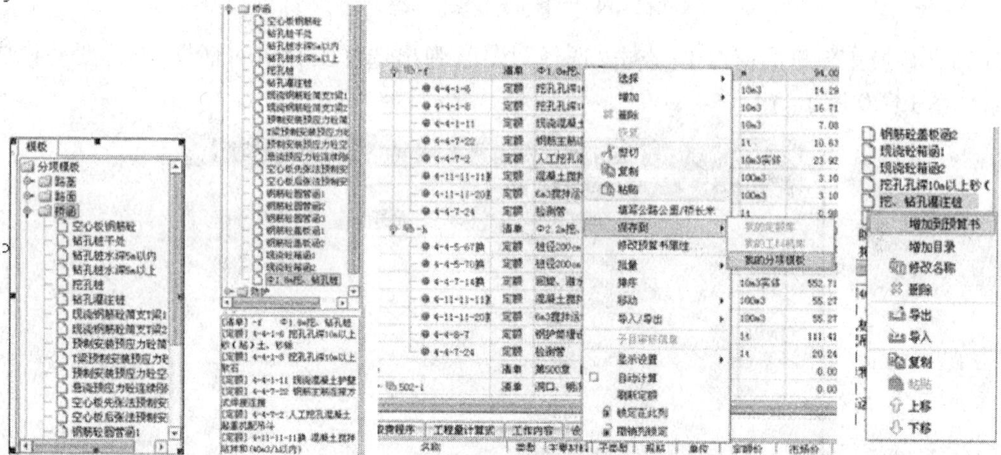

a)　　b)　　c)

图 13-17　用分项模板功能导入

用分项模板的方式进行数据积累的最大好处就是导入方便，也很直观，但是如果要拿到别的机器上使用，会多一步导出的步骤，而且也会影响另一部机器的分项模板的结构。因此，应该根据不同的需要选择这两种方式中的一种，达到需要的效果。

第四节　工料机替换

【操作】：(1)选定工料机汇总界面，然后选择要查找的材料，用鼠标右键菜单选择"工料机替换"，如图 13-18 所示。

(2)系统弹出替换工料机对话框,如图 13-19 所示。

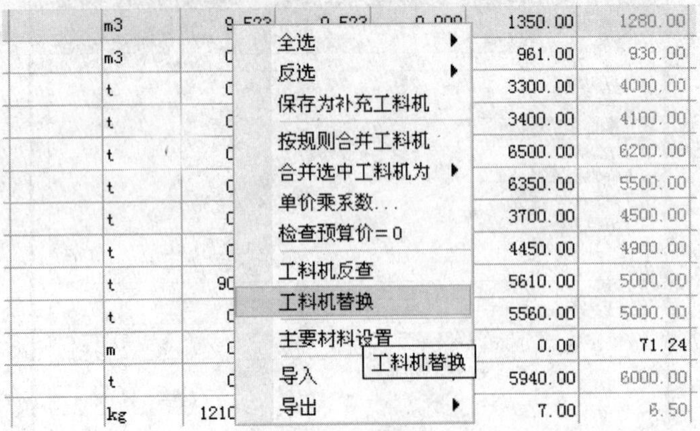

图 13-18　工料机替换操作步骤(一)

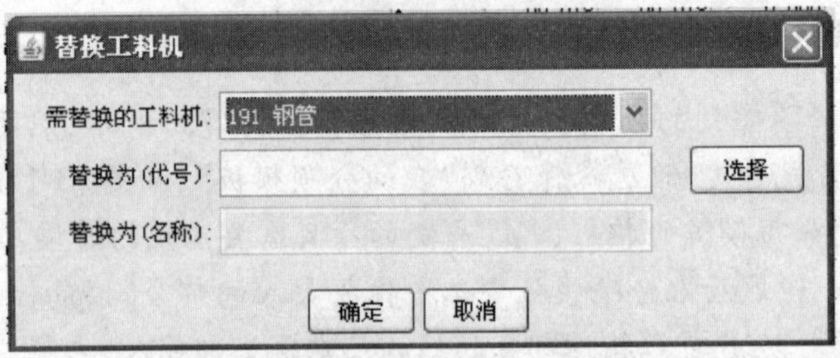

图 13-19　工料机替换操作步骤(二)

(3)在替换工料机的窗口中,点击“选择”按钮,弹出选择工料机对话框,选择要替换成的材料,如图 13-20 所示。

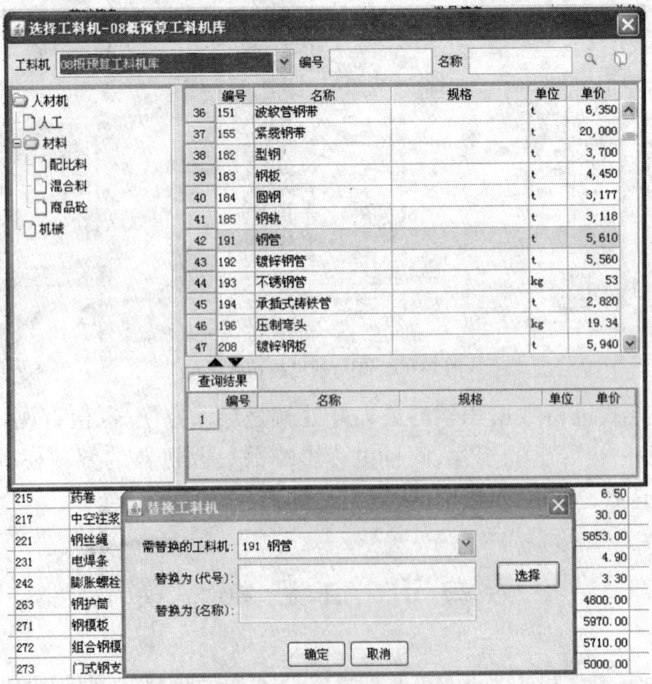

图 13-20　工料机替换操作步骤(三)

(4)双击该材料,则出现如图 13-21 对话框,确定后就可以把所有用到这种材料的定额中该种材料都替换了。如果用户对材料编号很熟悉,也可以直接在图 13-21 对话框的“替换为”后的输入框内直接输入要替换成的材料号。

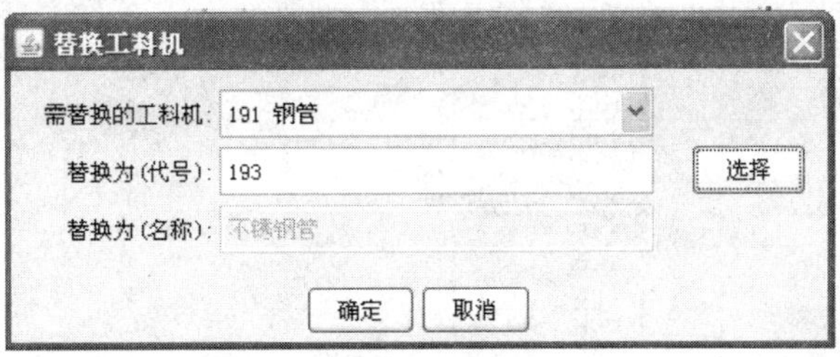

图 13-21 工料机替换操作步骤(四)

第五节 我的定额工料机库

“我的定额工料机库”是用来储存自编的定额和工料机。

【操作】:在项目管理或预算书界面,点击【维护】菜单→【我的工料机库】,进入“我的工料机维护”界面。

在定额窗口目录栏中,选择某节点,右击选择【增加章节】,如图 13-22 所示。具体有:

(1)修改名称

【操作】:选择某节点,三击鼠标左键或右击选择【修改名称】,输入名称即可。

(2)定额编号前缀

【操作】:选中某个节点,如河北补充定额,右击选择【定额编号前缀】,在弹出对话框中,填写定额编号的前缀,如:冀。则系统自动在选中节点([河北补充定额])下的所有定额号前加一个前缀“冀”。定额前缀中不能含有数字。

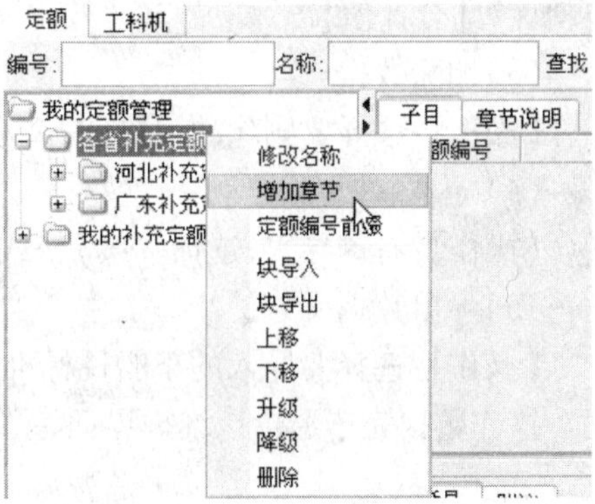

图 13-22 增加章节

(3)块导入与块导出

【操作】:块导出:选择某节点,右击选择【块导出】,指定导出文件保存路径,输入名称后保存即可。导出文件类型为. deb 格式。

块导入:选择导入文件的位置,右击选择【块导入】,选择类型为. deb 的文件导入。

(4)上移、下移、升级与降级

请参见项目管理中的【上移、下移】和【升级、降级】。

(5)删除

【操作】:选择某节点,右击选择【删除】即可。

第六节 车船税维护

【操作】:在项目管理或预算书界面,点击【维护】菜单→【车船税维护】,进入车船税维护界面,如图 13-23 所示。具体为:

车船税维护

编号	名称
1	北京标准
2	陕西养路...
3	广东省养...
4	湖南省养...
5	湖南土建...
6	宁夏养路...

代号	合计值	养路费(元/...	车船税(元...	养路费计量吨	使用税计量吨	年工作月	年工作台班
452	23.1	140	0	2.75	0	12	200
524	29.2	70	60	5	3	12	150
549	12	70	60	2	2	12	150
592	39.3	70	60	9	5	12	200
595	64.8	70	60	15	6	12	200
599	64.8	70	60	15	6	12	200
640	31.64	140	60	4	4	12	220
641	39.55	140	60	5	5	12	220
642	63.27	140	60	8	8	12	220
643	79.09	140	60	10	10	12	220
644	99.55	140	60	12.5	15	12	220
647	34.8	140	60	4	4	12	200
648	43.5	140	60	5	5	12	200
649	69.6	140	60	8	8	12	200

图 13-23　车船税维护

(1)修改数据

【操作】:在左栏中选择标准后,在右栏中【养路费】、【车船税】、【养路费计量吨】、【使用税计量吨】、【年工作月】、【年工作台班】处双击可修改原有数据,修改后回车确认,系统自动刷新【合计值】。

(2)增加数据

【操作】:在右栏处右击选择【增加】,系统自动在末尾处增加一条新记录,输入【代号】、【养路费】、【车船税】、【养路费计量吨】、【使用税计量吨】、【年工作月】、【年工作台班】,系统自动计算【合计值】。

(3)删除数据

【操作】:选择要删除的记录,右击选择【删除】,该条记录被删除。

(4)导入数据

【操作】:右键导入,选择“.txt”格式的车船税标准,确定导入。

(5)导出数据

【操作】:选择要导入的车船税标准,右键导出,在弹出的对话框中选择保存路径,确定导出。操作数据完毕退出该维护界面,系统会自动进行保存。

第七节　我的取费模板

“我的取费模板”窗口,用来管理和维护用户保存或导入的取费模板信息。

【操作】:在项目管理或预算书界面,点击【维护】菜单→【我的取费模板】,进入“我的取费模板”维护界面,如图 13-24 所示。具体为:

(1)保存模板

【操作】:在取费程序界面,点击【保存模板】,可以直接把当前模板另存到设置好工作文件夹中,并在我的取费模板窗口中显示出来。

(2)导入导出

在我的取费模板对话框,用户可以导入或导出自定义模板,以共享数据。

(3)删除模板

在我的取费模板对话框,用户对于不需要的模板可进行删除操作。

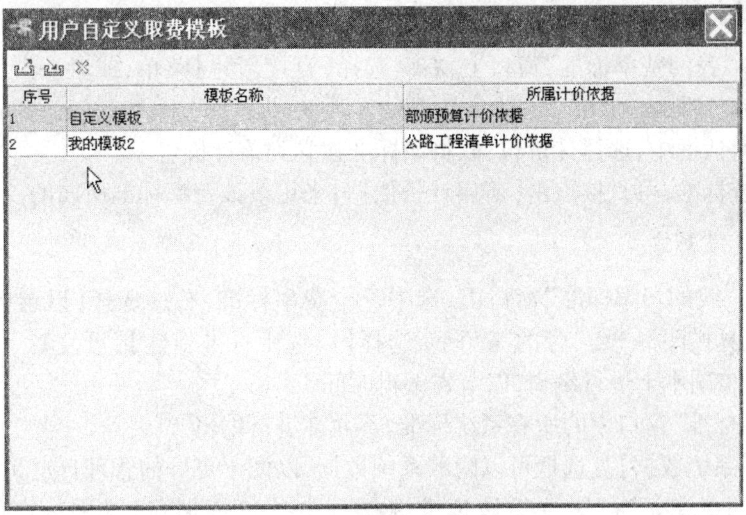

图 13-24　自定义取费模板

第八节　我的费率标准

在“我的费率模板”窗口中,可以对费率标准进行各种维护操作。如:新建费率标准,导入导出费率标准等。

【操作】:在项目管理或预算书界面,点击【维护】菜单→【我的费率模板】,进入“我的费率标准”维护界面,如图 13-25 所示。

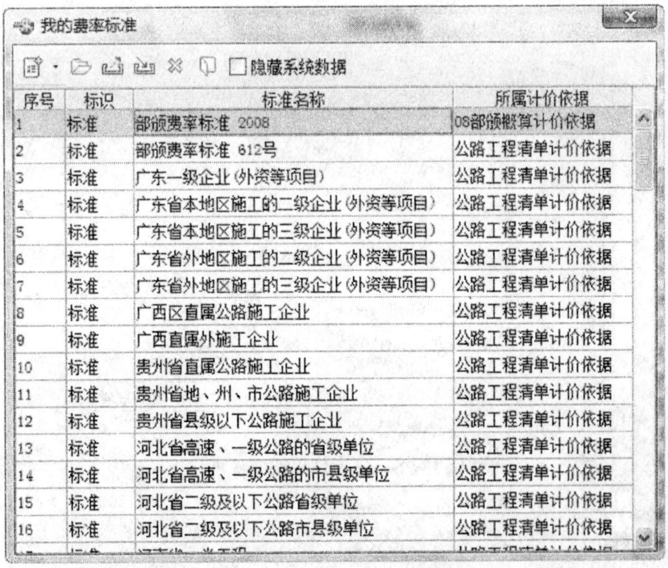

图 13-25　“我的费率标准”界面

一、新建费率标准

有两种新建费率标准的方法。

1. 直接新建

【操作】:在“我的费率标准”窗口上,右键选择【直接新建】菜单,或者点击工具栏图标,新建一个空的费率标准。

在弹出的对话框中,选择计价包,以将该标准建立到该计价包中。

对于非系统标准,可直接点击【所属计价依据】来更改该费率标准所属的计价依据包。

2. 以选中标准新建

【操作】:在“我的费率标准”窗口上,选中一个费率标准,右键选择【以选中标准新建】菜单,或者点击工具栏图标“ ”旁的三角形,选择【以选中标准新建】,可复制一份选中标准的副本,则直接在该副本上进行编辑,以节省编辑时间。

“我的费率标准”窗口中的所有系统标准,不允许进行编辑。

勾选【隐藏系统数据】复选框可以隐藏系统数据,以便于更好的管理自定义的数据。

对于新建的费率标准,需要给该标准选择一个计价依据包,以供特定的计价依据包使用。

给费率标准取名时,一定要包含地方名称,如:××省费率标准,程序则根据工程所在地筛选费率标准。

二、导入导出费率标准

【操作】:在“我的费率标准”窗口上右键选择【导入或导出】菜单,或者点击工具栏图标“ ”,可以导入导出一个费率标准,以便于和他人共享数据,如图 13-26 所示。

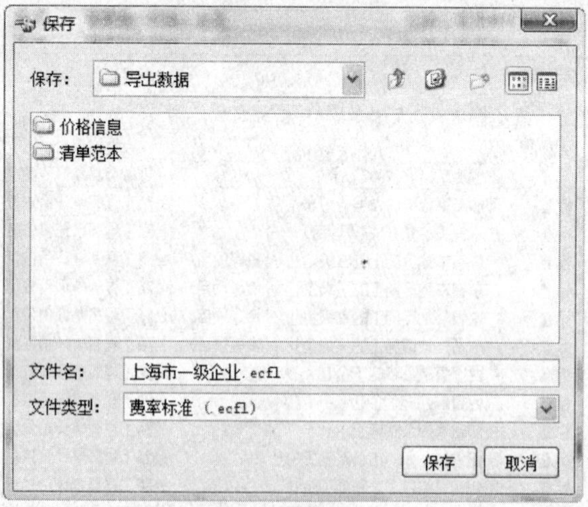

图 13-26　导入导出费率标准

三、费率标准编辑

【操作】:选中一个非系统的费率标准,右键选择【打开】,或者点击工具栏图标“ ”,可打开一个费率标准,进入费率标准编辑窗口,如图 13-27 所示。

费率标准编辑界面,分成 5 个视窗。按照从左到右、再从上到下的顺序,分别是视窗 1(费率项),视窗 2(项目属性),视窗 3(属性值),视窗 4(项目属性说明),视窗 5(费率值)。

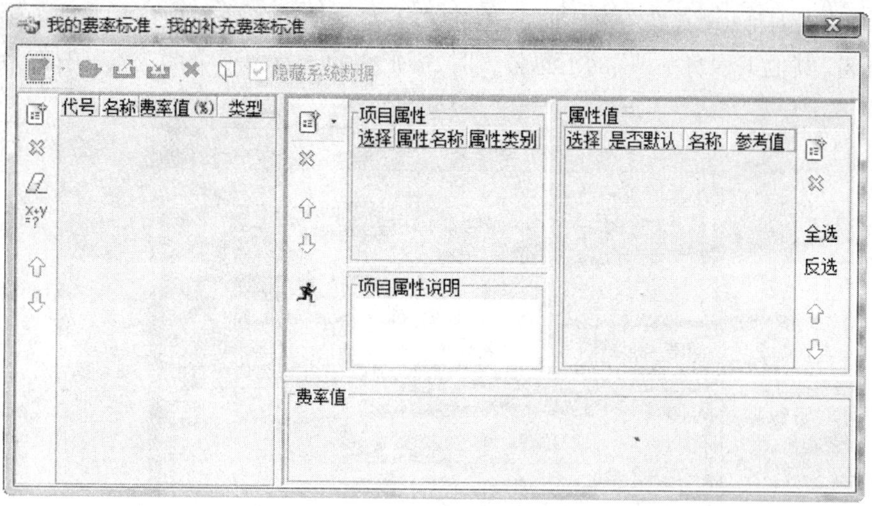

图 13-27 费率标准编辑

1. 新建费率项

【操作】:在视窗 1,即最左边的视窗,进行的操作是编辑费率项。

在视窗 1,右键选择【新建】,或者点击最左边工具栏上的图标"",新建费率项,如图 13-28所示。

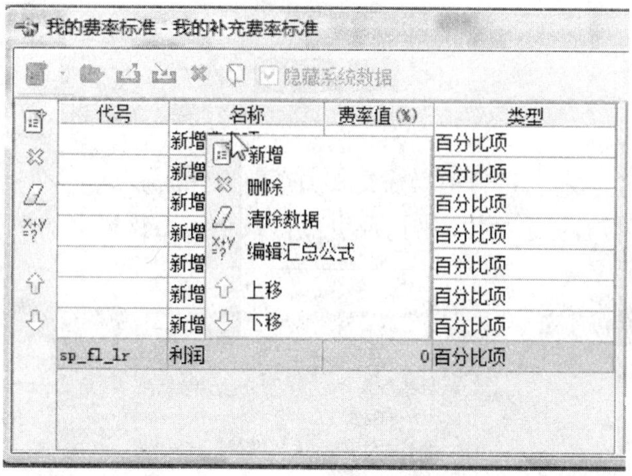

图 13-28 新建费率项

给新增的费率项,填写代号、名称、费率值(%)、类型。

[代号]必须以 sp 开头。如不以 sp 开头,系统不能识别该费率代号。

[名称]即为该费率项的名称,如:其他工程费,冬季施工增加费、利润、税金等。

[费率值(%)],是指该费率项的值,在缺省情况下取默认值。

[类型]分为两种:一种为百分比项;另一种为非百分比项。百分比项是指费率值需乘以 100% 的费率项,费率项基本上都是百分比项。

2. 编辑汇总公式

【操作】:在视窗 1,选中汇总项,右键选择【编辑汇总项】,或者点击最左边工具栏上的图标,可弹出汇总项编辑对话框,如图 13-29 所示。

在费率编辑对话框的【费率】标签下，双击选入费率项。各费率项须用加、减、乘、除相连接。如：编辑“其他工程费率项”的汇总公式时，需把它的子费率项全部选入，用加号连接。

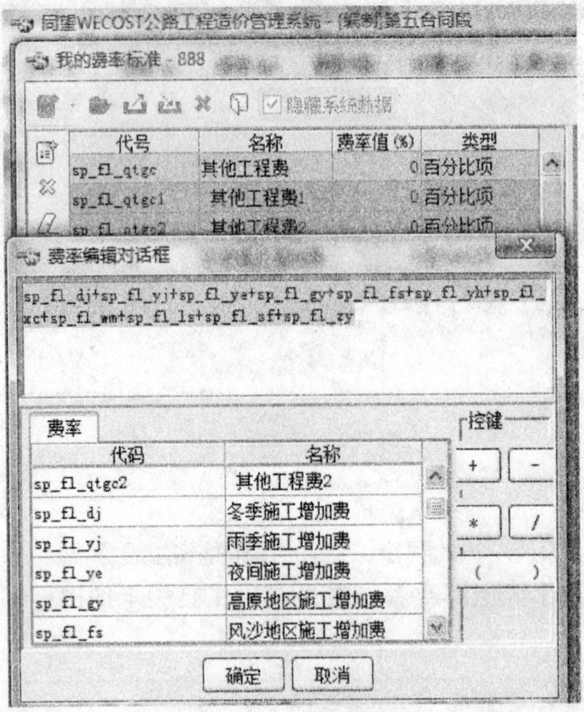

图 13-29　编辑汇总公式

3. 新建项目属性

在视窗 2，即中间的视窗，进行的操作是编辑项目属性。

【操作】：在视窗 2，右键选择【新建】，或者点击最中间工具栏上的图标“”，可新建项目属性，如图 13-30 所示。

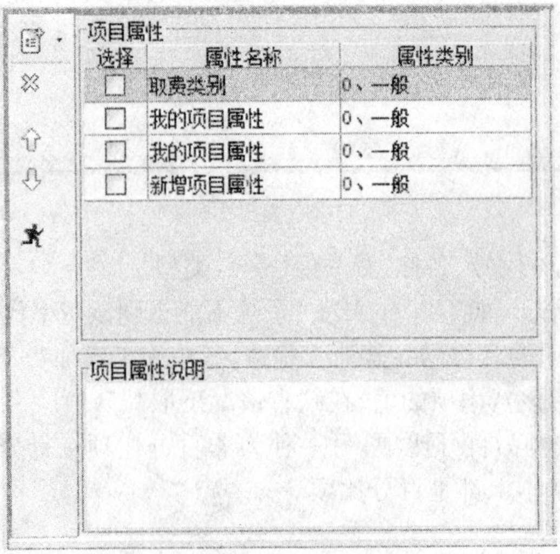

图 13-30　新建项目属性

【属性类别】的说明见表 13-1 所列。

属性类别　　表 13-1

类型	名称	说明
0	一般	一般的下拉列表,例如:冬季施工,雨季施工
1	递增内插	在范围内按插值计算,最后一项为“每增加…”,超过费率表的参考值,在最大值基础上加上一参考比例值 如:主副食运费,工地转移
2	累进计算	累进计算。 比如:建设单位管理费率
3	固定比例	根据所属范围,取对应值。比如: $M \leqslant 500$,3.5% $M \leqslant 1000$,5% 那么当 $M=400$ 则取 3.5% $M=800$ 则取 5%
4	递增比例	根据所属范围,取对应值,最后一项为“每增加…”,超过费率表的参考值,在最大值基础上加上一参考比例值(*1.1)
5	固定内插	在范围内按插值计算,超过费率表的参考值,直接取费率表的最大值

项目属性显示在【取费程序】界面的右边窗口,如图 13-31 所示。

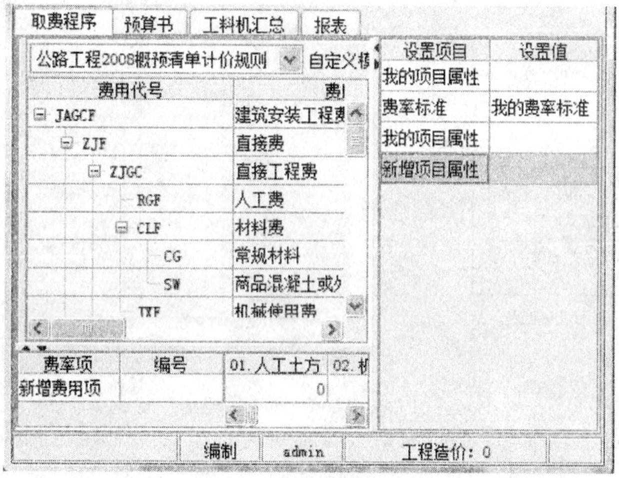

图 13-31　项目属性显示位置

注:必须新建一个名称为“工程所在地”的项目属性。由于与程序的约定,该项目属性用来根据省份的名称来筛选费率标准。如:工程所在地选择“广东”时,会把部颁的费率标准和费率标准名称中包含广东的所有费率标准列出,以供用户快速选择,如图 13-32 所示。

取费类别即工程类别,在系统中作为一个特殊的项目属性。为必须增加的项目属性,在[取费程序]窗口中不显示该属性。

【操作】:在视窗 2,右键选择【增加取费类别项目属性】,或者点击工具栏图标“ ”旁的三角形,选择【增加取费类别项目属性】,可拷贝一份系统中定义好的取费类别。

4. 编辑项目属性说明

视窗 4 的项目属性说明,可以用来解释说明该属性的各种情况。如:新建地方费率标准时,可在冬季施工项目属性说明处,填写该省的气温区划分情况,如图 13-33 所示。

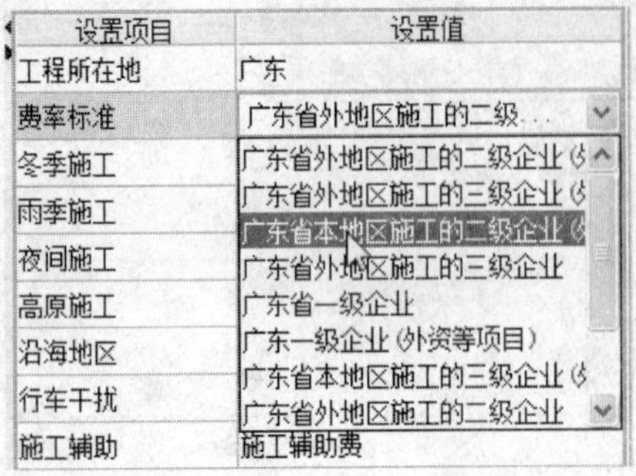

图 13-32　筛选费率标准

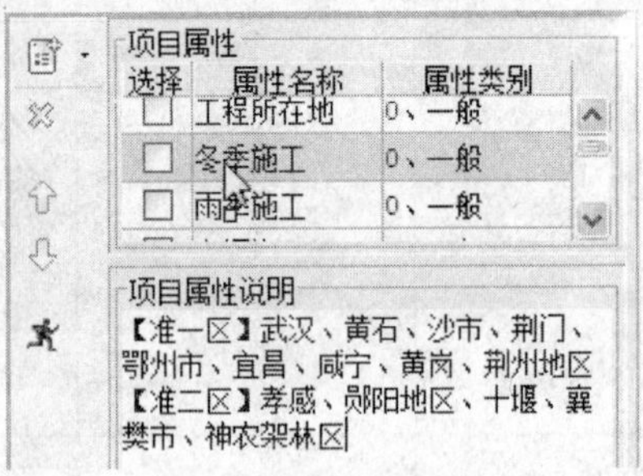

图 13-33　编辑项目属性说明

在取费程序中,选择气温区时,系统能以 Tip 形式提示各气温区划分情况,如图 13-34 所示。

5. 新建项目属性值

【操作】:在视窗 3,右键选择【新建】,或者点击最右边的工具栏上的图标"",可新建项目属性值。如图 13-35 所示。

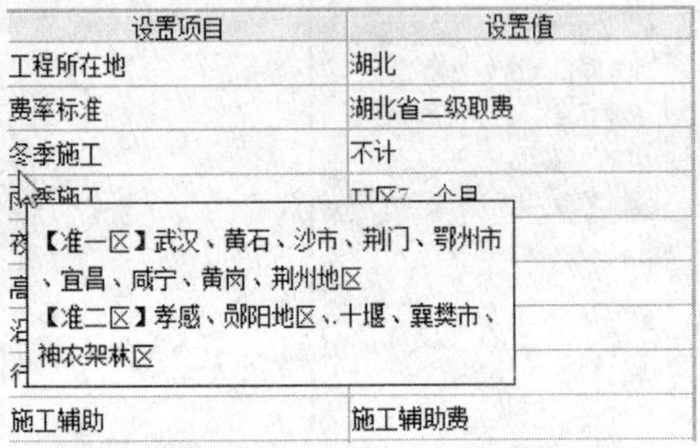

图 13-34　Tip 形式提示各气温区划分情况

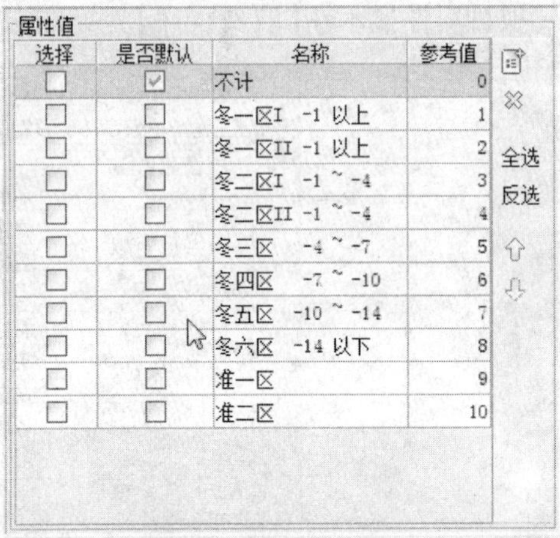

图 13-35　新建项目属性值

项目属性值,在界面上的表现基本都显示为下拉列表的形式,除工地转移和主副食运费是以文本框形式显示外。

【选择】选择该属性值进行排列组合形成费率值。

【是否默认】即属性值的默认值。每次新建造价文件,选择该费率标准时,在取费程序界面显示的值。

【名称】下拉列表中每项的名称。

【参考值】在建立工地转移和主副食运费这两项费率项时使用,其他费率项可不用填写该值。

建立完费率项、项目属性和属性值后,就可以根据编办的要求来生成费率值了。

6. 生成费率值

【操作】:(1)新建费率项,新建项目属性,新建项目属性值。

(2)在视窗1选中要生成费率值的费率项,在视窗2的选择列勾选与该费率项相关的项目属性,在视窗3的选择列勾选相关的项目属性值。如图13-36所示。

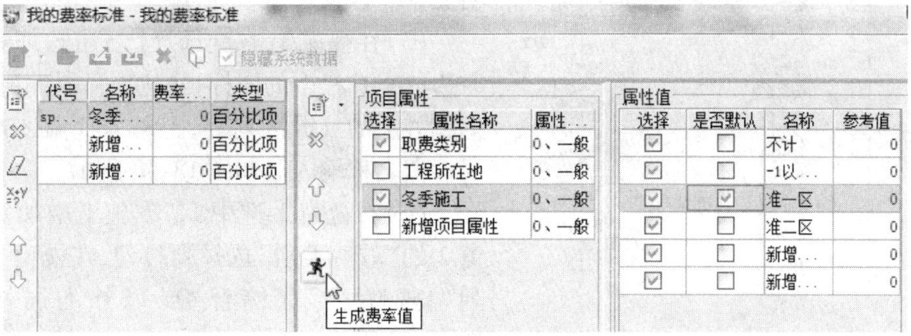

图13-36 生成费率值

(3)在视窗2,右键选择【生成费率值】,或者点击中间的工具栏上的图标,可进行排列组合生成费率值,如图13-37所示。

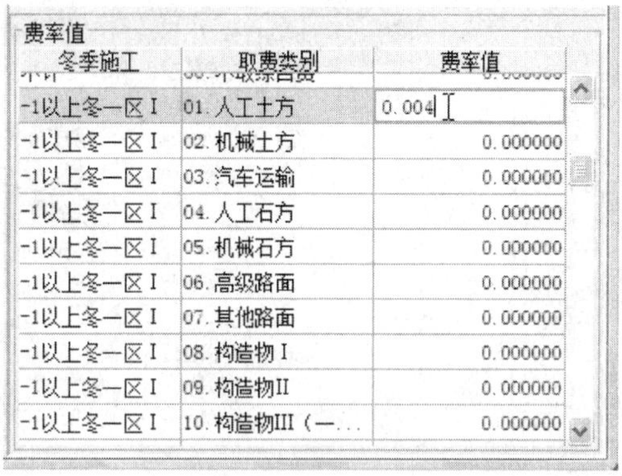

图13-37 进行排列组合生成费率值

(4)在视窗5,填写费率值,就可完成费率标准的编辑操作。费率值需要输入真实的值,如:费率值为4.3%,须输入0.043。

四、费率编辑示例

下面举例说明费率项建立的全过程。

与取费类别相关的一般项,此类的项包括:冬季施工增加费、雨季施工增加费等。

【操作】:(1)在视窗1,右键选择【新建】,或者点击最左边工具栏上的图标,新建一个费率项,输入[代号]为:sp_fl_dj,[名称]为:冬季施工增加费,[费率值%]:0,[类型]为:百分比项。如图13-38所示。

(2)在视窗2,右键选择【增加取费类别项目属性】,或者点击最中间工具栏上的图标旁的三角形,选择【增加取费类别项目属性】,获取取费类别项目属性和取费类别项目属性值。

(3)在视窗2,右键选择【直接增加】,或者点击最中间工具栏上的图标,新建项目属性,如图13-39所示。

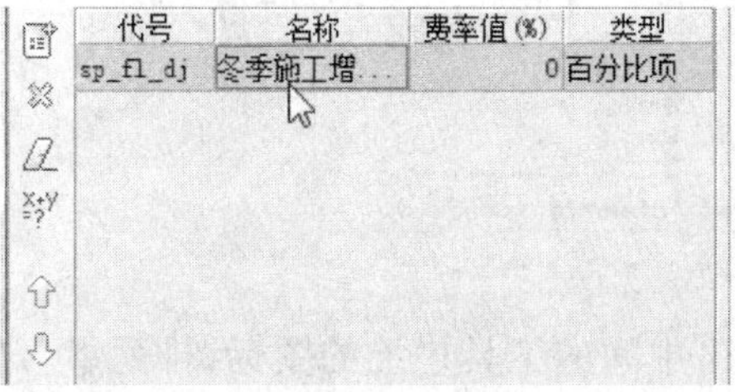

图13-38 新建费率项

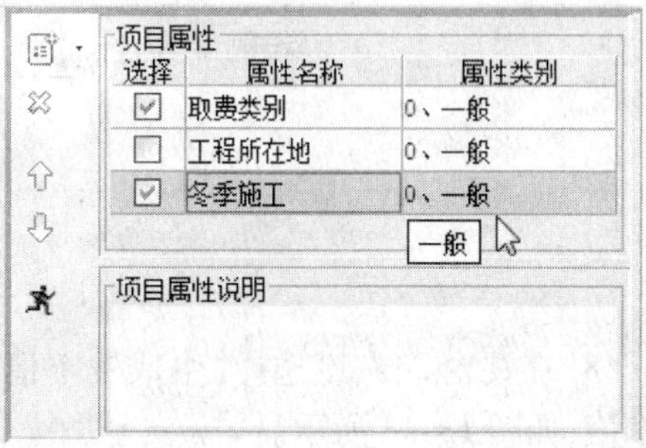

图13-39 新建项目属性

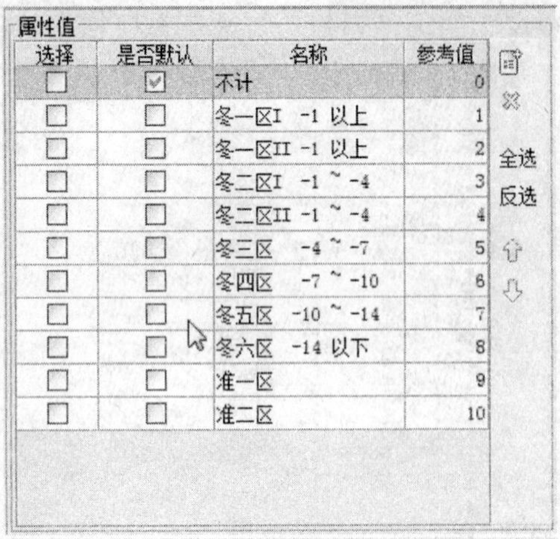

图 13-40　输入气温区

(4)如果该地方标准的气温区划分和部颁部不一致,则可在项目属性说明中输入新的属性说明文字。

(5)在视窗 3,右键选择【新建】,或者点击最右边的工具栏上的图标,新建项目属性值,并且根据编办上的气温区划分,把每个气温区作为项目属性值名称输入。如图 13-40 所示。

(6)在视窗 1 选中“冬季施工增加费”,在视窗 2 的“取费类别”选择列打勾,在视窗 3 的选择列勾选除“不取综合费”以外的属性值。如图 13-41所示。

(7)在视窗 1 选中“冬季施工增加费”,在视窗 2 的“冬季施工”选择列打勾,在视窗 3 的选择列勾选除“不计”以外的属性值。如图 13-42 所示。

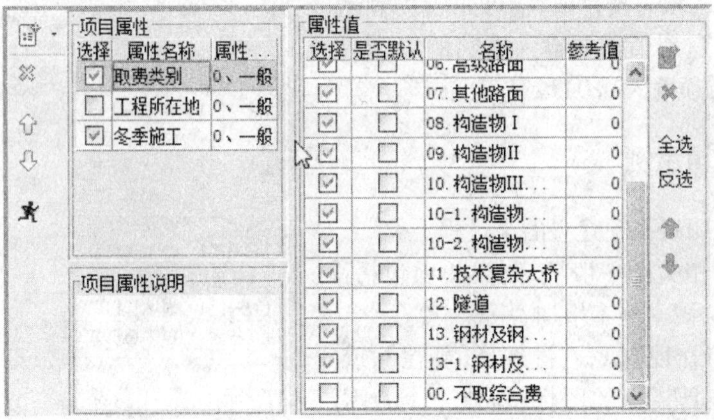

图 13-41　勾选属性值(一)

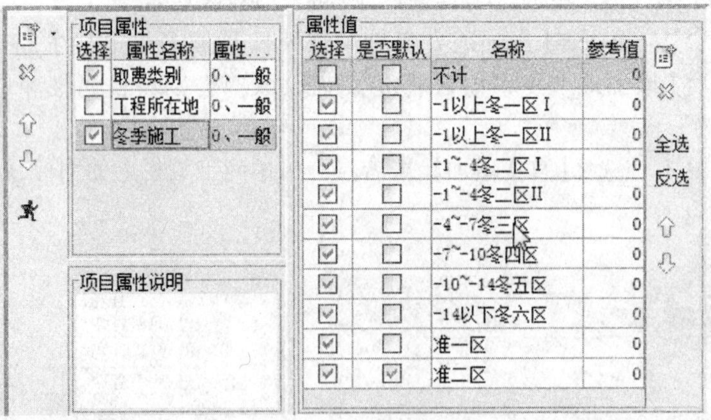

图 13-42　勾选属性值(二)

(8)在视窗 2,右键选择【生成费率值】,或者点击中间的工具栏上的图标,排列组合生成费率值,如图 13-43 所示。

根据编办录入各排列组合形成的冬季施工费率值。

费率值

冬季施工	取费类别	费率值
-1以上冬一区 I	01. 人工土方	0.000000
-1以上冬一区 I	02. 机械土方	0.000000
-1以上冬一区 I	03. 汽车运输	0.000000
-1以上冬一区 I	04. 人工石方	0.000000
-1以上冬一区 I	05. 机械石方	0.000000
-1以上冬一区 I	06. 高级路面	0.000000
-1以上冬一区 I	07. 其他路面	0.000000
-1以上冬一区 I	08. 构造物 I	0.000000
-1以上冬一区 I	09. 构造物II	0.000000
-1以上冬一区 I	10. 构造物III（一般）	0.000000
-1以上冬一区 I	10-1. 构造物III（室内管...	0.000000
-1以上冬一区 I	10-2. 构造物III（安装工...	0.000000

图 13-43　生成费率值

第九节　系 统 设 置

一、系统参数设置

【操作】:点击【工具】→【系统参数设置】,弹出对话框,根据需求配置系统参数。如图 13-44所示。

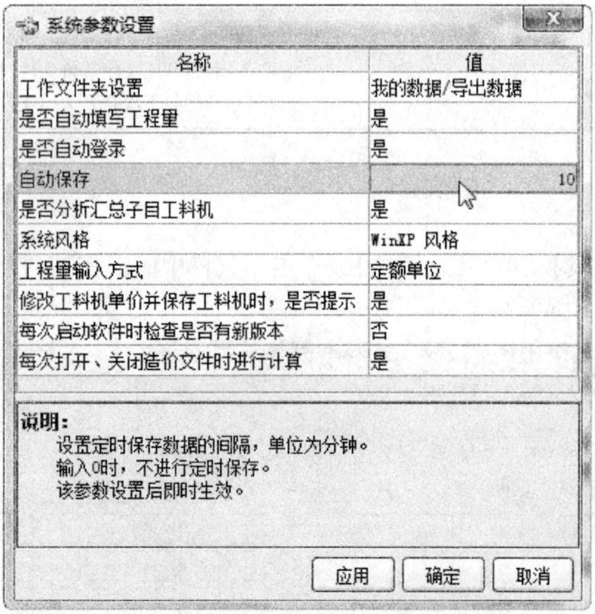

系统参数设置

名称	值
工作文件夹设置	我的数据/导出数据
是否自动填写工程量	是
是否自动登录	是
自动保存	10
是否分析汇总子目工料机	是
系统风格	WinXP 风格
工程量输入方式	定额单位
修改工料机单价并保存工料机时，是否提示	是
每次启动软件时检查是否有新版本	否
每次打开、关闭造价文件时进行计算	是

图 13-44　系统参数设置

选中系统参数,在下半界面会显示该参数的作用和配置生效说明。进行设置时,可参看参数说明设置。见表 13-2。

参 数 说 明　　表 13-2

参数名称	系统默认值	参数说明
工作文件夹设置	我的数据/导出数据	参数作用:设置导入导出文件夹。 改后生效时间:未进行过导入导出操作,即时生效。如进行过导入导出操作,下次启动软件生效
是否自动填写工程量	是	参数作用:新建子节点时自动继承父节点工程量,修改父节点工程量时,同时修改与父节点工程量相同的子节点工程量。 改后生效时间:即时生效。再次新增或修改时按新设置规则进行
自动登录	否	参数作用:自动登录系统。 改后生效时间:下次登录系统时
自动保存	10	参数作用:保存数据时间间隔,单位为分钟。 改后生效时间:即时生效
是否分析汇总子目工料机	是	参数作用:分析、汇总选套在预算书中的工料机。 改后生效时间:即时生效,但需重新造价计算
系统风格	WinXp 风格	参数作用:设置界面表现形式和操作风格。 改后生效时间:下次启动软件生效
工程量输入方式	自然单位	参数作用:输入定额的工程量时,是否除以定额单位系数。设置"自然单位"则除以单位系数,设置"定额单位"则不处理。 改后生效时间:即时生效
修改工料机单价并保存时,是否提示	是	参数作用:在预算书界面,修改分部分项或定额下工料机单价时,是否弹出对话框询问。 改后生效时间:即时生效
每次启动软件时检查是否有新版本	是	参数作用:自动检查最新版本。 改后生效时间:下次启动软件生效
每次打开、关闭造价文件时进行计算	是	参数作用:打开或关闭造价文件时,进行造价计算。 改后生效时间:下次打开关闭文件时

二、计算器

【操作】:点击【工具】菜单→【计算器】或点击工具栏中的▤按钮,打开操作系统自带的计算器窗口。如图 13-45 所示。

图 13-45　计算器

三、特殊符号

【操作】:点击【工具】菜单→【特殊符号】,在工具栏的下一行显示特殊符号栏,如图 13-46 所示,将光标定在需要特殊符号的地方,单击特殊符号栏中的符号,则该符号被输入。

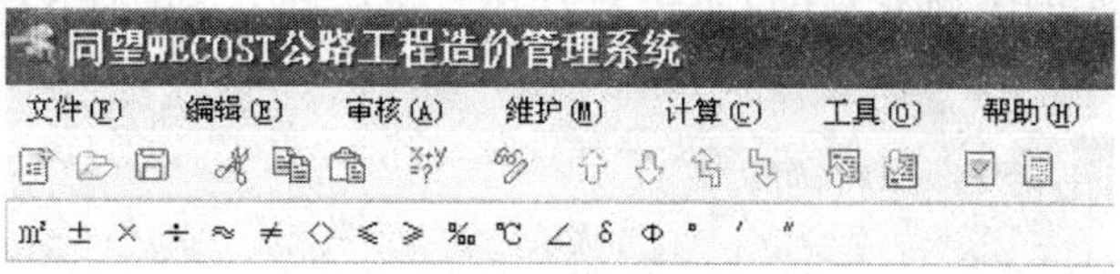

图 13-46 特殊符号

四、锁定列

【操作】:首先将鼠标点击在要锁定的列上,然后按鼠标右键选择锁定在此列,如图 13-47 锁定的列为工程名称。锁定后,当移动滑条浏览靠后的数据时,工程名称固定不动,这样数据就不容易看错行了,如图 13-48 所示。

图 13-47 选择锁定列

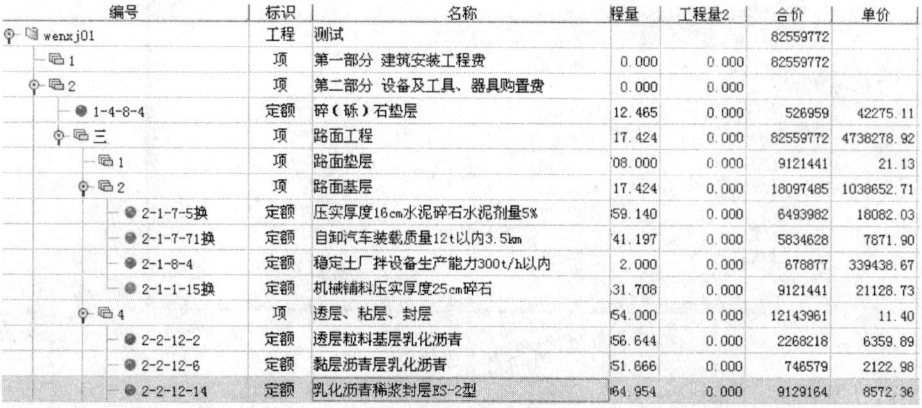

编号	标识	名称	程量	工程量2	合价	单价
wenxj01	工程	测试			82559772	
1	项	第一部分 建筑安装工程费	0.000	0.000	82559772	
2	项	第二部分 设备及工具、器具购置费	0.000	0.000		
1-4-8-4	定额	碎(砾)石垫层	12.465	0.000	526959	42275.11
三	项	路面工程	17.424	0.000	82559772	4738278.92
1	项	路面垫层	08.000	0.000	9121441	21.13
2	项	路面基层	17.424	0.000	18097485	1038652.71
2-1-7-5换	定额	压实厚度16cm水泥碎石水泥剂量5%	59.140	0.000	6493982	18082.03
2-1-7-71换	定额	自卸汽车装载质量12t以内3.5km	41.197	0.000	5834628	7871.90
2-1-8-4	定额	稳定土厂拌设备生产能力300t/h以内	2.000	0.000	678877	339438.67
2-1-1-15换	定额	机械铺料压实厚度25cm碎石	31.708	0.000	9121441	21128.73
4	项	透层、粘层、封层	54.000	0.000	12143961	11.40
2-2-12-2	定额	透层粒料基层乳化沥青	56.644	0.000	2268218	6359.89
2-2-12-6	定额	黏层沥青层乳化沥青	51.666	0.000	746579	2122.98
2-2-12-14	定额	乳化沥青稀浆封层ES-2型	64.954	0.000	9129164	8572.36

图 13-48 选择锁定列

五、常用单位

1. 用户单位

【操作】:在维护菜单中,选择【单位维护】→【用户单位】。如图 13-49 所示。

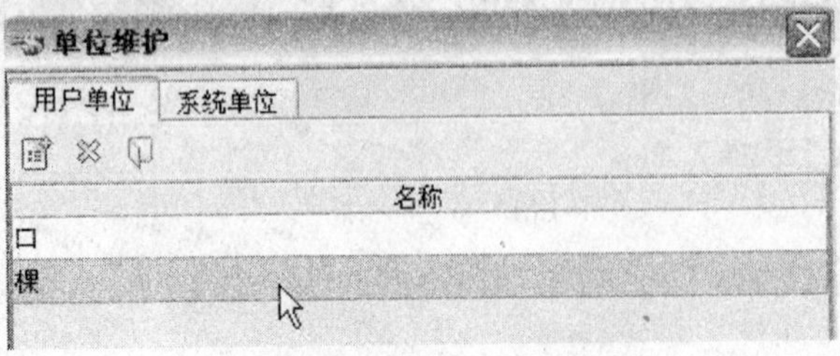

图 13-49　用户单位

新增:点击新增,输入单位后回车即可。

删除:选择要删除的单位记录,点击删除即可。

保存:用户操作完毕后点击关闭时系统自动进行保存。

2. 系统单位

【操作】:在维护菜单中,选择【单位维护】→【系统单位】。如图 13-50 所示。

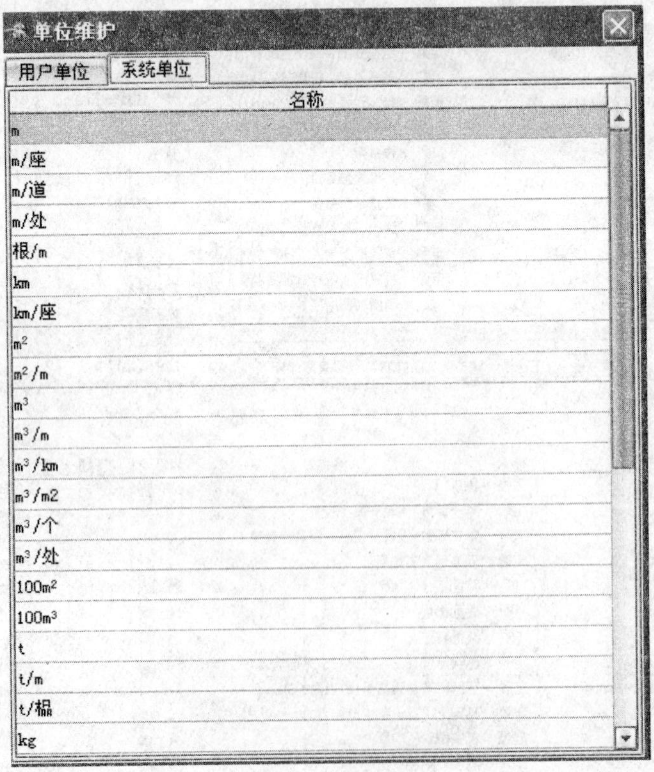

图 13-50　系统单位

显示系统提供的全部单位记录。该处只做显示使用,不可操作。

六、起讫地点

系统可以保存材料的起讫地点，以方便在【工料机汇总】的材料单价计算【采购点】窗口选择。

【操作】：(1)新增。点击新增，输入【起点】、【终点】、【运距】、选择【运输工具】等等，回车即可。

(2)删除。选择要删除的记录，点击删除即可。

(3)保存。用户操作完毕后点击关闭时系统自动进行保存。

七、填写桥长米、公路公里

单位为桥长米：在新建造价文件时，选择的项目模板为【部颁独立桥梁模板】。

单位为公路公里：在新建造价文件时，选择的项目模板为【部颁路线工程模板】。

【操作】：在“项目管理”界面的造价文件基本信息栏中输入【设计长度】(指路线工程，单位为公路公里的工程量)/【桥长米】(指桥梁工程，单位为桥长米的工程量)或在“预算书”界面中，右击选择【修改预算书属性】，输入【设计长度】/【桥长米】后，在预算书界面右击选择【填写公路公里】/【填写桥长米】，系统自动将数值填写到单位为公路公里或桥长米的“工程量”中，如图13-51所示。

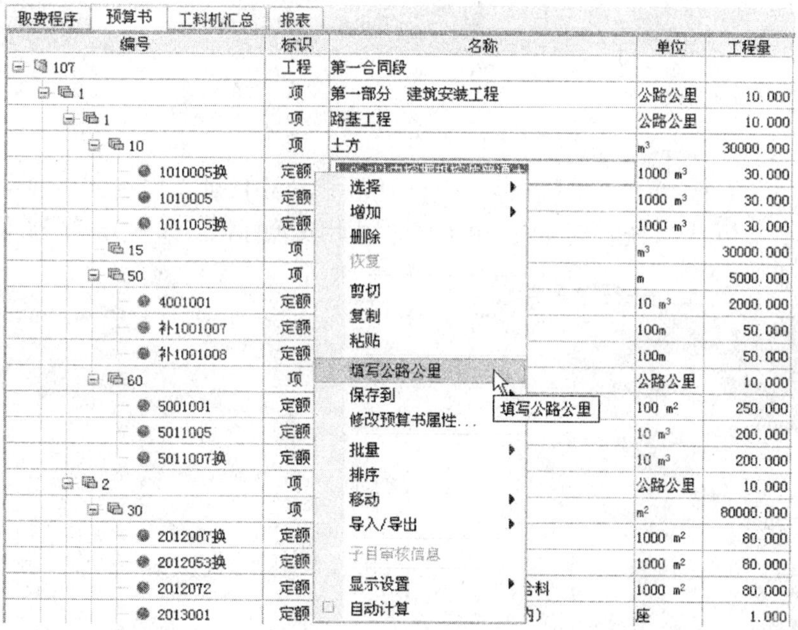

图13-51 填写公路公里

第十节 五金手册

一、计算

用户可根据五金手册中设置的图形公式、钢筋及其他公式直接在对应参数的数值列中输入数值，再点击【=】即可计算出其结果。如图13-52所示。

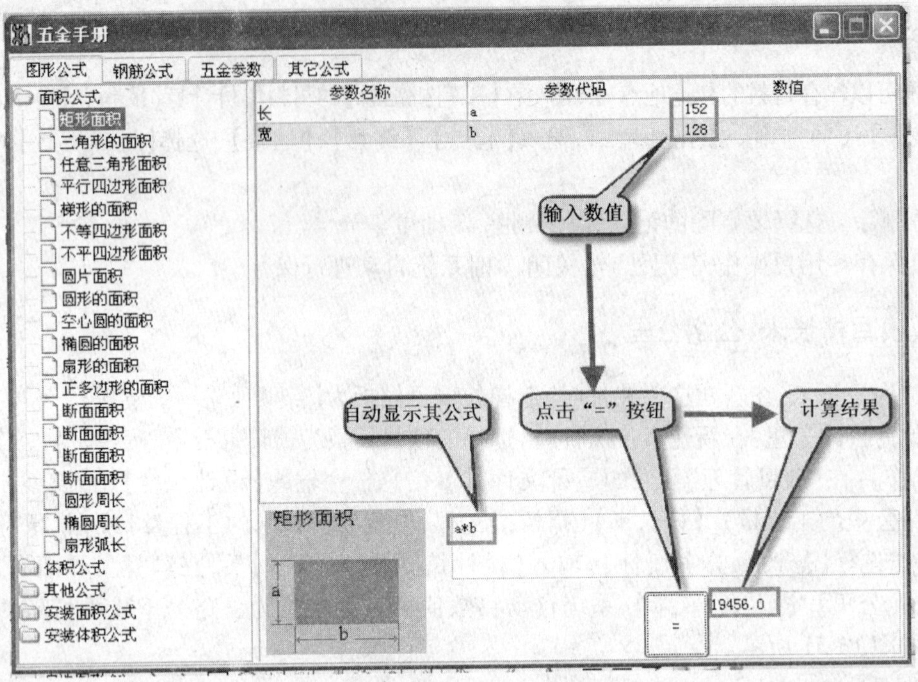

图 13-52　计算

二、查询

【操作】:打开【工具】菜单→【五金手册】→【五金参数】,可直接查询各种参数对应的结果,当输入参数数值时,系统自动在对应的结果栏中用黄色标识。如图 13-53 所示。

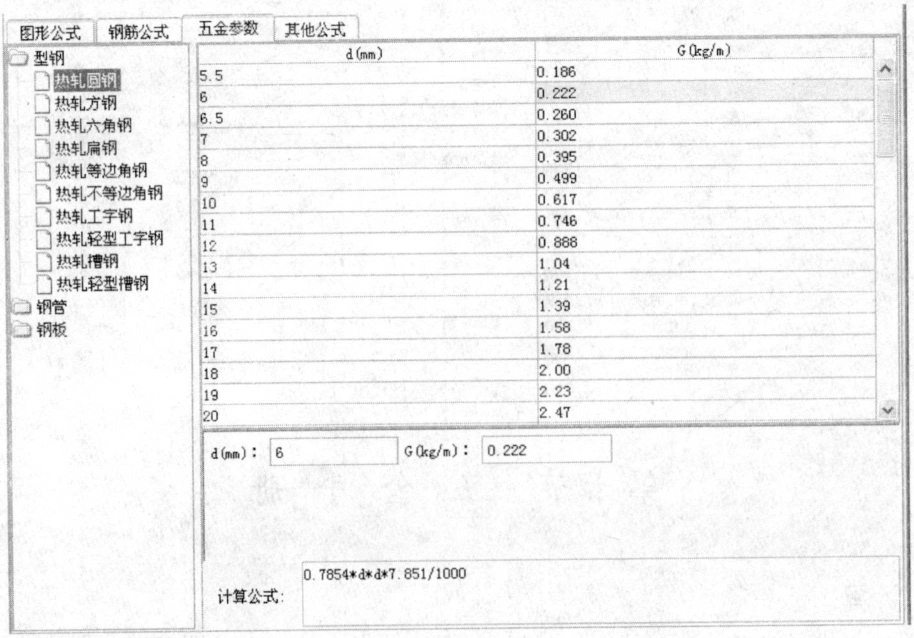

图 13-53　参数查询

复习思考题

1. 简述工程量乘系数的基本操作。
2. 简述导出块的基本操作。
3. 简述导入分析模板的基本操作。
4. 如何替换工料机?
5. 简述系统参数设置的基本操作。
6. 如何锁定列?
7. 如何查询五金参数?

第十四章　施工图预算编制案例

一、工程地点

该工程位于江西省抚州市内，简称抚吉高速公路。全线按高速公路标准设计，其主要技术指标如下：

(1)设计速度：100km/h。

(2)路基宽：整体式路基：26m，其横断面布置为：0.75m(土路肩)+3.0m(硬路肩)+2×3.75m(行车道)+0.75m(路缘带)+2.0m(中央分隔带)+0.75m(路缘带)+2×3.75m(行车道)+3.0m(硬路肩)+0.75m(土路肩)，桥涵与路基同宽。

(3)路面采用沥青混凝土路面，设计年限15年，设计标准轴载BZZ—100kN。

(4)汽车荷载：公路—I级。

(5)设计洪水频率：特大桥1/300，其余桥涵及路基1/100。

(6)地震动峰值加速度<0.05g，考虑简易设防。

(7)桥梁采用分离式断面：标准桥梁横向布置为0.5m(防撞栏)+11.65m(行车道)+0.5m(防撞栏)+0.7m(分隔带)+0.5m(防撞栏)+11.65m(行车道)+0.5m(防撞栏)。

(8)全线设置安全、监控、通信、收费、供电照明及服务等配套设施。

二、沿线地形地貌

沿线途径的地貌单元为山岭重丘区、谷地两种类型。地形上主要呈现条形山脉与丘陵相间的“平行岭谷”景观。其间高程为200~300m，均为相对宽缓的丘陵区，构成山间“谷”地。

三、水文地质

本路段地下水主要靠大气降水补给，几乎没有含水层存在。一层黏土隔水层使地表水不易渗透，施工用水主要靠丰富的地表水及局部地下水。在雨季由于地表水垂直排泄不畅，只能依靠水平排泄，容易造成水涝灾害，施工驻地选点要避开低洼地段。

四、气候条件

市境属中亚热带季风型气候，温暖湿润，雨量充沛，日照充足，无霜期长，四季分明。寒冬日出则暖，盛夏雨过便凉。1月份平均气温5℃，7月份平均气温29℃。年平均气温17.6℃，年平均降雨量1735mm，无霜期平均在270d左右，年平均日照1780h。对公路工程造成影响的气候主要是春、夏东南季风造成的雨季带来的降雨，将给公路施工造成很大影响。按《编制办法》全国雨季施工雨量区及雨季区划分表，本区位于Ⅱ区7个月。

五、标段划分

编制范围为江西抚州到吉安高速公路 K064 +000 ~ K080 +000(节选)。长 16km。

六、主要工程量

路基挖方,共计 4160135m^3;
路基填筑,共计 3509653m^3;
浆砌排水沟、截水沟共计 270804m^3;
桥梁涵洞总长 2.228km。
注:项目表中的分项详见【01】总预算表。

七、补充定额数据

补充定额数据,见表 14-1。

补 充 定 额 数 据　　表 14-1

定额号	6-1-2-1	名称	活动护栏	单位	1 处
代号	名称		单位	定额单价	定额消耗
1	人工		工日	49.20	4.00
191	钢管		t	5610.00	0.49
231	电焊条		kg	4.90	1.30
996	其他材料费		元	1.00	35.00
1372	4t 以内载货汽车		台班	293.84	0.70
1726	32kV · A 交流电弧焊机		台班	104.64	0.12
1998	小型机具使用费		元	1.00	30.00
1999	基价		元	1.00	3235.00

八、新增工料机数据

新增工料机数据见表 14-2。

新 增 工 料 机　　表 14-2

代号	名称	单位	定额单价	预算单价
899	中(粗)砂(2)	m^3	60.00	90.00
965	路面用碎石(1.5cm)(1)	m^3	65.00	80.00
247	钢管立柱(1)	t	5850.00	6100.00
693	铁丝编制网(1)	m^2	18.84	40.89

附件

抚吉高速公路(节选)

K064 + 000 ~ K080 + 000

第 1 册　　共 2 册

编制：聂莉萍
复核：何银龄（珠海纵横创新软件有限公司）
建设单位：江西××有限公司
2013 年 4 月

目　　录

（甲组文件）

编 制 说 明

本施工图预算案例采用《纵横 SmartCcost 公路工程造价软件》编制。

一、编制范围

本施工图预算编制范围为江西抚州到吉安高速公路 K064 +000 ~ K080 +000(节选)。线路全长 16km,设计时速 100km/h,荷载等级采用:公路—I 级。

二、编制依据

1. 交通部交工发【2007】33 号文件发布的《公路工程基本建设项目概算、预算编制办法》(以下简称《编制办法》)(JTG B06—2007)。

2. 交通部公交发【2007】33 号文件发布的《公路工程预算定额》(JTG/T B06-02—2007)。

3. 交通部公交发【2007】33 号文件发布的《公路工程机械台班费用定额》(JTG/T B06-03—2007),以下简称《机械台班定额》。

4. 江西省赣交基建字〔2012〕130 号关于印发《〈公路工程基本建设项目估算、概算、预算编制办法〉江西省补充规定》的通知。以下简称《江西省补充规定》。

5. 江西省建设工程工程造价管理总站《江西工程造价信息》(2013.04)。

6. 本项目的现场调查资料。

7. 本项目施工图设计文件。

8. 纵横 SMARTCOST 估概预算版软件。

三、各项费用的规定

1. 人工工资

根据《江西省补充规定》,人工工资为 55.9 元/工日。

2. 材料价格

(1)参照 2013 年 4 月《江西工程造价信息》公布的材料信息价格计取。详见【07】表工料机单价汇总表及【09】材料预算单价计算表。

(2)本次实际调查运到工地现场的价格。

3. 机械台班单价

按《编制办法》及《江西省补充规定》,台班单价按《机械台班定额》分析计算。车船税标准按《江西车船税标准(2012)》。

4. 其他工程费

其他工程费按《编制办法》及《江西省补充规定》计。

其中高原施工增加费、风沙地区施工增加费、沿海地区施工增加费、行车干扰施工增加费 4 项费用均不计。

(1)冬季施工增加费按准一区计取。

(2)雨季施工增加费按Ⅱ区7个月计取。

(3)计取夜间施工增加费。

(4)安全文明施工措施费以各类工程的直接工程费之和为基数,按《编制办法》及《江西省补充规定》的费率计算。

(5)计临时设施费。

(6)施工辅助费以各类工程的直接工程费之和为基数为基数,按《编制办法》规定费率计算。

(7)工地转移费:按110km计取费率。

5. 间接费

(1)规费,根据《江西省补充规定》进行计算。

①养老保险费,按各类工程人工费的20%计算。

②失业保险费,按各类工程人工费的2%计算。

③医疗保险费,按各类工程人工费的6.6%计算。

④住房公积金,按各类工程人工费的8%计算。

⑤工伤保险费,按各类工程人工费的2.2%计算。

(2)企业管理费

①基本费用:按《编制办法》及《江西省补充规定》计算。

②主副食运费补贴:按4km计算。

③职工探亲路费:按《编制办法》及《江西省补充规定》计算。

④职工取暖补贴费:不计。

⑤财务费用:以各类工程的直接工程费之和为基数,按《编制办法》及《江西省补充规定》费率计算。

6. 利润

根据《编制办法》及《江西省补充规定》,以直接费与间接费之和扣除规范的7%计算。

7. 税金

根据《编制办法》及《江西省补充规定》,以直接费、间接费、利润之和的3.41%计算。

8. 办公及生活用家具购置费

根据《编制办法》及《江西省补充规定》的标准计取。

9. 工程建设其他费用

(1)建设项目管理费按《编制办法》计算,包括建设单位管理费、工程监理费、设计文件审查费、竣工验收试验检测费。

①建设单位(业主)管理费。以建筑安装工程费总额为基数,以累计办法计算。

②工程监理费。根据《编制办法》计列,为建筑安装工程费总额的0.1%。

③设计文件审查费。以建筑安装工程费总额的0.1%计算。

(2)研究试验费:本项目不计。

(3)建设项目前期工作费:根据《编制办法》规定计算。

(4)专项评价(估)费:根据《编制办法》规定计算。

(5)施工机构迁移费:根据国家的有关规定,本项费用不计。

(6)供电贴费:根据国家的有关规定,本项费用不计。

(7)联合试运转费:本项费用不计。

(8)生产人员培训费:根据《编制办法》规定计算。

(9)固定资产投资方向调节税:根据国家的有关规定,本项费用不计。

(10)建设期贷款利息:按软件中预算的基数{建设期贷款利息}计算。

(11)新增加费用项目(作预备费基数):

①招标代理服务费:600000 元。

②水保、地灾评估费用:{建安费}×0.01%。

10. 预留费用

(1)工程造价增涨费:不计取。

(2)基本预留费:按《编制办法》,本项费用以第一、二、三部分费用(建筑安装工程费,设备、工器具及家具购置费,工程建设其他费)之和(扣除大型专用机械设备购置费、固定资产投资方向调节税和建设期贷款利息两项费用)的3%计算。

11. 新增加费用项目(不作预备费基数),见表14-3

新增加费用项目 表14-3

序　号	项目名称	费　用
1	水土保持方案报告书编制费用	480000 元/元
2	地质灾害危险性评估费用	380000 元/元
3	环境评估报告书编制费用	340000 元/元

说明:因教材页面限制,某些页数太多的表节选了部分表格。

总 预 算 表

建设项目名称:抚吉高速公路(节选)

编 制 范 围:K064 +000 ~ K080 +000　　　　第1页　　共5页　　01表

项	目	节	细目	工程或费用名称	单位	数量	预算金额（元）	技术经济指标	各项费用比例（%）	备注
				第一部　分建筑安装工程费	公路公里	13.000	488650591	37588507.00	65.92	
一				临时工程	公路公里	13.000	8135349	625796.08	1.10	
	10			临时道路	km	43.480	4195978	96503.63	0.57	
		10		临时道路	km	43.480	4195978	96503.63	0.57	
			10	临时便道的修建与维护	km	43.480	4195978	96503.63	0.57	
	20			临时便桥	m/座	220.000/1.000	605873	2753.97/605873.00	0.08	
	40			临时电力线路	km	69.000	3154608	45718.96	0.43	
	50			临时电信线路	km	33.775	178890	5296.52	0.02	
二				路基工程	km	10.772	203932537	18931724.56	27.51	
	10			场地清理	km	33.775	4587944	135838.46	0.62	
		10		清理与掘除	m^2	973400.000	4587944	4.71	0.62	
			10	清除表土	m^3	105114.000	277742	2.64	0.04	
			20	伐树、挖根、除草	m^2	973400.000	4310202	4.43	0.58	
	20			挖方	m^3	4160135.000	68028493	16.35	9.18	
		10		挖土方	m^3	654013.000	3434658	5.25	0.46	
		20		挖石方	m^3	3506122.000	64176667	18.30	8.66	
		30		挖非适用材料	m^3	28900.000	417168	14.43	0.06	
			10	挖淤泥	m^3	28900.000	417168	14.43	0.06	
	30			填方	m^3	3509053.000	34365828	9.79	4.64	
		10		路基填方	m^3	3509053.000	34365828	9.79	4.64	
			20	利用土方填筑	m^3	218377.000	1151950	5.28	0.16	
			40	利用石方填筑	m^3	3290676.000	33213878	10.09	4.48	
	31			路基零星工程	公路公里	13.000	1566759	120519.92	0.21	
	50			排水工程	公路公里	13.000	22514467	1731882.08	3.04	

编制:聂莉萍　　　　复核:何银龄

总 预 算 表

建设项目名称：抚吉高速公路(节选)

编 制 范 围：K064 + 000 ~ K080 + 000　　　　第 2 页　　共 5 页　　01 表

项	目	节	细目	工程或费用名称	单位	数量	预算金额（元）	技术经济指标	各项费用比例（%）	备注
		10		石砌边沟排水沟截水沟等	m^3	68406.400	21631423	316.22	2.92	
		40		7.5 号浆砌块石急流槽	m^3	2772.700	883044	318.48	0.12	
	60			防护与加固工程	km	13.000	72869046	5605311.23	9.83	
		10		三维植被网植草	m^2	196480.000	10949932	55.73	1.48	
		20		石砌护面墙、护坡	m^3	102525.900	41933541	409.00	5.66	
		25		石砌护肩、护脚	m^3	1694.000	562710	332.18	0.08	
		40		框架梁护坡	m	4634.000	15426443	3328.97	2.08	
		50		砌石及混凝土挡土墙	m^3	9593.000	3996420	416.60	0.54	
三				路面工程	km	13.000	181591403	13968569.46	24.50	
	10			路面垫层	m^2	781878.000	11766309	15.05	1.59	
		10		碎石垫层	m^2	781878.000	11766309	15.05	1.59	
	20			路面底基层	m^2	745012.000	14579159	19.57	1.97	
		30		石灰粉煤灰稳定碎石底基层	m^2	733810.000	14365584	19.58	1.94	
		35		石灰粉煤灰稳定碎石底基层	m^2	11202.000	213575	19.07	0.03	
	30			路面基层	m^2	740088.000	15591510	21.07	2.10	
		30		石灰粉煤灰稳定碎石基层	m^2	729904.000	15396412	21.09	2.08	
		35		石灰粉煤灰稳定碎石基层	m^2	10184.000	195098	19.16	0.03	
	31			稳定土拌和站	处	2.000	2172932	1086466.00	0.29	
	40			透层、黏层、封层	m^2	747960.000	12094100	16.17	1.63	
		10		透层	m^2	747960.000	3197151	4.27	0.43	
		20		黏层	m^2	1869900.000	3782683	2.02	0.51	
		30		下封层	m^2	747960.000	5114266	6.84	0.69	
	50			沥青混凝土面层	m^2	747960.000	120683751	161.35	16.28	
		10		沥青混凝土下面层 6cm	m^2	747960.000	31894300	42.64	4.30	

编制：聂莉萍　　　　复核：何银龄

总 预 算 表

建设项目名称：抚吉高速公路（节选）

编 制 范 围：K064 + 000 ~ K080 + 000　　　　第 3 页　　共 5 页　　01 表

项	目	节	细目	工 程 或 费 用 名 称	单位	数量	预算金额（元）	技术经济指标	各项费用比例（%）	备 注
		20		沥青混凝土中面层 6cm	m^2	956167.000	42818642	44.78	5.78	
		30		沥青混凝土面层 4cm	m^2	837504.000	45970809	54.89	6.20	
	51			沥青拌和站	处	1.000	1517346	1517346.00	0.20	
	60			水泥混凝土面层	m^2	9258.000	1083810	117.07	0.15	
		10		水泥混凝土路面 26cm	m^2	5025.000	607807	120.96	0.08	
		15		水泥混凝土路面 24cm	m^2	4233.000	476003	112.45	0.06	
	81			路肩及加固	公路公里	13.000	2102486	161729.69	0.28	
四				桥梁涵洞工程	km	2.228	35840432	16086369.84	4.83	
	20			涵洞工程	m/道	2020.260/47.000	20018485	9908.87/425925.21	2.70	
		25		钢筋混凝土盖板涵	m/道	2020.260/47.000	20018485	9908.87/425925.21	2.70	
	30			小桥工程	m/座	45.920/5.000	3946586	85944.82/789317.20	0.53	
	40			中桥工程	m/座	162.030/3.000	11875361	73291.13/3958453.67	1.60	
五				交叉工程	处	50.000	25083389	501667.78	3.38	
	20			通道	m/处	1852.570/50.000	25083389	13539.78/501667.78	3.38	
		20		钢筋混凝土盖板通道	m/道	1764.570/48.000	25083389	14215.01/522570.60	3.38	
七				公路设施及预埋管线工程	公路公里	13.000	34067481	2620575.46	4.60	
	10			安全设施	公路公里	13.000	33525595	2578891.92	4.52	
		30		波形钢板护栏	m	126742.170	23254989	183.48	3.14	
		40		隔离栅	km	58.785	8264768	140593.14	1.11	
		60		公路标线	km	35689.180	1735713	48.63	0.23	
		70		轮廓标	根	4107.000	26353	6.42		
		75		反光路钮	个	6422.000	139053	21.65	0.02	
		85		活动护栏	m	336.000	61130	181.93	0.01	
		105		公路界碑	块	610.000	43589	71.46	0.01	

编制：聂莉萍　　　　复核：何银龄

总 预 算 表

建设项目名称:抚吉高速公路(节选)

编 制 范 围:K064 + 000 ~ K080 + 000　　　　第 4 页　　共 5 页　　01 表

项	目	节	细目	工 程 或 费 用 名 称	单位	数量	预算金额（元）	技术经济指标	各项费用比例（%）	备 注
	40			其他工程	公路公里	13.000	541886	41683.54	0.07	
		50		公路交工前养护费	km	33.755	541886	16053.50	0.07	
				第二部分　设备及工具、器具购置费	公路公里	13.000	590800	45446.15	0.08	
三				办公及生活用家具购置	公路公里	13.000	590800	45446.15	0.08	
				第三部分　工程建设其他费用	公路公里	13.000	230475225	17728863.46	31.09	
一				土地征用及拆迁补偿费	公路公里	13.000	165436062	12725850.92	22.32	
	10			土地补偿费	公路公里	13.000	157488000	12114461.54	21.24	
	50			耕地开垦费	公路公里	13.000	4238770	326059.23	0.57	
	60			森林植被恢复费	公路公里	13.000	3709292	285330.15	0.50	
二				建设项目管理费	公路公里	13.000	18306651	1408203.92	2.47	
	10			建设单位(业主)管理费	公路公里	13.000	7538363	579874.08	1.02	7538363
	30			工程监理费	公路公里	13.000	9773012	751770.15	1.32	488650591 * 2%
	50			设计文件审查费	公路公里	13.000	488651	37588.54	0.07	488650591 * 0.1%
	60			竣(交)工验收试验检测费	公路公里	13.000	506625	38971.15	0.07	
四				建设项目前期工作费	公路公里	13.000	21032983	1617921.77	2.84	
五				专项评价(估)费	公路公里	13.000	500000	38461.54	0.07	
九				生产人员培训费	公路公里	13.000	390000	30000.00	0.05	
十一				建设期贷款利息	公路公里	13.000	24160664	1858512.62	3.26	贷款总额:339216068元。其中纵横交通银行贷款额339216068元，计息年2年，第1年贷款额169608034元，利率7%，利息5936281元。第2年贷款额169608034元，利率7%，利息18224383元

编制:聂莉萍　　　　复核:何银龄

总 预 算 表

建设项目名称:抚吉高速公路(节选)

编 制 范 围:K064+000~K080+000　　　　第5页　　共5页　　01表

项	目	节	细目	工程或费用名称	单位	数量	预算金额(元)	技术经济指标	各项费用比例(%)	备注
十二				新增加费用项目(作预备费基数)	公路公里	13.000	648865	49912.69	0.09	
	10			招标代理服务费	公路公里	13.000	600000	46153.85	0.08	
	30			水保、地灾评估费用	公路公里	13.000	48865	3758.85	0.01	488650591 * 0.01%
				第一、二、三部分费用合计	公路公里	13.000	719716616	55362816.62	97.09	488650591 + 590800 + 230475225
				预备费	元		20866679		2.81	
				2. 基本预备费	元	1.000	20866679	20866679.00	2.81	(719716616 − 24160664) * 3%
				新增加费用项目(不作预备费基数)	元		1200000		0.16	
	1			水土保持方案报告书编制费用	公路公里	13.000	480000	36923.08	0.06	
	2			地质灾害危险性评估费用	公路公里	13.000	380000	29230.77	0.05	
	3			环境评估报告书编制费用	公路公里	13.000	340000	26153.85	0.05	
				概(预)算总金额	元	1.000	741783295	741783295.00	100.06	719716616 + 20866679 + 1200000
				其中:回收金额	元	1.000	474925	474925.00	0.06	
	1			原木	元	245.700	225916	919.48	0.03	
	2			锯材	元	52.300	57309	1095.77	0.01	
	3			钢材	元	1.100	3992	3629.09		
	4			铁件	元	659.300	4411	6.69		
	5			橡皮线	元	12773.300	183297	14.35	0.02	
				公路基本造价	公路公里	13.000	741308370	57023720.77	100.00	741783295 − 474925

编制:聂莉萍　　　　复核:何银龄

人工、主要材料、机械台班数量汇总表

建设项目名称：抚吉高速公路（节选）

编 制 范 围：K064 + 000 ~ K080 + 000　　　　第 1 页　　共 8 页　　02 表

序号	规格名称	单位	代号	总数量	分项统计						辅助生产	其他	场外运输损耗	
					临时工程	路基工程	路面工程	桥梁涵洞工程	交叉工程	公路设施及预埋管线工程			%	数量
1	人工	工日	1	1263249.161	18417.742	791271.162	76198.663	150304.121	113855.292	40179.255		73022.93		
2	机械工	工日	2	139477.129	1659.929	106936.504	22838.284	3745.551	2118.694	2178.166				
3	原木	m^3	101	1040.122	713.882	41.767		138.549	145.839	0.085				
4	锯材	m^3	102	556.065	124.265	57.697	0.836	208.034	165.234					
5	光圆钢筋	t	111	601.630		211.063	3.676	251.566	105.782	29.543				
6	带肋钢筋	t	112	1956.575		757.650	3.252	901.666	294.008					
7	钢铰线	t	125	32.218				32.218						
8	波纹管钢带	t	151	2.441				2.441						
9	型钢	t	182	93.924	9.630	10.498	5.342	41.273	27.163	0.018				
10	钢板	t	183	31.283	3.120		0.208	0.873		27.083				
11	钢管	t	191	60.227		12.481		21.136	20.240	6.370				
12	镀锌钢板	t	208	0.329						0.329				
13	钢钎	kg	211	1170.283		51.606		650.914	467.764					
14	空心钢钎	kg	212	33909.217		33909.217								
15	ϕ50mm 以内合金钻头	个	213	56077.027		56077.027								
16	钢丝绳	t	221	15.702				0.934	1.168	13.600				
17	电焊条	kg	231	11857.197	28.000	3079.374	24.407	3160.704	350.009	5214.702				
18	螺栓	kg	240	90950.589						90950.589				
19	钢管立柱	t	247	14.354						14.354				
20	钢管立柱(1)	t	247	1064.933						1064.933				
21	型钢立柱	t	248	94.846						94.846				
22	波形钢板	t	249	1700.011						1700.011				

编制：聂莉萍　　　　复核：何银龄

人工、主要材料、机械台班数量汇总表

建设项目名称：抚吉高速公路（节选）

编 制 范 围：K064 +000 ~ K080 +000　　　　第 2 页　　共 8 页　　02 表

序号	规格名称	单位	代号	总数量	分项统计						辅助生产	其他	场外运输损耗	
					临时工程	路基工程	路面工程	桥梁涵洞工程	交叉工程	公路设施及预埋管线工程			%	数量
23	钢管桩	t	262	6.080	6.080									
24	钢模板	t	271	2.121		0.212		1.909						
25	组合钢模板	t	272	160.087		45.468	0.726	56.534	57.224	0.134				
26	门式钢支架	t	273	12.346				12.247	0.098					
27	板式橡胶支座	dm^3	402	289.115				289.115						
28	板式橡胶伸缩缝	m	542	379.120				379.120						
29	钢绞线群锚（3 孔）	套	572	202.027				202.027						
30	钢绞线群锚（7 孔）	套	576	613.572				613.572						
31	铁件	kg	651	99291.588	6093.700	21947.998	1069.108	37501.502	32052.924	626.357				
32	镀锌铁件	kg	652	665.334						665.334				
33	铁钉	kg	653	1745.842		273.011		876.881	595.950					
34	8 ~ 12 号铁丝	kg	655	10224.520	5086.489	3291.482		1016.624	829.926					
35	20 ~ 22 号铁丝	kg	656	9246.934		3090.390	4.239	4316.670	1711.156	124.481				
36	铁皮	m^2	666	514.656				514.656						
37	铸铁管	kg	682	588.000				588.000						
38	铁丝编制网（1）	m^2	693	108015.348						108015.348				
39	裸铝（铜）线	m	712	137025.000	137025.000									
40	皮线	m	714	81600.000	81600.000									
41	油漆	kg	732	100.040						100.040				
42	桥面防水涂料	kg	735	9910.000				9910.000						
43	热熔涂料	kg	738	167382.348						167382.348				
44	反光玻璃珠	kg	739	13205.004						13205.004				

编制：聂莉萍　　　　复核：何银龄

人工、主要材料、机械台班数量汇总表

建设项目名称:抚吉高速公路(节选)

编 制 范 围:K064 +000 ~ K080 +000　　　　第3页　　共8页　　02表

序号	规格名称	单位	代号	总数量	分项统计						辅助生产	其他	场外运输损耗	
					临时工程	路基工程	路面工程	桥梁涵洞工程	交叉工程	公路设施及预埋管线工程			%	数量
45	反光膜	m^2	740	54.212						54.212				
46	反光突起路钮	个	741	6486.220						6486.220				
47	土工布	m^2	770	8827.238		8827.238								
48	玻璃纤维布	m^2	771	11178.480				11178.480						
49	土工格栅	m^2	772	296392.041		296392.041								
50	三维植被网	m^2	774	453472.363		453472.363								
51	U形锚钉	kg	775	280802.714		280802.714								
52	草籽	kg	821	367.673		364.032							1.00	3.64
53	油毛毡	m^2	825	13606.142				5745.982	7860.160					
54	32.5级水泥	t	832	37938.499		18969.413	2384.809	8118.398	7557.557	532.692			1.00	375.63
55	42.5级水泥	t	833	948.647				939.254					1.00	9.39
56	硝铵炸药	kg	841	412967.202		406245.344		3919.004	2802.854					
57	导火线	m	842	1079101.791		1062675.826		9623.825	6802.140					
58	普通雷管	个	845	861270.085		848319.037		7583.880	5367.168					
59	石油沥青	t	851	13636.693		28.465	13534.335	36.858	37.035					
60	改性沥青	t	852	4834.720			4834.720							
61	纤维稳定剂	t	856	246.024			246.024							
62	重油	kg	861	1789926.899			1789926.899							
63	汽油	kg	862	56925.804		744.139	21891.908	16.306		34273.450				
64	柴油	kg	863	6415843.222	39491.964	5419065.203	889483.910	41337.135	26465.025					
65	煤	t	864	455.007		0.490	441.529	4.942	3.541				1.00	4.51
66	电	kW·h	865	2117061.903	4630.670	501819.337	1369384.212	134655.068	41870.485	64702.127				

编制:聂莉萍　　　　复核:何银龄

人工、主要材料、机械台班数量汇总表

建设项目名称:抚吉高速公路(节选)

编 制 范 围:K064 +000 ~ K080 +000　　　　第4页　　共8页　　02表

序号	规格名称	单位	代号	总数量	分项统计						辅助生产	其他	场外运输损耗	
					临时工程	路基工程	路面工程	桥梁涵洞工程	交叉工程	公路设施及预埋管线工程			%	数量
67	水	m^3	866	492518.900	4869.760	347328.808	64696.676	41358.366	32027.670	2237.620				
68	青(红)砖	千块	877	1224.467		1188.803							3.00	35.66
69	生石灰	t	891	61188.565			59406.373						3.00	1782.19
70	土	m^3	895	40113.704			38945.343						3.00	1168.36
71	砂	m^3	897	40666.865			39674.990						2.50	991.87
72	中(粗)砂	m^3	899	82853.599		39152.371	4785.220	18565.422	17305.432	1024.335			2.50	2020.82
73	中(粗)砂(2)	m^3	899	30548.461		29803.377							2.50	745.08
74	砂砾	m^3	902	8307.316		6569.715		1655.350					1.00	82.25
75	天然级配	m^3	908	56626.591	51889.032		4176.900						1.00	560.66
76	黏土	m^3	911	20161.984		147.690		8806.866	10620.186				3.00	587.24
77	片石	m^3	931	87556.811		48385.100	2948.180	16231.662	19991.869					
78	粉煤灰	m^3	945	694481.807			674254.182						3.00	20227.63
79	矿粉	t	949	19912.347			19332.375						3.00	579.97
80	碎石(2cm)	m^3	951	2623.650		1172.131		1412.123		13.420			1.00	25.98
81	碎石(4cm)	m^3	952	34984.120		5387.598	4385.239	12361.759	12503.147				1.00	346.38
82	碎石(8cm)	m^3	954	51806.461		660.549		34971.017	14122.157	1539.803			1.00	512.94
83	碎石	m^3	958	222741.220			220535.861						1.00	2205.36
84	石屑	m^3	961	33132.441			32804.397						1.00	328.04
85	路面用碎石(1.5cm)	m^3	965	31176.051			30867.377						1.00	308.67
86	路面用碎石(1.5cm)(1)	m^3	965	37602.527			37230.225						1.00	372.30
87	路面用碎石(2.5cm)	m^3	966	43689.501			43256.932						1.00	432.57
88	路面用碎石(3.5cm)	m^3	967	21270.951			21060.348						1.00	210.60

编制:聂莉萍　　　　复核:何银龄

人工、主要材料、机械台班数量汇总表

建设项目名称:抚吉高速公路(节选)

编 制 范 围:K064 + 000 ~ K080 + 000　　第 5 页　　共 8 页　　02 表

序号	规格名称	单位	代号	总数量	分项统计						辅助生产	其他	场外运输损耗	
					临时工程	路基工程	路面工程	桥梁涵洞工程	交叉工程	公路设施及预埋管线工程			%	数量
89	块石	m^3	981	176526.815		143068.485	3248.360	15313.830	14896.140					
90	粗料石	m^3	984	9994.140		8696.160		745.920	552.060					
91	草皮	m^2	995	259127.233		209086.900		14999.822	18088.262				7.00	16952.25
92	其他材料费	元	996	801967.385	45421.690	320698.086	109493.522	114908.416	124839.131	86606.541				
93	设备摊销费	元	997	1331035.797	839058.400		490760.253	1217.144						
94	75kW 以内履带式推土机	台班	1003	9369.903	453.062	8879.124	36.470	1.247						
95	105kW 以内履带式推土机	台班	1005	9.920			9.920							
96	135kW 以内履带式推土机	台班	1006	547.772		547.772								
97	165kW 以内履带式推土机	台班	1007	9268.799		9268.799								
98	0.6m^3 履带式单斗挖掘机	台班	1027	249.578		185.538	64.040							
99	2.0m^3 轮胎式装载机	台班	1050	6705.999		5829.311	876.688							
100	3.0m^3 轮胎式装载机	台班	1051	1493.293		633.218	860.075							
101	120kW 以内平地机	台班	1057	814.256		415.498	398.758							
102	150kW 以内平地机	台班	1058	460.381			460.381							
103	120kW 以内履带式拖拉机	台班	1065	85.214		85.214								
104	6 ~ 8t 光轮压路机	台班	1075	6886.536	40.871	5406.125	1437.902	1.638						
105	8 ~ 10t 光轮压路机	台班	1076	205.807	101.308	92.624	11.875							
106	12 ~ 15t 光轮压路机	台班	1078	3754.185	262.184		3492.001							
107	0.6t 手扶式振动碾	台班	1083	746.218	245.662		500.556							
108	15t 以内振动压路机	台班	1088	5890.090		5890.090								
109	200 ~ 620N · m 蛙式夯土机	台班	1094	158.123		158.123								
110	风动气腿式凿岩机	台班	1102	1729.657		1729.657								

编制:聂莉萍　　复核:何银龄

人工、主要材料、机械台班数量汇总表

建设项目名称:抚吉高速公路(节选)

编 制 范 围:K064 +000 ~ K080 +000　　　　第6页　　共8页　　02表

序号	规格名称	单位	代号	总数量	分项统计						辅助生产	其他	场外运输损耗	
					临时工程	路基工程	路面工程	桥梁涵洞工程	交叉工程	公路设施及预埋管线工程			%	数量
111	机动液压喷播机	台班	1139	14.924		14.924								
112	235kW 以内稳定土拌和机	台班	1155	304.932			304.932							
113	300t/h 以内稳定土厂拌设备	台班	1160	400.549			400.549							
114	4000L 以内沥青洒布车	台班	1193	183.726			183.250	0.476						
115	160t/h 以内沥青拌和设备	台班	1205	373.899			373.899							
116	9.0m 以内带自动找平沥青混合料摊铺机	台班	1213	292.554			292.554							
117	12.5m 以内带自动找平沥青混合料摊铺机	台班	1214	74.705			74.705							
118	15t 以内双钢轮振动压路机	台班	1220	145.390			145.390							
119	16 ~ 20t 以内轮胎式压路机	台班	1224	112.473			112.473							
120	20 ~ 25t 以内轮胎式压路机	台班	1225	168.834			168.834							
121	热熔标线设备	台班	1227	196.291						196.291				
122	电动混凝土真空吸水机组	台班	1239	32.218			32.218							
123	电动混凝土切缝机	台班	1245	56.258			31.107	25.151						
124	250L 以内强制式混凝土搅拌机	台班	1272	2086.613		328.570	197.331	882.387	677.592	0.732				
125	$60m^3/h$ 以内混凝土输送泵	台班	1316	11.794				11.794						
126	拉伸力 900kN 以内预应力拉伸机	台班	1344	2.949				2.949						
127	拉伸力 5000kN 以内预应力拉伸机	台班	1347	2.949				2.949						

编制:聂莉萍　　　　复核:何银龄

人工、主要材料、机械台班数量汇总表

建设项目名称:抚吉高速公路(节选)

编 制 范 围:K064+000~K080+000　　第7页　共8页　02表

序号	规格名称	单位	代号	总数量	分项统计						辅助生产	其他	场外运输损耗	
					临时工程	路基工程	路面工程	桥梁涵洞工程	交叉工程	公路设施及预埋管线工程			%	数量
128	油泵、千斤顶各1钢绞线拉伸设备	台班	1349	86.537				86.537						
129	含钢带点焊机波纹管卷制机	台班	1352	7.698				7.698						
130	2t以内载货汽车	台班	1370	741.763						741.763				
131	4t以内载货汽车	台班	1372	315.762		10.588				305.174				
132	5t以内自卸汽车	台班	1383	363.444			363.444							
133	6t以内自卸汽车	台班	1384	456.811		394.485	62.326							
134	15t以内自卸汽车	台班	1388	27310.544		23368.581	3941.962							
135	20t平板拖车组	台班	1393	64.620			64.620							
136	30t平板拖车组	台班	1394	2.216				2.216						
137	4000L以内洒水汽车	台班	1404	23.920		10.588	13.332							
138	6000L以内洒水汽车	台班	1405	1312.628			1312.628							
139	10000L以内洒水汽车	台班	1407	465.293		465.293								
140	1.0t以内机动翻斗车	台班	1408	180.291		103.215		77.077						
141	8t以内轮胎式起重机	台班	1440	2.400	2.400									
142	40t以内轮胎式起重机	台班	1444	1.713				1.713						
143	8t以内汽车式起重机	台班	1450	595.563		17.597		231.868	346.098					
144	12t以内汽车式起重机	台班	1451	796.432		0.090	15.860	441.030	339.452					
145	20t以内汽车式起重机	台班	1453	225.030			36.080	188.950						
146	30t以内汽车式起重机	台班	1455	10.055				10.055						
147	40t以内汽车式起重机	台班	1456	70.740			70.740							
148	75t以内汽车式起重机	台班	1458	106.820			106.820							

编制:聂莉萍　　复核:何银龄

人工、主要材料、机械台班数量汇总表

建设项目名称：抚吉高速公路(节选)

编 制 范 围：K064+000 ~ K080+000　　　　第8页　　共8页　　02表

序号	规格名称	单位	代号	总数量	分项统计						辅助生产	其他	场外运输损耗	
					临时工程	路基工程	路面工程	桥梁涵洞工程	交叉工程	公路设施及预埋管线工程			%	数量
149	30kN 以内单筒慢动电动卷扬机	台班	1499	1345.530		1335.847		9.684						
150	50kN 以内单筒慢动电动卷扬机	台班	1500	336.914	65.780			271.134						
151	激振力 300kN 以内振动打拔桩锤	台班	1581	5.400	5.400									
152	φ150mm 以内电动单级离心水泵	台班	1653	231.200		231.200								
153	φ100mm 以内电动多级离心水泵	台班	1663	48.042				48.042						
154	32kV·A 交流电弧焊机	台班	1726	2695.847	3.600	1263.998	4.821	615.512	70.002	737.915				
155	150kV·A 交流对焊机	台班	1747	3.559				3.559						
156	$10m^3/min$ 以内电动空压机	台班	1837	825.635		825.635								
157	$9m^3/min$ 以内机动空压机	台班	1842	15439.184		15409.639		29.545						
158	44kW 以内内燃拖轮	艘班	1851	1.600	1.600									
159	80t 以内工程驳船	艘班	1873	5.400	5.400									
160	小型机具使用费	元	1998	1191335.543	290.200	989941.477	14384.471	71574.892	51209.211	63935.291				

编制：聂莉萍　　　　复核：何银龄

建筑安装工程费计算表

建设项目名称：抚吉高速公路（节选）

编 制 范 围：K064 + 000 ~ K080 + 000　　　　第 1 页　　共 3 页　　03 表

序号	工程名称	单位	工程量	直接费（元）						间接费（元）	利润（元）费率（7%）	税金（元）综合税率（3.41%）	建筑安装工程费	
				直接工程费				其他工程费	合计				合计（元）	单价（元）
				人工费	材料费	机械使用费	合计							
1	2	3	4	5	6	7	8	9	10	11	12	13	14	15
1	临时便道的修建与维护	km	43.480	702667	2077996	459755	3240418	164986	3405404	404594	247615	138365	4195978	96503.63
2	临时便桥	m/座	220.000	58896	398843	12913	470652	29046	499698	49361	36835	19979	605873	2753.97
3	临时电力线路	km	69.000	240063	2232088		2472151	152568	2624719	232386	193478	104025	3154608	45718.96
4	临时电信线路	km	33.775	27926	107622		135548	8365	143913	18470	10608	5899	178890	5296.52
5	清除表土	m^3	105114.000	23503		201311	224814	8563	233377	18232	16974	9159	277742	2.64
6	伐树、挖根、除草	m^2	973400.000	2361373		454362	2815735	108346	2924081	1031253	212737	142131	4310202	4.43
7	挖土方	m^3	654013.000	31997		2900888	2932885	80029	3012914	92008	216476	113260	3434658	5.25
8	挖石方	m^3	3506122.000	6047222	5617072	40441822	52106116	1871231	53977347	4176531	3906529	2116260	64176667	18.30
9	挖淤泥	m^3	28900.000	16155		333381	349536	10699	360235	17195	25981	13757	417168	14.43
10	利用土方填筑	m^3	218377.000	96847		835713	932560	35568	968128	75418	70418	37986	1151950	5.28
11	利用石方填筑	m^3	3290676.000	12396994	8662	11190342	23595998	968164	24564162	5767927	1786543	1095246	33213878	10.09
12	路基零星工程	公路公里	13.000	635321		476095	1111416	36543	1147959	284145	82991	51664	1566759	120519.92
13	石砌边沟排水沟截水沟等	m^3	68406.400	5990098	9525758	30995	15546851	956793	16503644	3198044	1216428	713307	21631423	316.22
14	7.5 号浆砌块石急流槽	m^3	2772.700	219932	423606		643538	39000	682538	121105	50282	29119	883044	318.48
15	三维植被网植草	m^2	196480.000	1567494	6762373	22600	8352467	512388	8864855	1071056	652941	361080	10949932	55.73
16	石砌护面墙、护坡	m^3	102525.900	10208195	20278048	118463	30604706	1878755	32483461	5673558	2393740	1382782	41933541	409.00
17	石砌护肩、护脚	m^3	1694.000	155940	247355	994	404289	24950	429239	83275	31640	18556	562710	332.18
18	框架梁护坡	m	4634.000	3431840	7473306	572684	11477830	660830	12138660	1890271	888817	508695	15426443	3328.97
19	砌石及混凝土挡土墙	m^3	9593.000	1049147	1827236	17091	2893474	176359	3069833	568608	226196	131783	3996420	416.60

编制：聂莉萍　　　　复核：何银龄

建筑安装工程费计算表

建设项目名称：抚吉高速公路（节选）

编 制 范 围：K064 +000 ~ K080 +000 第2页 共3页 03表

序号	工程名称	单位	工程量	直接费（元）						间接费（元）	利润（元）费率（7%）	税金（元）综合税率（3.41%）	建筑安装工程费	
				直接工程费				其他工程费	合计				合计（元）	单价（元）
				人工费	材料费	机械使用费	合计							
1	2	3	4	5	6	7	8	9	10	11	12	13	14	15
20	碎石垫层	m^2	781878.000	1088304	6469790	1821661	9379755	477570	9857325	804233	716751	388000	11766309	15.05
21	石灰粉煤灰稳定碎石底基层	m^2	733810.000	332262	10037965	1417121	11787348	597239	12384587	606904	900381	473712	14365584	19.58
22	石灰粉煤灰稳定碎石底基层	m^2	11202.000	4821	137916	33101	175838	8553	184391	8752	13389	7043	213575	19.07
23	石灰粉煤灰稳定碎石基层	m^2	729904.000	330494	9984533	2366830	12681857	616719	13298576	624494	965638	507704	15396412	21.09
24	石灰粉煤灰稳定碎石基层	m^2	10184.000	4384	125383	30862	160629	7815	168444	7989	12232	6433	195098	19.16
25	稳定土拌和站	处	2.000	336983	675168	459843	1471994	194018	1666012	306353	128913	71654	2172932	1086466.00
26	透层	m^2	747960.000	58535	2522308	46617	2627460	133777	2761237	129710	200776	105428	3197151	4.27
27	黏层	m^2	1869900.000	73169	3008669	25519	3107357	158211	3265568	154931	237448	124736	3782683	2.02
28	下封层	m^2	747960.000	229960	3842084	85642	4157686	211689	4369375	258537	317708	168646	5114266	6.84
29	沥青混凝土下面层6cm	m^2	747960.000	174604	22833787	3658152	26666543	1408140	28074683	754579	2013307	1051731	31894300	42.64
30	沥青混凝土中面层6cm	m^2	956167.000	224168	30909298	4669101	35802567	1891650	37694217	1009299	2703158	1411968	42818642	44.78
31	沥青混凝土面层4cm	m^2	837504.000	133708	35155015	3174080	38462803	2042729	40505532	1044496	2904870	1515911	45970809	54.89
32	沥青拌和站	处	1.000	246265	571263	199421	1016949	138976	1155925	221643	89742	50036	1517346	1517346.00
33	水泥混凝土路面26cm	m^2	5025.000	103612	342096	28810	474518	24889	499407	52535	35822	20043	607807	120.96
34	水泥混凝土路面24cm	m^2	4233.000	81509	267092	22886	371487	19486	390973	41289	28045	15696	476003	112.45
35	路肩及加固	公路公里	13.000	836729	537482	60894	1435105	85388	1520493	400890	111772	69331	2102486	161729.69
36	钢筋混凝土盖板涵	m/道	2020.260	5057908	9107025	433334	14598267	882367	15480634	2739681	1138048	660122	20018485	9908.87
37	小桥工程	m/座	45.920	1034586	1736390	101235	2872211	171445	3043656	549374	223414	130142	3946586	85944.82
38	中桥工程	m/座	162.030	2309510	6173538	462556	8945604	521492	9467096	1324014	692651	391600	11875361	73291.13

编制：聂莉萍 复核：何银龄

建筑安装工程费计算表

建设项目名称:抚吉高速公路(节选)

编 制 范 围:K064 +000 ~ K080 +000　　　　第3页　　共3页　　03表

序号	工程名称	单位	工程量	直接费(元)						间接费(元)	利润(元)	税金(元)	建筑安装工程费	
				直接工程费				其他工程费	合计		费率(7%)	综合税率(3.41%)	合计(元)	单价(元)
				人工费	材料费	机械使用费	合计							
	2	3	4	5	6	7	8	9	10	11	12	13	14	15
39	钢筋混凝土盖板通道	m/道	1764.570	6364508	11332740	564254	18261502	1110934	19372436	3458507	1425307	827139	25083389	14215.01
40	波形钢板护栏	m	126742.170	591064	18324540	285809	19201413	945704	20147117	884843	1456184	766845	23254989	183.48
41	隔离栅	km	58.785	1185617	5240694	55035	6481346	325557	6806903	692567	492762	272536	8264768	140593.14
42	公路标线	km	35689.180	101746	1112646	155664	1370056	84553	1454609	116644	107224	57236	1735713	48.63
43	轮廓标	根	4107.000	2525	18617		21142	1040	22182	1699	1603	869	26353	6.42
44	反光路钮	个	6422.000	8257	101468		109725	6772	116497	9384	8587	4585	139053	21.65
45	活动护栏	m	336.000	5642	39967	3311	48920	2481	51401	3988	3724	2017	61130	181.93
46	公路界碑	块	610.000	11525	19224	748	31497	1944	33441	6246	2465	1437	43589	71.46
47	公路交工前养护费	km	33.755	339643			339643	18149	357792	140565	25660	17869	541886	16053.50
	各项费用合计			66533648	237606663	78231895	382372206	19812470	402184676	41127583	29224810	16113522	488650591	30540662

编制:聂莉萍　　　　复核:何银龄

其他工程费及间接费综合费率计算表

建设项目名称:抚吉高速公路(节选)

编 制 范 围:K064 +000 ~ K080 +000　　　　第1页　　共1页　　04表

序号	工程类别	其他工程费费率(%)													间接费费率(%)											
		冬季施工增加费	雨季施工增加费	夜间施工增加费	高原地区施工增加费	风沙地区施工增加费	沿海地区工程施工增加费	行车干扰工程施工增加费	施工标准化与安全措施费	临时设施费	施工辅助费	工地转移费	综合费率		规费						企业管理费					
													I	II	养老保险费	失业保险费	医疗保险费	住房公积金	工伤保险费	综合费率	基本费用	主副食运费补贴	职工探亲路费	职工取暖补贴	财务费用	综合费率
1	2	3	4	5	6	7	8	9	10	11	12	13	14	15	16	17	18	19	20	21	22	23	24	25	26	27
1	人工土方		0.360						0.700	1.730	0.890	0.215	3.895		20.000	2.000	6.600	8.000	2.200	38.800	3.360	0.280	0.100		0.230	3.970
2	机械土方		0.370						0.700	1.560	0.490	0.689	3.809		20.000	2.000	6.600	8.000	2.200	38.800	3.260	0.215	0.220		0.210	3.905
3	汽车运输		0.370						0.250	1.010	0.160	0.411	2.201		20.000	2.000	6.600	8.000	2.200	38.800	1.440	0.225	0.140		0.210	2.015
4	人工石方		0.270						0.700	1.760	0.850	0.226	3.806		20.000	2.000	6.600	8.000	2.200	38.800	3.450	0.215	0.100		0.220	3.985
5	机械石方		0.340						0.700	2.170	0.460	0.445	4.115		20.000	2.000	6.600	8.000	2.200	38.800	3.280	0.200	0.220		0.200	3.900
6	高级路面	0.060	0.340						1.180	2.110	0.800	0.854	5.344		20.000	2.000	6.600	8.000	2.200	38.800	1.910	0.135	0.140		0.270	2.455
7	其他路面		0.320						1.200	2.060	0.740	0.771	5.091		20.000	2.000	6.600	8.000	2.200	38.800	3.280	0.135	0.160		0.300	3.875
8	构造物I	0.060	0.270						0.850	2.920	1.300	0.771	6.172		20.000	2.000	6.600	8.000	2.200	38.800	4.440	0.205	0.290		0.370	5.305
9	构造物II	0.080	0.300	0.350					0.920	3.450	1.560	0.915	7.576		20.000	2.000	6.600	8.000	2.200	38.800	5.530	0.225	0.340		0.400	6.495
10	构造物III	0.150	0.600	0.700					1.850	6.390	3.030	1.820	14.540		20.000	2.000	6.600	8.000	2.200	38.800	9.790	0.405	0.550		0.820	11.565
11	技术复杂大桥	0.080	0.340	0.350					1.010	3.210	1.680	1.038	7.708		20.000	2.000	6.600	8.000	2.200	38.800	4.720	0.180	0.200		0.460	5.560
12	隧道								0.860	2.830	1.230	0.730	5.650		20.000	2.000	6.600	8.000	2.200	38.800	4.220	0.175	0.270		0.390	5.055
13	钢材及钢结构			0.350					0.630	2.730	0.560	0.997	5.267		20.000	2.000	6.600	8.000	2.200	38.800	2.420	0.180	0.160		0.480	3.240
14	设备安装工程	0.150							0.925	6.390	3.030	1.820	12.315		20.000	2.000	6.600	8.000	2.200	38.800	9.790	0.405	0.550		0.820	11.565
15	金属标志牌安装								0.630	2.730	0.560	0.997	4.917		20.000	2.000	6.600	8.000	2.200	38.800	2.420	0.180	0.160		0.480	3.240
16	费率为0																									

编制:聂莉萍　　　　复核:何银龄

设备、工具、器具购置费计算表

建设项目名称:抚吉高速公路(节选)

编 制 范 围:K064+000~K080+000　　　　第1页　　共1页　　05表

序号	设备、工具、器具规格名称	单位	数量	单价(元)	金额(元)	说明
三	办公及生活用家具购置	公路公里	13.000	45446.15	590800.00	
	路线工程	公路公里	33.760	17500.00	590800.00	

编制:聂莉萍　　　　复核:何银龄

工程建设其他费用及回收金额计算表

建设项目名称:抚吉高速公路(节选)

编 制 范 围:K064 +000 ~ K080 +000　　　　第1页　共2页　06表

序号	费用名称及回收金额项目	说明及计算式	金额(元)	备注
	第三部分　工程建设其他费用		230475225	
一	土地征用及拆迁补偿费		165436062	
10	土地补偿费		157488000	
	永久占地	3776 元 * 40500 元/元	152928000	
	临时用地	456 元 * 10000 元/元	4560000	
50	耕地开垦费		4238770	
	农田开垦费	1571.77 元 * 2000 元/元	3143540	
	其他耕地开垦费	1095.23 元 * 1000 元/元	1095230	
60	森林植被恢复费		3709292	
	森林植被恢复费	1 元 * 3709292 元/元	3709292	
二	建设项目管理费		18306651	
10	建设单位(业主)管理费	{累进办法建管费}	7538363	7538363.00
30	工程监理费	{建安费} * 2%	9773012	488650591 * 2%
50	设计文件审查费	{建安费} * 0.1%	488651	488650591 * 0.1%
60	竣(交)工验收试验检测费		506625	
四	建设项目前期工作费		21032983	
	勘察设计费	1 元 * 19982983 元/元	19982983	
	林地占用可行性研究费用	1 元 * 250000 元/元	250000	
	文物普查费用	1 元 * 800000 元/元	800000	
五	专项评价(估)费		500000	
	环境评估费	1 元 * 500000 元/元	500000	
九	生产人员培训费		390000	
	收费员培训	120 元 * 2000 元/元	240000	
	交通执法员培训	50 元 * 3000 元/元	150000	

编制:聂莉萍　　　　复核:何银龄

工程建设其他费用及回收金额计算表

建设项目名称:抚吉高速公路(节选)

编 制 范 围:K064 +000 ~ K080 +000　　　　第2页　　共2页　　06表

序号	费用名称及回收金额项目	说 明 及 计 算 式	金额(元)	备 注
十一	建设期贷款利息	{建设期贷款利息}	24160664	
十二	新增加费用项目(作预备费基数)		648865	
10	招标代理服务费		600000	
	招标代理服务费	1元*600000元/元	600000	
30	水保、地灾评估费用	{建安费}*0.01%	48865	488650591*0.01%
	预备费		20866679	
	2. 基本预备费	({一二三部分合计}-{建设期贷款利息})*3%	20866679	(719716616-24160664)*3%
	新增加费用项目(不作预备费基数)		1200000	
1	水土保持方案报告书编制费用		480000	
	1. 水土保持方案报告书编制费用	1元*480000元/元	480000	
2	地质灾害危险性评估费用		380000	
	2. 地质灾害危险性评估费用	1元*380000元/元	380000	
3	环境评估报告书编制费用		340000	
	3. 环境评估报告书编制费用	1元*340000元/元	340000	
	概(预)算总金额	{一二三部分合计}+{预备费}+{新增加费用项目(不作预备费基数)}	741783295	719716616+20866679+1200000
	其中:回收金额		474925	
1	原木		225916	
2	锯材		57309	
3	钢材		3992	
4	铁件		4411	
5	橡皮线		183297	
	公路基本造价	{概(预)算总金额}-{其中:回收金额}	741308370	741783295-474925

编制:聂莉萍　　　　复核:何银龄

人工、材料、机械台班单价汇总表

建设项目名称:抚吉高速公路(节选)

编 制 范 围:K064 +000 ~ K080 +000

第 1 页　　共 4 页　　07 表

序号	名　称	单位	代号	预算单价(元)	备注	序号	名　称	单位	代号	预算单价(元)	备注
1	人工	工日	1	55.90		25	组合钢模板	t	272	5710.00	
2	机械工	工日	2	55.90		26	门式钢支架	t	273	5000.00	
3	原木	m^3	101	965.04		27	板式橡胶支座	dm^3	402	80.00	
4	锯材	m^3	102	1170.04		28	板式橡胶伸缩缝	m	542	375.00	
5	光圆钢筋	t	111	4001.34		29	钢绞线群锚(3 孔)	套	572	105.00	
6	带肋钢筋	t	112	4001.34		30	钢绞线群锚(7 孔)	套	576	245.00	
7	钢铰线	t	125	6500.00		31	铁件	kg	651	4.40	
8	波纹管钢带	t	151	6350.00		32	镀锌铁件	kg	652	6.90	
9	型钢	t	182	3700.00		33	铁钉	kg	653	6.97	
10	钢板	t	183	4450.00		34	8 ~ 12 号铁丝	kg	655	6.10	
11	钢管	t	191	5610.00		35	20 ~ 22 号铁丝	kg	656	6.40	
12	镀锌钢板	t	208	5940.00		36	铁皮	m^2	666	25.40	
13	钢钎	kg	211	5.62		37	铸铁管	kg	682	2.00	
14	空心钢钎	kg	212	7.00		38	铁丝编制网(1)	m^2	693	40.89	
15	ϕ50mm 以内合金钻头	个	213	27.21		39	裸铝(铜)线	m	712	3.22	
16	钢丝绳	t	221	5853.00		40	皮线	m	714	5.40	
17	电焊条	kg	231	4.90		41	油漆	kg	732	13.04	
18	螺栓	kg	240	10.65		42	桥面防水涂料	kg	735	6.20	
19	钢管立柱	t	247	5850.00		43	热熔涂料	kg	738	6.00	
20	钢管立柱(1)	t	247	6100.00		44	反光玻璃珠	kg	739	2.80	
21	型钢立柱	t	248	5300.00		45	反光膜	m^2	740	220.00	
22	波形钢板	t	249	6100.00		46	反光突起路钮	个	741	15.00	
23	钢管桩	t	262	5000.00		47	土工布	m^2	770	9.71	
24	钢模板	t	271	5970.00		48	玻璃纤维布	m^2	771	2.40	

编制:聂莉萍　　复核:何银龄

人工、材料、机械台班单价汇总表

建设项目名称:抚吉高速公路(节选)

编 制 范 围:K064+000~K080+000　　　第2页　　共4页　　07表

序号	名 称	单位	代号	预算单价(元)	备注	序号	名 称	单位	代号	预算单价(元)	备注
49	土工格栅	m^2	772	9.80		73	中(粗)砂	m^3	899	118.46	
50	三维植被网	m^2	774	15.00		74	砂砾	m^3	902	31.00	
51	U形锚钉	kg	775	4.67		75	天然级配	m^3	908	40.00	
52	草籽	kg	821	80.00		76	黏土	m^3	911	8.21	
53	油毛毡	m^2	825	2.29		77	片石	m^3	931	34.00	
54	32.5级水泥	t	832	358.94		78	粉煤灰	m^3	945	20.97	
55	42.5级水泥	t	833	384.82		79	矿粉	t	949	125.00	
56	硝铵炸药	kg	841	6.00		80	碎石(2cm)	m^3	951	61.62	
57	导火线	m	842	0.80		81	碎石(4cm)	m^3	952	61.62	
58	普通雷管	个	845	0.70		82	碎石(8cm)	m^3	954	49.00	
59	石油沥青	t	851	3800.00		83	碎石	m^3	958	27.50	
60	改性沥青	t	852	5400.00		84	石屑	m^3	961	65.00	
61	纤维稳定剂	t	856	18000.00		85	路面用碎石(1.5cm)	m^3	965	65.00	
62	重油	kg	861	2.80		86	路面用碎石(1.5cm)(1)	m^3	965	80.00	
63	汽油	kg	862	5.20		87	路面用碎石(2.5cm)	m^3	966	65.00	
64	柴油	kg	863	4.90		88	路面用碎石(3.5cm)	m^3	967	63.00	
65	煤	t	864	265.00		89	块石	m^3	981	85.00	
66	电	kW·h	865	0.55		90	粗料石	m^3	984	123.14	
67	水	m^3	866	0.50		91	草皮	m^2	995	1.80	
68	青(红)砖	千块	877	212.00		92	其他材料费	元	996	1.00	
69	生石灰	t	891	105.00		93	设备摊销费	元	997	1.00	
70	土	m^3	895	8.00		94	75kW以内履带式推土机	台班	1003	626.29	
71	砂	m^3	897	50.00		95	105kW以内履带式推土机	台班	1005	817.16	
72	中(粗)砂(2)	m^3	899	90.00		96	135kW以内履带式推土机	台班	1006	1196.98	

编制:聂莉萍　　　　复核:何银龄

人工、材料、机械台班单价汇总表

建设项目名称：抚吉高速公路（节选）

编 制 范 围：K064 +000 ~ K080 +000　　　　第3页　　共4页　　07表

序号	名　　称	单位	代号	预算单价（元）	备注
97	165kW 以内履带式推土机	台班	1007	1396.65	
98	$0.6m^3$ 履带式单斗挖掘机	台班	1027	513.38	
99	$2.0m^3$ 轮胎式装载机	台班	1050	714.55	
100	$3.0m^3$ 轮胎式装载机	台班	1051	921.53	
101	120kW 以内平地机	台班	1057	926.37	
102	150kW 以内平地机	台班	1058	1100.87	
103	120kW 以内履带式拖拉机	台班	1065	775.67	
104	6~8t 光轮压路机	台班	1075	258.19	
105	8~10t 光轮压路机	台班	1076	287.08	
106	12~15t 光轮压路机	台班	1078	418.47	
107	0.6t 手扶式振动碾	台班	1083	108.50	
108	15t 以内振动压路机	台班	1088	787.49	
109	200~620N·m 蛙式夯土机	台班	1094	18.62	
110	风动气腿式凿岩机	台班	1102	18.40	
111	机动液压喷播机	台班	1139	213.08	
112	235kW 以内稳定土拌和机	台班	1155	1758.06	
113	300t/h 以内稳定土厂拌设备	台班	1160	976.00	
114	4000L 以内沥青洒布车	台班	1193	414.90	
115	160t/h 以内沥青拌和设备	台班	1205	19652.51	
116	9.0m 以内带自动找平沥青混合料摊铺机	台班	1213	2233.68	
117	12.5m 以内带自动找平沥青混合料摊铺机	台班	1214	3265.76	
118	15t 以内双钢轮振动压路机	台班	1220	1289.63	
119	16~20t 以内轮胎式压路机	台班	1224	625.36	
120	20~25t 以内轮胎式压路机	台班	1225	766.97	
121	热熔标线设备	台班	1227	524.18	
122	电动混凝土真空吸水机组	台班	1239	88.81	
123	电动混凝土切缝机	台班	1245	148.22	
124	250L 以内强制式混凝土搅拌机	台班	1272	103.49	
125	$60m^3/h$ 以内混凝土输送泵	台班	1316	1106.66	
126	拉伸力 900kN 以内预应力拉伸机	台班	1344	42.95	
127	拉伸力 5000kN 以内预应力拉伸机	台班	1347	178.27	
128	油泵、千斤顶各1钢绞线拉伸设备	台班	1349	135.49	
129	含钢带点焊机波纹管卷制机	台班	1352	243.97	
130	2t 以内载货汽车	台班	1370	214.91	
131	4t 以内载货汽车	台班	1372	301.77	
132	5t 以内自卸汽车	台班	1383	377.70	
133	6t 以内自卸汽车	台班	1384	412.13	
134	15t 以内自卸汽车	台班	1388	696.50	
135	20t 平板拖车组	台班	1393	733.77	
136	30t 平板拖车组	台班	1394	906.51	
137	4000L 以内洒水汽车	台班	1404	463.70	
138	6000L 以内洒水汽车	台班	1405	523.48	
139	10000L 以内洒水汽车	台班	1407	847.52	
140	1.0t 以内机动翻斗车	台班	1408	132.72	
141	8t 以内轮胎式起重机	台班	1440	470.68	
142	4　0t 以内轮胎式起重机	台班	1444	1239.31	
143	8t 以内汽车式起重机	台班	1450	547.17	
144	12t 以内汽车式起重机	台班	1451	723.97	

编制：聂莉萍　　　　复核：何银龄

人工、材料、机械台班单价汇总表

建设项目名称：抚吉高速公路（节选）

编 制 范 围：K064 +000 ~ K080 +000　　　　第 4 页　　共 4 页　　07 表

序号	名　称	单位	代号	预算单价（元）	备注	序号	名　称	单位	代号	预算单价（元）	备注
145	20t 以内汽车式起重机	台班	1453	1066.38		153	ϕ100mm 以内电动多级离心水泵	台班	1663	210.76	
146	30t 以内汽车式起重机	台班	1455	1410.87		154	32kV · A 交流电弧焊机	台班	1726	111.34	
147	40t 以内汽车式起重机	台班	1456	2052.92		155	150kV · A 交流对焊机	台班	1747	231.94	
148	75t 以内汽车式起重机	台班	1458	3071.31		156	10m^3/min 以内电动空压机	台班	1837	365.64	
149	30kN 以内单筒慢动电动卷扬机	台班	1499	93.79		157	9m^3/min 以内机动空压机	台班	1842	554.63	
150	50kN 以内单筒慢动电动卷扬机	台班	1500	106.29		158	44kW 以内内燃拖轮	艘班	1851	563.00	
151	激振力 300kN 以内振动打拔桩锤	台班	1581	374.91		159	80t 以内工程驳船	艘班	1873	217.60	
152	ϕ150mm 以内电动单级离心水泵	台班	1653	163.94		160	小型机具使用费	元	1998	1.00	

编制：聂莉萍　　　　复核：何银龄

抚吉高速公路(节选)

K064 + 000 ~ K080 + 000

第 2 册　　共 2 册

编制：聂莉萍
复核：何银龄(珠海纵横创新软件有限公司)
建设单位：江西××有限公司
2013 年 4 月

目　录

（乙组文件）

建筑安装工程费计算数据表

建设项目名称：抚吉高速公路（节选）

编 制 范 围：K064 +000 ~ K080 +000　　数据文件编号：WQ20110101　　公路等级：高速公路

路线或桥梁长度（km）：16.000　　路基或桥梁宽度（m）：26.000　　第 1 页　　共 16 页　　08-1 表

项的代号	本项目数	目的代号	本目节数	节的代号	本节细目数	细目代号	费率编号	定额个数	定额代号	项或目或节或细目或定额的名称	单 位	数 量		定 额 调 整 情 况
一	4									临时工程	公路公里	13.000		
		10	1							临时道路	km	43.480		
				10	1					临时道路	km	43.480		
						10		2		临时便道的修建与维护	km	43.480		
							7		7-1-1-1	汽车便道平微区路基宽 7m	1km	43.480		
							7		7-1-1-5	汽车便道砂砾路面宽 6m	1km	43.480		
		20						2		临时便桥	m/座	220.000	1.000	
							8		7-1-2-1 改	汽车钢便桥	10m	22.000		997 量 9413.2
							8		7-1-2-2 改	汽车便桥墩桩长 10m 以内	1 座	20.000		262 量 0.304
		40						2		临时电力线路	km	69.000		
							8		7-1-5-1	干线三线裸铝线输电线路	100m	435.000		
							8		7-1-5-3	支线输电线路	100m	255.000		
		50						1		临时电信线路	km	33.775		
							8		7-1-5-4	双线通信线路	1000m	33.755		
二	6									路基工程	km	10.772		
		10	1							场地清理	km	33.775		
				10	2					清理与掘除	m^2	973400.000		
						10		1		清除表土	m^3	105114.000		
							2		1-1-1-12	清除表土（135kW 内推土机）	$100m^3$	1051.140		
						20		4		伐树、挖根、除草	m^2	973400.000		
							2		1-1-1-3	人工伐推土机挖根(135kW 内)	10 棵	6326.500		
							1		1-1-1-4	砍挖灌木林（ϕ10cm 下）稀	$1000m^2$	220.165		
							1		1-1-1-5	砍挖灌木林（ϕ10cm 下）密	$1000m^2$	753.235		

编制：聂莉萍　　复核：何银龄

建筑安装工程费计算数据表

建设项目名称:抚吉高速公路(节选)

编 制 范 围:K064+000~K080+000　　数据文件编号:WQ20110101　　公路等级:高速公路

路线或桥梁长度(km):16.000　　路基或桥梁宽度(m):26.000　　第2页　　共16页　　08-1表

项的代号	本项目数	目的代号	本目节数	节的代号	本节细目数	细目代号	费率编号	定额个数	定额代号	项或目或节或细目或定额的名称	单位	数量	定额调整情况
							1		1-1-1-10	挖竹根	$10m^3$	1686.800	
		20	3							挖方	m^3	4160135.000	
				10				4		挖土方	m^3	654013.000	
							2		1-1-12-17改	165kW内推土机60m松土	$1000m^3$	73.019	+20×4
							2		1-1-12-19改	165kW内推土机20m硬土	$1000m^3$	70.079	定额×0.8
							2		1-1-10-3	$3m^3$内装载机装土方	$1000m^3$	580.934	
							3		1-1-11-21改	15t内自卸车运土0.5km	$1000m^3$	580.934	+22×(-1)
				20				6		挖石方	m^3	3506122.000	
							5		1-1-15-30改	165kW内推土机60m软石	$1000m^3$	756.796	+33×4
							5		1-1-15-30改	165kW内推土机20m软石	$1000m^3$	2152.371	定额×0.8
							5		1-1-15-31改	165kW内推土机20m次坚石	$1000m^3$	596.955	定额×0.8
							5		1-1-10-5改	$2m^3$内装载机装软石	$1000m^3$	2152.371	定额×0.92
							5		1-1-10-8改	$2m^3$内装载机装次坚石、坚石	$1000m^3$	596.955	定额×0.92
							3		1-1-11-49改	15t内自卸车运石0.5km	$1000m^3$	2749.326	+50×(-1),定额×0.92
				30	1					挖非适用材料	m^3	28900.000	
						10		2		挖淤泥	m^3	28900.000	
							2		1-1-2-5改	挖掘机挖装、淤泥、流沙	$1000m^3$	28.900	添1653量8
							3		1-1-11-5	6t内自卸车运土1km	$1000m^3$	28.900	
		30	1							填方	m^3	3509053.000	
				10	2					路基填方	m^3	3509053.000	
						20		3		利用土方填筑	m^3	218377.000	
							1		1-1-4-3	人工挖土质台阶硬土	$1000m^2$	14.988	
							2		1-1-5-3	填前夯(压)实(120kW内拖拉机)	$1000m^2$	44.335	

编制:聂莉萍　　复核:何银龄

建筑安装工程费计算数据表

建设项目名称:抚吉高速公路(节选)

编　制　范　围:K064 +000 ~ K080 +000　　数据文件编号:WQ20110101　　公路等级:高速公路

路线或桥梁长度(km):16.000　　路基或桥梁宽度(m):26.000　　第3页　共16页　08-1表

项的代号	本项目数	目的代号	本目节数	节的代号	本节细目数	细目代号	费率编号	定额个数	定额代号	项或目或节或细目或定额的名称	单位	数量	定额调整情况
							2		1-1-18-4	高速一级路15t内振动压路机压土	$1000m^3$	218.377	
						40		6		利用石方填筑	m^3	3290676.000	
							1		1-1-4-3	人工挖土质台阶硬土	$1000m^2$	221.702	
							2		1-1-5-3	填前夯(压)实(120kW内拖拉机)	$1000m^2$	665.785	
							5		1-1-15-30改	165kW内推土机20m软石	$1000m^3$	6.106	定额×0.8
							5		1-1-10-5改	$2m^3$内装载机装软石	$1000m^3$	6.106	定额×0.92
							3		1-1-11-49改	15t内自卸车运石1km	$1000m^3$	6.106	定额×0.92
							5		1-1-18-20	二级路15t内振动压路机压石	$1000m^3$	3290.676	
		31						3		路基零星工程	公路公里	13.000	
							2		1-1-20-1	机械整修路拱	$1000m^2$	661.598	
							1		1-1-20-3	整修边坡二级及以上等级公路	1km	33.755	
							3		1-1-22-13	10000L内洒水车洒水1km	$1000m^3$	46.160	
		50	2							排水工程	公路公里	13.000	
				10				5		石砌边沟排水沟截水沟等	m^3	68406.400	
							1		1-2-1-3	人工挖沟硬土	$1000m^3$	6.065	
							8		4-5-2-9改	锥坡、沟、槽、池	$10m^3$	4132.600	M5, -3.5, M7.5, +3.5
							8		1-2-3-2改	浆砌块石边沟 排水沟 截水沟	$10m^3$	2708.040	M5, -2.7, M7.5, +2.7, 添770量2.87
							8		4-11-5-1	砂砾垫层	$10m^3$	28.470	
							8		4-11-7-13	沥青麻絮伸缩缝	$1m^2$	184.578	
				40				3		7.5号浆砌块石急流槽	m^3	2772.700	
							1		1-1-6-3改	人工挖运硬土20m	$1000m^3$	1.450	定额×1.5
							8		1-2-3-4	浆砌块石急流槽	$10m^3$	277.270	
							8		4-11-5-1	填砂砾(砂)垫层	$10m^3$	17.010	

编制:聂莉萍　　复核:何银龄

建筑安装工程费计算数据表

建设项目名称：抚吉高速公路（节选）

编　制　范　围：K064 + 000 ~ K080 + 000　　数据文件编号：WQ20110101　　公路等级：高速公路

路线或桥梁长度（km）：16.000　　路基或桥梁宽度（m）：26.000　　第 4 页　　共 16 页　　08-1 表

项的代号	本项目数	目的代号	本目节数	节的代号	本节细目数	细目代号	费率编号	定额个数	定额代号	项或目或节或细目或定额的名称	单位	数量	定额调整情况
		60	5							防护与加固工程	km	13.000	
				10				4		三维植被网植草	m^2	196480.000	
							13		5-1-8-1	钢筋挂网边坡（高 10m 内）	1t	66.119	
							8		5-1-2-2	三维植被挂网	$1000m^2$	196.480	
							8		5-1-2-1	土工格栅挂网	$1000m^2$	196.480	
							8		4-11-6-17	水泥砂浆抹面（厚 2cm）	$100m^2$	169.550	
				20				14		石砌护面墙、护坡	m^3	102525.900	
							8		5-1-10-3 改	护面墙	$10m^3$	1495.250	M5，-2.7，M7.5，+2.7，人工×1.15，机械×1.15，899 价 90.00
							8		5-1-10-3 改	实体护坡	$10m^3$	104.540	M5，-2.7，M7.5，+2.7，899 价 90.00
							8		5-1-10-3 改	拱形骨架护坡	$10m^3$	7509.210	M5，-2.7，M7.5，+2.7，人工×1.3，机械×1.3，899 价 90.00
							8		4-5-7-2 改	砖砌拱形骨架护坡	$10m^3$	223.880	M5，-2.4，M7.5，+2.4，899 价 90.00
							8		4-7-28-10	预制混凝土块件钢模	$10m^3$	24.510	
							13		4-7-28-11	小型构件钢筋	1t	59.995	
							8		4-5-5-2	墩、台、墙镶面高 20m 内	$10m^3$	24.510	
							8		4-5-4-2	粗料石护面墙	$10m^3$	895.140	
							8		4-11-7-13	沥青麻絮伸缩缝	$1m^2$	625.960	
							8		5-1-1-3	满铺边坡（高 20m 以上）	$1000m^2$	190.079	
							8		5-1-2-2	三维植被挂网	$1000m^2$	190.079	
							8		4-11-6-17	水泥砂浆抹面（厚 2cm）	$100m^2$	394.070	
							1		1-1-6-2 改	人工挖运普通土 50m	$1000m^3$	25.285	+4×3
							8		4-11-11-1	混凝土搅拌机拌和（250L 内）	$10m^3$	24.755	
				25				5		石砌护肩、护脚	m^3	1694.000	
							8		4-5-3-1 改	护肩	$10m^3$	6.500	899 价 90.00

编制：聂莉萍　　复核：何银龄

建筑安装工程费计算数据表

建设项目名称：抚吉高速公路（节选）

编　制　范　围：K064 +000 ~ K080 +000　　　　数据文件编号：WQ20110101　　　　公路等级：高速公路

路线或桥梁长度（km）：16.000　　　　路基或桥梁宽度（m）：26.000　　　　第 5 页　　共 16 页　　08-1 表

项的代号	本项目数	目的代号	本目节数	节的代号	本节细目数	细目代号	费率编号	定额个数	定额代号	项或目或节或细目或定额的名称	单位	数量	定额调整情况
							8		4-5-3-1 改	粗料石护肩	$10m^3$	1.500	899 价 90.00
							8		4-5-3-10 改	护脚	$10m^3$	161.400	M5，-2.7，M7.5，+2.7，899 价 90.00
							8		4-1-1-1 改	人工挖基坑深 3m 内干处土	$1000m^3$	0.369	定额 ×0.6
							8		4-11-7-13	沥青麻絮伸缩缝	$1m^2$	1.000	
				40				14		框架梁护坡	m	4634.000	
							12		3-1-6-1 改	砂浆锚杆	1t	213.012	人工 ×0.875，机械 ×0.875
							13		5-1-9-3	地梁钢筋	1t	601.240	
							8		5-1-9-2	地梁混凝土	$10m^3$	633.980	
							7		1-3-9-3 改	土工格栅及三维网	$1000m^2$	67.691	996 量 39.67
							8		4-7-28-10 改	预制混凝土块件钢模	$10m^3$	115.890	定额 ×1.01
							13		4-7-28-11	小型构件钢筋	1t	4.717	
							8		4-5-5-2	墩、台、墙镶面高 20m 内	$10m^3$	115.890	
							8		4-5-3-10 改	锥坡、沟、槽、池	$10m^3$	53.050	M5，-2.7，M7.5，+2.7
							8		5-1-2-8	机械液压喷播植草（挖方边坡）	$1000m^2$	10.084	
							8		4-6-1-1	混凝土垫圈	$10m^3$	0.530	
							8		4-5-2-9 改	锥坡、沟、槽、池	$10m^3$	74.800	M5，-3.5，M7.5，+3.5
							8		4-5-3-10 改	锥坡、沟、槽、池	$10m^3$	488.310	M5，-2.7，M7.5，+2.7
							1		1-1-6-2 改	人工挖运普通土 60m	$1000m^3$	0.881	+4 ×4
							8		4-11-11-1	混凝土搅拌机拌和（250L 内）	$10m^3$	117.590	
				50				10		砌石及混凝土挡土墙	m^3	9593.000	
							1		1-1-6-2	人工挖运普通土 20m	$1000m^3$	3.016	
							4		1-1-14-1	人工开炸运软石 20m	$1000m^3$	2.867	
							8		5-1-18-2	现浇混凝土挡土墙	$10m^3$	67.680	

编制：聂莉萍　　　　复核：何银龄

建筑安装工程费计算数据表

建设项目名称:抚吉高速公路(节选)

编 制 范 围:K064 +000 ~ K080 +000　　数据文件编号:WQ20110101　　公路等级:高速公路

路线或桥梁长度(km):16.000　　路基或桥梁宽度(m):26.000　　第 6 页　共 16 页　08-1 表

项的代号	本项目数	目的代号	本目节数	节的代号	本节细目数	细目代号	费率编号	定额个数	定额代号	项或目或节或细目或定额的名称	单位	数量	定额调整情况
							8		5-1-15-8 改	浆砌块石墙身	$10m^3$	820.500	M5,-2.7,M7.5,+2.7,添 770 量 1.286,996 量 20.45
							8		4-5-4-1	墩、台、墙粗料石镶面高 10m 内	$10m^3$	71.100	
							8		4-11-5-1	填砂砾(砂)垫层	$10m^3$	392.700	
							8		4-11-7-13	沥青麻絮伸缩缝	$1m^2$	78.000	
							2		1-1-7-2 改	夯土机夯实	$1000m^3$	2.021	人工 ×1.2
							8		6-1-2-3	现浇混凝土墙体防撞护栏	$10m^3$	2.100	
							8		5-1-25-2	砂砾泄水层	$100m^3$	6.850	
三	9									路面工程	km	13.000	
		10	1							路面垫层	m^2	781878.000	
				10				1		碎石垫层	m^2	781878.000	
							7		2-1-3-31 改	石灰土碎石 5:15:80 稳拌机厚 20cm	$1000m^2$	781.878	+32 ×5
		20	2							路面底基层	m^2	745012.000	
				30				3		石灰粉煤灰稳定碎石底基层	m^2	733810.000	
							7		2-1-7-31 改	厂拌石灰粉煤灰碎石 7:13:80 厚度 20cm	$1000m^2$	733.810	+32 ×5,7:13:80
							3		2-1-8-21 改	稳定土运输 15t 内 4km	$1000m^3$	14.676	+22 ×6
							7		2-1-9-6	平地机铺筑底基层(150kW 内)	$1000m^2$	733.810	
				35				3		石灰粉煤灰稳定碎石底基层	m^2	11202.000	
							7		2-1-7-31 改	厂拌石灰粉煤灰碎石 7:13:80 厚度 18cm	$1000m^2$	11.202	+32 ×3,7:13:80
							3		2-1-8-21 改	稳定土运输 15t 内 4km	$1000m^3$	2.016	+22 ×6
							7		2-1-9-6	平地机铺筑底基层(150kW 内)	$1000m^2$	11.202	
		30	2							路面基层	m^2	740088.000	
				30				3		石灰粉煤灰稳定碎石基层	m^2	729904.000	
							7		2-1-7-31 改	厂拌石灰粉煤灰碎石 7:13:80 厚度 20cm	$1000m^2$	729.904	+32 ×5,7:13:80

编制:聂莉萍　　复核:何银龄

建筑安装工程费计算数据表

建设项目名称:抚吉高速公路(节选)

编 制 范 围:K064 +000 ~ K080 +000　　数据文件编号:WQ20110101　　公路等级:高速公路

路线或桥梁长度(km):16.000　　路基或桥梁宽度(m):26.000　　第 7 页　　共 16 页　　08-1 表

项的代号	本项目数	目的代号	本目节数	节的代号	本节细目数	细目代号	费率编号	定额个数	定额代号	项或目或节或细目或定额的名称	单位	数量	定额调整情况
							3		2-1-8-21 改	稳定土运输 15t 内 4km	$1000m^3$	145.981	+22 ×6
							7		2-1-9-5	平地机铺筑基层(150kW 内)	$1000m^2$	729.904	
				35				3		石灰粉煤灰稳定碎石基层	m^2	10184.000	
							7		2-1-7-31 改	厂拌石灰粉煤灰碎石 7:13:80 厚度 18cm	$1000m^2$	10.184	+32 ×3,7:13:80
							3		2-1-8-21 改	稳定土运输 15t 内 4km	$1000m^3$	1.833	+22 ×6
							7		2-1-9-5	平地机铺筑基层(150kW 内)	$1000m^2$	10.184	
		31						5		稳定土拌和站	处	2.000	
							10		2-1-10-4	厂拌设备安拆(300t/h 内)	1 座	6.000	
							8		4-11-1-3	推土机平整场地	$1000m^2$	12.500	
							7		2-1-1-5	人工铺碎石垫层厚 15cm	$1000m^2$	2.500	
							7		7-1-1-1	汽车便道平微区路基宽 7m	1km	2.500	
							7		7-1-1-5	汽车便道砂砾路面宽 6m	1km	2.500	
		40	3							透层、黏层、封层	m^2	747960.000	
				10				1		透层	m^2	747960.000	
							7		2-2-16-3	石油沥青半刚性基层透层	$1000m^2$	747.960	
				20				1		黏层	m^2	1869900.000	
							7		2-2-16-5	石油沥青沥青层黏层	$1000m^2$	1869.900	
				30				1		下封层	m^2	747960.000	
							7		2-2-16-11	石油沥青层铺法下封层	$1000m^2$	747.960	
		50	3							沥青混凝土面层	m^2	747960.000	
				10				3		沥青混凝土下面层 6cm	m^2	747960.000	
							6		2-2-11-4	粗粒沥青混凝土拌和(160t/h 内)	$1000m^3$	44.878	
							3		2-2-13-21 改	混合料运输 15t 内 8km	$1000m^3$	44.878	+23 ×14

编制:聂莉萍　　复核:何银龄

建筑安装工程费计算数据表

建设项目名称:抚吉高速公路(节选)

编 制 范 围:K064 +000 ~ K080 +000　　数据文件编号:WQ20110101　　公路等级:高速公路

路线或桥梁长度(km):16.000　　路基或桥梁宽度(m):26.000　　第 8 页　　共 16 页　　08-1 表

项的代号	本项目数	目的代号	本目节数	节的代号	本节细目数	细目代号	费率编号	定额个数	定额代号	项或目或节或细目或定额的名称	单位	数量	定额调整情况
							6		2-2-14-42	机铺沥青混凝土粗粒式 160t/h 内	$1000m^3$	44.878	
				20				3		沥青混凝土中面层 6cm	m^2	956167.000	
							6		2-2-11-10	中粒沥青混凝土拌和(160t/h 内)	$1000m^3$	57.370	
							3		2-2-13-21 改	混合料运输 15t 内 8km	$1000m^3$	57.370	+23 ×14
							6		2-2-14-43	机铺沥青混凝土中粒式 160t/h 内	$1000m^3$	57.370	
				30				3		沥青混凝土面层 4cm	m^2	837504.000	
							6		2-2-12-2 改	沥青玛蹄脂碎石拌和(160t/h 内)	$1000m^3$	33.500	965 价 80.00
							3		2-2-13-21 改	混合料运输 15t 内 8km	$1000m^3$	33.500	+23 ×14
							6		2-2-14-56	机铺沥青玛蹄脂碎石 240t/h 内	$1000m^3$	33.500	
		51						5		沥青拌和站	处	1.000	
							10		2-2-15-4	混合料拌和设备安拆(160t/h 内)	1 座	2.000	
							8		4-11-1-3	推土机平整场地	$1000m^2$	3.000	
							7		2-1-1-5	人工铺碎石垫层厚 15cm	$1000m^2$	2.500	
							7		7-1-1-1	汽车便道平微区路基宽 7m	1km	1.000	
							7		7-1-1-5	汽车便道砂砾路面宽 6m	1km	1.000	
		60	2							水泥混凝土面层	m^2	9258.000	
				10				3		水泥混凝土路面 26cm	m^2	5025.000	
							6		2-2-17-1 改	人工铺筑混凝土厚 26cm	$1000m^2$	5.025	+2 ×6
							3		2-2-19-5 改	水泥混凝土运输 6t 内 4km	$1000m^3$	1.307	+6 ×6
							13		2-2-17-13	拉杆传力杆(人工轨道摊铺机铺)	1t	3.285	
				15				3		水泥混凝土路面 24cm	m^2	4233.000	
							6		2-2-17-1 改	人工铺筑混凝土厚 24cm	$1000m^2$	4.233	+2 ×4
							3		2-2-19-5 改	水泥混凝土运输 6t 内 4km	$1000m^3$	1.016	+6 ×6

编制:聂莉萍　　复核:何银龄

建筑安装工程费计算数据表

建设项目名称：抚吉高速公路（节选）

编 制 范 围：K064 +000 ~ K080 +000　　数据文件编号：WQ20110101　　公路等级：高速公路

路线或桥梁长度（km）：16.000　　路基或桥梁宽度（m）：26.000　　第 9 页　　共 16 页　　08-1 表

项的代号	本项目数	目的代号	本目节数	节的代号	本节细目数	细目代号	费率编号	定额个数	定额代号	项或目或节或细目或定额的名称	单位	数量		定额调整情况
							13		2-2-17-13	拉杆传力杆(人工轨道摊铺机铺)	1t	2.770		
	81							2		路肩及加固	公路公里	13.000		
							7		2-3-3-5 改	培路肩厚度 40cm	1000m²	49.565		+6×20
							8		2-3-4-4	预制安砌混凝土路缘石	10m³	207.741		
四	3									桥梁涵洞工程	km	2.228		
		20	1							涵洞工程	m/道	2020.260	47.000	
				25				24		钢筋混凝土盖板涵	m/道	2020.260	47.000	
							8		4-7-9-1 改	预制矩形板混凝土(跨径 4m 内)	10m³	23.940		普 C30-32.5-4,-10.1,普 C20-32.5-4,+10.1
							8		4-7-9-1 改	预制矩形板混凝土(跨径 4m 内)	10m³	163.440		普 C30-32.5-4,-10.1,普 C25-32.5-4,+10.1
							8		4-7-9-1	预制矩形板混凝土(跨径 4m 内)	10m³	21.510		
							8		4-7-10-2	起重机安装矩形板	10m³	208.890		
							13		4-7-9-3	矩形板钢筋	1t	436.193		
							8		4-5-2-1	基础、护底、截水墙	10m³	796.200		
							8		4-5-3-1	基础、护底、截水墙	10m³	839.770		
							8		4-6-2-1	轻型墩台钢筋混凝土	10m³	835.120		
							8		4-5-3-5	实体式台、墙高 10m 内	10m³	143.200		
							8		4-5-4-3	轻型墩台 拱上横墙 墩上横墙	10m³	37.140		
							8		4-5-4-6	粗料石帽石、缘石	10m³	3.290		
							8		4-5-2-1	基础、护底、截水墙	10m³	285.910		
							8		1-2-3-3 改	浆砌片石急流槽	10m³	7.620		M5,-3.5,M7.5,+3.5
							8		4-5-3-10 改	锥坡、沟、槽、池	10m³	42.200		M5,-2.7,M7.5,+2.7
							8		4-1-1-1	人工挖基坑深 3m 内干处土	1000m³	24.109		
							8		4-1-1-7	人工挖石方	1000m³	15.008		

编制：聂莉萍　　复核：何银龄

建筑安装工程费计算数据表

建设项目名称：抚吉高速公路（节选）

编　制　范　围：K064 + 000 ~ K080 + 000　　　数据文件编号：WQ20110101　　　公路等级：高速公路

路线或桥梁长度（km）：16.000　　　路基或桥梁宽度（m）：26.000　　　第 10 页　　共 16 页　　08-1 表

项的代号	本项目数	目的代号	本目节数	节的代号	本节细目数	细目代号	费率编号	定额个数	定额代号	项或目或节或细目或定额的名称	单位	数量		定额调整情况
							8		4-11-2-3	台背排水	$10m^3$	2010.700		
							8		4-11-4-4	沥青油毡防水层	$10m^2$	73.180		
							8		4-11-4-5	涂沥青防水层	$10m^2$	842.560		
							7		1-3-12-2	软基砂砾垫层	$1000m^3$	1.260		
							8		4-6-2-4	梁板桥墩台混凝土（高 10m 内）	$10m^3$	69.500		
							8		4-6-1-3	实体墩台基础混凝土（配梁板式上构）	$10m^3$	30.670		
							8		4-11-7-13	沥青麻絮伸缩缝	$1m^2$	8.300		
							8		4-11-11-1	混凝土搅拌机拌和（250L 内）	$10m^3$	1149.649		
		30						32		小桥工程	m/座	45.920	5.000	
							8		4-1-1-1	人工挖基坑深 3m 内干处土	$1000m^3$	2.422		
							8		4-1-1-7	人工挖石方	$1000m^3$	6.330		
							1		1-1-6-2 改	人工挖运普通土 100m	$1000m^3$	0.850		+5 ×8
							8		4-11-2-2	拱上填料	$10m^3$	344.500		
							8		4-6-1-3	实体墩台基础混凝土（配梁板式上构）	$10m^3$	17.950		
							8		4-6-1-2 改	轻型墩台基础混凝土（跨径 8m 内）	$10m^3$	21.420		普 C15-32.5-8，-10.2，普 C20-32.5-8，+10.2
							13		4-6-1-12	基础、支撑梁钢筋	1t	2.177		
							8		4-6-1-7	承台混凝土（起重机配吊斗无底模）	$10m^3$	1.202		
							8		4-6-1-5	支撑梁混凝土	$10m^3$	1.630		
							13		4-6-1-12	基础、支撑梁钢筋	1t	2.187		
							8		4-6-2-1	轻型墩台钢筋混凝土	$10m^3$	55.310		
							8		4-6-3-3	墩、台帽混凝土（木模泵送）	$10m^3$	98.700		
							8		4-6-3-2	墩、台帽混凝土（钢模非泵送）	$10m^3$	10.510		
							13		4-6-3-9	桥（涵）台帽钢筋	1t	1.596		

编制：聂莉萍　　　　复核：何银龄

建筑安装工程费计算数据表

建设项目名称：抚吉高速公路(节选)

编 制 范 围：K064 +000 ~ K080 +000　　数据文件编号：WQ20110101　　公路等级：高速公路

路线或桥梁长度(km)：16.000　　路基或桥梁宽度(m)：26.000　　第 11 页　　共 16 页　　08-1 表

项的代号	本项目数	目的代号	本目节数	节的代号	本节细目数	细目代号	费率编号	定额个数	定额代号	项或目或节或细目或定额的名称	单位	数量		定额调整情况
							8		4-7-28-10 改	预制混凝土块件钢模	$10m^3$	0.200		普 C20-32.5-2,-10.1,普 C25-32.5-2,+10.1,定额 ×1.1
							13		4-7-28-11	小型构件钢筋	1t	3.805		
							8		4-6-1-5	支撑梁混凝土	$10m^3$	1.900		
							8		6-1-2-3	现浇混凝土墙体防撞护栏	$10m^3$	2.000		
							13		6-1-2-4	墙体护栏钢筋	1t	2.770		
							8		4-11-7-10	板式橡胶伸缩缝	1m	249.020		
							8		4-6-13-2	行车道铺装面层水泥混凝土(非泵送)	$10m^3$	6.902		
							13		4-6-13-9	水泥及防水混凝土钢筋 ϕ8mm 内	1t	11.247		
							8		4-6-14-1	搭板混凝土	$10m^3$	26.750		
							13		4-6-14-3	桥头搭板钢筋	1t	18.778		
							13		4-7-30-3	板式橡胶支座	$1dm^3$	118.690		
							8		4-5-2-9 改	锥坡、沟、槽、池	$10m^3$	28.880		M5,-3.5,M7.5,+3.5
							8		4-6-8-2	现浇实体连续板混凝土	$10m^3$	36.600		
							13		4-9-3-9	满堂式轻型钢支架(墩台高 8m 内)	$10m^2$	146.400		
							13		4-6-8-5	连续板钢筋	1t	63.706		
							8		4-11-7-14	泄水管	10 个	1.000		
							8		4-11-4-6	防水剂	$1000m^2$	0.860		
							8		4-11-11-1	混凝土搅拌机拌和(250L 内)	$10m^3$	286.371		
		40						56		中桥工程	m/座	162.030	3.000	
							8		4-1-1-1	人工挖基坑深 3m 内干处土	$1000m^3$	2.453		
							8		4-1-1-7	人工挖石方	$1000m^3$	4.347		
							1		1-1-6-2 改	人工挖运普通土 100m	$1000m^3$	2.207		+5 ×8
							8		4-11-2-2	拱上填料	$10m^3$	658.500		

编制：聂莉萍　　复核：何银龄

建筑安装工程费计算数据表

建设项目名称：抚吉高速公路(节选)
编 制 范 围：K064 + 000 ~ K080 + 000　　数据文件编号：WQ20110101　　公路等级：高速公路
路线或桥梁长度(km)：16.000　　路基或桥梁宽度(m)：26.000　　第 12 页　共 16 页　08-1 表

项的代号	本项目数	目的代号	本目节数	节的代号	本节细目数	细目代号	费率编号	定额个数	定额代号	项或目或节或细目或定额的名称	单位	数量	定额调整情况
							8		4-4-1-6	人挖孔深 10m 以上砂(黏)土砂砾	$10m^3$	6.680	
							8		4-4-1-8	人挖孔深 10m 以上软石	$10m^3$	31.100	
							8		4-4-1-11	现浇混凝土护壁	$10m^3$	5.172	
							9		4-4-7-1	人工挖孔卷扬机配吊斗混凝土	$10m^3$	34.480	
							13		4-4-7-22	焊接连接钢筋	1t	29.198	
							8		4-6-1-3	实体墩台基础混凝土(配梁板式上构)	$10m^3$	174.870	
							8		4-6-1-7	承台混凝土(起重机配吊斗无底模)	$10m^3$	20.780	
							13		4-6-1-12	基础、支撑梁钢筋	1t	20.123	
							8		4-6-2-9	圆柱式墩台混凝土(非泵送高10m内)	$10m^3$	16.250	
							13		4-6-2-19	柱式墩台焊接钢筋(高 10m 内)	1t	21.953	
							8		4-5-3-5	实体式台、墙高 10m 内	$10m^3$	374.980	
							8		4-5-4-1	墩、台、墙粗料石镶面高 10m 内	$10m^3$	42.450	
							8		4-6-2-1	轻型墩台钢筋混凝土	$10m^3$	10.650	
							8		4-6-3-3	墩、台帽混凝土(木模泵送)	$10m^3$	8.520	
							13		4-6-3-10	桥(涵)墩帽及拱座钢筋	1t	9.472	
							8		4-6-3-2	墩、台帽混凝土(钢模非泵送)	$10m^3$	11.040	
							13		4-6-3-9	桥(涵)台帽钢筋	1t	10.372	
							8		4-7-28-10 改	预制混凝土块件钢模	$10m^3$	0.330	普 C20 - 32.5 - 2，- 10.1，普 C25 - 32.5 - 2，+ 10.1，定额 × 1.01
							13		4-7-28-11	小型构件钢筋	1t	4.140	
							8		4-6-1-5	支撑梁混凝土	$10m^3$	3.100	
							8		6-1-2-3	现浇混凝土墙体防撞护栏	$10m^3$	11.910	
							13		6-1-2-4	墙体护栏钢筋	1t	15.345	
							8		4-11-7-10	板式橡胶伸缩缝	1m	130.100	

编制：聂莉萍　　复核：何银龄

建筑安装工程费计算数据表

建设项目名称：抚吉高速公路（节选）

编 制 范 围：K064 +000 ~ K080 +000　　数据文件编号：WQ20110101　　公路等级：高速公路

路线或桥梁长度（km）：16.000　　路基或桥梁宽度（m）：26.000　　第 13 页　共 16 页　08-1 表

项的代号	本项目数	目的代号	本目节数	节的代号	本节细目数	细目代号	费率编号	定额个数	定额代号	项或目或节或细目或定额的名称	单位	数量	定额调整情况
							8		4-6-14-1	搭板混凝土	$10m^3$	25.630	
							13		4-6-13-9	水泥及防水混凝土钢筋 ϕ8mm 内	1t	38.258	
							8		4-6-13-2	行车道铺装面层水泥混凝土（非泵送）	$10m^3$	23.040	
							13		4-6-14-3	桥头搭板钢筋	1t	18.783	
							13		4-7-30-3	板式橡胶支座	$1dm^3$	170.425	
							8		4-5-3-10 改	锥坡、沟、槽、池	$10m^3$	58.310	M5，-2.7，M7.5，+2.7
							8		4-11-2-2	拱上填料	$10m^3$	743.600	
							8		4-5-2-9 改	锥坡、沟、槽、池	$10m^3$	6.250	M5，-3.5，M7.5，+3.5
							8		4-7-13-1	预制预应力空心板混凝土非泵送	$10m^3$	18.620	
							13		4-7-13-3	预应力空心板钢筋	1t	22.000	
							8		4-7-13-7	起重机安装空心板跨径 20m 内	$10m^3$	18.620	
							3		4-8-4-7	重 25t 内起重机装车 1km	$100m^3$	1.862	
							8		4-6-8-2	现浇实体连续板混凝土	$10m^3$	2.140	
							8		4-6-8-2	现浇实体连续板混凝土	$10m^3$	3.770	
							13		4-6-8-5	连续板钢筋	1t	24.954	
							8		4-7-28-10 改	预制混凝土块件钢模	$10m^3$	0.270	普 C20-32.5-2，-10.1，普 C30-32.5-2，+10.1，定额 ×1.01
							8		4-6-10-1	支架现浇箱梁混凝土（非泵送）	$10m^3$	160.140	
							13		4-9-3-9	满堂式轻型钢支架（墩台高 8m 内）	$10m^2$	368.730	
							13		4-6-10-4	箱梁钢筋	1t	355.880	
							13		4-7-21-5	先张法钢绞线	1t	5.672	
							8		4-11-10-2	60m 张拉台座 6000kN	1 座	1.000	
							13		4-7-20-17 改	钢绞线束长 20m 内 7 孔 15.21 束/t	1t	16.004	+18 ×7.09
							13		4-7-20-17 改	钢绞线束长 20m 内 7 孔 11.1 束/t	1t	5.437	+18 ×2.98，人工 ×1.1，机械 ×1.1

编制：聂莉萍　　复核：何银龄

建筑安装工程费计算数据表

建设项目名称：抚吉高速公路（节选）
编　制　范　围：K064 +000 ~ K080 +000　　数据文件编号：WQ20110101　　公路等级：高速公路
路线或桥梁长度（km）：16.000　　路基或桥梁宽度（m）：26.000　　第 14 页　　共 16 页　　08-1 表

项的代号	本项目数	目的代号	本目节数	节的代号	本节细目数	细目代号	费率编号	定额个数	定额代号	项或目或节或细目或定额的名称	单　位	数　量		定 额 调 整 情 况
							13		4-7-20-15 改	钢绞线束长 20m 内 3 孔 28.26 束/t	1t	3.539		+16 ×9.32
							8		4-6-3-2	墩、台帽混凝土（钢模非泵送）	$10m^3$	0.270		
							13		4-6-3-9	桥（涵）台帽钢筋	1t	1.695		
							8		4-11-7-14	泄水管	10 个	3.200		
							8		4-11-4-6	防水剂	$1000m^2$	3.104		
							8		4-11-11-1	混凝土搅拌机拌和（250L 内）	$10m^3$	504.319		
五	1									交叉工程	处	50.000		
	20	1								通道	m/处	1852.570	50.000	
				20				23		钢筋混凝土盖板通道	m/道	1764.570	48.000	
							8		4-7-9-1	预制矩形板混凝土（跨径 4m 内）	$10m^3$	106.840		
							8		4-7-9-1 改	预制矩形板混凝土（跨径 4m 内）	$10m^3$	188.860		普 C30-32.5-4，-10.1，普 C25-32.5-4，+10.1
							8		4-7-9-1 改	预制矩形板混凝土（跨径 4m 内）	$10m^3$	15.780		普 C30-32.5-4，-10.1，普 C20-32.5-4，+10.1
							8		4-7-10-2	起重机安装矩形板	$10m^3$	311.800		
							13		4-9-3-8	满堂式轻型钢支架（墩台高 6m 内）	$10m^2$	4.920		
							13		4-7-9-3	矩形板钢筋	1t	388.899		
							8		4-6-2-1	轻型墩台钢筋混凝土	$10m^3$	1167.810		
							8		4-5-3-5	实体式台、墙高 10m 内	$10m^3$	6.510		
							8		4-5-4-3	轻型墩台 拱上横墙 墩上横墙	$10m^3$	56.970		
							8		4-5-4-6	粗料石帽石、缘石	$10m^3$	4.370		
							8		4-5-3-1	基础、护底、截水墙	$10m^3$	1384.680		
							8		1-2-3-3 改	浆砌片石急流槽	$10m^3$	1.700		M5，-3.5，M7.5，+3.5
							8		4-5-2-1	基础、护底、截水墙	$10m^3$	1448.740		
							8		4-5-2-9 改	锥坡、沟、槽、池	$10m^3$	9.670		M5，-3.5，M7.5，+3.5

编制：聂莉萍　　复核：何银龄

建筑安装工程费计算数据表

建设项目名称:抚吉高速公路(节选)

编 制 范 围:K064+000~K080+000　　数据文件编号:WQ20110101　　公路等级:高速公路

路线或桥梁长度(km):16.000　　路基或桥梁宽度(m):26.000　　第15页　　共16页　　08-1表

项的代号	本项目数	目的代号	本目节数	节的代号	本节细目数	细目代号	费率编号	定额个数	定额代号	项或目或节或细目或定额的名称	单位	数量	定额调整情况
							8		4-5-3-10 改	锥坡、沟、槽、池	$10m^3$	27.490	M5,-2.7,M7.5,+2.7
							8		4-1-1-1	人工挖基坑深3m内干处土	$1000m^3$	23.932	
							8		4-1-1-7	人工挖石方	$1000m^3$	18.636	
							8		4-11-2-3	台背排水	$10m^3$	2424.700	
							8		4-11-2-2	拱上填料	$10m^3$	200.100	
							8		4-11-4-4 改	沥青油毡防水层	$10m^2$	38.330	定额×2
							8		4-11-4-5	涂沥青防水层	$10m^2$	842.560	
							8		4-11-7-13	沥青麻絮伸缩缝	$1m^2$	8.300	
							8		4-11-11-1	混凝土搅拌机拌和(250L内)	$10m^3$	1505.761	
七	2									公路设施及预埋管线工程	公路公里	13.000	
	10	7								安全设施	公路公里	13.000	
			30					6		波形钢板护栏	m	126742.170	
							8		4-1-1-1	人工挖基坑深3m内干处土	$1000m^3$	0.398	
							8		6-1-3-1	混凝土基础	$10m^3$	33.157	
							15		6-1-4-2	基础钢筋	1t	24.335	
							15		6-1-3-2	埋入钢管立柱	1t	14.354	
							15		6-1-3-3 改	打入钢管立柱	1t	1064.933	247 价 6100.00
							15		6-1-3-5	单面波形钢板	1t	1700.011	
			40					4		隔离栅	km	58.785	
							8		4-1-1-1	人工挖基坑深3m内干处土	$1000m^3$	1.741	
							8		6-1-3-1	混凝土基础	$10m^3$	145.091	
							15		6-1-4-4	型钢立柱	1t	94.846	
							15		6-1-4-7 改	铁丝编织网	$100m^2$	1058.974	693 价 40.89

编制:聂莉萍　　复核:何银龄

建筑安装工程费计算数据表

建设项目名称:抚吉高速公路(节选)

编 制 范 围:K064 +000 ~ K080 +000　　数据文件编号:WQ20110101　　公路等级:高速公路

路线或桥梁长度(km):16.000　　路基或桥梁宽度(m):26.000　　第16页　　共16页　　08-1表

项的代号	本项目数	目的代号	本目节数	节的代号	本节细目数	细目代号	费率编号	定额个数	定额代号	项或目或节或细目或定额的名称	单 位	数 量	定额调整情况
				60				1		公路标线	km	35689.180	
							8		6-1-9-4	沥青路面热熔标线	$100m^2$	356.892	
				70				1		轮廓标	根	4107.000	
							15		6-1-8-3	栏式轮廓标	100块	41.070	
				75				1		反光路钮	个	6422.000	
							8		6-1-9-6	反光路钮	100个	64.220	
				85				4		活动护栏	m	336.000	
							8		4-1-1-1	人工挖基坑深3m内干处土	$1000m^3$	0.019	
							8		6-1-3-1	基础混凝土	$10m^3$	1.612	
							15		6-1-4-2	基础钢筋	1t	0.073	
							15		补6-1-2-1	活动护栏	1处	13.000	
				105				1		公路界碑	块	610.000	
							8		6-1-11-3	界碑	100块	6.100	
		40	1							其他工程	公路公里	13.000	
				50				1		公路交工前养护费	km	33.755	
							6		7-1-7-1	二级及以上路交工前养护费	1km·月	202.530	

编制:聂莉萍　　复核:何银龄

分项工程预算表(节选)

编 制 范 围:K064 +000 ~ K080 +000

分项工程名称:临时便道的修建与维护　　　　第1页　　共233页　　08-2表

编号	工程项目			汽车便道			汽车便道						合 计	
	工程细目			汽车便道平微区路基宽7m			汽车便道砂砾路面宽6m							
	定额单位			1km			1km							
	工程数量			43.480			43.480							
	定额表号			7-1-1-1			7-1-1-5							
	工、料、机名称	单位	单价(元)	定额	数量	金额(元)	定额	数量	金额(元)	定额	数量	金额(元)	数量	金额(元)
1	人工	工日	55.90	41.000	1782.68	99652	248.100	10787.39	603015				12570.07	702667
2	水	m^3	0.50				112.000	4869.76	2435				4869.76	2435
3	天然级配	m^3	40.00				1193.400	51889.03	2075561				51889.03	2075561
4	75kW以内履带式推土机	台班	626.29	10.420	453.06	283748							453.06	283748
5	6~8t光轮压路机	台班	258.19	0.940	40.87	10553							40.87	10553
6	8~10t光轮压路机	台班	287.08	0.710	30.87	8862	1.620	70.44	20221				101.31	29084
7	12~15t光轮压路机	台班	418.47	2.790	121.31	50764	3.240	140.88	58952				262.19	109716
8	0.6t手扶式振动碾	台班	108.50				5.650	245.66	26654				245.66	26654
9	基价	元	1.00	9988.000	434278.24	434278	62362.000	2711499.76	2711500				3145778.00	3145778
	直接工程费	元				453579			2786839					3240418
	其他工程费 Ⅰ	元		5.091%		23094	5.091%		141892					164986
	其他工程费 Ⅱ	元												
	间接费 规费	元		38.800%		38665	38.800%		233970					272635
	间接费 企业管理费	元		3.875%		18471	3.875%		113488					131959
	利润及税金	元		7%/3.41%		54045	7%/3.41%		331935					385980
	建筑安装工程费	元				587854			3608124					4195978

编制:聂莉萍　　　　复核:何银龄

分项工程预算表(节选)

编 制 范 围:K064 +000 ~ K080 +000

分项工程名称:临时便桥　　　　第 2 页　　共 233 页　　08-2 表

编号	工程项目			临时便桥			临时便桥						合 计	
	工程细目			汽车钢便桥			汽车便桥墩桩长 10m 以内							
	定额单位			10km			1 座							
	工程数量			22.000			20.000							
	定额表号			7-1-2-1 改			7-1-2-2 改							
	工、料、机名称	单位	单价(元)	定额	数量	金额(元)	定额	数量	金额(元)	定额	数量	金额(元)	数量	金额(元)
1	人工	工日	55.90	45.800	1007.60	56325	2.300	46.00	2571				1053.60	58896
2	原木	m^3	965.04	0.171	3.76	3630	0.211	4.22	4072				7.98	7703
3	锯材	m^3	1170.04	5.165	113.63	132952	0.111	2.22	2597				115.85	135549
4	型钢	t	3700.00				0.090	1.80	6660				1.80	6660
5	电焊条	kg	4.90				1.400	28.00	137				28.00	137
6	钢管桩	t	5000.00				0.304	6.08	30400				6.08	30400
7	铁件	kg	4.40	16.100	354.20	1558	13.300	266.00	1170				620.20	2729
8	其他材料费	元	1.00	384.000	8448.00	8448	6.300	126.00	126				8574.00	8574
9	设备摊销费	元	1.00	9413.200	207090.40	207090							207090.40	207090
10	8t 以内轮胎式起重机	台班	470.68				0.120	2.40	1130				2.40	1130
11	50kN 以内单筒慢动电动卷扬机	台班	106.29	2.990	65.78	6992							65.78	6992
12	激振力 300kN 以内振动打拔桩锤	台班	374.91				0.270	5.40	2025				5.40	2025
13	32kV · A 交流电弧焊机	台班	111.34				0.180	3.60	401				3.60	401
14	44kW 以内内燃拖轮	艘班	563.00				0.080	1.60	901				1.60	901
15	80t 以内工程驳船	艘班	217.60				0.270	5.40	1175				5.40	1175
16	小型机具使用费	元	1.00	6.100	134.20	134	7.800	156.00	156				290.20	290
17	基价	元	1.00	19590.000	430980.00	430980	2700.000	54000.00	54000				484980.00	484980

编制:聂莉萍　　　　复核:何银龄

分项工程预算表（节选）

编 制 范 围:K064 +000 ~ K080 +000

分项工程名称:临时便桥　　　　第 3 页　　共 233 页　　08-2 表

编号	工程项目				临时便桥			临时便桥						合计	
	工程细目				汽车钢便桥			汽车便桥墩桩长 10m 以内							
	定额单位				10km			1 座							
	工程数量				22.000			20.000							
	定额表号				7-1-2-1 改			7-1-2-2 改							
	工、料、机名称		单位	单价（元）	定额	数量	金额（元）	定额	数量	金额（元）	定额	数量	金额（元）	数量	金额(元)
	直接工程费		元				417130			53522					470652
	其他工程费	I	元		6.172%		25743	6.172%		3303					29046
		Ⅱ	元												
	间接费	规费	元		38.800%		21854	38.800%		998					22852
		企业管理费	元		5.305%		23494	5.305%		3015					26509
	利润及税金		元		7%/3.41%		54048	7%/3.41%		6406					56814
	建筑安装工程费		元				538629			67244					605873

编制:聂莉萍　　　　复核:何银龄

分项工程预算表(节选)

编 制 范 围:K064+000~K080+000

分项工程名称:临时电力线路　　　　第4页　　共233页　　08-2表

编号	工程项目			架设输电、电信线路			架设输电、电信线路						合计	
	工程细目			干线三线裸铝线输电线路			支线输电线路							
	定额单位			100m			100m							
	工程数量			435.000			255.000							
	定额表号			7-1-5-1			7-1-5-3							
	工、料、机名称	单位	单价(元)	定额	数量	金额(元)	定额	数量	金额(元)	定额	数量	金额(元)	数量	金额(元)
1	人工	工日	55.90	7.000	3045.00	170216	4.900	1249.50	69847				4294.50	240063
2	原木	m^3	965.04	1.112	483.72	466809	0.572	145.86	140761				629.58	607570
3	锯材	m^3	1170.04				0.033	8.42	9846				8.42	9846
4	型钢	t	3700.00	0.018	7.83	28971							7.83	28971
5	钢板	t	4450.00	0.006	2.61	11614	0.002	0.51	2270				3.12	13884
6	铁件	kg	4.40	11.000	4785.00	21054	2.700	688.50	3029				5473.50	24083
7	8~12号铁丝	kg	6.10	4.000	1740.00	10614	3.500	892.50	5444				2632.50	16058
8	裸铝(铜)线	m	3.22	315.000	137025.00	441220							137025.00	441220
9	皮线	m	5.40				320.000	81600.00	440640				81600.00	440640
10	其他材料费	元	1.00	25.200	10962.00	10962	27.000	6885.00	6885				17847.00	17847
11	设备摊销费	元	1.00	1452.800	631968.00	631968							631968.00	631968
12	基价	元	1.00	4248.000	1847880.00	1847880	2723.000	694365.00	694365				2542245.00	2542245
	直接工程费	元				1793429			678722					2472151
	其他工程费 I	元		6.172%		110681	6.172%		41887					152568
	其他工程费 II	元												
	间接费 规费	元		38.800%		66044	38.800%		27101					93145
	间接费 企业管理费	元		5.305%		101013	5.305%		38228					139241
	利润及税金	元		7%/3.41%		215772	7%/3.41%		81731					297503
	建筑安装工程费	元				2286939			867669					3154608

编制:聂莉萍　　　　复核:何银龄

分项工程预算表(节选)

编 制 范 围:K064 + 000 ~ K080 + 000

分项工程名称:临时电信线路　　　　第 5 页　　共 233 页　　08-2 表

编号	工程项目			架设输电、电信线路									合 计	
	工程细目			双线通信线路										
	定额单位			1000m										
	工程数量			33.755										
	定额表号			7-1-5-4										
	工、料、机名称	单位	单价(元)	定额	数量	金额(元)	定额	数量	金额(元)	定额	数量	金额(元)	数量	金额(元)
1	人工	工日	55.90	14.800	499.57	27926							499.57	27926
2	原木	m^3	965.04	2.261	76.32	73652							76.32	73652
3	8 ~ 12 号铁丝	kg	6.10	72.700	2453.99	14969							2453.99	14969
4	其他材料费	元	1.00	562.900	19000.69	19001							19000.69	19001
5	基价	元	1.00	4267.000	144032.59	144033							144032.59	144033
	直接工程费	元				135548								135548
	其他工程费 Ⅰ	元		6.172%		8365								8365
	其他工程费 Ⅱ	元												
	间接费 规费	元		38.800%		10835								10835
	间接费 企业管理费	元		5.305%		7635								7635
	利润及税金	元		7%/3.41%		16507								16507
	建筑安装工程费	元				178890								178890

编制:聂莉萍　　　　复核:何银龄

分项工程预算表(节选)

编 制 范 围:K064 +000 ~ K080 +000

分项工程名称:清除表土　　　　第 6 页　　共 233 页　　08-2 表

编号	工程项目			伐树、挖根、除草、清除表土									合　计	
	工程细目			清除表土(135kW 内推土机)										
	定额单位			$100m^3$										
	工程数量			1051.140										
	定额表号			1-1-1-12										
	工、料、机名称	单位	单价(元)	定额	数量	金额(元)	定额	数量	金额(元)	定额	数量	金额(元)	数量	金额(元)
1	人工	工日	55.90	0.400	420.46	23503							420.46	23503
2	135kW 以内履带式推土机	台班	1196.98	0.160	168.18	201311							168.18	201311
3	基价	元	1.00	209.000	219688.26	219688							219688.26	219688
	直接工程费	元				224814								224814
	其他工程费 Ⅰ	元		3.809%		8563								8563
	其他工程费 Ⅱ	元												
	间接费 规费	元		38.800%		9119								9119
	间接费 企业管理费	元		3.905%		9113								9113
	利润及税金	元		7%/3.41%		26133								26133
	建筑安装工程费	元				277742								277742

编制:聂莉萍　　　　复核:何银龄

分项工程预算表(节选)

编 制 范 围:K064 + 000 ~ K080 + 000

分项工程名称:伐树、挖根、除草　　　　第 7 页　　共 233 页　　08-2 表

编号	工程项目			伐树、挖根、除草、清除表土			伐树、挖根、除草、清除表土			伐树、挖根、除草、清除表土			伐树、挖根、除草、清除表土		
	工程细目			人工伐推土机挖根(135kW 内)			砍挖灌木林(ϕ10cm 下)稀			砍挖灌木林(ϕ10cm 下)密			挖竹根		
	定额单位			10 颗			1000m^2			1000m^2			10m^3		
	工程数量			6326.500			220.165			753.235			1686.800		
	定额表号			1-1-1-3			1-1-1-4			1-1-1-5			1-1-1-10		
	工、料、机名称	单位	单价(元)	定额	数量	金额(元)	定额	数量	金额(元)	定额	数量	金额(元)	定额	数量	金额(元)
1	人工	工日	55.90	3.100	19612.15	1096319	9.000	1981.49	110765	19.800	14914.05	833696	3.400	5735.12	320593
2	135kW 以内履带式推土机	台班	1196.98	0.060	379.59	454362									
3	基价	元	1.00	224.000	1417136.00	1417136	443.000	97533.10	97533	974.000	733650.89	733651	167.000	281695.60	281696
	直接工程费	元				1550681			110765			833696			320593
	其他工程费 I	元		3.809%		59065	3.895%		4315	3.895%		32477	3.895%		12489
	其他工程费 II	元													
	间接费 规费	元		38.800%		425372	38.800%		42977	38.800%		323474	38.800%		124390
	间接费 企业管理费	元		3.905%		62861	3.970%		4569	3.970%		34387	3.907%		13223
	利润及税金	元		7%/3.41%		192616	7%/3.41%		14206	7%/3.41%		106928	7%/3.41%		41118
	建筑安装工程费	元				2290595			176832			1330962			511813

编制:聂莉萍　　　　复核:何银龄

分项工程预算表(节选)

编 制 范 围:K064 +000 ~ K080 +000

分项工程名称:伐树、挖根、除草　　　　第 8 页　　共 233 页　　08-2 表

编号	工、料、机名称	单位	单价(元)	定额	数量	金额(元)	定额	数量	金额(元)	定额	数量	金额(元)	合计 数量	合计 金额(元)
	工程项目													
	工程细目													
	定额单位													
	工程数量													
	定额表号													
1	人工	工日	55.90										42242.81	2361373
2	135kW 以内履带式推土机	台班	1196.98										379.59	454362
3	基价	元	1.00										2530015.59	2530016
	直接工程费	元												2815735
	其他工程费 Ⅰ	元												108346
	其他工程费 Ⅱ	元												
	间接费 规费	元												916213
	间接费 企业管理费	元												115040
	利润及税金	元												354868
	建筑安装工程费	元												4310202

编制:聂莉萍　　　　复核:何银龄

分项工程预算表(节选)

编　制　范　围:K064 + 000 ~ K080 + 000

分项工程名称:挖土方　　　　第 9 页　　　共 233 页　　　08-2 表

编号	工程项目			推土机推土			推土机推土			装载机装土、石方			自卸汽车运土、石方		
	工程细目			165kW 内推土机 60m 松土			165kW 内推土机 20m 硬土			3m³ 内装载机装土方			15t 内自卸车运土 0.5km		
	定额单位			$1000m^3$			$1000m^3$			$1000m^3$			$1000m^3$		
	工程数量			73.019			70.079			580.934			580.934		
	定额表号			1-1-12-17 改			1-1-12-19 改			1-1-10-3			1-1-11-21 改		
	工、料、机名称	单位	单价(元)	定额	数量	金额(元)	定额	数量	金额(元)	定额	数量	金额(元)	定额	数量	金额(元)
1	人工	工日	55.90	4.000	292.08	16327	4.000	280.32	15670						
2	165kW 以内履带式推土机	台班	1396.65	2.380	173.79	242717	1.064	74.56	104140						
3	$3.0m^3$ 轮胎式装载机	台班	921.53							1.090	633.22	583529			
4	15t 以内自卸汽车	台班	696.50										4.870	2829.15	1970502
5	基价	元	1.00	3489.000	254763.29	254763	1669.000	116961.85	116962	985.000	572219.99	572220	3336.000	1937995.82	1937996
	直接工程费	元				259044			119810			583529			1970502
	其他工程费 Ⅰ	元		3.809%		9867	3.809%		4564	3.809%		22227	2.201%		43371
	其他工程费 Ⅱ	元													
	间接费 规费	元		38.800%		6335	38.800%		6080	38.800%			38.800%		
	间接费 企业管理费	元		3.905%		10501	3.905%		4857	3.905%		23655	2.015		40580
	利润及税金	元		7%/3.41%		29970	7%/3.41%		13969	7%/3.41%		67024	7%/3.41%		218773
	建筑安装工程费	元				315717			149280			696435			2273226

编制:聂莉萍　　　　复核:何银龄

分项工程预算表(节选)

编 制 范 围:K064+000 ~ K080+000

分项工程名称:挖土方　　　　第 10 页　　共 233 页　　08-2 表

编号	工程项目												合计	
	工程细目													
	定额单位													
	工程数量													
	定额表号													
	工、料、机名称	单位	单价(元)	定额	数量	金额(元)	定额	数量	金额(元)	定额	数量	金额(元)	数量	金额(元)
1	人工	工日	55.90										572.40	31997
2	165kW 以内履带式推土机	台班	1396.65										248.35	346857
3	3.0m³ 轮胎式装载机	台班	921.53										633.22	583529
4	15t 以内自卸汽车	台班	696.50										2829.15	1970502
5	基价	元	1.00										2881940.95	2881941
	直接工程费	元												2932885
	其他工程费 I	元												80029
	其他工程费 II	元												
	间接费 规费	元												12415
	间接费 企业管理费	元												79593
	利润及税金	元												329736
	建筑安装工程费	元												3434658

编制:聂莉萍　　　　复核:何银龄

分项工程预算表(节选)

编 制 范 围:K064 + 000 ~ K080 + 000

分项工程名称:挖石方

编号	工程项目			机械打眼开炸石方			机械打眼开炸石方			机械打眼开炸石方			装载机装土、石方		
	工程细目			165kW 内推土机 60m 软石			165kW 内推土机 20m 软石			165kW 内推土机 20m 次坚石			$2m^3$ 内装载机装软石		
	定额单位			$1000m^3$			$1000m^3$			$1000m^3$			$1000m^3$		
	工程数量			756.796			2152.371			596.955			2152.371		
	定额表号			1-1-15-30 改			1-1-15-30 改			1-1-15-31 改			1-1-10-5 改		
	工、料、机名称	单位	单价(元)	定额	数量	金额(元)	定额	数量	金额(元)	定额	数量	金额(元)	定额	数量	金额(元)
1	人工	工日	55.90	28.500	21568.69	1205690	22.800	49074.06	2743240	62.880	37536.53	2098292			
2	空心钢钎	kg	7.00	9.000	6811.16	47678	7.200	15497.07	108479	14.400	8596.15	60173			
3	φ50mm 以内合金钻头	个	27.21	17.000	12865.53	350071	13.600	29272.25	796498	20.000	11939.10	324863			
4	硝铵炸药	kg	6.00	129.000	97626.68	585760	103.200	222124.69	1332748	143.200	85483.96	512904			
5	导火线	m	0.80	335.000	253526.66	202821	268.000	576835.43	461468	384.800	229708.28	183767			
6	普通雷管	个	0.70	268.000	202821.33	141975	214.400	461468.34	323028	304.800	181951.88	127366			
7	其他材料费	元	1.00	18.100	13698.01	13698	14.480	31166.33	31166	21.120	12607.69	12608			
8	165kW 以内履带式推土机	台班	1396.65	5.570	4215.35	5887374	1.704	3667.64	5122410	1.888	1127.05	1574096			
9	$2.0m^3$ 轮胎式装载机	台班	714.55										1.978	4257.39	3042118
10	15t 以内自卸汽车	台班	696.50												
11	$9m^3/min$ 以内机动空压机	台班	554.63	4.590	3473.69	1926615	3.672	7903.51	4383522	6.696	3997.21	2216973			
12	小型机具使用费	元	1.00	270.500	204713.32	204713	216.400	465773.08	465773	391.600	233767.58	233768			
13	基价	元	1.00	13666.000	10342374.14	10342374	7126.000	15337795.75	15337796	11812.000	7051232.46	7051232	1394.000	3000405.17	3000405
	直接工程费	元				10566396			15768332			7344808			3042118
	其他工程费 I	元		4.115%		434860	4.115%		648946	4.115%		302276	4.115%		125198
	其他工程费 II	元													
	间接费 规费	元		38.800%		467808	38.800%		1064377	38.800%		814137	38.800%		
	间接费 企业管理费	元		3.900%		429049	3.900%		640274	3.900%		298236	3.900%		123525
	利润及税金	元		7%/3.41%		1233131	7%/3.41%		1852703	7%/3.41%		873835	7%/3.41%		350432
	建筑安装工程费	元				13131244			19974632			9633292			3641273

编制:聂莉萍　　　　复核:何银龄

分项工程预算表(节选)

编 制 范 围:K064 +000 ~ K080 +000

分项工程名称:挖土方　　　　第 12 页　　共 233 页　　08-2 表

编号	工程项目			装载机装土、石方			自卸汽车运土、石方						合 计	
	工程细目			$2m^3$ 内装载机装次坚石、坚石			15t 内自卸车运石 0.5km							
	定额单位			$1000m^3$			$1000m^3$							
	工程数量			596.955			2749.326							
	定额表号			1-1-10-8 改			1-1-11-49 改							
	工、料、机名称	单位	单价（元）	定额	数量	金额（元）	定额	数量	金额（元）	定额	数量	金额（元）	数量	金额(元)
1	人工	工日	55.90										108179.28	6047221
2	空心钢钎	kg	7.00										30904.38	216331
3	ϕ50mm 以内合金钻头	个	27.21										54076.88	1471432
4	硝铵炸药	kg	6.00										405235.33	2431412
5	导火线	m	0.80										1060070.37	848056
6	普通雷管	个	0.70										846241.55	592369
7	其他材料费	元	1.00										57472.03	57472
8	165kW 以内履带式推土机	台班	1396.65										9010.04	12583879
9	$2.0m^3$ 轮胎式装载机	台班	714.55	2.613	1559.84	1114586							5817.23	4156704
10	15t 以内自卸汽车	台班	696.50				7.452	20487.98	14269876				20487.98	14269876
11	$9m^3$/min 以内机动空压机	台班	554.63										15374.41	8527109
12	小型机具使用费	元	1.00										904253.98	904254
13	基价	元	1.00	1841.000	1098994.16	1098994	5105.000	14035309.23	14035309				50866110.91	50866111
	直接工程费	元				1114586			14269876					52106116
	其他工程费 Ⅰ	元		4.115%		45871	2.201%		314080					1871231
	其他工程费 Ⅱ	元												
	间接费 规费	元		38.800%			38.800%							2346322
	间接费 企业管理费	元		3.900%		45258	2.015%		293867					1830209
	利润及税金	元		7%/3.41%		128393	7%/3.41%		1584295					6022789
	建筑安装工程费	元				1334108			16462118					64176667

编制:聂莉萍　　　　复核:何银龄

材料预算单价计算表

建设项目名称：抚吉高速公路（节选）

编 制 范 围：K064 +000 ~ K080 +000　　　　第1页　　共1页　　09表

序号	规格名称	单位	原价（元）	运杂费					原价运费合计（元）	场外运输损耗		采购及保管费		预算单价（元）
				供应地点	运输方式、比重及运距	毛重系数或单位毛重	运杂费构成说明或计算式	单位运费（元）		费率（%）	金额（元）	费率（%）	金额（元）	
1	原木	m^3	920.000	木料场—工地	汽车,1.00,25km	1.000000	0.460×25+5.00+5.00	21.500	941.50			2.500	23.538	965.040
2	锯材	m^3	1120.000	木料场—工地	汽车,1.00,25km	1.000000	0.460×25+5.00+5.00	21.500	1141.50			2.500	28.538	1170.040
3	光圆钢筋	t	3850.000	钢筋场—工地	汽车,1.00,75km	1.000000	0.450×75+5.00+15.00	53.750	3903.75			2.500	97.594	4001.340
4	带肋钢筋	t	3850.000	钢筋场—工地	汽车,1.00,75km	1.000000	0.450×75+5.00+15.00	53.750	3903.75			2.500	97.594	4001.340
5	32.5级水泥	t	325.000	水泥厂—工地	汽车,1.00,25km	1.010000	(0.460×25+5.00+5.00)×1.01	21.715	346.72	1.00	3.467	2.500	8.755	358.940
6	42.5级水泥	t	350.000	水泥厂—工地	汽车,1.00,25km	1.010000	(0.460×25+5.00+5.00)×1.01	21.715	371.72	1.00	3.717	2.500	9.386	384.820
7	中（粗）砂	m^3	85.000	砂厂—工地	汽车,1.00,25km	1.500000	(0.460×25+2.00+5.00)×1.5	27.750	112.75	2.50	2.819	2.500	2.889	118.460
8	碎石（2cm）	m^3	45.000	石厂—工地	汽车,1.00,6km	1.500000	(1.080×6+2.00+1.20)×1.5	14.520	59.52	1.00	0.595	2.500	1.503	61.620
9	碎石（4cm）	m^3	45.000	石厂—工地	汽车,1.00,6km	1.500000	(1.080×6+2.00+1.20)×1.5	14.520	59.52	1.00	0.595	2.500	1.503	61.620

编制：聂莉萍　　　　复核：何银龄

机械台班单价计算表

建设项目名称：抚吉高速公路（节选）

编 制 范 围：K064 + 000 ~ K080 + 000

第 1 页　　共 3 页　　11 表

序号	定额号	机械规格名称	台班单价（元）	不变费用(元) 调整系数：1.00		可变费用（元） 人工：55.90 元/工日		重油：2.80 元/kg		汽油：5.20 元/kg		柴油：4.90 元/kg		煤：265.00 元/t		电：0.55 元/kW·h		水：0.50 元/m^3		木柴：0.49 元/kg		养路费及车船税	合计
				定额	调整值	定额	费用	定额	费用	定额	费用	定额	费用	定额	费用	定额	费用	定额	费用	定额	费用		
1	1003	75kW 以内履带式推土机	626.29	245.14	245.14	2.00	111.80					54.97	269.35										381.15
2	1005	105kW 以内履带式推土机	817.16	330.41	330.41	2.00	111.80					76.52	374.95										486.75
3	1006	135kW 以内履带式推土机	1196.98	604.69	604.69	2.00	111.80					98.06	480.49										592.29
4	1007	165kW 以内履带式推土机	1396.65	695.13	695.13	2.00	111.80					120.35	589.72										701.52
5	1027	0.6m^3 履带式单斗挖掘机	513.38	219.84	219.84	2.00	111.80					37.09	181.74										293.54
6	1050	2.0m^3 轮胎式装载机	714.55	200.44	200.44	1.00	55.90					92.86	455.01									3.20	514.11
7	1051	3.0m^3 轮胎式装载机	921.53	241.36	241.36	2.00	111.80					115.15	564.24									4.13	680.17
8	1057	120kW 以内平地机	926.37	408.05	408.05	2.00	111.80					82.13	402.44									4.08	518.32
9	1058	150kW 以内平地机	1100.87	503.44	503.44	2.00	111.80					98.27	481.52									4.11	597.43
10	1065	120kW 以内履带式拖拉机	775.67	300.44	300.44	2.00	111.80					74.17	363.43										475.23
11	1075	6 ~ 8t 光轮压路机	258.19	107.57	107.57	1.00	55.90					19.33	94.72										150.62
12	1076	8 ~ 10t 光轮压路机	287.08	117.50	117.50	1.00	55.90					23.20	113.68										169.58
13	1078	12 ~ 15t 光轮压路机	418.47	164.32	164.32	1.00	55.90					40.46	198.25										254.15
14	1083	0.6t 手扶式振动碾	108.50	38.10	38.10	1.00	55.90					2.96	14.50										70.40
15	1088	15t 以内振动压路机	787.49	315.05	315.05	2.00	111.80					73.60	360.64										472.44
16	1094	200 ~ 620N · m 蛙式夯土机	18.62	9.08	9.08											17.34	9.54						9.54
17	1102	风动气腿式凿岩机	18.40	18.40	18.40																		
18	1139	机动液压喷播机	213.08	53.59	53.59	1.00	55.90					21.14	103.59										159.49
19	1155	235kW 以内稳定土拌和机	1758.06	922.43	922.43	2.00	111.80					147.72	723.83										835.63
20	1160	300t/h 以内稳定土厂拌设备	976.00	455.64	455.64	4.00	223.60									539.56	296.76						520.36
21	1193	4000L 以内沥青洒布车	414.90	179.14	179.14	1.00	55.90			34.28	178.26											1.60	235.76
22	1205	160t/h 以内沥青拌和设备	19652.51	4234.10	4234.10	6.00	335.40	4787.20	13404.16							3052.46	1678.85						15418.41

编制：聂莉萍　　复核：何银龄

机械台班单价计算表

建设项目名称:抚吉高速公路(节选)

编 制 范 围:K064 +000 ~ K080 +000

第2页 共3页 11表

序号	定额号	机械规格名称	台班单价(元)	不变费用(元) 调整系数:1.00		可变费用(元) 人工:55.90元/工日		重油:2.80元/kg		汽油:5.20元/kg		柴油:4.90元/kg		煤:265.00元/t		电:0.55元/kW·h		水:0.50元/m^3		木柴:0.49元/kg		养路费及车船税	合计
				定额	调整值	定额	费用	定额	费用	定额	费用	定额	费用	定额	费用	定额	费用	定额	费用	定额	费用		
23	1213	9.0m以内带自动找平沥青混合料摊铺机	2233.68	1592.20	1592.20	3.00	167.70					96.69	473.78										641.48
24	1214	12.5m以内带自动找平沥青混合料摊铺机	3265.76	2429.65	2429.65	3.00	167.70					136.41	668.41										836.11
25	1220	15t以内双钢轮振动压路机	1289.63	781.32	781.32	2.00	111.80					80.92	396.51										508.31
26	1224	16~20t以内轮胎式压路机	625.36	362.24	362.24	1.00	55.90					42.29	207.22										263.12
27	1225	20~25t以内轮胎式压路机	766.97	464.65	464.65	1.00	55.90					50.29	246.42										302.32
28	1227	热熔标线设备	524.18	175.14	175.14	2.00	111.80			45.43	236.24											1.00	349.04
29	1239	电动混凝土真空吸水机组	88.81	24.43	24.43	1.00	55.90									15.42	8.48						64.38
30	1245	电动混凝土切缝机	148.22	81.23	81.23	1.00	55.90									20.16	11.09						66.99
31	1272	250L以内强制式混凝土搅拌机	103.49	18.58	18.58	1.00	55.90									52.74	29.01						84.91
32	1316	60m^3/h以内混凝土输送泵	1106.66	849.95	849.95	1.00	55.90									365.11	200.81						256.71
33	1344	拉伸力900kN以内预应力拉伸机	42.95	27.59	27.59											27.92	15.36						15.36
34	1347	拉伸力5000kN以内预应力拉伸机	178.27	140.34	140.34											68.97	37.93						37.93
35	1349	油泵、千斤顶各1钢绞线拉伸设备	135.49	126.56	126.56											16.23	8.93						8.93
36	1352	含钢带点焊机波纹管卷制机	243.97	119.90	119.90	2.00	111.80									22.31	12.27						124.07
37	1370	2t以内载货汽车	214.91	53.89	53.89	1.00	55.90			20.08	104.42											0.70	161.02
38	1372	4t以内载货汽车	301.77	66.38	66.38	1.00	55.90			34.28	178.26											1.23	235.39
39	1383	5t以内自卸汽车	377.70	103.49	103.49	1.00	55.90			41.63	216.48											1.83	274.21
40	1384	6t以内自卸汽车	412.13	138.42	138.42	1.00	55.90					44.00	215.60									2.21	273.71
41	1388	15t以内自卸汽车	696.50	303.18	303.18	1.00	55.90					67.89	332.66									4.76	393.32
42	1393	20t平板拖车组	733.77	392.89	392.89	2.00	111.80					45.26	221.77									7.31	340.88
43	1394	30t平板拖车组	906.51	536.95	536.95	2.00	111.80					50.40	246.96									10.80	369.56
44	1404	4000L以内洒水汽车	463.70	219.16	219.16	1.00	55.90			36.00	187.20											1.44	244.54

编制:聂莉萍 复核:何银龄

机械台班单价计算表

建设项目名称:抚吉高速公路(节选)

编 制 范 围:K064 +000 ~ K080 +000

序号	定额号	机械规格名称	台班单价(元)	不变费用(元) 调整系数: 1.00		可变费用(元) 人工: 55.90元/工日		重油: 2.80元/kg		汽油: 5.20元/kg		柴油: 4.90元/kg		煤: 265.00元/t		电: 0.55元/kW·h		水: 0.50元/m^3		木柴: 0.49元/kg		养路费及车船税	合计
				定额	调整值	定额	费用	定额	费用	定额	费用	定额	费用	定额	费用	定额	费用	定额	费用	定额	费用		
45	1405	6000L 以内洒水汽车	523.48	257.90	257.90	1.00	55.90					42.43	207.91									1.77	265.58
46	1407	10000L 以内洒水汽车	847.52	530.05	530.05	1.00	55.90					52.80	258.72									2.85	317.47
47	1408	1.0t 以内机动翻斗车	132.72	32.45	32.45	1.00	55.90					9.00	44.10									0.27	100.27
48	1440	8t 以内轮胎式起重机	470.68	234.90	234.90	2.00	111.80					24.72	121.13									2.85	235.78
49	1444	40t 以内轮胎式起重机	1239.31	825.54	825.54	2.00	111.80					60.34	295.67									6.30	413.77
50	1450	8t 以内汽车式起重机	547.17	273.95	273.95	2.00	111.80					32.38	158.66									2.76	273.22
51	1451	12t 以内汽车式起重机	723.97	387.11	387.11	2.00	111.80					44.95	220.26									4.80	336.86
52	1453	20t 以内汽车式起重机	1066.38	672.98	672.98	2.00	111.80					56.00	274.40									7.20	393.40
53	1455	30t 以内汽车式起重机	1410.87	982.66	982.66	2.00	111.80					62.86	308.01									8.40	428.21
54	1456	40t 以内汽车式起重机	2052.92	1566.30	1566.30	2.00	111.80					74.29	364.02									10.80	486.62
55	1458	75t 以内汽车式起重机	3071.31	2501.31	2501.31	2.00	111.80					89.53	438.70									19.50	570.00
56	1499	30kN 以内单筒慢动电动卷扬机	93.79	17.22	17.22	1.00	55.90									37.58	20.67						76.57
57	1500	50kN 以内单筒慢动电动卷扬机	106.29	20.08	20.08	1.00	55.90									55.11	30.31						86.21
58	1581	激振力 300kN 以内振动打拔桩锤	374.91	192.83	192.83	2.00	111.80									127.79	70.28						182.08
59	1653	φ150mm 以内电动单级离心水泵	163.94	26.22	26.22	1.00	55.90									148.77	81.82						137.72
60	1663	φ100mm 以内电动多级离心水泵	210.76	26.28	26.28	1.00	55.90									233.78	128.58						184.48
61	1726	32kV·A 交流电弧焊机	111.34	7.24	7.24	1.00	55.90									87.63	48.20						104.10
62	1747	150kV·A 交流对焊机	231.94	26.42	26.42	1.00	55.90									272.04	149.62						205.52
63	1837	10m^3/min 以内电动空压机	365.64	118.96	118.96	1.00	55.90									346.87	190.78						246.68
64	1842	9m^3/min 以内机动空压机	554.63	203.06	203.06	1.00	55.90					60.34	295.67										351.57
65	1851	44kW 以内内燃拖轮	563.00	123.12	123.12	5.00	279.50					32.69	160.18									0.20	439.88
66	1873	80t 以内工程驳船	217.60	105.30	105.30	2.00	111.80															0.50	112.30

编制:聂莉萍　　复核:何银龄

第十五章 标底编制案例

一、工程地点

该工程位于江西省抚州市内，简称抚吉高速公路。全线按高速公路标准设计，其主要技术指标如下：

（1）设计速度：100km/h；

（2）路基宽：整体式路基：26m，其横断面布置为：0.75m（土路肩）+3.0m（硬路肩）+2×3.75m（行车道）+0.75m（路缘带）+2.0m（中央分隔带）+0.75m（路缘带）+2×3.75m（行车道）+3.0m（硬路肩）+0.75m（土路肩），桥涵与路基同宽；

（3）路面采用沥青混凝土路面，设计年限15年，设计标准轴载BZZ—100kN；

（4）汽车荷载：公路—I级；

（5）设计洪水频率：特大桥1/300，其余桥涵及路基1/100；

（6）地震动峰值加速度 $<0.05g$，考虑简易设防；

（7）桥梁采用分离式断面：标准桥梁横向布置为0.5m（防撞栏）+11.65m（行车道）+0.5m（防撞栏）+0.7m（分隔带）+0.5m（防撞栏）+11.65m（行车道）+0.5m（防撞栏）；

（8）全线设置安全、监控、通信、收费、供电照明及服务等配套设施。

二、沿线地形地貌

沿线途经的地貌单元为山岭重丘区、谷地两种类型。地形上主要呈现条形山脉与丘陵相间的“平行岭谷”景观。其间高程为200～300m，均为相对宽缓的丘陵区，构成山间“谷”地。

三、水文地质

本路段地下水主要靠大气降水补给，几乎没有含水层存在。一层黏土隔水层使地表水不易渗透，施工用水主要靠丰富的地表水及局部地下水。在雨季由于地表水垂直排泄不畅，只能依靠水平排泄，容易造成水涝灾害，施工驻地选点要避开低洼地段。

四、气候条件

市境属中亚热带季风型气候，温暖湿润，雨量充沛，日照充足，无霜期长，四季分明。寒冬日出则暖，盛夏雨过便凉。1月份平均气温5℃，7月份平均气温29℃。年平均气温17.6℃，年平均降雨量1735mm，无霜期平均在270天左右，年平均日照1780h。对公路工程造成影响的气候主要是春、夏东南季风造成的雨季带来的降雨，将给公路施工造成很大影响。按交通部《编制办法》中全国雨季施工雨量区及雨季区划分表，本区位于Ⅱ区7个月。

五、标段划分

本案例节选 A8 标段部分长度的部分工程进行编制，节选长 0.975km。

六、主要工程量

路基挖方，共计 188437.000m^3；
路基填筑，共计 86793.000m^3；
浆砌排水沟、截水沟共计 1974m^3；
防护工程浆砌片石，共计 8359m^3；
大桥两座，一座为连续钢构大桥，另一座为预制预应力 T 形梁。

工程计量细则请参考《公路工程标准施工招标文件》(2009 版)(工程量清单的细目详见【01】总预算表)。

七、补充定额数据表(表 15-1)

补 充 定 额　　表 15-1

定额号	4-1-1-2	名称	下部钢材	单位	t
代号	名称		单位	定额单价	定额消耗
1	人工		工日	49.20	9.70
182	型钢		t	3700.00	0.42
183	钢板		t	4450.00	0.64
231	电焊条		kg	4.90	5.52
996	其他材料费		元	1.00	2.00
1500	50kN 以内单筒慢动电动卷扬机		台班	99.59	0.10
1726	32kV · A 交流电弧焊机		台班	104.64	0.60
1998	小型机具使用费		元	1.00	27.50
1999	基价		元	1.00	5006.00

八、新增工料机表(表 15-2)

新 增 工 料 机 表　　表 15-2

代号	名　　称	单　　位	定 额 单 价	预 算 单 价
915	碎石土(1)	m^3	19.50	26.00
770	土工布(1)	m^2	9.71	10.80
899	中(粗)砂(2)	m^3	60.00	260.00
402	板式橡胶支座(1)	dm^3	80.00	0.00
401	四氟板式橡胶组合支座(1)	dm^3	110.00	0.00
507	盆式橡胶支座(3000kN)(1)	套	4264.20	0.00

九、编制说明

本标底编制案例采用《纵横 SmartCost 公路工程造价软件》编制。

1. 编制范围

本标底编制范围为江西抚州到吉安高速公路 A8 合同段(节选)。线路全长 1.25km,设计时速 100km/h,荷载等级采用:公路—I 级。

2. 编制依据

(1)交通部交工发【2007】33 号《公路工程基本建设项目概算、预算编制办法》(以下简称《编制办法》)(JTG B06—2007)。

(2)交通部公交发【2007】33 号《公路工程预算定额》(JTG/T B06-02—2007)。

(3)交通部公交发【2007】33 号《公路工程机械台班费用定额》(JTG/T B06-03—2007)(以下简称《机械台班定额》)。

(4)江西省交通运输厅赣交基建字〔2012〕130 号《关于印发〈公路工程基本建设项目估算、概算、预算编制办法〉江西省补充规定的通知》(以下简称《江西省补充规定》)。

(5)江西省建设工程工程造价管理总站《江西工程造价信息》(2013 年 4 月)。

(6)本项目的现场调查资料。

(7)本项目施工图设计文件。

(8)纵横 SmartCost 招投标版软件。

3. 各项费用的规定

1)人工工资

根据《江西省补充规定》,人工工资为 55.9 元/工日。

2)材料价格

(1)参照 2013 年 4 月《江西工程造价信息》公布的材料信息价格计取。详见【07】表工料机单价汇总表及【09】材料预算单价计算表。

(2)本次实际调查运到工地现场的价格。

3)机械台班单价

按《编制办法》及《江西省补充规定》,台班单价按《机械台班定额》分析计算。车船税标准按《江西车船税标准(2012)》。

4)其他工程费

其他工程费按《编制办法》及《江西省补充规定》计。其中高原施工增加费、风沙地区施工增加费、沿海地区施工增加费、行车干扰施工增加费 4 项费用均不计。

(1)冬季施工增加费按准一区计取。

(2)雨季施工增加费按Ⅱ区 7 个月计取。

(3)计取夜间施工增加费。

(4)安全文明施工措施费以各类工程的直接工程费之和为基数,按《编制办法》及《江西省补充规定》的费率计算。

(5)计临时设施费。

(6)施工辅助费以各类工程的直接工程费之和为基数,按《编制办法》规定费率计算。

(7)工地转移费:按110km计取费率。

5)间接费

(1)规费,根据《江西省补充规定》进行计算。

①养老保险费。按各类工程人工费的20%计算。

②失业保险费。按各类工程人工费的2%计算。

③医疗保险费。按各类工程人工费的6.6%计算。

④住房公积金。按各类工程人工费的8%计算。

⑤工伤保险费。按各类工程人工费的2.2%计算。

(2)企业管理费

①基本费用。按《编制办法》及《江西省补充规定》计算。

②主副食运费补贴。按4km计算。

③职工探亲路费。按《编制办法》及《江西省补充规定》计算。

④职工取暖补贴费。不计。

⑤财务费用。以各类工程的直接工程费之和为基数,按《编制办法》及江西省补充规定费率计算。

6)利润

根据《编制办法》及《江西省补充规定》,以直接费与间接费之和扣除规范的7%计算。

7)税金

根据《编制办法》及《江西省补充规定》,以直接费、间接费、利润之和的3.41%计算。

8)根据招标文件,费用计算方法如下:

$$建筑工程一切险 = \{100章至700章合计\} \times 0.3\%$$

$$第三方责任险 = 5000000 \times 0.3\%$$

4. 说明

本标底案例计算结果除附工程量清单汇总表、工程量清单、计日工劳务/材料/机械单价表及汇总表、工程项目单价构成表(节选)、08表合计格式单价分析表(节选)外,还附有总预算表、费率计算表、工料机预算单价汇总表、建安工程费计算基础数据表、材料预算价计算表、机械台班预算价计算表、补充定额数据表、新增工料机表等计算数据表格,以便于理解标底计算过程。

投标过程中,应根据招标文件的要求,在投标文件中提供满足招标文件要求的投标报价有关的报表。

工程量清单汇总表

合同段:A8合同段

序号	章次	科目名称	金额(元)
1	100	清单　第100章　总则	4658625
2	200	清单　第200章　路基	12408993
3	300	清单　第300章　路面	150054
4	400	清单　第400章　桥梁、涵洞	84798916
5	第100章至700章清单合计		102016588
6	已包含在清单合计中的专项暂定金额小计		911760
7	清单合计减去专项暂定金额(即5-6)=7		101104828
8	计日工合计		990417
9	不可预见费		
10	投标价(5+8+9)=10		103007005

专项暂定金额汇总表

合同段:A8 合同段　　　　货币单位:人民币元

清单编号	细目号	名称	估计金额(元)
200	207-1-k	小型预制构件(路基边沟)(暂定金额)	11760
400	401-1-a	桥梁荷载试验(暂定金额)	800000
400	401-5-a	钻芯取样(暂定金额)	100000
小计(结转至第1页工程量清单汇总表)人民币			911760元

第1页　共1页

工 程 量 清 单

合同段:A8 合同段　　　　货币单位:人民币元

清单　第100章　总则					
细目号	细 目 名 称	单　位	数　量	单　价	合　价
101 - 1	保险费				
- a	按合同条款规定;提供建筑工程一切险	总额	1.000	305134.00	305134
- b	按合同条款规定,提供第三方责任险	总额	1.000	15000.00	15000
102 - 1	竣工文件	总额	1.000	800000.00	800000
102 - 3	安全文明施工费				
- a	安全文明施工	总额	1.000	298766.00	298766
- b	安全施工设备措施费	总额	1.000	896299.00	896299
- c	安全人员及培训费	总额	1.000	298766.00	298766
102 - 4	纵横公路工程管理软件及培训费	总额	1.000	80000.00	80000
103 - 1	临时道路修建、养护和拆除(包括原道路的养护费)				
- a	临时道路修建、养护与拆除(包括原道路的养护费)	总额	1.000	394119.00	394119
104 - 1	承包人驻地建设	总额	1.000	1570541.00	1570541
清单　第100章合计　人民币　4658625					

工 程 量 清 单

合同段:A8 合同段　　　　　　　　　　　　　　　　　　　　　　　　货币单位:人民币元

清单　第200章　路基					
细目号	细 目 名 称	单位	数量	单价	合价
202-1	清理与掘除				
-a	清理现场、砍树、挖根等	m^3	4703.600	6.86	32267
203-1	路基挖方				
-a	挖土方	m^3	211880.000	0.88	186454
-b	挖石方	m^3	167250.000	24.57	4109332
204-1	路基填筑(包括填前压实)				
-a	路基填方(填石)	m^3	86739.000	16.10	1396498
-g	结构物台背回填	m^3	2984.000	105.66	315289
207-1	边沟				
-b	C20 混凝土现浇	m^3	73.000	778.86	56857
-c	M7.5 浆砌片石	m^3	301.000	279.13	84018
-j	安装 C30 预制混凝土边沟	m^3	20.000	179.35	3587
-k	小型预制构件(路基边沟)(暂定金额)	总额	1.000	11760.00	11760
207-2	排水沟				
-a	M7.5 浆砌片石	m^3	118.000	253.47	29909
-b	C25 混凝土现浇	m^3	1540.000	808.57	1245198
207-3	截水沟				
-a	M7.5 浆砌片石	m^3	1231.000	270.76	333306
207-4	急流槽				
-a	M7.5 浆砌片石	m^3	325.000	262.55	85329
207-5	路基盲沟				
-a	级配碎石	m^3	228.000	198.03	45151
-b	反滤土工布	m^2	462.000	17.08	7891
-e	有纺土工布	m^2	742.000	18.51	13734
-f	片石或砂卵石	m^3	345.000	150.12	51791
208-3	浆砌片石护坡				
-a	M7.5 浆砌片石	m^3	3730.000	266.12	992628
-b	砂垫层	m^3	576.000	100.90	58118
208-8	框架内码砌框格填土绿化				
-a	M7.5 浆砌片石	m^3	30.000	290.97	8729
-b	C25 混凝土现浇	m^3	159.000	723.32	115008
-c	安装 C20 混凝土菱形框格	m^2	22.000	220.23	4845
-d	光圆钢筋	kg	8659.000	6.31	54638
-e	框架防护带肋钢筋	kg	18602.000	6.21	115518
-h	ϕ2.2 热镀锌铁丝网(机编)	t	602.000	10.57	6363

续上表

细目号	细 目 名 称	单位	数量	单价	合价
-i	普通锚杆(带肋钢筋 $\phi16$)	m	1466.000	28.63	41972
209-2	护肩及护脚				
-a	M7.5 浆砌块石	m^3	4.000	280.50	1122
209-4	泄水孔				
-a	$\phi100$PVC 管	m	2.000	16.00	32
213-3	框架梁和预制框格				
-a	框架梁钢筋(光圆钢筋)	kg	19785.000	6.08	120293
-b	框架梁带肋钢筋	kg	76109.000	6.21	472637
-c	现浇框架梁 C25 混凝土	m^3	1005.000	723.30	726916
217-1	弃渣场排水沟				
-a	M7.5 浆砌片石	m^3	1678.000	312.32	524073
217-2	挡渣墙				
-a	M7.5 浆砌片石	m^3	4625.000	250.32	1157730
清单 第 200 章合计 人民币 12408993					

工程量清单

合同段:A8 合同段　　　　货币单位:人民币元

清单　第300章　路面					
细目号	细目名称	单位	数量	单价	合价
302-1	碎石垫层				
-a	未筛分水泥碎石垫层厚20cm	m^2	6369.000	23.56	150054
清单　第300章合计　　人民币　150054					

工 程 量 清 单

合同段:A8 合同段　　　　货币单位:人民币元

清单　第400章　桥梁、涵洞					
细目号	细 目 名 称	单位	数量	单价	合价
401-1	桥梁荷载试验				
-a	桥梁荷载试验(暂定金额)	总额	1.000	800000.00	800000
401-5	钻芯取样				
-a	钻芯取样(暂定金额)	总额	1.000	100000.00	100000
403-1	基础钢筋(包括灌注桩、承台、沉桩、沉井等)				
-a	光圆钢筋(Ⅰ级)	kg	51295.000	5.63	288791
-b	带肋钢筋(HRB335、HRB400)	kg	932271.000	5.77	5379204
403-2	下部结构钢筋				
-a	光圆钢筋(Ⅰ级)	kg	134411.000	5.95	799745
-b	带肋钢筋(HRB335、HRB400)	kg	1188426.000	6.16	7320704
-d	型钢及其他钢材	kg	235112.000	6.28	1476503
403-3	上部结构钢筋				
-a	光圆钢筋(HPB235、HPB300)	kg			
-a	光圆钢筋(Ⅰ级)	kg	316161.000	5.99	1893804
-b	带肋钢筋(HRB335、HRB400)	kg	1841182.000	6.08	11194387
-c	钢板	kg	12942.000	6.80	88006
-d	型钢及其他钢材	kg	13180.000	5.85	77103
403-4	附属结构钢筋				
-a	光圆钢筋(Ⅰ级)	kg	29460.000	6.26	184420
-b	带肋钢筋(HRB335、HRB400)	kg	159081.000	6.37	1013346
404-1	结构挖方				
-a	结构开挖土石方	m^3	4309.000	59.05	254446
410-1	混凝土基础(包括支撑梁、桩基承台,但不包括桩基)				
-b	现浇 C20 混凝土墩台基础	m^3	123.000	396.92	48821
-c	现浇 C25 混凝土墩台基础	m^3	150.000	426.87	64030
-d	现浇 C25 混凝土承台	m^3	865.000	415.05	359018
-e	现浇 C30 混凝土承台	m^3	3220.000	424.80	1367856
410-2	混凝土下部结构				
-b	现浇 C20 混凝土下部	m^3	17.000	670.24	11394
-c	现浇 C25 混凝土下部	m^3	113.000	702.88	79425
-d	现浇 C30 混凝土下部	m^3	2746.000	743.20	2040827
-f	现浇 C40 混凝土下部	m^3	593.000	787.76	467142
-j	现浇 C50 混凝土(连续刚构主墩)	m^3	6780.000	1103.07	7478815
410-5	上部结构现浇整体化混凝土				
-a	现浇 C40 混凝土	m^3	617.000	768.70	474288

续上表

细目号	细 目 名 称	单位	数量	单价	合价
-b	现浇 C50 混凝土	m^3	539.000	771.85	416027
410-6	现浇混凝土附属结构				
-a	现浇护栏、底座、缘石 C30 混凝土	m^3	961.000	679.50	653000
-b	现浇搭板 C30 混凝土	m^3	206.000	489.81	100901
-d	现浇支座垫石 C40 混凝土	m^3	10.000	695.30	6953
411-5	后张法预应力钢绞线				
-a	ϕ_j15.2 钢绞线	kg	694319.000	10.91	7575020
-c	后张钢绞线 ϕ_j12.7	kg	36355.000	22.42	815079
411-6	后张法预应力钢筋				
-a	精轧螺纹钢	kg	85891.000	11.83	1016091
411-7	现浇预应力混凝土上部结构				
-e	现浇 C55 混凝土(连续刚构主梁)	m^3	9823.000	1297.32	12743574
411-8	预制预应力混凝土上部结构				
-a	预制 T 形梁 C50 混凝土	m^3	6528.000	1281.24	8363935
415-2	水泥混凝土桥面铺装				
-b	C40 混凝土	m^3	560.000	625.39	350218
415-3	防水层				
-b	防水层	m^2	15460.000	30.08	465037
416-2	圆形板式橡胶支座				
-h	GYZϕ475×75 安装	个	50.000	241.38	12069
-q	GYZF4ϕ350×55 安装	个	40.000	460.82	18433
416-4	盆式支座				
-b	GPZ2000DX 安装	个	20.000	514.50	10290
-e	GPZ3000DX 安装	个	4.000	571.25	2285
-f	GPZ3000SX 安装	个	4.000	571.25	2285
420-1	钢筋混凝土盖板涵,…m×…m				
-a	光圆钢筋(R235)	kg	1359.000	5.61	7624
-b	带肋钢筋(HRB335、HRB400)	kg	10219.000	5.73	58555
-d	C20 混凝土	m^3	613.000	561.45	344169
-f	C30 混凝土	m^3	105.000	780.48	81950
-g	M7.5 浆砌片石	m^3	508.300	251.99	128087
425-1	挖、钻孔灌注桩				
-c	ϕ1.2m 挖、钻孔桩	m	448.000	1556.29	697218
-d	ϕ1.5m 挖、钻孔桩	m	653.000	2141.94	1398687
-f	ϕ1.8m 挖、钻孔桩	m	94.000	3129.16	294141
-h	ϕ2.2m 挖、钻孔桩	m	1454.000	4109.50	5975213
清单 第 400 章合计 人民币 84798916					

计 日 工 汇 总 表

合同段:A8 合同段

名　　称	金额(元)
计日工:	
1.劳务	70000.00
2.材料	185500.00
3.施工机械	734917.00
计日工合计(结转至第1页工程量清单汇总表)	990417.00

计日工劳务单价表

合同段:A8 合同段

细目号	名　　称	估计数量(h)	单价(元/h)	合价(元)
101	普工	500	55.00	27500
102	技工	500	85.00	42500
计日工劳务(结转至第1页计日工汇总表)				70000

计日工材料单价表

合同段:A8 合同段

细目号	名　　称	单位	估计数量	单价(元)	合价(元)
202	钢筋	t	30	3900.00	117000
203	钢绞线	t	10	6850.00	68500
计日工材料小计(结转至第1页计日工汇总表)				185500	

计日工施工机械单价表

合同段:A8 合同段

细目号	名　　称	估计数量(h)	租价(元)	合价(元)
301	135kW 以内履带式推土机	150	1574.16	236124
305	15t 以内振动压路机	150	1029.54	154431
306	250L 以内混凝土搅拌机	150	128.73	19310
307	10t 以内自卸汽车	200	742.78	148556
310	50t 以内汽车式起重机	50	3414.62	170731
311	30kN 内单筒慢动卷扬机	50	115.30	5765
计日工施工机械小计(结转至第1页计日工汇总表)			734917	

工程项目单价构成表(节选)

合同段:A8 合同段　　　　货币单位:人民币元

细目号	项目名称　综合单价	单位	工序1　分项单价	工序2　分项单价	工序3　分项单价	工序4　分项单价
	(1)+(2)+…+(N)		(1)	(2)	(3)	(4)
103-1-a	临时道路修建、养护与拆除(包括原道路的养护费)	总额	临时施工便道	养护12个月		
	394119.00		372213.00	21906.00		
104-1	承包人驻地建设	总额	承包人驻地建设			
	1570541.00		1570541.00			
202-1-a	清理现场、砍树、挖根等	m^3	清除表土(135kW内推土机)	$2m^3$ 内装载机装土方	8t内自卸车运土1km	
	6.86		2.64	0.73	3.50	
203-1-a	挖土方	m^3	$2.0m^3$ 内挖掘机挖装土方普通土	$2.0m^3$ 内挖掘机挖装土方硬土	12t内自卸车运土3km	
	0.88		0.04	0.22	0.63	
203-1-b	挖石方	m^3	165kW内推土机20m软石	165kW内推土机20m次坚石	165kW内推土机20m坚石	$2m^3$ 内装载机装软石
	24.57		3.56	6.74	6.43	0.52
	挖石方	m^3	$2m^3$ 内装载机装次坚石、坚石	12t内自卸车运石3km		
	24.57		0.67	6.65		
204-1-a	路基填方(填石)	m^3	人工挖土质台阶硬土	填前夯(压)实12~15t光轮压路机	高速一级路15t内振动压路机压石	填石路堤堆砌边坡
	16.10		0.08	0.16	10.28	5.49
	路基填方(填石)	m^3	机械整修路拱	整修边坡二级及以上等级公路		
	16.10		0.01	0.08		
204-1-g	结构物台背回填	m^3	拱上填料	夯土机夯实		
	105.66		94.85	10.80		

第1页　　共12页　　标表4-5

续上表

细目号	项目名称　综合单价	单位	工序1　分项单价	工序2　分项单价	工序3　分项单价	工序4　分项单价
	(1)+(2)+…+(N)		(1)	(2)	(3)	(4)
207-1-b	C20混凝土现浇	m^3	现浇混凝土边沟	人工挖运硬土20m		
	778.86		755.78	23.08		
207-1-c	M7.5浆砌片石	m^3	浆砌片石边沟 排水沟 截水沟	人工挖运硬土20m		
	279.13		250.32	28.82		
207-1-j	安装C30预制混凝土边沟	m^3	铺砌排(截)水沟矩形			
	179.35		179.35			
207-1-k	小型预制构件(路基边沟)(暂定金额)	总额	小型预制构件(路基边沟)(暂定金额)			
	11760.00		11760.00			
207-2-a	M7.5浆砌片石	m^3	浆砌片石边沟 排水沟 截水沟	人工挖沟硬土		
	253.47		250.31	3.15		
207-2-b	C25混凝土现浇	m^3	现浇混凝土边沟	人工挖沟硬土		
	808.57		777.57	31.00		
207-3-a	M7.5浆砌片石	m^3	浆砌片石边沟 排水沟 截水沟	人工挖沟硬土		
	270.76		250.31	20.45		
207-4-a	M7.5浆砌片石	m^3	浆砌片石急流槽	人工挖运硬土20m	沥青麻絮伸缩缝	
	262.55		225.94	35.35	1.27	
207-5-a	级配碎石	m^3	人工挖沟硬土	填碎(砾)石垫层		
	198.03		31.00	167.02		

第2页　　共12页　　标表4-5

续上表

细目号	项目名称 综合单价	单位	工序1 分项单价	工序2 分项单价	工序3 分项单价	工序4 分项单价
	(1)+(2)+…+(N)		(1)	(2)	(3)	(4)
207-5-b	反滤土工布	m^2	软基土工布处理			
	17.08		17.08			
207-5-e	有纺土工布	m^2	软基土工布处理			
	18.51		18.51			
207-5-f	片石或砂卵石	m^3	人工挖沟普通土	填片石垫层		
	150.12		20.88	129.23		
208-3-a	M7.5 浆砌片石	m^3	浆砌片石护坡	人工挖运硬土 20m	沥青麻絮伸缩缝	
	266.12		239.50	25.96	0.65	
208-3-b	砂垫层	m^3	砂砾泄水层			
	100.90		100.90			
208-8-a	M7.5 浆砌片石	m^3	锥坡、沟、槽、池	人工挖运硬土 20m		
	290.97		274.80	16.17		
208-8-b	C25 混凝土现浇	m^3	地梁混凝土	人工挖运硬土 20m		
	723.32		700.24	23.08		
208-8-c	安装 C20 混凝土菱形框格	m^2	铺砌混凝土块			
	220.23		220.23			
208-8-d	光圆钢筋	kg	地梁钢筋			
	6.31		6.31			

续上表

细目号	项目名称　综合单价	单位	工序1　分项单价	工序2　分项单价	工序3　分项单价	工序4　分项单价
	(1)+(2)+…+(N)		(1)	(2)	(3)	(4)
208-8-e	框架防护带肋钢筋	kg	地梁钢筋			
	6.21		6.21			
208-8-h	ϕ2.2 热镀锌铁丝网(机编)	t	铁丝挂网边坡(高 20m 内)			
	10.57		10.57			
208-8-i	普通锚杆(带肋钢筋 ϕ16)	m	锚杆埋设边坡(高 20m 内)			
	28.63		28.63			
209-2-a	M7.5 浆砌块石	m^3	浆砌块石护坡	人工挖运硬土 20m		
	280.50		257.50	23.00		
209-4-a	ϕ100PVC 管	m	ϕ100PVC 管			
	16.00		16.00			
213-3-a	框架梁钢筋(光圆钢筋)	kg	地梁钢筋			
	6.08		6.08			
213-3-b	框架梁带肋钢筋	kg	地梁钢筋			
	6.21		6.21			
213-3-c	现浇框架梁 C25 混凝土	m^3	地梁混凝土	人工挖运硬土 20m		
	723.30		700.23	23.07		
217-1-a	M7.5 浆砌片石	m^3	浆砌片石边沟、排水沟、截水沟	人工挖沟硬土		
	312.32		250.31	62.01		

第 4 页　　共 12 页　　标表 4-5

单价分析表(08 表合计格式、节选)

细目号:103－1－a　　　　　　　　　　　　　　　　　　　　　　计量单位:总额

工程或费用名称	临时道路修建、养护与拆除(包括原道路的养护费)		综合单价(元)		394119.00	
代号	项目名称	数量	单位	单价	合价(元)	备注
一	基价				273176.00	
二	工料机费				325500.00	
	1. 人工费				105762.00	
1	人工	1892.000	工日	55.90	105762.80	
	2. 材料费				105304.00	
832	32.5 级水泥	34.528	t	370.23	12783.30	
866	水	156.000	m^3	0.50	78.00	
899	中(粗)砂	91.560	m^3	114.47	10480.87	
902	砂砾	148.000	m^3	31.00	4588.00	
908	天然级配	216.000	m^3	40.00	8640.00	
911	黏土	32.800	m^3	8.21	269.29	
931	片石	400.000	m^3	34.00	13600.00	
958	碎石	1666.000	m^3	27.50	45815.00	
981	块石	90.000	m^3	85.00	7650.00	
996	其他材料费	950.000	元	1.00	950.00	
997	设备摊销费	450.000	元	1.00	450.00	
	3. 机械费				82990.00	
1005	105kW 以内履带式推土机	83.100	台班	817.16	67906.00	
1075	6～8t 光轮压路机	26.400	台班	258.19	6816.22	
1076	8～10t 光轮压路机	28.800	台班	287.08	8267.90	
三	费用					
1	直接工程费(工料机合计)		元		294056.00	
2	其他工程费 Ⅰ		元	3.97%	11663.00	
3	其他工程费 Ⅱ		元			
4	直接费		元		305719.00	
5	间接费 规费		元	38.80%	41036.00	
6	间接费 企业管理费		元	3.96%	12119.00	
7	利润(4＋6)×_%		元	7%	22249.00	
8	税金(4＋5＋6＋7)×_%		元	3.41%	12996.00	
9	建安工程费用(4＋5＋6＋7＋8)		元		394119.00	
10	调整费用		元			
11	调整后建安工程费用(9＋10)		元		394119.00	

第 1 页　　　　　　　　共 93 页　　　　　　　　投标人(公章):××公路工程公司

单价分析表(08 表合计格式、节选)

细目号:104 - 1　　　　　　　　计量单位:总额

工程或费用名称	承包人驻地建设			综合单价(元)	1570541.00	
代号	项目名称	数量	单位	单价	合价(元)	备注
	1. 人工费				0.00	
	2. 材料费				1570541.00	
	承包人驻地建设	1.000	元	1570541.00	1570541.00	
	3. 机械费				0.00	
三	费用					
1	直接工程费(工料机合计)		元		1570541.00	
2	其他工程费 Ⅰ		元			
3	其他工程费 Ⅱ		元			
4	直接费		元		1570541.00	
5	间接费 规费		元	38.80%		
6	间接费 企业管理费		元			
7	利润(4 +6) ×_%		元	7%		
8	税金(4 +5 +6 +7) ×_%		元	3.41%		
9	建安工程费用(4 +5 +6 +7 +8)		元		1570541.00	
10	调整费用		元			
11	调整后建安工程费用(9 +10)		元		1570541.00	

第 2 页　　　　共 93 页　　　　投标人(公章):× ×公路工程公司

单价分析表(08 表合计格式、节选)

细目号:202－1－a　　　　　　　　　　　　　　　　　　计量单位:m^3

工程或费用名称	清理现场、砍树、挖根等		综合单价(元)		6.86	
代号	项目名称	数量	单位	单价	合价(元)	备注
一	基价				5.66	
二	工料机费				5.78	
	1. 人工费				0.22	
1	人工	0.004	工日	55.90	0.22	
	2. 材料费				0.00	
	3. 机械费				5.55	
1006	135kW 以内履带式推土机	0.002	台班	1196.98	1.92	
1050	2.0m^3 轮胎式装载机	0.001	台班	714.55	0.61	
1385	8t 以内自卸汽车	0.006	台班	495.98	3.03	
三	费用					
1	直接工程费(工料机合计)		元		5.78	
2	其他工程费 Ⅰ		元	2.97%	0.17	
3	其他工程费 Ⅱ		元			
4	直接费		元		5.95	
5	间接费 规费		元	38.80%	0.09	
6	间接费 企业管理费		元	2.92%	0.17	
7	利润(4＋6)×_%		元	7%	0.43	
8	税金(4＋5＋6＋7)×_%		元	3.41%	0.23	
9	建安工程费用(4＋5＋6＋7＋8)		元		6.86	
10	调整费用		元			
11	调整后建安工程费用(9＋10)		元		6.86	

第 3 页　　　　　　　　共 93 页　　　　　　　　投标人(公章):××公路工程公司

单价分析表(08 表合计格式、节选)

细目号:203 - 1 - a　　　　　　　　　　　　　　　　计量单位:m^3

工程或费用名称	挖土方		综合单价(元)		0.88	
代号	项目名称	数量	单位	单价	合价(元)	备注
一	基价				0.73	
二	工料机费				0.75	
	1. 人工费				0.02	
1	人工		工日	55.90	0.02	
	2. 材料费				0.00	
	3. 机械费				0.72	
1003	75kW 以内履带式推土机		台班	626.29	0.02	
1037	2.0m^3 履带式单斗挖掘机		台班	1418.91	0.16	
1387	12t 以内自卸汽车	0.001	台班	633.86	0.55	
三	费用					
1	直接工程费(工料机合计)		元		0.75	
2	其他工程费 Ⅰ		元	2.64%	0.02	
3	其他工程费 Ⅱ		元			
4	直接费		元		0.77	
5	间接费 规费		元	38.80%	0.01	
6	间接费 企业管理费		元	2.53%	0.02	
7	利润(4+6)×_%		元	7%	0.06	
8	税金(4+5+6+7)×_%		元	3.41%	0.03	
9	建安工程费用(4+5+6+7+8)		元		0.88	
10	调整费用		元			
11	调整后建安工程费用(9+10)		元		0.88	

第 4 页　　　　　　共 93 页　　　　　　投标人(公章):××公路工程公司

总 预 算 表

建设项目名称:抚吉高速公路(A8 合同段)(节选)

编 制 范 围:A8 合同段

第 1 页　　共 7 页　　01 表

项	目	节	细目	工程或费用名称	单位	数量	预算金额（元）	技术经济指标	各项费用比例（%）	备注
				第 100 章至 700 章清单			102016588		99.04	
				清单　第 100 章　总则			4658625		4.52	
	101－1			保险费			320134		0.31	
		－a		按合同条款规定;提供建筑工程一切险	总额	1.000	305134	305134.00	0.30	
		－b		按合同条款规定,提供第三方责任险	总额	1.000	15000	15000.00	0.01	
	102－1			竣工文件	总额	1.000	800000	800000.00	0.78	
	102－3			安全文明施工费			1493831		1.45	
		－a		安全文明施工	总额	1.000	298766	298766.00	0.29	
		－b		安全施工设备措施费	总额	1.000	896299	896299.00	0.87	
		－c		安全人员及培训费	总额	1.000	298766	298766.00	0.29	
	102－4			纵横公路工程管理软件及培训费	总额	1.000	80000	80000.00	0.08	
	103－1			临时道路修建、养护和拆除(包括原道路的养护费)			394119		0.38	
		－a		临时道路修建、养护与拆除(包括原道路的养护费)	总额	1.000	394119	394119.00	0.38	
	104－1			承包人驻地建设	总额	1.000	1570541	1570541.00	1.52	
				清单　第 200 章　路基			12408993		12.05	
	202－1			清理与掘除			32267		0.03	
		－a		清理现场、砍树、挖根等	m^3	4703.600	32267	6.86	0.03	
	203－1			路基挖方			4295786		4.17	
		－a		挖土方	m^3	211880.000	186454	0.88	0.18	
		－b		挖石方	m^3	167250.000	4109332	24.57	3.99	
	204－1			路基填筑(包括填前压实)			1711787		1.66	
		－a		路基填方(填石)	m^3	86739.000	1396498	16.10	1.36	
		－g		结构物台背回填	m^3	2984.000	315289	105.66	0.31	

编制:聂莉萍　　　　复核:何银龄

总 预 算 表

建设项目名称:抚吉高速公路(A8 合同段)(节选)

编 制 范 围:A8 合同段　　　　第 2 页　　共 7 页　　01 表

项	目	节	细目	工程或费用名称	单位	数量	预算金额(元)	技术经济指标	各项费用比例(%)	备注
	207 - 1			边沟			156222		0.15	
		- b		C20 混凝土现浇	m^3	73.000	56857	778.86	0.06	
		- c		M7.5 浆砌片石	m^3	301.000	84018	279.13	0.08	
		- j		安装 C30 预制混凝土边沟	m^3	20.000	3587	179.35		
		- k		小型预制构件(路基边沟)(暂定金额)	总额	1.000	11760	11760.00	0.01	
	207 - 2			排水沟			1275107		1.24	
		- a		M7.5 浆砌片石	m^3	118.000	29909	253.47	0.03	
		- b		C25 混凝土现浇	m^3	1540.000	1245198	808.57	1.21	
	207 - 3			截水沟			333306		0.32	
		- a		M7.5 浆砌片石	m^3	1231.000	333306	270.76	0.32	
	207 - 4			急流槽			85329		0.08	
		- a		M7.5 浆砌片石	m^3	325.000	85329	262.55	0.08	
	207 - 5			路基盲沟			118567		0.12	
		- a		级配碎石	m^3	228.000	45151	198.03	0.04	
		- b		反滤土工布	m^2	462.000	7891	17.08	0.01	
		- e		有纺土工布	m^2	742.000	13734	18.51	0.01	
		- f		片石或砂卵石	m^3	345.000	51791	150.12	0.05	
	208 - 3			浆砌片石护坡			1050746		1.02	
		- a		M7.5 浆砌片石	m^3	3730.000	992628	266.12	0.96	
		- b		砂垫层	m^3	576.000	58118	100.90	0.06	
	208 - 8			框架内码砌框格填土绿化			347073		0.34	
		- a		M7.5 浆砌片石	m^3	30.000	8729	290.97	0.01	
		- b		C25 混凝土现浇	m^3	159.000	115008	723.32	0.11	
		- c		安装 C20 混凝土菱形框格	m^2	22.000	4845	220.23		
		- d		光圆钢筋	kg	8659.000	54638	6.31	0.05	

编制:聂莉萍　　　　复核:何银龄

总 预 算 表

建设项目名称：抚吉高速公路（A8 合同段）（节选）

编 制 范 围：A8 合同段　　　　第 3 页　　共 7 页　　01 表

项	目	节	细目	工程或费用名称	单位	数量	预算金额（元）	技术经济指标	各项费用比例（%）	备注
		-e		框架防护带肋钢筋	kg	18602.000	115518	6.21	0.11	
		-h		ϕ2.2 热镀锌铁丝网（机编）	t	602.000	6363	10.57	0.01	
		-i		普通锚杆（带肋钢筋 ϕ16）	m	1466.000	41972	28.63	0.04	
	209-2			护肩及护脚			1122			
		-a		M7.5 浆砌块石	m^3	4.000	1122	280.50		
	209-4			泄水孔			32			
		-a		ϕ100PVC 管	m	2.000	32	16.00		
	213-3			框架梁和预制框格			1319846		1.28	
		-a		框架梁钢筋（光圆钢筋）	kg	19785.000	120293	6.08	0.12	
		-b		框架梁带肋钢筋	kg	76109.000	472637	6.21	0.46	
		-c		现浇框架梁 C25 混凝土	m^3	1005.000	726916	723.30	0.71	
	217-1			弃渣场排水沟			524073		0.51	
		-a		M7.5 浆砌片石	m^3	1678.000	524073	312.32	0.51	
	217-2			挡渣墙			1157730		1.12	
		-a		M7.5 浆砌片石	m^3	4625.000	1157730	250.32	1.12	
				清单　第 300 章　路面			150054		0.15	
	302-1			碎石垫层			150054		0.15	
		-a		未筛分水泥碎石垫层厚 20cm	m^2	6369.000	150054	23.56	0.15	
				清单　第 400 章　桥梁、涵洞			84798916		82.32	
	401-1			桥梁荷载试验			800000		0.78	
		-a		桥梁荷载试验（暂定金额）	总额	1.000	800000	800000.00	0.78	
	401-5			钻芯取样			100000		0.10	
		-a		钻芯取样（暂定金额）	总额	1.000	100000	100000.00	0.10	
	403-1			基础钢筋（包括灌注桩、承台、沉桩、沉井等）			5667995		5.50	

编制：聂莉萍　　　　复核：何银龄

总 预 算 表

建设项目名称:抚吉高速公路(A8 合同段)(节选)

编 制 范 围:A8 合同段　　　　第 4 页　　共 7 页　　01 表

项	目	节	细目	工程或费用名称	单位	数量	预算金额(元)	技术经济指标	各项费用比例(%)	备注
		-a		光圆钢筋(I级)	kg	51295.000	288791	5.63	0.28	
		-b		带肋钢筋(HRB335、HRB400)	kg	932271.000	5379204	5.77	5.22	
	403-2			下部结构钢筋			9596952		9.32	
		-a		光圆钢筋(I级)	kg	134411.000	799745	5.95	0.78	
		-b		带肋钢筋(HRB335、HRB400)	kg	1188426.000	7320704	6.16	7.11	
		-d		型钢及其他钢材	kg	235112.000	1476503	6.28	1.43	
	403-3			上部结构钢筋			13253300		12.87	
		-a		光圆钢筋(HPB235、HPB300)	kg					
		-a		光圆钢筋(I级)	kg	316161.000	1893804	5.99	1.84	
		-b		带肋钢筋(HRB335、HRB400)	kg	1841182.000	11194387	6.08	10.87	
		-c		钢板	kg	12942.000	88006	6.80	0.09	
		-d		型钢及其他钢材	kg	13180.000	77103	5.85	0.07	
	403-4			附属结构钢筋			1197766		1.16	
		-a		光圆钢筋(I级)	kg	29460.000	184420	6.26	0.18	
		-b		带肋钢筋(HRB335、HRB400)	kg	159081.000	1013346	6.37	0.98	
	404-1			结构挖方			254446		0.25	
		-a		结构开挖土石方	m^3	4309.000	254446	59.05	0.25	
	410-1			混凝土基础(包括支撑梁、桩基承台,但不包括桩基)			1839725		1.79	
		-b		现浇 C20 混凝土墩台基础	m^3	123.000	48821	396.92	0.05	
		-c		现浇 C25 混凝土墩台基础	m^3	150.000	64030	426.87	0.06	
		-d		现浇 C25 混凝土承台	m^3	865.000	359018	415.05	0.35	
		-e		现浇 C30 混凝土承台	m^3	3220.000	1367856	424.80	1.33	
	410-2			混凝土下部结构			10077603		9.78	
		-b		现浇 C20 混凝土下部	m^3	17.000	11394	670.24	0.01	

编制:聂莉萍　　　　复核:何银龄

总 预 算 表

建设项目名称：抚吉高速公路（A8 合同段）（节选）

编 制 范 围：A8 合同段　　　　第 5 页　　共 7 页　　01 表

项	目	节	细目	工程或费用名称	单位	数量	预算金额（元）	技术经济指标	各项费用比例（%）	备注
		–c		现浇 C25 混凝土下部	m^3	113.000	79425	702.88	0.08	
		–d		现浇 C30 混凝土下部	m^3	2746.000	2040827	743.20	1.98	
		–f		现浇 C40 混凝土下部	m^3	593.000	467142	787.76	0.45	
		–j		现浇 C50 混凝土（连续刚构主墩）	m^3	6780.000	7478815	1103.07	7.26	
	410–5			上部结构现浇整体化混凝土			890315		0.86	
		–a		现浇 C40 混凝土	m^3	617.000	474288	768.70	0.46	
		–b		现浇 C50 混凝土	m^3	539.000	416027	771.85	0.40	
	410–6			现浇混凝土附属结构			760854		0.74	
		–a		现浇护栏、底座、缘石 C30 混凝土	m^3	961.000	653000	679.50	0.63	
		–b		现浇搭板 C30 混凝土	m^3	206.000	100901	489.81	0.10	
		–d		现浇支座垫石 C40 混凝土	m^3	10.000	6953	695.30	0.01	
	411–5			后张法预应力钢绞线			8390099		8.15	
		–a		ϕ_j15.2 钢绞线	kg	694319.000	7575020	10.91	7.35	
		–c		后张钢绞线 ϕ_j12.7	kg	36355.000	815079	22.42	0.79	
	411–6			后张法预应力钢筋			1016091		0.99	
		–a		精轧螺纹钢	kg	85891.000	1016091	11.83	0.99	
	411–7			现浇预应力混凝土上部结构			12743574		12.37	
		–e		现浇 C55 混凝土（连续刚构主梁）	m^3	9823.000	12743574	1297.32	12.37	
	411–8			预制预应力混凝土上部结构			8363935		8.12	
		–a		预制 T 形梁 C50 混凝土	m^3	6528.000	8363935	1281.24	8.12	
	415–2			水泥混凝土桥面铺装			350218		0.34	
		–b		C40 混凝土	m^3	560.000	350218	625.39	0.34	
	415–3			防水层			465037		0.45	
		–b		防水层	m^2	15460.000	465037	30.08	0.45	

编制：聂莉萍　　　　复核：何银龄

总 预 算 表

建设项目名称:抚吉高速公路(A8 合同段)(节选)

编 制 范 围:A8 合同段　　　　第 6 页　　共 7 页　　01 表

项	目	节	细目	工程或费用名称	单位	数量	预算金额(元)	技术经济指标	各项费用比例(%)	备注
	416-2			圆形板式橡胶支座			30502		0.03	
		-h		GYZϕ475×75 安装	个	50.000	12069	241.38	0.01	
		-q		GYZF4ϕ350×55 安装	个	40.000	18433	460.83	0.02	
	416-4			盆式支座			14860		0.01	
		-b		GPZ2000DX 安装	个	20.000	10290	514.50	0.01	
		-e		GPZ3000DX 安装	个	4.000	2285	571.25		
		-f		GPZ3000SX 安装	个	4.000	2285	571.25		
	420-1			钢筋混凝土盖板涵,…m×…m			620385		0.60	
		-a		光圆钢筋(R235)	kg	1359.000	7624	5.61	0.01	
		-b		带肋钢筋(HRB335、HRB400)	kg	10219.000	58555	5.73	0.06	
		-d		C20 混凝土	m^3	613.000	344169	561.45	0.33	
		-f		C30 混凝土	m^3	105.000	81950	780.48	0.08	
		-g		M7.5 浆砌片石	m^3	508.300	128087	251.99	0.12	
	425-1			挖、钻孔灌注桩			8365259		8.12	
		-c		ϕ1.2m 挖、钻孔桩	m	448.000	697218	1556.29	0.68	
		-d		ϕ1.5m 挖、钻孔桩	m	653.000	1398687	2141.94	1.36	
		-f		ϕ1.8m 挖、钻孔桩	m	94.000	294141	3129.16	0.29	
		-h		ϕ2.2m 挖、钻孔桩	m	1454.000	5975213	4109.50	5.80	
				已包含在清单合计中的材料、工程设备、专业工程暂估价合计			911760		0.89	
				清单合计减去材料、工程设备、专业工程暂估价合计			101104828		98.15	
				计日工合计			990417		0.96	
				劳务			70000		0.07	
	101			普工	工日	500.000	27500	55.00	0.03	
	102			技工	工日	500.000	42500	85.00	0.04	

编制:聂莉萍　　　　复核:何银龄

总 预 算 表

建设项目名称:抚吉高速公路(A8合同段)(节选)

编 制 范 围:A8合同段

第7页 共7页 01表

项	目	节	细目	工程或费用名称	单位	数量	预算金额(元)	技术经济指标	各项费用比例(%)	备注
				材料			185500		0.18	
	202			钢筋	t	30.000	117000	3900.00	0.11	
	203			钢绞线	t	10.000	68500	6850.00	0.07	
				机械			734917		0.71	
	301			135kW以内履带式推土机	台班	150.000	236124	1574.16	0.23	
	305			15t以内振动压路机	台班	150.000	154431	1029.54	0.15	
	306			250L以内混凝土搅拌机	台班	150.000	19310	128.73	0.02	
	307			10t以内自卸汽车	台班	200.000	148556	742.78	0.14	
	310			50t以内汽车式起重机	台班	50.000	170731	3414.62	0.17	
	311			30kN内单筒慢动卷扬机	台班	50.000	5765	115.30	0.01	
				暂列金额(不含计日工总额)						
				投标报价			103007005		100.00	

编制:聂莉萍 复核:何银龄

其他工程费及间接费综合费率计算表

建设项目名称:抚吉高速公路(A8 合同段)(节选)

编 制 范 围:A8 合同段　　　　第 1 页　　共 1 页　　04 表

序号	工程类别	其他工程费费率(%)													间接费费率(%)											
		冬季施工增加费	雨季施工增加费	夜间施工增加费	高原地区施工增加费	风沙地区施工增加费	沿海地区工程施工增加费	行车干扰工程施工增加费	施工标准化与安全措施费	临时设施费	施工辅助费	工地转移费	综合费率		规费						企业管理费					
													I	II	养老保险费	失业保险费	医疗保险费	住房公积金	工伤保险费	综合费率	基本费用	主副食运费补贴	职工探亲路费	职工取暖补贴	财务费用	综合费率
1	2	3	4	5	6	7	8	9	10	11	12	13	14	15	16	17	18	19	20	21	22	23	24	25	26	27
1	人工土方		0.360						0.700	1.730	0.890	0.215	3.895		20.000	2.000	6.600	8.000	2.200	38.800	3.360	0.280	0.100		0.230	3.970
2	机械土方		0.370						0.700	1.560	0.490	0.689	3.809		20.000	2.000	6.600	8.000	2.200	38.800	3.260	0.215	0.220		0.210	3.905
3	汽车运输		0.370						0.250	1.010	0.160	0.411	2.201		20.000	2.000	6.600	8.000	2.200	38.800	1.440	0.225	0.140		0.210	2.015
4	人工石方		0.270						0.700	1.760	0.850	0.226	3.806		20.000	2.000	6.600	8.000	2.200	38.800	3.450	0.215	0.100		0.220	3.985
5	机械石方		0.340						0.700	2.170	0.460	0.445	4.115		20.000	2.000	6.600	8.000	2.200	38.800	3.280	0.200	0.220		0.200	3.900
6	高级路面	0.060	0.340						1.180	2.110	0.800	0.854	5.344		20.000	2.000	6.600	8.000	2.200	38.800	1.910	0.135	0.140		0.270	2.455
7	其他路面		0.320						1.200	2.060	0.740	0.771	5.091		20.000	2.000	6.600	8.000	2.200	38.800	3.280	0.135	0.160		0.300	3.875
8	构造物Ⅰ	0.060	0.270						0.850	2.920	1.300	0.771	6.172		20.000	2.000	6.600	8.000	2.200	38.800	4.440	0.205	0.290		0.370	5.305
9	构造物Ⅱ	0.080	0.300	0.350					0.920	3.450	1.560	0.915	7.576		20.000	2.000	6.600	8.000	2.200	38.800	5.530	0.225	0.340		0.400	6.495
10	构造物Ⅲ	0.150	0.600	0.700					1.850	6.390	3.030	1.820	14.540		20.000	2.000	6.600	8.000	2.200	38.800	9.790	0.405	0.550		0.820	11.565
11	技术复杂大桥	0.080	0.340	0.350					1.010	3.210	1.680	1.038	7.708		20.000	2.000	6.600	8.000	2.200	38.800	4.720	0.180	0.200		0.460	5.560
12	隧道								0.860	2.830	1.230	0.730	5.650		20.000	2.000	6.600	8.000	2.200	38.800	4.220	0.175	0.270		0.390	5.055
13	钢材及钢结构			0.350					0.630	2.730	0.560	0.997	5.267		20.000	2.000	6.600	8.000	2.200	38.800	2.420	0.180	0.160		0.480	3.240
14	设备安装工程	0.150							0.925	6.390	3.030	1.820	12.315		20.000	2.000	6.600	8.000	2.200	38.800	9.790	0.405	0.550		0.820	11.565
15	金属标志牌安装								0.630	2.730	0.560	0.997	4.917		20.000	2.000	6.600	8.000	2.200	38.800	2.420	0.180	0.160		0.480	3.240
16	费率为 0																									

编制:聂莉萍　　　　复核:何银龄

人工、材料、机械台班单价汇总表

建设项目名称：抚吉高速公路（A8 合同段）（节选）

编 制 范 围：A8 合同段

第 1 页　　共 3 页　　07 表

序号	名　称	单位	代号	预算单价(元)	备注	序号	名　称	单位	代号	预算单价(元)	备注
1	人工	工日	1	55.90		23	四氟板式橡胶组合支座(1)	dm^3	401	0.00	
2	机械工	工日	2	55.90		24	板式橡胶支座(1)	dm^3	402	0.00	
3	原木	m^3	101	958.01		25	盆式橡胶支座(3000kN)(1)	套	507	0.00	
4	锯材	m^3	102	1163.01		26	钢绞线群锚(3 孔)	套	572	105.00	
5	枕木	m^3	103	961.00		27	钢绞线群锚(7 孔)	套	576	245.00	
6	光圆钢筋	t	111	3976.69		28	钢绞线群锚(22 孔)	套	586	770.00	
7	带肋钢筋	t	112	4079.19		29	轧丝锚具	kg	596	15.00	
8	预应力粗钢筋	t	121	5320.00		30	聚四氟乙烯滑板	kg	641	50.00	
9	钢铰线	t	125	6500.00		31	铁件	kg	651	4.40	
10	波纹管钢带	t	151	6350.00		32	铁钉	kg	653	6.97	
11	型钢	t	182	3700.00		33	8～12 号铁丝	kg	655	6.10	
12	钢板	t	183	4450.00		34	20～22 号铁丝	kg	656	6.40	
13	钢管	t	191	5610.00		35	铸铁管	kg	682	2.00	
14	钢钎	kg	211	5.62		36	铁丝编制网	m^2	693	18.84	
15	空心钢钎	kg	212	7.00		37	裸铝(铜)线	m	712	3.22	
16	ϕ50mm 以内合金钻头	个	213	27.21		38	桥面防水涂料	kg	735	6.20	
17	钢丝绳	t	221	5853.00		39	环氧树脂	kg	746	28.26	
18	电焊条	kg	231	4.90		40	土工布	m^2	770	9.71	
19	钢护筒	t	263	4800.00		41	土工布(1)	m^2	770	10.80	
20	钢模板	t	271	5970.00		42	玻璃纤维布	m^2	771	2.40	
21	组合钢模板	t	272	5710.00		43	油毛毡	m^2	825	2.29	
22	门式钢支架	t	273	5000.00		44	32.5 级水泥	t	832	370.23	

编制：聂莉萍　　　　复核：何银龄

人工、材料、机械台班单价汇总表

建设项目名称:抚吉高速公路(A8 合同段)(节选)

编 制 范 围:A8 合同段

第 2 页　　共 3 页　　07 表

序号	名　称	单位	代号	预算单价(元)	备注	序号	名　称	单位	代号	预算单价(元)	备注
45	42.5 级水泥	t	833	396.11		66	碎石(8cm)	m^3	954	49.00	
46	52.5 级水泥	t	834	421.99		67	碎石	m^3	958	27.50	
47	硝铵炸药	kg	841	6.00		68	块石	m^3	981	85.00	
48	导火线	m	842	0.80		69	其他材料费	元	996	1.00	
49	普通雷管	个	845	0.70		70	设备摊销费	元	997	1.00	
50	石油沥青	t	851	3800.00		71	75kW 以内履带式推土机	台班	1003	626.29	
51	汽油	kg	862	5.20		72	105kW 以内履带式推土机	台班	1005	817.16	
52	柴油	kg	863	4.90		73	135kW 以内履带式推土机	台班	1006	1196.98	
53	煤	t	864	265.00		74	165kW 以内履带式推土机	台班	1007	1396.65	
54	电	kW·h	865	0.55		75	1.0m^3 履带式单斗挖掘机	台班	1035	839.15	
55	水	m^3	866	0.50		76	2.0m^3 履带式单斗挖掘机	台班	1037	1418.91	
56	中(粗)砂	m^3	899	114.47		77	1.0m^3 轮胎式装载机	台班	1048	410.72	
57	中(粗)砂(2)	m^3	899	260.00		78	2.0m^3 轮胎式装载机	台班	1050	714.55	
58	砂砾	m^3	902	31.00		79	120kW 以内平地机	台班	1057	926.37	
59	天然级配	m^3	908	40.00		80	6～8t 光轮压路机	台班	1075	258.19	
60	黏土	m^3	911	8.21		81	8～10t 光轮压路机	台班	1076	287.08	
61	碎石土(1)	m^3	915	26.00		82	12～15t 光轮压路机	台班	1078	418.47	
62	片石	m^3	931	34.00		83	15t 以内振动压路机	台班	1088	787.49	
63	碎石(2cm)	m^3	951	61.62		84	200～620N·m 蛙式夯土机	台班	1094	18.62	
64	碎石(4cm)	m^3	952	61.62		85	风动气腿式凿岩机	台班	1102	18.40	
65	碎石(6cm)	m^3	953	52.00		86	235kW 以内稳定土拌和机	台班	1155	1758.06	

编制:聂莉萍　　　　复核:何银龄

人工、材料、机械台班单价汇总表

建设项目名称:抚吉高速公路(A8 合同段)(节选)

编 制 范 围:A8 合同段　　　　第 3 页　　共 3 页　　07 表

序号	名　称	单位	代号	预算单价(元)	备注	序号	名　称	单位	代号	预算单价(元)	备注
87	4000L 以内沥青洒布车	台班	1193	414.90		105	8t 以内汽车式起重机	台班	1450	547.17	
88	电动混凝土切缝机	台班	1245	148.22		106	12t 以内汽车式起重机	台班	1451	723.97	
89	250L 以内强制式混凝土搅拌机	台班	1272	103.49		107	20t 以内汽车式起重机	台班	1453	1066.38	
90	$6m^3$ 混凝土搅拌运输车	台班	1307	1241.62		108	40t 以内汽车式起重机	台班	1456	2052.92	
91	$60m^3/h$ 以内混凝土输送泵	台班	1316	1106.66		109	8t 以内高 150m 以内塔式起重机	台班	1469	1323.34	
92	$40m^3/h$ 以内水泥混凝土搅拌站	台班	1325	1120.23		110	30kN 以内单筒慢动电动卷扬机	台班	1499	93.79	
93	拉伸力 900kN 以内预应力拉伸机	台班	1344	42.95		111	50kN 以内单筒慢动电动卷扬机	台班	1500	106.29	
94	油泵、千斤顶各 1 钢绞线拉伸设备	台班	1349	135.49		112	提升高 100m 以内单笼施工电梯	台班	1552	259.48	
95	含钢带点焊机波纹管卷制机	台班	1352	243.97		113	ϕ1500mm 以内回旋钻机	台班	1600	1104.91	
96	6t 以内载货汽车	台班	1374	341.16		114	ϕ2500mm 以内回旋钻机	台班	1602	1761.96	
97	15t 以内载货汽车	台班	1378	695.22		115	100～150L 泥浆搅拌机	台班	1624	68.92	
98	8t 以内自卸汽车	台班	1385	495.98		116	ϕ100mm 以内电动多级离心水泵	台班	1663	210.76	
99	12t 以内自卸汽车	台班	1387	633.86		117	ϕ150mm 以内电动多级离心水泵	台班	1665	375.95	
100	20t 平板拖车组	台班	1393	733.77		118	32kV · A 交流电弧焊机	台班	1726	111.34	
101	6000L 以内洒水汽车	台班	1405	523.48		119	100kV · A 交流对焊机	台班	1746	177.10	
102	1.0t 以内机动翻斗车	台班	1408	132.72		120	150kV · A 交流对焊机	台班	1747	231.94	
103	15t 以内履带式起重机	台班	1432	605.92		121	$9m^3/min$ 以内机动空压机	台班	1842	554.63	
104	5t 以内汽车式起重机	台班	1449	391.58		122	小型机具使用费	元	1998	1.00	

编制:聂莉萍　　　　复核:何银龄

建筑安装工程费计算数据表

建设项目名称:抚吉高速公路(A8 合同段)(节选)

编　制　范　围:A8 合同段　　数据文件编号:JX2013001　　公路等级:高速公路

路线或桥梁长度(km):0.750　　路基或桥梁宽度(m):26.000　　第 1 页　　共 17 页　　08-1 表

项的代号	本项目数	目的代号	本目节数	节的代号	本节细目数	细目代号	费率编号	定额个数	定额代号	项或目或节或细目或定额的名称	单位	数量	定额调整情况
	6									清单　第 100 章　总则			
		101-1	2							保险费			
				-a						按合同条款规定;提供建筑工程一切险	总额	1.000	
				-b						按合同条款规定,提供第三方责任险	总额	1.000	
		102-1								竣工文件	总额	1.000	
		102-3	3							安全文明施工费			
				-a						安全文明施工	总额	1.000	
				-b						安全施工设备措施费	总额	1.000	
				-c						安全人员及培训费	总额	1.000	
		102-4								纵横公路工程管理软件及培训费	总额	1.000	
		103-1	1							临时道路修建、养护和拆除(包括原道路的养护费)			
				-a				2		临时道路修建、养护与拆除(包括原道路的养护费)	总额	1.000	
							1		补 7-1-1-1	临时施工便道	km	1.000	
							7		7-1-1-7 改	养护 12 个月	km·月	1.000	定额×12
		104-1						1		承包人驻地建设	总额	1.000	
										承包人驻地建设	元	1.000	1×1570541
	15									清单　第 200 章　路基			
		202-1	1							清理与掘除			
				-a				3		清理现场、砍树、挖根等	m^3	4703.600	
							2		1-1-1-12	清除表土(135kW 内推土机)	$100m^3$	47.036	
							2		1-1-10-2 改	$2m^3$ 内装载机装土方	$1000m^3$	4.704	定额×0.6
							3		1-1-11-9 改	8t 内自卸车运土 1km	$1000m^3$	4.704	定额×0.6
		203-1	2							路基挖方			

编制:聂莉萍　　复核:何银龄

建筑安装工程费计算数据表

建设项目名称:抚吉高速公路(A8 合同段)(节选)

编 制 范 围:A8 合同段　　数据文件编号:JX2013001　　公路等级:高速公路

路线或桥梁长度(km):0.750　　路基或桥梁宽度(m):26.000　　第 2 页　　共 17 页　　08-1 表

项的代号	本项目数	目的代号	本目节数	节的代号	本节细目数	细目代号	费率编号	定额个数	定额代号	项或目或节或细目或定额的名称	单位	数量	定额调整情况
				-a				3		挖土方	m^3	211880.000	
							2		1-1-9-8 改	2.0m^3 内挖掘机挖装土方普通土	1000m^3	3.277	定额×0.9
							2		1-1-9-9 改	2.0m^3 内挖掘机挖装土方硬土	1000m^3	17.911	定额×0.9
							3		1-1-11-17 改	12t 内自卸车运土 3km	1000m^3	21.188	+18×4，定额×0.85
				-b				6		挖石方	m^3	167250.000	
							5		1-1-15-30 改	165kW 内推土机 20m 软石	1000m^3	60.388	定额×0.85
							5		1-1-15-31 改	165kW 内推土机 20m 次坚石	1000m^3	65.781	定额×0.85
							5		1-1-15-32 改	165kW 内推土机 20m 坚石	1000m^3	41.081	定额×0.85
							5		1-1-10-5 改	2m^3 内装载机装软石	1000m^3	58.979	定额×0.8
							5		1-1-10-8 改	2m^3 内装载机装次坚石、坚石	1000m^3	57.387	定额×0.8
							3		1-1-11-45 改	12t 内自卸车运石 3km	1000m^3	116.362	+46×4，定额×0.8
		204-1	2							路基填筑(包括填前压实)			
				-a				6		路基填方(填石)	m^3	86739.000	
							1		1-1-4-3	人工挖土质台阶硬土	1000m^2	1.239	
							2		1-1-5-4	填前夯(压)实 12~15t 光轮压路机	1000m^2	34.717	
							5		1-1-18-17	高速一级路 15t 内振动压路机压石	1000m^3	73.719	
							1		1-1-19-5	填石路堤堆砌边坡	1000m^3	13.020	
							2		1-1-20-1	机械整修路拱	1000m^2	5.582	
							1		1-1-20-3	整修边坡二级及以上等级公路	km	0.230	
				-g				2		结构物台背回填	m^3	2984.000	
							8		4-11-2-2 改	拱上填料	10m^3	298.400	添 915 量 13.26，954 量 0，915 价 26.00
							2		1-1-7-2	夯土机夯实	1000m^3	2.984	
		207-1	4							边沟			

编制:聂莉萍　　复核:何银龄

建筑安装工程费计算数据表

建设项目名称:抚吉高速公路(A8 合同段)(节选)

编　制　范　围:A8 合同段　　数据文件编号:JX2013001　　公路等级:高速公路

路线或桥梁长度(km):0.750　　路基或桥梁宽度(m):26.000　　第 3 页　　共 17 页　　08-1 表

项的代号	本项目数	目的代号	本目节数	节的代号	本节细目数	细目代号	费率编号	定额个数	定额代号	项或目或节或细目或定额的名称	单位	数量	定额调整情况
				-b				2		C20 混凝土现浇	m^3	73.000	
							8		1-2-4-5	现浇混凝土边沟	$10m^3$	7.300	
							1		1-1-6-3	人工挖运硬土 20m	$1000m^3$	0.073	
				-c				2		M7.5 浆砌片石	m^3	301.000	
							8		1-2-3-1 改	浆砌片石边沟 排水沟 截水沟	$10m^3$	30.100	M5，-3.5，M7.5，+3.5，人工×0.65
							1		1-1-6-3	人工挖运硬土 20m	$1000m^3$	0.376	
				-j				1		安装 C30 预制混凝土边沟	m^3	20.000	
							8		1-2-4-7	铺砌排(截)水沟矩形	$10m^3$	2.000	
				-k				1		小型预制构件(路基边沟)(暂定金额)	总额	1.000	
										小型预制构件(路基边沟)(暂定金额)	元	1.000	1×11760
		207-2	2							排水沟			
				-a				2		M7.5 浆砌片石	m^3	118.000	
							8		1-2-3-1 改	浆砌片石边沟 排水沟 截水沟	$10m^3$	11.800	M5，-3.5，M7.5，+3.5，人工×0.65
							1		1-2-1-3	人工挖沟硬土	$1000m^3$	0.012	
				-b				2		C25 混凝土现浇	m^3	1540.000	
							8		1-2-4-5 改	现浇混凝土边沟	$10m^3$	154.000	普 C20-32.5-2，-10.2，普 C25-32.5-2，+10.2
							1		1-2-1-3	人工挖沟硬土	$1000m^3$	1.540	
		207-3	1							截水沟			
				-a				2		M7.5 浆砌片石	m^3	1231.000	
							8		1-2-3-1 改	浆砌片石边沟 排水沟 截水沟	$10m^3$	123.100	M5，-3.5，M7.5，+3.5，人工×0.65
							1		1-2-1-3	人工挖沟硬土	$1000m^3$	0.812	
		207-4	1							急流槽			
				-a				3		M7.5 浆砌片石	m^3	325.000	

编制:聂莉萍　　复核:何银龄

建筑安装工程费计算数据表

建设项目名称:抚吉高速公路(A8 合同段)(节选)

编 制 范 围:A8 合同段　　数据文件编号:JX2013001　　公路等级:高速公路

路线或桥梁长度(km):0.750　　路基或桥梁宽度(m):26.000　　第 4 页　　共 17 页　　08-1 表

项的代号	本项目数	目的代号	本目节数	节的代号	本节细目数	细目代号	费率编号	定额个数	定额代号	项或目或节或细目或定额的名称	单位	数量	定额调整情况
							8		1-2-3-3 改	浆砌片石急流槽	$10m^3$	32.500	M5，-3.5，M7.5，+3.5，人工×0.65
							1		1-1-6-3	人工挖运硬土 20m	$1000m^3$	0.498	
							8		4-11-7-13	沥青麻絮伸缩缝	m^2	1.885	
		207-5	4							路基盲沟			
				-a				2		级配碎石	m^3	228.000	
							1		1-2-1-3	人工挖沟硬土	$1000m^3$	0.228	
							8		4-11-5-2	填碎(砾)石垫层	$10m^3$	22.800	
				-b				1		反滤土工布	m^2	462.000	
							7		1-3-9-1	软基土工布处理	$1000m^2$	0.462	
				-e				1		有纺土工布	m^2	742.000	
							7		1-3-9-1 改	软基土工布处理	$1000m^2$	0.742	770 价 10.80
				-f				2		片石或砂卵石	m^3	345.000	
							1		1-2-1-2	人工挖沟普通土	$1000m^3$	0.345	
							8		4-11-5-3 改	填片石垫层	$10m^3$	34.500	931 量 12
		208-3	2							浆砌片石护坡			
				-a				3		M7.5 浆砌片石	m^3	3730.000	
							8		5-1-10-2 改	浆砌片石护坡	$10m^3$	373.000	M5，-3.5，M7.5，+3.5，人工×0.8
							1		1-1-6-3	人工挖运硬土 20m	$1000m^3$	4.198	
							8		4-11-7-13	沥青麻絮伸缩缝	m^2	11.190	
				-b				1		砂垫层	m^3	576.000	
							8		5-1-25-2	砂砾泄水层	$100m^3$	5.760	
		208-8	7							框架内码砌框格填土绿化			
				-a				2		M7.5 浆砌片石	m^3	30.000	

编制:聂莉萍　　复核:何银龄

建筑安装工程费计算数据表

建设项目名称:抚吉高速公路(A8 合同段)(节选)

编 制 范 围:A8 合同段　　数据文件编号:JX2013001　　公路等级:高速公路

路线或桥梁长度(km):0.750　　路基或桥梁宽度(m):26.000　　第 5 页　　共 17 页　　08-1 表

项的代号	本项目数	目的代号	本目节数	节的代号	本节细目数	细目代号	费率编号	定额个数	定额代号	项或目或节或细目或定额的名称	单 位	数 量	定额调整情况
							8		4-5-2-9 改	锥坡、沟、槽、池	$10m^3$	3.000	人工×0.9
							1		1-1-6-3	人工挖运硬土 20m	$1000m^3$	0.021	
				-b				2		C25 混凝土现浇	m^3	159.000	
							8		5-1-9-2	地梁混凝土	$10m^3$	15.900	
							1		1-1-6-3	人工挖运硬土 20m	$1000m^3$	0.159	
				-c				1		安装 C20 混凝土菱形框格	m^2	22.000	
							8		5-1-6-3	铺砌混凝土块	100m2	2.750	
				-d				1		光圆钢筋	kg	8659.000	
							13		5-1-9-3 改	地梁钢筋	t	8.659	111 量 1.025，112 量 0
				-e				1		框架防护带肋钢筋	kg	18602.000	
							13		5-1-9-3 改	地梁钢筋	t	18.602	111 量 0，112 量 1.025，人工×0.85，机械×0.75
				-h				1		ϕ2.2 热镀锌铁丝网(机编)	t	602.000	
							13		5-1-8-5	铁丝挂网边坡(高 20m 内)	t	0.755	
				-i				1		普通锚杆(带肋钢筋 ϕ16)	m	1466.000	
							13		5-1-8-11 改	锚杆埋设边坡(高 20m 内)	t	2.314	人工×1.2，机械×1.2
		209-2	1							护肩及护脚			
				-a				2		M7.5 浆砌块石	m^3	4.000	
							8		5-1-10-3 改	浆砌块石护坡	$10m^3$	0.400	M5，-2.7，M7.5，+2.7，人工×0.65
							1		1-1-6-3	人工挖运硬土 20m	$1000m^3$	0.004	
		209-4	1							泄水孔			
				-a				1		ϕ100PVC 管	m	2.000	
										ϕ100PVC 管	m	2.000	2×16.24
		213-3	3							框架梁和预制框格			

编制:聂莉萍　　复核:何银龄

建筑安装工程费计算数据表

建设项目名称:抚吉高速公路(A8 合同段)(节选)

编 制 范 围:A8 合同段　　数据文件编号:JX2013001　　公路等级:高速公路

路线或桥梁长度(km):0.750　　路基或桥梁宽度(m):26.000　　第 6 页　共 17 页　08-1 表

项的代号	本项目数	目的代号	本目节数	节的代号	本节细目数	细目代号	费率编号	定额个数	定额代号	项或目或节或细目或定额的名称	单位	数量	定额调整情况
				-a				1		框架梁钢筋(光圆钢筋)	kg	19785.000	
							13		5-1-9-3 改	地梁钢筋	t	19.785	111 量 1.025, 112 量 0, 人工×0.85, 机械×0.75
				-b				1		框架梁带肋钢筋	kg	76109.000	
							13		5-1-9-3 改	地梁钢筋	t	76.109	111 量 0,112 量 1.025, 人工×0.85, 机械×0.75
				-c				2		现浇框架梁 C25 混凝土	m^3	1005.000	
							8		5-1-9-2	地梁混凝土	$10m^3$	100.500	
							1		1-1-6-3	人工挖运硬土 20m	$1000m^3$	1.005	
		217-1	1							弃渣场排水沟			
				-a				2		M7.5 浆砌片石	m^3	1678.000	
							8		1-2-3-1 改	浆砌片石边沟 排水沟 截水沟	$10m^3$	167.800	M5, -3.5, M7.5, +3.5, 人工×0.65
							1		1-2-1-3	人工挖沟硬土	$1000m^3$	3.356	
		217-2	1							挡渣墙			
				-a				4		M7.5 浆砌片石	m^3	4625.000	
							8		5-1-15-5 改	浆砌片石基础	$10m^3$	69.375	M5, -3.5, M7.5, +3.5, 人工×0.65
							8		5-1-15-7 改	浆砌片石墙身	$10m^3$	393.125	M5, -3.5, M7.5, +3.5, 人工×0.65
							8		4-11-7-13	沥青麻絮伸缩缝	m^2	23.125	
							1		1-1-6-3	人工挖运硬土 20m	$1000m^3$	4.625	
	1									清单 第 300 章 路 面			
		302-1	1							碎石垫层			
				-a				1		未筛分水泥碎石垫层厚 20cm	m^2	6369.000	
							7		2-1-2-23 改	水泥碎石 5:95 稳拌机厚 20cm	$1000m^2$	6.369	+24×5
	21									清单 第 400 章 桥梁、涵洞			
		401-1	1							桥梁荷载试验			

编制:聂莉萍　　复核:何银龄

建筑安装工程费计算数据表

建设项目名称:抚吉高速公路(A8 合同段)(节选)

编 制 范 围:A8 合同段　　数据文件编号:JX2013001　　公路等级:高速公路

路线或桥梁长度(km):0.750　　路基或桥梁宽度(m):26.000　　第 7 页　　共 17 页　　08-1 表

项的代号	本项目数	目的代号	本目节数	节的代号	本节细目数	细目代号	费率编号	定额个数	定额代号	项或目或节或细目或定额的名称	单 位	数 量	定额调整情况
				-a				1		桥梁荷载试验(暂定金额)	总额	1.000	
										桥梁荷载试验(暂定金额)	总额	1.000	1×800000
		401-5	1							钻芯取样			
				-a				1		钻芯取样(暂定金额)	总额	1.000	
										钻芯取样(暂定金额)	总额	1.000	1×100000
		403-1	2							基础钢筋(包括灌注桩、承台、沉桩、沉井等)			
				-a				2		光圆钢筋(I 级)	kg	51295.000	
							13		4-4-7-22 改	焊接连接钢筋	t	49.146	111 量 1.025,112 量 0
							13		4-6-1-13 改	承台钢筋	t	2.149	111 量 1.025,112 量 0
				-b				3		带肋钢筋(HRB335、HRB400)	kg	932271.000	
							13		4-4-7-22 改	焊接连接钢筋	t	518.683	111 量 0,112 量 1.025
							13		4-6-1-13 改	承台钢筋	t	392.165	111 换 112, 112 量 0
							13		4-6-1-12 改	基础、支撑梁钢筋	t	21.423	111 量 0,112 量 1.025
		403-2	3							下部结构钢筋			
				-a				4		光圆钢筋(I 级)	kg	134411.000	
							8		4-6-2-20 改	柱式墩台焊接钢筋(高 20m 内)	t	89.019	111 量 1.025,112 量 0
							13		4-6-3-10 改	桥(涵)墩帽及拱座钢筋	t	15.181	111 量 1.025,112 量 0
							13		4-6-2-28 改	肋形埋置式桥台钢筋	t	3.231	111 量 1.025,112 量 0
							13		4-6-1-12 改	基础、支撑梁钢筋	t	26.980	111 量 1.025,112 量 0
				-b				4		带肋钢筋(HRB335、HRB400)	kg	1188426.000	
							8		4-6-2-20 改	柱式墩台焊接钢筋(高 20m 内)	t	1038.729	111 量 0,112 量 1.025
							13		4-6-3-10 改	桥(涵)墩帽及拱座钢筋	t	108.919	111 量 0,112 量 1.025
							13		4-6-2-28 改	肋形埋置式桥台钢筋	t	9.214	111 量 0,112 量 1.025

编制:聂莉萍　　复核:何银龄

建筑安装工程费计算数据表

建设项目名称:抚吉高速公路(A8 合同段)(节选)

编 制 范 围:A8 合同段　　数据文件编号:JX2013001　　公路等级:高速公路

路线或桥梁长度(km):0.750　　路基或桥梁宽度(m):26.000　　第 8 页　　共 17 页　　08-1 表

项的代号	本项目数	目的代号	本目节数	节的代号	本节细目数	细目代号	费率编号	定额个数	定额代号	项或目或节或细目或定额的名称	单位	数量	定额调整情况
							13		4-6-1-12 改	基础、支撑梁钢筋	1t	31.564	111 量 0,112 量 1.025
				-d				1		型钢及其他钢材	kg	235112.000	
							1		补 4-1-1-2	下部钢材	t	235.112	
		403-3	5							上部结构钢筋			
				-a						光圆钢筋(HPB235、HPB300)	kg		
				-a				2		光圆钢筋(I 级)	kg	316161.000	
							13		4-7-14-3 改	预应力 T 形梁钢筋	t	187.933	111 量 1.025,112 量 0
							13		4-6-10-4 改	箱梁钢筋	t	128.228	111 量 1.025,112 量 0
				-b				2		带肋钢筋(HRB335、HRB400)	kg	1841182.000	
							13		4-7-14-3 改	预应力 T 形梁钢筋	t	689.472	111 换 112, 112 量 0
							13		4-6-10-4 改	箱梁钢筋	t	1151.710	111 量 0,112 量 1.025
				-c				1		钢板	kg	12942.000	
							1		补 4-1-1-3	钢材	t	12.942	
				-d				1		型钢及其他钢材	kg	13180.000	
							1		补 4-1-1-3 改	钢材	t	13.180	添 182 量 1.06, 183 量 0
		403-4	2							附属结构钢筋			
				-a				2		光圆钢筋(I 级)	kg	29460.000	
							13		4-6-3-10 改	桥(涵)墩帽及拱座钢筋	t	0.664	111 量 1.025,112 量 0
							13		6-1-2-4	墙体护栏钢筋	t	28.796	
				-b				3		带肋钢筋(HRB335、HRB400)	kg	159081.000	
							13		6-1-2-4 改	墙体护栏钢筋	t	130.439	111 量 0,112 量 1.025
							13		4-6-13-9 改	水泥及防水混凝土钢筋 ϕ8mm 内	t	27.372	111 量 0,112 量 1.025
							13		4-6-3-10 改	桥(涵)墩帽及拱座钢筋	t	1.270	111 量 0,112 量 1.025

编制:聂莉萍　　复核:何银龄

建筑安装工程费计算数据表

建设项目名称：抚吉高速公路(A8 合同段)(节选)

编 制 范 围:A8 合同段　　数据文件编号：JX2013001　　公路等级:高速公路

路线或桥梁长度(km)：0.750　　路基或桥梁宽度(m)：26.000　　第 9 页　共 17 页　08-1 表

项的代号	本项目数	目的代号	本目节数	节的代号	本节细目数	细目代号	费率编号	定额个数	定额代号	项或目或节或细目或定额的名称	单位	数量	定额调整情况
		404－1	1							结构挖方			
				－a				2		结构开挖土石方	m^3	4309.000	
							8		4-1-3-3	基坑≤1500m^3 1.0m^3 内挖掘机挖土	1000m^3	0.862	
							8		4-1-3-9	基坑≤1500m^3 石方	1000m^3	3.447	
		410－1	4							混凝土基础(包括支撑梁、桩基承台，但不包括桩基)			
				－b				3		现浇 C20 混凝土墩台基础	m^3	123.000	
							8		4-6-1-2 改	轻型墩台基础混凝土(跨径 8m 内)	10m^3	12.300	普 C15-32.5－8，－10.2，普 C20－32.5－8，+10.2
							8		4-11-11-11 改	混凝土搅拌站拌和(40m^3/h 内)	100m^3	1.255	定额×1.02
							3		4-11-11-20 改	6m^3 内混凝土搅拌车运 1km	100m^3	1.255	定额×1.02
				－c				3		现浇 C25 混凝土墩台基础	m^3	150.000	
							8		4-6-1-2 改	轻型墩台基础混凝土(跨径 8m 内)	10m^3	15.000	普 C15－32.5－8，－10.2，普 C25－32.5－4，+10.2
							8		4-11-11-11 改	混凝土搅拌站拌和(40m^3/h 内)	100m^3	1.530	定额×1.02
							3		4-11-11-20 改	6m^3 内混凝土搅拌车运 1km	100m^3	1.530	定额×1.02
				－d				3		现浇 C25 混凝土承台	m^3	865.000	
							8		4-6-1-7 改	承台混凝土(起重机配吊斗无底模)	10m^3	86.500	定额×1.02
							8		4-11-11-11 改	混凝土搅拌站拌和(40m^3/h 内)	100m^3	8.823	定额×1.02
							3		4-11-11-20	6m^3 内混凝土搅拌车运 1km	100m^3	8.823	
				－e				3		现浇 C30 混凝土承台	m^3	3220.000	
							8		4-6-1-7 改	承台混凝土(起重机配吊斗无底模)	10m^3	322.000	普 C25-32.5-4，－10.2，普 C30-32.5-4，+10.2
							8		4-11-11-11 改	混凝土搅拌站拌和(40m^3/h 内)	100m^3	32.844	定额×1.02
							3		4-11-11-20 改	6m^3 内混凝土搅拌车运 1km	100m^3	32.844	定额×1.02
		410－2	5							混凝土下部结构			
				－b				3		现浇 C20 混凝土下部	m^3	17.000	

编制:聂莉萍　　复核:何银龄

建筑安装工程费计算数据表

建设项目名称：抚吉高速公路（A8 合同段）（节选）

编 制 范 围：A8 合同段　　数据文件编号：JX2013001　　公路等级：高速公路

路线或桥梁长度（km）：0.750　　路基或桥梁宽度（m）：26.000　　第 10 页　共 17 页　08-1 表

项的代号	本项目数	目的代号	本目节数	节的代号	本节细目数	细目代号	费率编号	定额个数	定额代号	项或目或节或细目或定额的名称	单位	数量	定额调整情况
							8		4-6-2-24 改	框架式桥台混凝土	$10m^3$	1.700	普 C25 - 32.5 - 4，-10.2，普 C20-32.5 -4，+10.2
							8		4-11-11-11 改	混凝土搅拌站拌和（$40m^3$/h 内）	$100m^3$	0.173	定额×1.02
							3		4-11-11-20 改	$6m^3$ 内混凝土搅拌车运 1km	$100m^3$	0.173	定额×1.02
				-c				4		现浇 C25 混凝土下部	m^3	113.000	
							8		4-6-1-5 改	支撑梁混凝土	$10m^3$	10.800	普 C20-32.5-4，-10.2，普 C25-32.5-4，+10.2
							8		4-6-4-9	耳背墙混凝土	$10m^3$	0.500	
							8		4-11-11-11 改	混凝土搅拌站拌和（$40m^3$/h 内）	$100m^3$	1.153	定额×1.02
							3		4-11-11-20 改	$6m^3$ 内混凝土搅拌车运 1km	$100m^3$	1.153	定额×1.02
				-d				6		现浇 C30 混凝土下部	m^3	2746.000	
							8		4-6-3-2	墩、台帽混凝土（钢模非泵送）	$10m^3$	55.870	
							8		4-6-2-10 改	圆柱式墩台混凝土（非泵送高 20m 内）	$10m^3$	171.100	普 C25-32.5-4，-10.2，普 C30-32.5-4，+10.2
							8		4-6-3-2	墩、台帽混凝土（钢模非泵送）	$10m^3$	23.480	
							8		4-6-4-2	盖梁混凝土（钢模非泵送）	$10m^3$	24.180	
							8		4-11-11-11 改	混凝土搅拌站拌和（$40m^3$/h 内）	$100m^3$	28.012	定额×1.02
							3		4-11-11-20 改	$6m^3$ 内混凝土搅拌车运 1km	$100m^3$	28.012	定额×1.02
				-f				3		现浇 C40 混凝土下部	m^3	593.000	
							8		4-6-3-4 改	墩、台帽混凝土（钢模泵送）	$10m^3$	59.300	泵 C30-32.5-4，-10.4，泵 C40-32.5-4，+10.4，899 价 260.00
							8		4-11-11-11 改	混凝土搅拌站拌和（$40m^3$/h 内）	$100m^3$	6.167	定额×1.02
							3		4-11-11-20 改	$6m^3$ 内混凝土搅拌车运 1km	$100m^3$	6.167	定额×1.02
				-j				8		现浇 C50 混凝土（连续刚构主墩）	m^3	6780.000	
							8		4-6-2-32 改	空心墩混凝土（泵送高 70m 内）	$10m^3$	678.000	泵 C30-32.5-4，-10.4，泵 C50-42.5-4，+10.4，899 价 260.00
							13		4-7-31-9 改	空心墩提升架高 40m 上	10t	9.000	997 量 7200
							8		4-11-15-1	安拆施工电梯（高 100m 内）	部	6.000	

编制：聂莉萍　　复核：何银龄

建筑安装工程费计算数据表

建设项目名称：抚吉高速公路（A8 合同段）（节选）

编 制 范 围：A8 合同段　　数据文件编号：JX2013001　　公路等级：高速公路

路线或桥梁长度（km）：0.750　　路基或桥梁宽度（m）：26.000　　第 11 页　共 17 页　08-1 表

项的代号	本项目数	目的代号	本目节数	节的代号	本节细目数	细目代号	费率编号	定额个数	定额代号	项或目或节或细目或定额的名称	单位	数量	定额调整情况
							8		4-11-16-2	安拆塔吊（高 150m 内）	部	6.000	
							8		4-11-15-6	使用单笼电梯（高 100m 内）	台天	300.000	
							8		4-11-16-9	使用塔吊 8t 内（高 150m 内）	台天	300.000	
							8		4-11-11-11 改	混凝土搅拌站拌和（$40m^3/h$ 内）	$100m^3$	70.512	定额 ×1.04
							3		4-11-11-20 改	$6m^3$ 内混凝土搅拌车运 1km	$100m^3$	70.512	定额 ×1.04
		410－5	2							上部结构现浇整体化混凝土			
				－a				5		现浇 C40 混凝土	m^3	617.000	
							8		4-6-13-2 改	行车道铺装面层水泥混凝土（非泵送）	$10m^3$	52.520	普 C30-32.5-4，－10.2，普 C40-32.5-4，+10.2，899 价 260.00
							8		4-7-14-8 改	T 形梁现浇接缝混凝土	$10m^3$	9.180	普 C50-42.5-2，－10.2，普 C40-42.5-2，+10.2，899 价 260.00
							8		4-11-11-11 改	混凝土搅拌站拌和（$40m^3/h$ 内）	$100m^3$	6.293	定额 ×1.02
							3		4-11-11-20 改	$6m^3$ 内混凝土搅拌车运 1km	$100m^3$	6.293	定额 ×1.02
							8		4-11-7-14 改	泄水管	10 个	25.600	996 量 1809
				－b				4		现浇 C50 混凝土	m^3	539.000	
							8		4-6-13-2 改	行车道铺装面层水泥混凝土（非泵送）	$10m^3$	26.950	普 C30-32.5-4，－10.2，普 C50-42.5-4，+10.2，899 价 260.00
							8		4-7-14-8 改	T 形梁现浇接缝混凝土	$10m^3$	26.950	899 价 260.00
							8		4-11-11-11 改	混凝土搅拌站拌和（$40m^3/h$ 内）	$100m^3$	5.498	定额 ×1.02
							3		4-11-11-20 改	$6m^3$ 内混凝土搅拌车运 1km	$100m^3$	5.498	定额 ×1.02
		410－6	3							现浇混凝土附属结构			
				－a				2		现浇护栏、底座、缘石 C30 混凝土	m^3	961.000	
							8		6-1-2-3 改	现浇混凝土墙体防撞护栏	$10m^3$	96.100	普 C25-32.5-4，－10.2，普 C30-32.5-4，+10.2
							3		4-11-11-20	$6m^3$ 内混凝土搅拌车运 1km	$100m^3$	9.610	
				－b				3		现浇搭板 C30 混凝土	m^3	206.000	
							8		4-6-14-1	搭板混凝土	$10m^3$	14.420	

编制：聂莉萍　　复核：何银龄

建筑安装工程费计算数据表

建设项目名称：抚吉高速公路（A8 合同段）（节选）

编 制 范 围：A8 合同段　　　　数据文件编号：JX2013001　　　　公路等级：高速公路

路线或桥梁长度（km）：0.750　　　　路基或桥梁宽度（m）：26.000　　　　第 12 页　共 17 页　08-1 表

项的代号	本项目数	目的代号	本目节数	节的代号	本节细目数	细目代号	费率编号	定额个数	定额代号	项或目或节或细目或定额的名称	单位	数量	定额调整情况
							8		4-6-14-2	枕梁混凝土	$10m^3$	6.180	
							8		4-11-11-11 改	混凝土搅拌站拌和（$40m^3$/h 内）	$100m^3$	2.060	定额 ×1.02
				-d				4		现浇支座垫石 C40 混凝土	m^3	10.000	
							8		4-6-2-60 改	盆式支座垫石混凝土	$10m^3$	0.500	普 C30-32.5-4，-10.2，普 C40-32.5-4，+10.2，899 价 260.00
							8		4-6-2-61 改	板式支座垫石混凝土	$10m^3$	0.500	普 C30-32.5-4，-10.2，普 C40-32.5 -4，+10.2，899 价 260.00
							8		4-11-11-11 改	混凝土搅拌站拌和（$40m^3$/h 内）	$100m^3$	0.102	定额 ×1.02
							3		4-11-11-20 改	$6m^3$ 内混凝土搅拌车运 1km	$100m^3$	0.102	定额 ×1.02
		411-5	2							后张法预应力钢绞线			
				-a				2		ϕ_j15.2 钢绞线	kg	694319.000	
							13		4-7-20-29 改	钢绞线束长 40m 内 7 孔 4.23 束/t	t	76.492	+30 ×0.41
							13		4-7-20-47 改	钢绞线束长 120m 内 22 孔 0.654 束/t	t	617.827	+48 ×0.244
				-c				1		后张钢绞线 ϕ_j12.7	kg	36355.000	
							13		4-7-20-15 改	钢绞线束长 20m 内 3 孔 30.722 束/t	t	36.355	+16 ×11.782
		411-6	1							后张法预应力钢筋			
				-a				1		精轧螺纹钢	kg	85891.000	
							13		4-7-20-7 改	波纹管成孔螺栓锚 396 根/10t	10t	8.589	+8 × -134
		411-7	1							现浇预应力混凝土上部结构			
				-e				10		现浇 C55 混凝土（连续刚构主梁）	m^3	9823.000	
							8		4-6-11-3 改	连续钢构 0 号块箱梁混凝土	$10m^3$	147.345	泵 C50-42.5-2，-10.4，泵 C55-52.5-2，+10.4，899 价 260.00
							8		4-6-11-4 改	连续钢构悬浇段箱梁混凝土	$10m^3$	834.955	泵 C50-42.5-2，-10.4，泵 C55-52.5-2，+10.4，899 价 260.00
							13		4-7-31-6 改	悬浇挂篮	10t	50.000	997 量 10800，人工 ×1.2，机械 ×1.5
							13		4-7-31-5 改	零号块托架	10t	20.630	997 量 7200，人工 ×1.2，机械 ×1.5
							13		4-7-31-4 改	拐脚门架	10t	8.030	997 量 7200，人工 ×1.2，机械 ×1.5

编制：聂莉萍　　　　复核：何银龄

建筑安装工程费计算数据表

建设项目名称：抚吉高速公路（A8 合同段）（节选）

编 制 范 围 ：A8 合同段　　数据文件编号：JX2013001　　公路等级：高速公路

路线或桥梁长度（km）：0.750　　路基或桥梁宽度（m）：26.000　　第 13 页　　共 17 页　　08-1 表

项的代号	本项目数	目的代号	本目节数	节的代号	本节细目数	细目代号	费率编号	定额个数	定额代号	项或目或节或细目或定额的名称	单位	数量	定额调整情况
							13		4-7-31-5 改	边跨现浇段支架	10t	22.450	997 量 7200，人工 ×1.2，机械 ×1.5
							8		4-11-15-6	使用单笼电梯（高 100m 内）	台天	450.000	
							8		4-11-16-9	使用塔吊 8t 内（高 150m 内）	台天	450.000	
							8		4-11-11-11 改	混凝土搅拌站拌和（$40m^3$/h 内）	$100m^3$	103.173	定额 ×1.04
							3		4-11-11-20 改	$6m^3$ 内混凝土搅拌车运 1km	$100m^3$	103.173	定额 ×1.04
		411－8	1							预制预应力混凝土上部结构			
				－a				8		预制 T 形梁 C50 混凝土	m^3	6528.000	
							8		4-7-14-1 改	预制预应力 T 形梁混凝土非泵送	$10m^3$	652.800	899 价 260.00
							8		4-7-14-7	双导梁安装 T 形梁	$10m^3$	652.800	
							8		4-8-2-6 改	重 80t 内龙门架装卷扬机牵引 1000m	$100m^3$	65.280	+15 ×19
							8		7-1-4-3	钢轨重 32kg/m 在路基上	100m	9.500	
							8		7-1-4-4	钢轨重 32kg/m 在桥面上	100m	7.500	
							13		4-7-31-2 改	双导梁	10t	52.000	997 量 5400
							8		4-11-11-11 改	混凝土搅拌站拌和（$40m^3$/h 内）	$100m^3$	65.933	定额 ×1.02
							3		4-11-11-20 改	$6m^3$ 内混凝土搅拌车运 1km	$100m^3$	65.933	定额 ×1.02
		415-2	1							水泥混凝土桥面铺装			
				－b				3		C40 混凝土	m^3	560.000	
							8		4-6-13-2 改	行车道铺装面层水泥混凝土（非泵送）	$10m^3$	56.000	普 C30-32.5-4，－10.2，普 C40-32.5-4，+10.2，899 价 260.00
							8		4-11-11-11 改	混凝土搅拌站拌和（$40m^3$/h 内）	$100m^3$	5.712	定额 ×1.02
							3		4-11-11-20 改	$6m^3$ 内混凝土搅拌车运 1km	$100m^3$	5.712	定额 ×1.02
		415-3	1							防水层			
				－b				1		防水层	m^2	15460.000	
							8		4-11-4-6	防水剂	$1000m^2$	15.460	

编制：聂莉萍　　复核：何银龄

建筑安装工程费计算数据表

建设项目名称：抚吉高速公路(A8 合同段)(节选)

编 制 范 围 ：A8 合同段　　　　数据文件编号：JX2013001　　　　公路等级：高速公路

路线或桥梁长度(km)：0.750　　　　路基或桥梁宽度(m)：26.000　　　　第 14 页　　共 17 页　　08-1 表

项的代号	本项目数	目的代号	本目节数	节的代号	本节细目数	细目代号	费率编号	定额个数	定额代号	项或目或节或细目或定额的名称	单位	数量	定额调整情况
		416-2	2							圆形板式橡胶支座			
				-h				1		GYZϕ475×75 安装	个	50.000	
							13		4-7-30-3 改	板式橡胶支座	dm^3	664.184	402 价 0.00
				-q				1		GYZF4ϕ350×55 安装	个	40.000	
							13		4-7-30-4 改	四氟板式橡胶组合支座	dm^3	211.558	401 价 0.00
		416-4	3							盆式支座			
				-b				1		GPZ2000DX 安装	个	20.000	
							13		4-7-30-5 改	钢盆式橡胶支座反力 3000kN	个	20.000	定额×0.9，507 价 0.00
				-e				1		GPZ3000DX 安装	个	4.000	
							13		4-7-30-5 改	钢盆式橡胶支座反力 3000kN	个	4.000	507 价 0.00
				-f				1		GPZ3000SX 安装	个	4.000	
							13		4-7-30-5 改	钢盆式橡胶支座反力 3000kN	个	4.000	507 价 0.00
		420-1	5							钢筋混凝土盖板涵，…m×…m			
				-a				1		光圆钢筋(R235)	kg	1359.000	
							13		4-7-9-3 改	矩形板钢筋	t	1.359	111 量 1.025，112 量 0
				-b				1		带肋钢筋(HRB335、HRB400)	kg	10219.000	
							13		4-7-9-3 改	矩形板钢筋	t	10.219	111 量 0，112 量 1.025
				-d				6		C20 混凝土	m^3	613.000	
							8		4-6-1-1 改	轻型墩台基础混凝土(跨径 4m 内)	$10m^3$	31.120	普 C15-32.5-8，-10.2，普 C20-32.5-8，+10.2
							8		4-6-2-1 改	轻型墩台钢筋混凝土	$10m^3$	30.180	普 C25-32.5-4，-10.2，普 C20-32.5-4，+10.2
							8		4-1-1-1 改	人工挖基坑深 3m 内干处土	$1000m^3$	0.418	定额×0.5
							8		4-1-1-7 改	人工挖石方	$1000m^3$	0.293	定额×0.5
							8		4-11-11-11 改	混凝土搅拌站拌和($40m^3$/h 内)	$100m^3$	6.253	定额×1.02

编制：聂莉萍　　　　复核：何银龄

建筑安装工程费计算数据表

建设项目名称：抚吉高速公路(A8 合同段)(节选)

编 制 范 围 ：A8 合同段　　数据文件编号：JX2013001　　公路等级：高速公路

路线或桥梁长度(km)：0.750　　路基或桥梁宽度(m)：26.000　　第 15 页　共 17 页　08-1 表

项的代号	本项目数	目的代号	本目节数	节的代号	本节细目数	细目代号	费率编号	定额个数	定额代号	项或目或节或细目或定额的名称	单位	数量	定额调整情况
							3		4-11-11-20 改	$6m^3$ 内混凝土搅拌车运 1km	$100m^3$	6.253	定额×1.02
				-f				5		C30 混凝土	m^3	105.000	
							8		4-7-9-1	预制矩形板混凝土(跨径 4m 内)	$10m^3$	10.500	
							8		4-7-10-2	起重机安装矩形板	$10m^3$	10.500	
							3		4-8-3-8	6t 内汽车式起重机装卸 1km	$100m^3$	1.050	
							8		4-11-11-11 改	混凝土搅拌站拌和($40m^3$/h 内)	$100m^3$	1.061	定额×1.02
							3		4-11-11-20 改	$6m^3$ 内混凝土搅拌车运 1km	$100m^3$	1.061	定额×1.02
				-g				6		M7.5 浆砌片石	m^3	508.300	
							8		4-5-2-1 改	基础、护底、截水墙	$10m^3$	11.180	人工×0.65
							8		4-5-2-9 改	锥坡、沟、槽、池	$10m^3$	3.020	M5，-3.5，M7.5，+3.5，人工×0.65
							8		4-5-2-5 改	实体式台、墙高 10m 内	$10m^3$	18.390	人工×0.65
							8		4-5-2-9 改	锥坡、沟、槽、池	$10m^3$	18.240	人工×0.65
							8		4-1-3-3 改	基坑≤$1500m^3$ $1.0m^3$ 内挖掘机挖土	$1000m^3$	0.274	定额×0.6
							8		4-1-3-9 改	基坑≤$1500m^3$ 石方	$1000m^3$	0.183	定额×0.6
		425-1	4							挖、钻孔灌注桩			
				-c				7		φ1.2m 挖、钻孔桩	m	448.000	
							9		4-4-5-19	陆地 φ120cm 内孔深 40m 内砂砾	10m	40.320	
							9		4-4-5-22	陆地 φ120cm 内孔深 40m 内软石	10m	4.480	
							9		4-4-7-14 改	回旋潜水钻 φ150cm 起重机吊斗混凝土	$10m^3$	50.668	水 C25-32.5-4，-12.01，水 C30-32.5-4，+12.01
							8		4-11-11-11 改	混凝土搅拌站拌和($40m^3$/h 内)	$100m^3$	6.085	定额×1.201
							3		4-11-11-20 改	$6m^3$ 内混凝土搅拌车运 1km	$100m^3$	6.085	定额×1.201
							13		4-4-8-7	埋设钢护筒干处	t	15.266	
							13		4-4-7-24	检测管	t	4.704	

编制：聂莉萍　　复核：何银龄

建筑安装工程费计算数据表

建设项目名称：抚吉高速公路（A8 合同段）（节选）

编 制 范 围 ：A8 合同段　　数据文件编号：JX2013001　　公路等级：高速公路

路线或桥梁长度（km）：0.750　　路基或桥梁宽度（m）：26.000　　第 16 页　共 17 页　08-1 表

项的代号	本项目数	目的代号	本目节数	节的代号	本节细目数	细目代号	费率编号	定额个数	定额代号	项或目或节或细目或定额的名称	单位	数量	定额调整情况
				-d				13		ϕ1.5m 挖、钻孔桩	m	653.000	
							9		4-4-5-43	陆地 ϕ150cm 内孔深 40m 内砂砾	10m	46.000	
							9		4-4-5-46	陆地 ϕ150cm 内孔深 40m 内软石	10m	11.500	
							9		4-4-7-14 改	回旋潜水钻 ϕ150cm 起重机吊斗混凝土	$10m^3$	101.611	水 C25-32.5-4，-12.01，水 C30-32.5-4，+12.01
							8		4-11-11-11 改	混凝土搅拌站拌和（$40m^3$/h 内）	$100m^3$	14.047	定额 ×1.201
							3		4-11-11-20 改	$6m^3$ 内混凝土搅拌车运 1km	$100m^3$	14.047	定额 ×1.201
							13		4-4-8-7	埋设钢护筒干处	t	24.369	
							13		4-4-7-24	检测管	t	6.003	
							8		4-4-1-6	人挖孔深 10m 以上砂（黏）土 砂砾	$10m^3$	4.423	
							8		4-4-1-8	人挖孔深 10m 以上软石	$10m^3$	12.693	
							8		4-4-1-11	现浇混凝土护壁	$10m^3$	4.166	
							13		4-4-7-22	焊接连接钢筋	t	6.249	
							9		4-4-7-2	人工挖孔起重机配吊斗混凝土	$10m^3$	13.784	
							13		4-4-7-24	检测管	t	0.814	
				-f				8		ϕ1.8m 挖、钻孔桩	m	94.000	
							8		4-4-1-6	人挖孔深 10m 以上砂（黏）土 砂砾	$10m^3$	14.293	
							8		4-4-1-8	人挖孔深 10m 以上软石	$10m^3$	16.714	
							8		4-4-1-11	现浇混凝土护壁	$10m^3$	7.087	
							13		4-4-7-22	焊接连接钢筋	t	10.631	
							9		4-4-7-2	人工挖孔起重机配吊斗混凝土	$10m^3$	23.920	
							8		4-11-11-11 改	混凝土搅拌站拌和（$40m^3$/h 内）	$100m^3$	3.184	定额 ×1.02
							3		4-11-11-20 改	$6m^3$ 内混凝土搅拌车运 1km	$100m^3$	3.184	定额 ×1.02
							13		4-4-7-24	检测管	t	0.981	

编制：聂莉萍　　复核：何银龄

建筑安装工程费计算数据表

建设项目名称：抚吉高速公路(A8 合同段)(节选)

编 制 范 围 ：A8 合同段　　　　数据文件编号：JX2013001　　　　公路等级:高速公路

路线或桥梁长度(km)：0.750　　　　路基或桥梁宽度(m)：26.000　　　　第 17 页　　共 17 页　　08-1 表

项的代号	本项目数	目的代号	本目节数	节的代号	本节细目数	细目代号	费率编号	定额个数	定额代号	项或目或节或细目或定额的名称	单位	数量	定额调整情况
				-h				7		ϕ2.2m 挖、钻孔桩	m	1454.000	
							9		4-4-5-67 改	陆地 ϕ200cm 内孔深 40m 内砂砾	10m	116.320	定额 ×1.1
							9		4-4-5-70 改	陆地 ϕ200cm 内孔深 40m 内软石	10m	29.080	定额 ×1.1
							9		4-4-7-14 改	回旋潜水钻 ϕ150cm 起重机吊斗混凝土	$10m^3$	552.714	水 C25-32.5-4，-12.01，水 C30-32.5-4，+12.01
							8		4-11-11-11 改	混凝土搅拌站拌和($40m^3/h$ 内)	$100m^3$	66.381	定额 ×1.201
							3		4-11-11-20 改	$6m^3$ 内混凝土搅运车运 1km	$100m^3$	66.381	定额 ×1.201
							13		4-4-8-7	埋设钢护筒干处	t	111.413	
							13		4-4-7-24	检测管	t	20.240	

编制：聂莉萍　　　　复核：何银龄

材料预算单价计算表

建设项目名称：抚吉高速公路（A8 合同段）（节选）

编 制 范 围：A8 合同段　　　　第 1 页　　共 1 页　　09 表

序号	规格名称	单位	原价（元）	运杂费					原价运费合计（元）	场外运输损耗		采购及保管费		预算单价（元）
				供应地点	运输方式、比重及运距	毛重系数或单位毛重	运杂费构成说明或计算式	单位运费（元）		费率（%）	金额（元）	费率（%）	金额（元）	
1	原木	m^3	920.000	料场-工地	汽车，1.00，12km	1.000000	0.670×12+5.00+1.60	14.640	934.64			2.500	23.366	958.010
2	锯材	m^3	1120.000	料场-工地	汽车，1.00，12km	1.000000	0.670×12+5.00+1.60	14.640	1134.64			2.500	28.366	1163.010
3	光圆钢筋	t	3850.000	料场-工地	汽车，1.00，38km	1.000000	0.450×38+5.00+7.60	29.700	3879.70			2.500	96.993	3976.690
4	带肋钢筋	t	3950.000	料场-工地	汽车，1.00，38km	1.000000	0.450×38+5.00+7.60	29.700	3979.70			2.500	99.493	4079.190
5	32.5 级水泥	t	325.000	料场-工地	汽车，1.00，42km	1.010000	(0.450×42+5.00+8.40)×1.01	32.623	357.62	1.00	3.576	2.500	9.030	370.230
6	42.5 级水泥	t	350.000	料场-工地	汽车，1.00，42km	1.010000	(0.450×42+5.00+8.40)×1.01	32.623	382.62	1.00	3.826	2.500	9.661	396.110
7	52.5 级水泥	t	375.000	料场-工地	汽车，1.00，42km	1.010000	(0.450×42+5.00+8.40)×1.01	32.623	407.62	1.00	4.076	2.500	10.293	421.990
8	中（粗）砂	m^3	65.000	料场-工地	汽车，1.00，42km	1.500000	(0.450×42+2.00+8.40)×1.5	43.950	108.95	2.50	2.724	2.500	2.792	114.470
9	碎石（2cm）	m^3	45.000	料场-工地	汽车，1.00，6km	1.500000	(1.080×6+2.00+1.20)×1.5	14.520	59.52	1.00	0.595	2.500	1.503	61.620
10	碎石（4cm）	m^3	45.000	料场-工地	汽车，1.00，6km	1.500000	(1.080×6+2.00+1.20)×1.5	14.520	59.52	1.00	0.595	2.500	1.503	61.620

编制：聂莉萍　　　　复核：何银龄

机械台班单价计算表

建设项目名称：抚吉高速公路（A8合同段）（节选）

编制范围：A8合同段

第1页　共3页　11表

序号	定额号	机械规格名称	台班单价（元）	不变费用(元) 调整系数：1.00		可变费用（元） 人工：55.90元/工日		重油：2.80元/kg		汽油：5.20元/kg		柴油：4.90元/kg		煤：265.00元/t		电：0.55元/kW·h		水：0.50元/m^3		木柴：0.49元/kg		养路费及车船税	合计
				定额	调整值	定额	费用	定额	费用	定额	费用	定额	费用	定额	费用	定额	费用	定额	费用	定额	费用		
1	1003	75kW以内履带式推土机	626.29	245.14	245.14	2.00	111.80					54.97	269.35										381.15
2	1005	105kW以内履带式推土机	817.16	330.41	330.41	2.00	111.80					76.52	374.95										486.75
3	1006	135kW以内履带式推土机	1196.98	604.69	604.69	2.00	111.80					98.06	480.49										592.29
4	1007	165kW以内履带式推土机	1396.65	695.13	695.13	2.00	111.80					120.35	589.72										701.52
5	1035	1.0m^3履带式单斗挖掘机	839.15	411.15	411.15	2.00	111.80					64.53	316.20										428.00
6	1037	2.0m^3履带式单斗挖掘机	1418.91	855.38	855.38	2.00	111.80					92.19	451.73										563.53
7	1048	1.0m^3轮胎式装载机	410.72	112.92	112.92	1.00	55.90					49.03	240.25									1.65	297.80
8	1050	2.0m^3轮胎式装载机	714.55	200.44	200.44	1.00	55.90					92.86	455.01									3.20	514.11
9	1057	120kW以内平地机	926.37	408.05	408.05	2.00	111.80					82.13	402.44									4.08	518.32
10	1075	6~8t光轮压路机	258.19	107.57	107.57	1.00	55.90					19.33	94.72										150.62
11	1076	8~10t光轮压路机	287.08	117.50	117.50	1.00	55.90					23.20	113.68										169.58
12	1078	12~15t光轮压路机	418.47	164.32	164.32	1.00	55.90					40.46	198.25										254.15
13	1088	15t以内振动压路机	787.49	315.05	315.05	2.00	111.80					73.60	360.64										472.44
14	1094	200~620N·m蛙式夯土机	18.62	9.08	9.08											17.34	9.54						9.54
15	1102	风动气腿式凿岩机	18.40	18.40	18.40																		
16	1155	235kW以内稳定土拌和机	1758.06	922.43	922.43	2.00	111.80					147.72	723.83										835.63
17	1193	4000L以内沥青洒布车	414.90	179.14	179.14	1.00	55.90			34.28	178.26											1.60	235.76
18	1245	电动混凝土切缝机	148.22	81.23	81.23	1.00	55.90									20.16	11.09						66.99
19	1272	250L以内强制式混凝土搅拌机	103.49	18.58	18.58	1.00	55.90									52.74	29.01						84.91
20	1307	6m^3混凝土搅拌运输车	1241.62	909.82	909.82	1.00	55.90					55.54	272.15									3.75	331.80
21	1316	60m^3/h以内混凝土输送泵	1106.66	849.95	849.95	1.00	55.90									365.11	200.81						256.71
22	1325	40m^3/h以内水泥混凝土搅拌站	1120.23	512.06	512.06	7.00	391.30									394.31	216.87						608.17

编制：聂莉萍　　复核：何银龄

机械台班单价计算表

建设项目名称：抚吉高速公路（A8合同段）（节选）

编制范围：A8合同段　　　　第2页　　共3页　　11表

序号	定额号	机械规格名称	台班单价（元）	不变费用(元) 调整系数：1.00		可变费用（元）																养路费及车船税	合计
						人工：55.90元/工日		重油：2.80元/kg		汽油：5.20元/kg		柴油：4.90元/kg		煤：265.00元/t		电：0.55元/kW·h		水：0.50元/m³		木柴：0.49元/kg			
				定额	调整值	定额	费用	定额	费用	定额	费用	定额	费用	定额	费用	定额	费用	定额	费用	定额	费用		
23	1344	拉伸力900kN以内预应力拉伸机	42.95	27.59	27.59											27.92	15.36						15.36
24	1349	油泵、千斤顶各1钢绞线拉伸设备	135.49	126.56	126.56											16.23	8.93						8.93
25	1352	含钢带点焊机波纹管卷制机	243.97	119.90	119.90	2.00	111.80									22.31	12.27						124.07
26	1374	6t以内载货汽车	341.16	91.38	91.38	1.00	55.90					39.24	192.28									1.60	249.78
27	1378	15t以内载货汽车	695.22	333.22	333.22	1.00	55.90					61.72	302.43									3.67	362.00
28	1385	8t以内自卸汽车	495.98	194.91	194.91	1.00	55.90					49.45	242.31									2.86	301.07
29	1387	12t以内自卸汽车	633.86	271.93	271.93	1.00	55.90					61.60	301.84									4.19	361.93
30	1393	20t平板拖车组	733.77	392.89	392.89	2.00	111.80					45.26	221.77									7.31	340.88
31	1405	6000L以内洒水汽车	523.48	257.90	257.90	1.00	55.90					42.43	207.91									1.77	265.58
32	1408	1.0t以内机动翻斗车	132.72	32.45	32.45	1.00	55.90					9.00	44.10									0.27	100.27
33	1432	15t以内履带式起重机	605.92	329.87	329.87	2.00	111.80					33.52	164.25										276.05
34	1449	5t以内汽车式起重机	391.58	199.62	199.62	1.00	55.90			25.71	133.69											2.37	191.96
35	1450	8t以内汽车式起重机	547.17	273.95	273.95	2.00	111.80					32.38	158.66									2.76	273.22
36	1451	12t以内汽车式起重机	723.97	387.11	387.11	2.00	111.80					44.95	220.26									4.80	336.86
37	1453	20t以内汽车式起重机	1066.38	672.98	672.98	2.00	111.80					56.00	274.40									7.20	393.40
38	1456	40t以内汽车式起重机	2052.92	1566.30	1566.30	2.00	111.80					74.29	364.02									10.80	486.62
39	1469	8t以内高150m以内塔式起重机	1323.34	1118.27	1118.27	2.00	111.80									169.58	93.27						205.07
40	1499	30kN以内单筒慢动电动卷扬机	93.79	17.22	17.22	1.00	55.90									37.58	20.67						76.57
41	1500	50kN以内单筒慢动电动卷扬机	106.29	20.08	20.08	1.00	55.90									55.11	30.31						86.21
42	1552	提升高100m以内单笼施工电梯	259.48	177.28	177.28	1.00	55.90									47.82	26.30						82.20
43	1600	ϕ1500mm以内回旋钻机	1104.91	681.50	681.50	2.00	111.80									566.56	311.61						423.41
44	1602	ϕ2500mm以内回旋钻机	1761.96	1219.85	1219.85	2.00	111.80									782.39	430.31						542.11

编制：聂莉萍　　　　复核：何银龄

机械台班单价计算表

建设项目名称:抚吉高速公路(A8 合同段)(节选)

编制范围:A8 合同段　　　　第 3 页　　共 3 页　　11 表

序号	定额号	机械规格名称	台班单价(元)	不变费用(元) 调整系数: 1.00		可变费用(元) 人工: 55.90 元/工日		重油: 2.80 元/kg		汽油: 5.20 元/kg		柴油: 4.90 元/kg		煤: 265.00 元/t		电: 0.55 元/kW·h		水: 0.50 元/m^3		木柴: 0.49 元/kg		养路费及车船税	合计
				定额	调整值	定额	费用	定额	费用	定额	费用	定额	费用	定额	费用	定额	费用	定额	费用	定额	费用		
45	1624	100~150L 泥浆搅拌机	68.92	7.66	7.66	1.00	55.90									9.74	5.36						61.26
46	1663	φ100mm 以内电动多级离心水泵	210.76	26.28	26.28	1.00	55.90									233.78	128.58						184.48
47	1665	φ150mm 以内电动多级离心水泵	375.95	62.89	62.89	1.00	55.90									467.57	257.16						313.06
48	1726	32kV·A 交流电弧焊机	111.34	7.24	7.24	1.00	55.90									87.63	48.20						104.10
49	1746	100kV·A 交流对焊机	177.10	21.84	21.84	1.00	55.90									180.65	99.36						155.26
50	1747	150kV·A 交流对焊机	231.94	26.42	26.42	1.00	55.90									272.04	149.62						205.52
51	1842	9m^3/min 以内机动空压机	554.63	203.06	203.06	1.00	55.90					60.34	295.67										351.57

编制:聂莉萍　　　　复核:何银龄

参 考 文 献

[1] 中华人民共和国行业标准. JTG/T B06-02—2007 公路工程预算定额[S]. 北京:人民交通出版社. 2007.

[2] 中华人民共和国行业标准. JTG/T B06-01—2007 公路工程概算定额[S]. 北京:人民交通出版社. 2007.

[3] 中华人民共和国行业标准. JTG/T B06-03—2007 公路工程机械台班费用定额[S]. 北京:人民交通出版社. 2007.

[4] 中华人民共和国行业标准. JTG B06—2007 公路基本建设工程概预算编制办法[S]. 北京:人民交通出版社,2007.

[5] 周直, 崔新媛. 公路工程造价原理与编制[M]. 北京:人民交通出版社. 2002.

[6] 吴继锋. 公路工程管理[M]. 北京:. 人民交通出版社. 2011.